新兴企业商业模式创新主题设计研究

A Theoretical and Empirical Study on the Theme Design of Business Model Innovation of Emerging Enterprises

罗兴武 著

中国社会科学出版社

图书在版编目(CIP)数据

新兴企业商业模式创新主题设计研究/罗兴武著. —北京：中国社会科学出版社，2022.6
ISBN 978-7-5227-0412-8

Ⅰ.①新… Ⅱ.①罗… Ⅲ.①企业管理—商业模式—研究—中国②企业创新—研究—中国 Ⅳ.①F279.23

中国版本图书馆 CIP 数据核字（2022）第 110758 号

出 版 人	赵剑英	
责任编辑	王　曦	
责任校对	李斯佳	
责任印制	王　超	

出　　版	中国社会科学出版社	
社　　址	北京鼓楼西大街甲 158 号	
邮　　编	100720	
网　　址	http://www.csspw.cn	
发 行 部	010-84083685	
门 市 部	010-84029450	
经　　销	新华书店及其他书店	
印　　刷	北京君升印刷有限公司	
装　　订	廊坊市广阳区广增装订厂	
版　　次	2022 年 6 月第 1 版	
印　　次	2022 年 6 月第 1 次印刷	
开　　本	710×1000　1/16	
印　　张	24.5	
插　　页	2	
字　　数	440 千字	
定　　价	129.00 元	

凡购买中国社会科学出版社图书，如有质量问题请与本社营销中心联系调换
电话：010-84083683
版权所有　侵权必究

国家社科基金后期资助项目
出 版 说 明

　　后期资助项目是国家社科基金设立的一类重要项目，旨在鼓励广大社科研究者潜心治学，支持基础研究多出优秀成果。它是经过严格评审，从接近完成的科研成果中遴选立项的。为扩大后期资助项目的影响，更好地推动学术发展，促进成果转化，全国哲学社会科学规划办公室按照"统一设计、统一标识、统一版式、形成系列"的总体要求，组织出版国家社科基金后期资助项目成果。

全国哲学社会科学规划办公室

序　　言

党的十九大报告指出，我国经济已由高速增长阶段转向高质量发展阶段，高质量发展是我国当前和今后一个时期确定发展思路、制定经济政策、实施宏观调控的根本要求。中国政府的工作报告也明确提出将商业模式创新与技术创新一起作为经济增长的创新引擎。新兴企业作为科技创新和商业模式创新的主体，其成长关乎产业结构优化、国民经济增长。从2020年度最具成长性企业榜单来看，商业模式创新越来越集中于新兴企业，颠覆性和高成长性已成为新兴企业成长的重要属性。"设计思想"融入商业模式已成为企业获得持续性竞争优势的价值源泉，中国新兴市场经济下制度不完善和市场机会并存，为新兴企业商业模式创新提供了独特的中国情境。

罗兴武博士长期关注商业模式的研究，并且觉察到"创新创业活动蓬勃发展"而"新兴企业死亡率居高不下"的现象，以及中国新兴市场经济的制度不完善，从而围绕"新制度主义视角下主题性商业模式创新如何影响新兴企业成长"的科学问题，结合大量的企业调查，从理论与实证两个角度探讨了中国新兴企业主题性商业模式创新的概念化、绩效机制、合法性的实现与演化。书中提出诸如"须充分认识商业模式交易与制度的双重属性，交易竞争性与制度合法性并举，培育结构化升级效应""开拓性和完善性商业模式创新是新兴企业商业模式创新的两个主题设计，是中国新兴经济情境化的产物""利益相关者互动能够为主题性商业模式创新合法性的形成与演化提供微观基础"等新颖观点，具有翔实的理论与实证过程，并兼顾理论"顶天"实践"立地"，对新兴企业成长具有较好的指导意义。

此书提出并实证了中国新兴经济情境下新兴企业商业模式主题设计及其影响机制，具有学科前沿性。我相信，这本具有较高学术水平专著的出版，将有助于推进商业模式设计领域的理论和实证研究。其概念化新构念的理论演绎过程在一定程度上将有助于开拓创新创业、战略管理等领域的研究视野，其研究结论可以为政府制定相关政策、促进新兴企业发展提供支撑。

杨　俊

浙江大学管理学院教授、博士生导师

2021 年冬于杭州浙大紫金港

前　言

党的十八大明确提出创新驱动发展战略，政府提倡"大众创业，万众创新"，创新创业活动蓬勃发展。消费者需求变化、互联网技术进步、产业脉动速度加快，以及"双创"战略、供给侧结构性改革下的中国情境制度创新，提高了创业活跃度，加速了新兴企业进行商业模式创新，涌现了一大批依靠商业模式创新而创造辉煌的新兴企业，如BAT（Baidu、Alibaba & Tencent）、TMD（Toutiao、Meituan & Didi）等。然而，与高涨的创业热情相背离的是，新兴企业在新进入缺陷和资源禀赋有限的双重约束下，死亡率居高不下。新制度主义认为，商业模式创新成功与否不仅取决于资源基础，还取决于其面对的社会化制度结构。始于1978年的经济体制改革使中国成为全球最大的新兴经济体，为商业模式创新研究提供了"一个独特的市场可行与制度合法的情境"。中国市场化转型遵循的是中国特色的探索性改革道路，制度环境极不完善集中表现为市场中的"制度真空"与"制度缺陷"。正如一些学者所指出的，商业人士不仅需要了解商业模式，更需要将自己变成商业模式的设计师，商业模式需要顶层设计，"设计思想"融入商业模式，有助于企业获得持续性竞争优势。因此，中国新兴经济情境下的制度约束如何锐化商业创新主题设计？商业模式创新主题设计会如何影响新兴企业成长？不同主题性商业模式创新的合法性又是如何形成与演化的？这些已成为理论界和企业界亟待研究的问题。

为此，本书基于新制度主义视角，理论和实证研究了中国新兴企业主题性商业模式创新的概念化、绩效机制、合法性实现与演化，为新兴企业通过商业模式主题设计实现赶超提供决策借鉴，为政府供给侧结构性改革、引导新兴企业发展提供政策参考。基于"概念化→绩效机制→合法性实现与演化"研究思路，本书首先计量综述和系统综述相结合进行了文献回顾，识别了本书的切入点，即从新制度主义视角研究新兴企业商业模式创新主题设计。其次，通过裸心民宿的探索性案例研究，以及新兴企业开拓性和完善性商业模式创新的量表开发，概念化新兴企业商业模式创新主题设计及绩效机制模型。再次，大样本实证检验新兴企业主题性商业模式创新的绩效机制，利用 fsQCA 探讨新兴企业商业模式创新合法性实现构型的多情境解释，比较性双案例研究探索新兴企业主题性商业模式创新过程中合法性的形成与演化。最后是总结与展望。总体上得到如下六个方面的研究结论。

（1）新兴企业商业模式创新须充分认识交易与制度的双重属性，交易竞争性与制度合法性并举，培育阶段性的"结构化升级效应"。商业模式创新兼顾了市场导向与架构性范式创新，本质上是"为了引入可盈利商业模式而打破既有游戏规则"，故应充分认识其交易与制度的双重属性内驱。交易属性与制度属性的互撑、竞争性与合法性机制的并举，在释放交易属性价值效应的同时彰显制度属性的固化效应，产生了"结构塑造效应"，共同促进新兴企业高速成长，使新兴企业完成快速跃迁。

（2）开拓性商业模式创新和完善性商业模式创新是中国新兴企业商业模式创新的两个主题设计，是中国新兴经济情境下的产物。"制度真空"与"制度缺陷"为新兴企业顶层的主题设计提供了空间，开拓性商业模式创新作用于新兴经济市场的制度真空，利用市场进入次序优势，可以从无到有地建构新的交易规则，占据"赢者通吃"的制高点；完善性商业模式创新作用于交易制度缺陷，利用弥补性资产，发挥后发优势，可以从有到新地优化现有的交易规则，甚至后来居上。

（3）商业模式创新经由合法性影响新兴企业绩效，开拓性商业模式创新对新兴企业绩效的正向作用相较于完善性商业模式创新更加显著。商业模式创新中的制度合法性不能仅仅作为隐含的存在而被忽视，企业商业模式的创新活动，也是企业克服制度障碍、建立交易规则制度优势的过程。"大众创业、万众创新"战略的中国情境下，市场交易机会蕴含的创新性和效率性本身构成了其合法性的来源，商业模式创新制度视角的结构塑造效应与组织合法性呈现出内在一致性。主题性商业模式创新的差异性影响较好地解释了开拓性商业模式创新先发优势的"赢者通吃"效应，相对于完善性商业模式创新，开拓性商业模式创新易于形成先动优势，开发市场的非均衡，领先确立品牌认知地位，从而对市场行为进行引领。

（4）商业模式创新对于合法性的正向作用比较依赖企业的政策导向，商业模式创新与政策导向交互效应促进新兴企业通过合法性传导作用来实现。中国情境下，企业应将制度看作企业的内生变量，新商业模式的推广中，企业高管认知行为与组织政治行为须交织起来。新兴企业商业模式创新与政策导向的交互，企业与政府间互动的加强，能使政策的出台有利于商业模式的推广。这些都体现了新兴企业政治战略的重要性，一方面，新兴企业欲从白热化的市场竞争中脱颖而出须勇于创新，敢为人先；另一方面，开创性越强的企业越需要收集、跟踪政策信息，谋求组织赖以生存的合法性。高政策导向将促进企业商业模式创新的发挥，并且这种发挥是通过影响组织合法性来实现的。

（5）主题性商业模式创新与组织战略、市场环境层面关键情境因素的组态效应分析，发现消极创新型、温和改善型、稳中求进型和积极开拓型4类合法性实现构型，丰富了新兴企业商业模式创新合法性实现的多情境解释。fsQCA组态效应分析克服传统定量分析过于强调情境因素边际"净效应"的不足，拓展了权变理论并提供了中国独特情境下的系统化理论逻辑。从而，不仅厘清了新兴企业商业模式创新实现合法性的等效驱动机制和条件替代关系，而且发现了合法性驱动机制存在非对称性，可以更好地指导新兴企业的合法性获取实践。

（6）利益相关者互动为主题性商业模式创新合法性的形成与演化提供了微观基础，利益相关者可以通过交流来改变合法性阶段性的界定，其行为过程决定合法性的进程。开拓抑或完善，本无定法，新兴企业应有针对性地选择变革模式，提高商业模式创新的成功率。利益相关者的引入，可以把企业的资源边界、能力边界、治理边界拓展到多边群体的边界，合法性的形成与演化不仅应关注外部利益相关者的作用，也应考虑内部利益相关者的影响。内部利益相关者强互动，关注行为过程与分配问题，以及活动组织的合理性，是合法性进程主要推动力；外部利益相关者弱互动，关注互补性与环境问题，期望得到支持和认同，是合法性进程的支撑和保障。

纵观全书，本书主要在以下五个方面进行了拓展和深化：

（1）通过探索性案例，基于交易与制度双重属性视角，探析了中国式情境下商业模式创新对新兴企业成长的作用机制，识别了两种属性动因对企业成长的不同作用过程，勾勒出新兴企业商业模式创新的结构性失衡纠偏及提升路径。交易属性与制度属性的整合，较好地回答了新兴企业如何通过商业模式创新来实现自身生存与成长的问题，建立了一个反映商业模式创新、合法性获取与新兴企业成长三者关系的系统逻辑框架。

（2）"情境化"了新兴经济市场下商业模式创新这一构念，给出了主题性商业模式设计的操作性定义，开发了信度和效度较好的新兴经济情境下商业模式创新的主题量表，比较好地回答了新兴企业如何通过商业模式创新进行能动性制度变革。商业模式主题能够捕捉焦点企业与利益相关者的交易行为，并描绘商业模式的整体形态，使商业模式可以更加概念化地表达和测量。以往研究关于商业模式的主题量表非常匮乏，本书中中国新兴市场经济背景下商业模式创新程度主题量表的开发，为研究的后续开展建立了好的开始。

（3）基于新制度主义视角，探索性地提出并验证了以组织合法性为中介变量、政策导向为调节变量的主题性商业模式创新对新兴企业绩效影响机制模型。发现并证实了主题性商业模式创新对于合法性的正向作用比较依赖于企业的政策导向，从而丰富并完善了关于商业模式创新和组织合法性的权变关系观。

（4）从组织战略导向与市场环境特征交互的定性比较分析（fsQCA），来解释新兴企业商业模式创新的合法性实现，能够更细致地解释复杂现象下多重并发因果关系、因果关系非对称性和多种方案结果等效性等问题。消极创新型、温和改善型、稳中求进型和积极开拓型四种合法性实现构型，揭示了多样化组态间的"殊途同归不同效"，其中温和改善型和积极开拓型更具有广泛适用性，可以更好地指导新兴企业的合法性获取实践。利用组态效应分析，克服了传统定量分析过于强调情境因素边际"净效应"的不足，发现新兴企业商业模式创新合法性实现构型的多情境解释，提供了中国独特情境下的系统化理论逻辑。

（5）引入利益相关者理论，并对电商平台的利益相关者进行了量化分析，聚合成了核心层、相关层和扩展层三类利益相关者，借助行业互动与关系互动，分阶段解析了开拓性商业模式创新和完善性商业模式创新合法性演进的动力、支撑与保障，对比性地揭示了开拓性商业模式创新和完善性商业模式创新的制度情境、主题内涵和合法性形成与演进的差异。利益相关者与组织合法性具有互撑关系，关键利益相关者的合法性认可，迎合关键利益相关者的行为规范、价值观和期望，有助于战略性地、能动性地获取组织合法性。

本书的实践意义在于为企业践行商业模式创新提供指导意见，为政府引导新兴企业商业模式创新提供政策建议。具体说来，本书的实践意义在于以下两个方面：

一是对于新兴企业商业模式创新而言，如何有效地进行顶层的主题设计，实现企业的成功创新。方法论上，给出了主题性商业模式创新设计的操作性定义，开发了信度和效度较好的中国情境下商业模式创新的主题量表。新兴市场经济情境下，创新性与合法性并举，是对企业商业创新的结构性失衡的纠偏，有助于新的交易活动体系的规范化、制度化，使企业的交易竞争优势和制度优势都得以彰显。开拓抑或完善，创业者应根据企业自身禀赋、环境变化和市场进行判断，针对性地选择变革模式，找到适合企业自身的发展道路。新兴企业商业模式创新合法化过程须充分重视政策的导向，收集、跟踪政策信息，更应主动加强与政府的互动，使政策的出台有利于商业模式的推广。

二是对于政府而言，如何发挥供给侧结构性改革作用，引导新兴企业创新和可持续发展。政府须充分发挥政策性供给的作用，政府作为制度的供给者，在市场准入、财政补贴、税收优惠、金融贷款、土地审批等方面都可以"帮到"或"帮倒"企业，因此政府往往是新企业成长中重要的资源拥有者、合法性赋予者。新兴企业的成长过程是商业模式创新创意化、商业化、制度化的过程，需要得到中国情境式政府制度创新的支持，以市场为导向的企业创新很重要，以"市场在资源配置中的决定性作用"为导向的政府制度创新也同等重要。唯有如此，供给侧结构性改革才能真正赋能活权，助力企业创新。

目　　录

第一章　绪论 …………………………………………………………（1）
　第一节　三对撬动制度的商业模式创新行为引例 …………………（1）
　第二节　研究背景与问题提出 ………………………………………（7）
　第三节　基本概念界定 ………………………………………………（15）
　第四节　技术路线与研究方法 ………………………………………（18）
　第五节　本书结构安排 ………………………………………………（21）
　第六节　研究特色和主要创新 ………………………………………（24）

第二章　商业模式创新研究回顾与相关理论构念文献综述 ………（28）
　第一节　商业模式创新研究的知识图谱与理论流派 ………………（29）
　第二节　商业模式创新研究趋势判断及理论脉络构建 ……………（43）
　第三节　相关理论背景研究综述 ……………………………………（50）
　第四节　新兴企业成长与本书的切入点 ……………………………（80）
　第五节　本章小结 ……………………………………………………（86）

第三章　商业模式创新如何作用新兴企业成长：探索性案例研究 …（88）
　第一节　商业模式创新双重属性与新兴企业成长的文献综述 ……（90）
　第二节　单案例研究设计与数据编码 ………………………………（95）
　第三节　动静态案例分析与研究发现 ………………………………（106）
　第四节　案例进一步讨论 ……………………………………………（117）
　第五节　本章小结 ……………………………………………………（122）

第四章　新兴经济情境下的新兴企业商业模式创新：主题设计与
　　　　　量表开发 ……………………………………………………（126）
　第一节　新兴经济情境下商业模式创新的理论框架构建 …………（128）
　第二节　开拓性与完善性商业模式创新的量表初步开发 …………（141）

2　新兴企业商业模式创新主题设计研究

　　第三节　新兴经济情境下商业模式创新测量框架修正：
　　　　　　探索性研究 …………………………………………（148）
　　第四节　新兴经济情境下商业模式创新测量量表检验：
　　　　　　验证性研究 …………………………………………（151）
　　第五节　本章小结 ………………………………………………（154）

第五章　主题性商业模式创新与新兴企业成长：概念模型 ………（158）
　　第一节　主题性商业模式创新对新兴企业成长的影响机制 ……（159）
　　第二节　新制度主义视角下主题性商业模式创新与新兴企业
　　　　　　成长：变量关系模型 …………………………………（161）
　　第三节　主题性商业模式创新与新兴企业合法性实现：
　　　　　　集合关系模型 …………………………………………（178）
　　第四节　主题性商业模式创新过程中合法性的形成与演化：
　　　　　　案例框架模型 …………………………………………（182）
　　第五节　本章小结 ………………………………………………（184）

第六章　主题性商业模式创新与新兴企业成长：实证与检验 ……（188）
　　第一节　研究设计 ………………………………………………（188）
　　第二节　商业模式创新与新兴企业成长：总效应检验 …………（216）
　　第三节　开拓性商业模式创新与新兴企业成长的实证研究 ……（221）
　　第四节　完善性商业模式创新与新兴企业成长的实证研究 ……（225）
　　第五节　两种主题商业模式创新的比较性检验 …………………（229）
　　第六节　进一步的验证 …………………………………………（233）
　　第七节　本章小结 ………………………………………………（235）

第七章　新兴企业商业模式创新的合法性实现：基于模糊集的
　　　　　　定性比较分析（fsQCA） ……………………………（237）
　　第一节　QCA 研究框架提出 ……………………………………（239）
　　第二节　研究方法、数据与变量校准 …………………………（242）
　　第三节　实证分析：实现构型探索 ……………………………（248）
　　第四节　本章小结 ………………………………………………（254）

第八章　开拓性与完善性商业模式创新过程中合法性的形成与
　　　　　　演化：电商平台双案例研究 …………………………（257）
　　第一节　电商平台中利益相关者界定与分类 …………………（258）

第二节 开拓性商业模式创新过程中合法性的形成与演化：
　　　　以阿里巴巴为例 …………………………………………（261）
第三节 完善性商业模式创新过程中合法性的形成与演化：
　　　　以京东为例 ……………………………………………（269）
第四节 深化讨论及内涵揭示 …………………………………（278）
第五节 本章小结 ………………………………………………（284）

第九章 政府供给侧结构性改革、引导新兴企业商业模式创新发展的政策研究 …………………………………………（286）
第一节 促进新兴企业商业模式创新顶层主题设计的
　　　　对策建议 ………………………………………………（286）
第二节 发挥供给侧结构性改革作用、引导新兴企业创新
　　　　发展的政策建议 ………………………………………（296）
第三节 本章小结 ………………………………………………（301）

第十章 研究结论与未来展望 ……………………………………（302）
第一节 本书研究结论 …………………………………………（302）
第二节 本书研究启示 …………………………………………（306）
第三节 未来研究展望 …………………………………………（312）

参考文献 ……………………………………………………………（314）

附录1 裸心访谈提纲（企业版）……………………………………（355）
附录2 裸心访谈提纲（政府版）……………………………………（357）
附录3 量表开发中商业模式创新访谈提纲 ………………………（360）
附录4 商业模式创新与新兴企业成长的调查问卷 ………………（362）
附录5 电商平台中的利益相关者测量问卷 ………………………（366）
附录6 阿里巴巴访谈提纲 …………………………………………（369）
附录7 电商企业及其利益相关者调研访谈提纲 …………………（371）

后 记 ………………………………………………………………（373）

第一章　绪论

商业模式创新（Business Model Innovation，BMI）是新兴市场经济下企业转型升级的重要载体，"设计思想"融入商业模式已成为企业获得持续性竞争优势的价值源泉（Zott & Amit，2007）。中国新兴市场经济下制度不完善和市场机会并存，为新兴企业商业模式创新提供了"一个独特的市场可行与制度合法的情境"（Jia et al.，2012），"制度真空"和"制度缺陷"为新兴企业主题设计提供了逻辑起点。大数据、云计算、移动互联带来连接效率的提升，使新兴企业在缺乏关键资源和能力情况下借助商业模式设计跨界整合要素成为可能，用"网络效应＋零边际成本＋长尾理论"重构范围经济、规模经济与市场边界（Priem et al.，2013；杨俊等，2018）。2018 年中国《政府工作报告》明确提出将商业模式创新与技术创新一起作为经济增长的创新引擎，市场机会与制度包容的中国新兴经济情境，使制度约束的"双刃剑"效应更多地转变为撬动制度的创新创业激情，推动熊彼特创新行为的"创造性破坏"。自 2015 年国务院印发《关于积极推进"互联网＋"行动的指导意见》以来，以互联网平台企业为主导的"独角兽"[①]们增长迅猛，从 2015 年的 70 家，增加到 2016 年的 131 家，再到 2017 年的 164 家，2018 年的 203 家，2019 年则达到 218 家的高位，涉及金融、信息技术、智能网联、医疗健康、汽车交通、社交网络、文化娱乐等 26 个领域[②]。

第一节　三对撬动制度的商业模式创新行为引例

本节简要介绍三对典型案例，希望读者能够对新兴企业撬动制度的创

[①] 所谓"独角兽公司"，是指那些估值达到 10 亿美元以上的初创企业。
[②] 清科研究中心：《2019 年中国独角兽企业研究报告》。

新行为有大致了解。第一对是动了传统商业"奶酪"的阿里巴巴与京东，阿里巴巴开创了电子商务的先河，革了传统商业的命；京东则打破了3C产品的行业潜规则，以自营和物流，进一步完善了电子商务的制度。第二对是动了传统金融"奶酪"的支付宝与财付通，"如果银行不改变，我们就来改变银行"，支付宝第一个获得第三方支付牌照而抢占了移动金融的制高点；财付通则通过微信红包、微信"摇一摇"、扫码支付等，变革了传统的社交功能，成功地在移动支付领域与支付宝分庭抗礼。第三对是动了传统出行"奶酪"的滴滴出行与曹操专车，滴滴出行因网约车模式的开启成为当之无愧的独角兽；曹操专车则以传统车企为利基，迅速成长为"互联网＋出行"领域首个建立新能源汽车出行服务标准的专车品牌。

【第一对案例】阿里与京东：动了传统商业的"奶酪"

阿里成长史[①]。1995年，马云因杭州市高速公路项目到美国讨工程款，并首次触网。回国后，即1995年5月9日，中国第一家商业网站"中国黄页"诞生。1997年12月，外经贸部邀请马云加盟中国国际电子商务中心，担任信息部总经理，马云和他的团队利用一年的时间，成功地推出了网上广交会、网上中国商品交易市场、中国招商和中国外贸等一系列网站。1999年，由于网站定位上的分歧，马云带着他的团队从北京回到杭州，在杭州湖畔花园自己的家里进行创业，创办阿里巴巴B2B。马云不断地告诉大家，"B2B模式将改变全球几千万人的商业模式"。2000年9月，西湖论剑，为互联网造势，并且西湖论剑一直持续到2010年的第六届。2000年10月，阿里推出中国供应商服务，助推企业走出国门。2002年，推出诚信通服务，初步解决电商信用问题。2003年，进军C2C领域，淘宝诞生。2004年6月举办的首届网商大会，是马云主推的一个概念营销活动，目的是宣传阿里巴巴的品牌影响力。2005年雅虎以10亿美元投资阿里巴巴。2006年马云在《赢在中国》任评委，将马云以及其电商模式在创业人群心中的地位推向了最高峰。2007年，阿里巴巴B2B在香港上市，意味着阿里巴巴模式基本受到外界的认可和接受。2009年以后，每年"双十一"购物节已然成为中国消费者狂欢的购物节；2014年阿里巴巴集团整体在美国纽约上市，更是表明了阿里巴巴电商模式基本得到社会各界的认可。

[①] 阿里巴巴官网，https://www.alibabagroup.com；王利芬、李翔：《穿布鞋的马云——决定阿里巴巴生死的27个节点》，北京联合出版公司2014年版。

京东成长史①。1998—2001年，刘强东创业3年，赚了1200万元，垄断了中关村刻录机市场80%的市场份额。2001年，京东由代理商转型为零售商，产品品类也拓展到IT、3C等产品的销售。2003年，"非典"疫情迫使刘强东通过网络销售产品。2004年，京东多媒体网站上线，刘强东线上线下两条腿走路，并放出豪言，"让中关村电脑村"消失。2005年，京东彻底转型为电商企业，京东遇到的最大挑战来自品牌商和经销商，京东遇到无数次品牌厂商或代理商的抗议、打压和封杀，品牌厂商视京东为"捣乱者"甚至"怪胎"，担心京东的低价冲击他们既有的渠道价格体系，而对传统渠道商而言，京东的出现已然威胁到了自己的生存。由于以"正品、低价"为旗帜，京东商城销售额由2006年的8000万元蹿升至2007年的3.6亿元，年均增长350%，并获得今日资本等风险资本的青睐。2008年始，由于原来主攻的IT数码类商品利润微薄，京东进一步将品类拓展到家电、日用百货、体育用品、图书等领域，京东也从3C网络零售商向综合型网络零售商转型。为此，京东不惜四面树敌，点燃了同苏宁、国美、当当、淘宝等巨头的战火，京东内部宣扬的就是"战斗"文化。同时，京东提前布局物流基础设施建设，加上资本助力，京东优势逐渐形成。2010年3月京东商城推出"211限时达"极速配送，2010年4月京东商城推出"售后100分"服务承诺，引领并建立中国B2C行业的全新标准。2011年2月，京东商城iPhone、Android客户端相继上线，启动移动互联网战略。2013年3月30日，京东商城改名"京东"，新战略去商城化、做平台，并更换LOGO。2014年5月，京东集团在美国纳斯达克挂牌上市。

做企业最重要的是找到适合自身发展的经营模式。马云说过："模式是什么？模式是指把成功的经验取出来，放到其他地方也可以拷贝和尝试。今天的互联网没有成功的模式，世界上没有最好的模式，只有最适合自己的模式。"阿里与京东的成功经历，让我们发现，一种伴随着挑战既有制度或商业一般认知的创业行为往往可能带来更高经济绩效或更深层次的商业模式变革。阿里和京东动了传统商业的奶酪。阿里创业之初，从最初只有18人的"阿里巴巴在线"，到今日数百万商家组成的"电子商务生态体系"，在每一个决定之前，阿里都会考虑怎样做才会使客户的利益更大化，马云在多个场合表示阿里巴巴永远是"客户第一、员工第二、

---

① 京东官网，https://www.jd.com；李志刚：《创京东——刘强东亲述创业之路》，中信出版集团2014年版。

股东第三"。基于此，阿里创造性地用平台电商"弯曲"了传统的直线商业链条，拉拢不同群体的供求，快速匹配，给买方用户带来最大的利益的同时，也赋能商家。阿里在改写传统商业游戏规则、释放了草根创新活力的同时，也创造了阿里巴巴的成长奇迹。无独有偶，刘强东在2011年第四届创业家年会上做了题为"改变世界"的演讲，他说改变世界首先要改变自己，并称京东是奔跑中的阿甘。

【第二对案例】支付宝与财付通：动了传统金融的"奶酪"

支付宝的进化史[①]。2003年，淘宝网首次推出支付宝服务，支付宝作为网上交易双方信用的第三方担保平台。2004年，支付宝从淘宝网分拆独立，逐渐向更多的合作方提供支付服务，发展成为中国最大的第三方支付平台。2005年，支付宝推出"全额赔付"，提出"你敢用，我敢赔"承诺。2008年2月，支付宝发布移动电子商务战略，推出手机支付业务。2008年10月，支付宝公共事业缴费正式上线，支持水、电、煤、通信等缴费。2010年12月，支付宝与中国银行合作，首次推出信用卡快捷支付。2011年5月，支付宝获得中国人民银行颁发的国内第一张《支付业务许可证》（业内又称"支付牌照"）。2013年，支付宝推出账户余额增值服务"余额宝"，发展理财业务，开启中国民众理财热潮。同年，支付宝上线中国铁路客户服务中心（12306网），让网上购票成为流行。2013年3月，支付宝的母公司宣布将以其为主体筹建小微金融服务集团（以下简称"小微金服"），小微金融（筹）成为蚂蚁金服的前身。2014年10月，蚂蚁金服正式成立。蚂蚁金服以"让信用等于财富"为愿景，致力于打造开放的生态系统，通过"互联网推进器计划"，助力金融机构和合作伙伴加速迈向"互联网＋"，为小微企业和个人消费者提供普惠金融服务，为中国践行普惠金融的重要实践。蚂蚁金服旗下有支付宝、余额宝、招财宝、蚂蚁聚宝、网商银行、蚂蚁花呗、芝麻信用等子业务板块。

财付通的追赶史[②]。在第三方支付业务发展初始阶段，无论是用户数量还是市场份额，支付宝一直完胜其他第三方支付平台。2005年成立的财付通则一直以追赶者的姿态不断逼近支付宝，2009年开通手机支付业务，2010年腾讯电商控股有限公司成立之后，财付通助理总经理吴毅就表示："财付通的开放平台更强调电子商务和生活服务领域，在竞争对手中更关注的会是阿里集团。"其后，财付通各类针对支付宝的竞争行动也

---

① 支付宝官网，https://www.alipay.com。
② 财付通官网，https://www.tenpay.com。

很好地印证了这一点，无论是2010年推出水电缴费业务，2011年推出微信，2012年推出银行卡转账业务，2013年推出扫码支付、滴滴打车服务，还是2014年推出"抢红包"和理财通业务，都是对支付宝核心业务针对性极强的直接竞争行动。从时间上来看，财付通推出信用卡业务要比支付宝迟了近3年，推出生活服务类项目则比支付宝迟了近2年，手机支付业务比支付宝迟了近1年，但是推出理财通业务却仅比余额宝迟了7个月，红包业务也仅仅比支付宝迟了5个月，而推出扫码业务却领先支付宝近3个月，推出微信则比阿里推出来往领先了1年。从竞争效果来看，财付通在2013年率先推出扫码支付，在线下支付业务拓展速度上一度领先支付宝，而在2014年新年抢红包活动中，腾讯还以800万用户参与的优势超过了支付宝500多万用户的参与数。

"如果银行不改变，我们就来改变银行"。支付宝从交易担保，到理财功能，再到全生活场景平台的进化史，全世界都没有先例，只能摸着石头过河。支付宝的诞生是为了克服电子商务中的"信用""支付"问题，大胆地将用户和商家两方面的风险全部承担起来，最大限度地打消了人们在买卖过程中的不信任感。可以说，支付宝这个产品的开发就是走出中国特色的电子商务最重要的一步。余额宝的开通，则真正动了银行的奶酪，让人们意识到银行不是唯一的理财通道，开启了互联网理财时代。无独有偶，成立晚两年的财付通紧紧追赶支付宝，2011年以前，财付通几乎所有业务的推出都落后于支付宝至少半年以上，进入2012年之后，借助微信业务这一专用性资产，"社交+支付"的模式正式开启，财付通以极具针对性并且高效的产品创新策略取得了与支付宝相抗衡的实力，甚至具备了一定优势。

【第三对案例】滴滴出行与曹操专车：动了传统出行的"奶酪"

滴滴出行发展历程[①]。2012年5月，快的打车APP在杭州诞生，其推出公司为快智科技公司；同年7月，滴滴打车APP在北京诞生，其推出公司为小桔科技公司。2012年11月滴滴日订单破一千。2013年4—6月拿下北京市场，进军上海市场。2013年10月，艾瑞集团发布打车软件唯一一份行业报告，滴滴打车的市场份额为59.4%，超过其他打车软件市场份额之和。2014年1—5月，滴滴与快的进行补贴大战。2014年8月，推出"滴滴专车"。2015年2月，滴滴开启与快的合并。2015年5月，推出"滴滴快车"。2015年6月推出"滴滴顺风车"。2016年10月，

---

① 滴滴出行官网，http：//www.didichuxing.com。

交通运输部发布《网络预约出租汽车运营服务规范（征求意见稿）》。2016年2月，春运首周，滴滴跨城顺风车运送了30万人，成为春运的重要运力补充。2016年6月，滴滴巴士品牌升级为"滴滴公交"。2016年7月，交通运输部等七部委公布了《网络预约出租汽车经营服务管理暂行办法》，从国家层面首次明确了网约车的合法地位。2016年8月，滴滴出行并购优步中国。滴滴出行与出租车企业达成战略合作，截至2016年11月，已牵手150家出租车企业。2017年3月，滴滴在天津获得首个《网络预约出租车汽车经营许可证》。截至2017年5月，滴滴已在全国11个城市获得网约车许可证。2017年8月始，滴滴进军海外市场和投资海外打车公司。2018年8月，滴滴出行宣布，公司旗下汽车服务平台正式升级为"小桔车服"公司。2019年5月，滴滴发布"群雁"智能出行开放平台，宣布将滴滴积累的AI技术、服务、算力以及多元化的解决方案进行全方位的开放。

曹操专车发展历程①。2015年11月，曹操专车在宁波上线公测。2016年7月和11月，曹操专车正式在青岛和南京上线。2017年1月，正式在成都和厦门上线。2017年2月，曹操专车通过浙江省交通运输厅等相关部门审核，正式获得浙江省交通运输厅下发的《申请从事网约车经营具备线上服务能力的认定结果》，并获得《网络预约出租汽车经营许可证》。2017年11月和12月分别获得哈尔滨市和深圳市《网络预约出租汽车经营许可证》。2018年，上线三年，曹操专车俨然成为中国的新能源汽车出行服务平台。2018年3月，曹操专车荣膺湖南地区消费者依赖的出行服务品牌。截至2018年12月，曹操专车已先后获得71个城市的网约车牌照。2019年2月，曹操专车宣布"曹操专车"升级为"曹操出行"。

网约车出现后，由于与出租车等既得利益者相冲突，可以说是一项新生事物；当然，滴滴出行属于打破传统出行市场的"鲶鱼"。尽管滴滴出行从诞生开始就被诟病跑得太快，它所行之处向来充满争议，从不缺少话题，但经过4年野蛮生长，滴滴出行就成长为全球前三的独角兽公司。具体来说，在经过几轮地推、补贴大战对用户进行教育之后，滴滴出行急速扩张近400个城市，获得苹果投资，并且合并了"快的""优步中国"两家公司，2016年滴滴出行的估值推高到350亿美元，并入选《财富》"2016年改变世界的50家公司"。其间，经历了打破传统出行，大战"快的""优步中国"，以及与百家传统出租车企业联手合作、重归于好，再

---

① 曹操专车官网，https://www.caocaokeji.cn。

到新政落地、网约车正式合法化，滴滴出行这只市场"鲶鱼"最终成为最大的受益者。无独有偶，曹操专车可谓是汽车制造业的"黑马"。在激烈的市场竞争，以及尚不够规范的政府规制之下，曹操专车于2015年创立，如今稳居市场前三位。不同于滴滴出行的是，曹操专车秉持的商业模式是"新能源车辆+公车公营+认证司机服务"的B2C模式，其中，"新能源车辆"符合国家《关于2016—2020年新能源汽车推广应用财政支持政策的通知》等系列文件，享受国家政策的"保驾护航"；"公车公营"，在于曹操专车肩负了吉利汽车制造商去产能和转型升级的任务，曹操专车司机均为聘用制员工；"认证司机服务"是指通过线上曹操学院培训上岗、线下司机素质考核，形成了曹操专车的安全竞争优势。显然，曹操专车作为网约车的"后来者"，不只想做"联网+出行"的旁观者，而是想做"参与者""推动者"，并成功分到了"一杯羹"。

第二节 研究背景与问题提出

一 研究背景

（一）现实背景

1. 新兴企业遭遇"死亡谷"

创业活动有利于把科学技术转化为现实生产力，有利于人们追求自我价值实现的同时创造社会财富，因而正日益成为经济发展的重要推动力量（Minniti & Lévesque, 2018；吴义刚，2010；罗兴武等，2019），并吸引更多的人加入到创业的洪流中来。经过40多年的改革开放和快速发展，中国逐渐从农业经济转向工业经济，进而转向创业型经济，特别是相关政策的指引，如《国务院关于大力推进大众创业、万众创新若干政策措施的意见》（国发［2015］32号），全民进入一个"大众创业、万众创新"的新时代。据全球创业观察（Globe Entrepreneurship Monitor, GEM）中国报告，2015年中国创业活动指数为14.4，即每百名18—64岁的中国成年人中，有14.4人参与了创办时间不超过三年半的新兴企业，创业热情高于美国的13.81、英国的10.66。

新兴企业不断出现是经济繁荣的表现，是社会经济持续发展的原动力。然而，与蓬勃发展的创业趋势相对立的是现实中创业的高失败率，即所谓的"死亡谷"现象：约50%的企业会在成立3年内死亡；剩下的50%中，约50%的企业会在5年内死亡；余下的25%的企业中，多数难以抵御经济周期的波动。在中国，随着竞争活动的加剧以及全球经济的不确定性，新兴企业死亡率有进一步走高的趋势。以中关村新兴企业为例，1995年前后，新兴企业死亡率在20%左右；进入21世纪，死亡率上升到40%左右；到了2014年下半年，由于全球经济不景气，死亡率进一步上升至70%左右。在美国，能生存10年的新兴企业也不超过13%。《财富》杂志2014年分析，全球范围的新兴企业死亡率高达70%以上。因此，创业已被认为是成功率最低的经济活动（张玉利、田新，2010；马蔷等，2015）。

2. 中国新兴经济情境为新兴企业成长带来机遇和挑战

始于1978年的经济体制改革使我国成为新兴经济大国，新兴经济的关键是经济体制从计划经济向市场经济转变，实质是一种制度变迁（项国鹏等，2012）。值得关注的是，中国的新兴经济不同于国外的转轨经济，也不同于新兴经济理论的一般教条，而是具有中国特色的探索性改革道路，这也导致大量的正式制度与非正式制度长期处于交织演进状态（苏晓华、王科，2013）。

一方面，伴随着政府逐渐放松经济管制，制度环境的规范性和认知性的提高，中国新兴经济极大地激发了民众创业热情，释放了创业能量，丰富了创业机会，为新兴企业发展提供了制度性支持。制度性支持性影响主要来自政府的系列创业政策，如《国务院办公厅关于强化企业技术创新主体地位　全面提升企业创新能力的意见》（国办发〔2013〕8号）、《国务院关于国家重大科研基础设施和大型科研仪器向社会开放的意见》（国发〔2014〕70号）、《国务院办公厅关于发展众创空间推进大众创新创业的指导意见》（国办发〔2015〕9号）、《国务院办公厅关于支持农民工等人员返乡创业的意见》（国办发〔2015〕47号）等。此外，制度性支持也来自行业规范的转变和对创业认知的增强（李雪灵等，2010；罗兴武等，2018），如银行业加大对中小企业的贷款力度、学术界开始热衷新兴企业的研究、社会日益尊重创业者等。

另一方面，中国的市场体系尚在建设中，社会经济受计划体制的影响深远（Boisot & Meyer，2008），新兴经济依然向纵深层次演进，制度环境不确定性较强，为新兴企业发展制造了制度性创业约束。制度约束性影响主要分为两类：一是经济体制改革所生成的规制性制度约束；二是制度变迁和技术变迁的互动作用所引致的规范性制度约束和认知性制度约束（迟考勋、辛丽华，2012），如关系网络非市场因素作用巨大、公众对民营企业在价值观和专业技术层面的曲解。

3. 商业模式创新是互联网时代新兴企业成长的重要途径

20世纪90年代以来，伴随着互联网、通信技术、数字技术的广泛运用，商业模式创新已成为互联网时代企业升级战略实施的重要载体，是竞争优势的价值源泉（江积海、张烁亮，2015）。互联网时代，涌现了一大批依靠商业模式创新而创造辉煌的新兴企业，如阿里巴巴、京东、小米、奇虎360、滴滴、韩都衣舍、虾米音乐人等。

技术本身并没有特定的客观价值，必须通过商业模式创新来实现其潜在的经济价值（Chesbrough & Rosenbloom，2002）。商业模式创新是企业建立启发式逻辑，并把技术与其蕴含的潜在经济价值联系起来的过程（Chesbrough et al.，2006）。苹果不是最早生产音乐播放器的企业，也不是最早生产手机的企业，却通过"iPod + iTunes"、"iPhone + AppStore"的商业模式成功实现后来者居上，开创了全新的数字音乐产业和移动智能手机市场。可以看出，商业模式创新并不是源于技术发明本身，而是源于对客户需求的挖掘、价值主张的重新定义（谢德荪，2012）。

互联网时代的基本特征，就是层出不穷的不确定性（Barkema et al.，2002）。"赢者通吃"的"森林法则"，迫使新兴企业寻求商业模式创新实现对在位企业的超越。商业模式创新是企业通过重组现有资源和合作伙伴，来设计新的运营系统或者改良既有运营系统（Zott & Amit，2010；Luo et al.，2016），并引入可盈利商业逻辑以打破既有游戏规则（Markides，1998，2006）。阿里巴巴通过创造电子商务领域B2B模式，小米通过打造"硬件+软件+服务"的"三驾马车"模式，乐视通过开启互联网电视模式，制定了新的游戏规则；微信支付通过微信客户渗透，京东通过线上自营和线上平台一体，韩都衣舍通过增加品类累积供应链柔性，完善了原有的行业规则。商业模式创新不仅是对企业运作方式的改变或变革，而且有助于新兴企业在成长过程中形成差异化经营，形成有价值的、异质性的、难以模仿的资源，实现比在位企业更快的发展。因此，商业模式创新是互联网时代新兴企业成长的重要途径。

（二）理论背景

1. 商业模式研究的兴起

商业模式这个概念最早出现在Bellman等（1957）发表在 *Operations Research* 的文章中，但真正兴起则始于20世纪90年代信息技术的发展，作为一个分析单元受到了学者和企业管理者的广泛关注。对于商业模式的关注与互联网进入商界的时间相吻合，表明商业模式的兴起得益于互联网的发明与发展、ICT技术运用和虚拟市场运作（Magretta，2002；Zott &

Amit，2011），以及后工业时代企业发展需要（Coye et al.，2009）与新兴经济体的快速增长（Ricart et al.，2004）。显然，信息技术和现代管理理念是商业模式发展的重要推手（Gambardella & McGahan，2010；Wirtz et al.，2010）。

　　商业模式的研究主题以前主要聚焦在电子商务（E-commerce）、战略（Strategy）、技术创新（Technology Innovation）领域，现在越来越多的学者开始关注商业模式在创业（Entrepreneurship）领域的应用。在电子商务领域，商业模式主要在回答"企业如何获取价值"，并描述基于互联网"做业务"（Doing Business）的全新方式（Zott & Amit，2011）。Amit 和 Zott（2001）认为商业模式能够更好地解释电子商务企业赚钱的过程。Hanafizadeh 和 Nikabadi（2011）识别了经济控制、功能拓展、供应链整合等 18 个因素以供企业选择不同的电子商务模式。在战略领域，商业模式主要用于回答"企业如何创造价值"，以解释基于新网络和活动系统的价值创造机制与企业竞争优势来源。Al-Debei 和 Avison（2010）采用内容分析法，提出了一个包括价值主张、价值网络、价值架构和价值财务 4 个维度的综合商业框架，指出商业模式是网络属性的价值创造。Casadesus-Masanell 和 Ricart（2010）、Collins 等（2011）认识到企业可以通过商业模式来建立竞争优势。在技术创新领域，商业模式被视为将技术转换为市场产出的转换机制。Amit 和 Zott（2012）通过对苹果和 HTC 商业模式的比较研究，发现商业模式创新可以通过增加活动内容、改变部分活动内容和改变活动连接方式来完成。在创业研究领域，商业模式是开发、识别机会的价值创造活动（Amit & Zott，2001）。创业领域关注商业模式生成和演化，认为商业模式演变是商业模式的多次创新过程，并从静态和动态视角进行了刻画。静态视角强调准确刻画商业模式的构成要素，通过对商业模式要素的改变、重组和设计，实现商业模式的创新（Voelpel & Dous，2004；Yip，2004；Teece，2006）；动态视角主张采用阶段划分的方法，通过分析不同阶段的企业所面临的任务、挑战以及目标，描绘出企业不同阶段商业模式的特征、诱因及其关系（Osterwalder et al.，2005；Cavalcante et al.，2011）。

　　2. 制度理论在战略管理研究中的地位越发凸显

　　近些年来，制度研究和制度分析越来越受到社会科学研究者（DiMaggio & Powell，1983；North，1990；Scott，1995）和战略管理者（Oliver，1991；Peng & Heath，1996；Peng et al.，2008）的关注和重视。学者们发现，制度环境不仅仅是组织的背景条件，还直接决定公司的战略方向。

Amburgey 和 Rao（1996）认为，交易成本理论、资源依赖理论、组织生态学和制度理论是组织理论中最具主流地位的四大学派，而制度理论正成为聚合的焦点（陈惠芳，1998）。1991 年 Powell 和 DiMaggio 编辑出版 *the New Institution in Organization Analysis* 论文集，2000 年 AMJ 首次将制度理论与资源基础观相提并论，以及 2005 年 JMS 出版《新兴经济下的战略研究》（*the Strategic Research on Emerging Economies*）的特刊，推动制度理论成为与行业竞争理论（Porter，1980）、资源基础理论（Barney，1991）并驾齐驱的战略三脚架（Tripod）中"第三条腿"（如图 1-1 所示）。

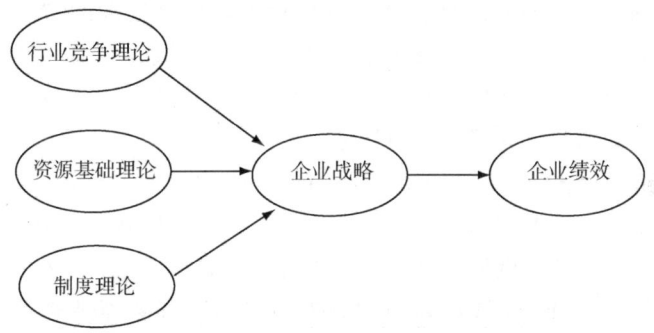

图 1-1　制度理论：战略三脚架的"第三条腿"

企业的战略选择是在行业情境、公司特定资源与制度约束三因素共同塑造下，制度与组织动态互动的结果（Peng，2000，2002）。传统理论的局限在于它们过于强调行业情境和企业资源，却忽视了行业和企业面临的正式与非正式制度的约束，难免对制度对企业战略的塑造作用重视不够（Peng et al.，2008）。Peng 等（2008）指出制度条件、企业资源与能力、产业竞争环境共同影响企业战略选择，并由此导致企业绩效的差异。

3. 新兴企业成长研究的新趋势

20 世纪 50 年代，彭罗斯企业内生成长理论认为企业成长存在一个来自企业内部的管理制约，强调企业成长的动力源于组织冗余资源与管理者能力的有效结合（Penrose & Edith，1959）。"生产机会"支配着企业的生产经营活动，管理者的主动进取心探索和开发了生产机会，充分利用组织冗余资源，从而促进了企业的经营与发展（Penrose & Edith，1959）。20 世纪 70 年代，随着创新网络模式的蓬勃发展，企业网络化成长理论兴起。"强、弱关系"力量、"结构洞"占据、网络架构等获取机制（Granovetter，1973；Nelson，1989；Burt，1992），有利于获取网络资源，促进企业成长。20世纪80年代，热衷于组织死亡率讨论的组织生态学得到了重视。"组织设立—组织成长—组织死亡"的发展路径和生态学模型引入社会组织演化的过程研究中（Hannan & Freeman, 1977）。组织世界被划分为竞争和制度两个部分，竞争部分组织的生存依赖于效率，而制度部分组织的生存依赖于制度的同构性（Meyer & Scott, 1983）。合法性也被引入种群生态理论，合法性使得组织密度与设立率之间存在正向的关系，而竞争性的作用则相反（Hannan & Freeman, 1989）。

20世纪90年代，制度理论进入了新制度主义阶段，新兴企业合法化成长的内涵与外延不断拓展。企业越来越意识到合法性的"可操作性资源"特征，已逐渐不满足于单向的、被动的制度嵌入，而倾向于通过主动的组织行为来改变或创造制度。合法化战略的研究，也从单一的被动遵从演化为丰富的合法化战略，包括适应环境、选择环境、操纵环境和创造环境四种战略（Suchman, 1995; Zimmerman & Zeitz, 2002）。新兴企业成长过程，是一个企业根据具体制度情境选择合法化战略，谋取规制、规范和认知合法性，整合资源，跨越企业生存"合法性门槛"，进而实现企业成长的过程（Zimmerman & Zeitz, 2002）。因此，新兴企业合法化正成为一种新兴企业成长研究的新趋势。

二　研究问题的提出

伴随着互联网、通信技术、数字技术的广泛运用，商业模式创新已成为新经济时代新兴企业成长的重要途径。新制度主义认为，商业模式创新成功与否不仅取决于资源基础，还取决于其面对的社会化制度结构。始于1978年的经济体制改革使中国成为全球最大的新兴经济国家，为商业模式创新研究提供了"一个独特的市场可行与制度合法的情境"。中国新兴市场经济市场遵循的是中国特色的探索性改革道路，制度环境极不完善，集中表现为市场中的"制度真空"与"制度缺陷"。正如一些学者所指出的，商业模式需要顶层的主题设计，"设计思想"融入商业模式，有助于企业获得持续性竞争优势。因此，中国新兴经济情境下的制度约束如何锐化商业创新主题设计？商业模式创新主题设计如何影响新兴企业成长？不同主题性商业模式创新的合法性又是如何形成与演化的？这些疑问已成为理论界和企业界亟待研究的问题。

针对上述问题，本书将围绕"新兴企业商业模式创新主题设计"这一核心科学问题展开研究，构建新兴企业主题性商业模式创新的概念化、绩效机制、合法性实现与演化机制的系统研究范式，从而为中国转型经济情境下新兴企业不同主题性商业模式创新的内涵建设及竞争优势获取提供理论依据。以此为中国新兴企业在新一轮的成长中提供管理工具和实践启示，并为政府供给侧结构性改革、引导新兴企业创新发展提供管理建议和决策支持。为此，本书遵循"概念化→绩效机制→合法性实现与演化"研究思路，设计了5个层层递进的子研究加以具体分析。

（1）子研究一：商业模式创新如何作用新兴企业成长：探索性案例研究

裸心民宿企业的成长，具有鲜明的中国新兴市场经济烙印。子研究一将运用探索性单案例的研究方法，基于交易与制度双重属性视角，探析中国情境下商业模式创新对新兴企业成长的作用机制，识别两种属性动因对企业成长的不同作用过程，旨在构建一个反映中国新兴市场经济下商业模式创新如何作用新兴企业成长的系统逻辑框架。当然，作为单案例研究，所得到的研究框架需要在后期的研究中做进一步的拓展和深化，并且也有待未来做大样本检验，以证实这一子研究结论的普遍意义。

（2）子研究二：新兴经济情境下的新兴企业商业模式创新：主题设计与量表开发

商业模式创新正成为新兴企业的重要突破口。商业模式创新是引领企业下一轮发展空间拓展的重要武器和途径（吴晓波，2015），是网络经济时代企业转型升级的重要载体（江积海、张烁亮，2015）。商业模式创新需要顶层设计（Zott & Amit, 2007），"设计思想"融入商业模式，有助于企业获得持续性竞争优势（Fraser, 2007）。子研究二将探讨商业模式及其主题设计的理论基础，解析新兴经济情境对新兴企业商业模式创新的影响，开发新兴经济情境下商业模式创新主题设计的量表，并计划通过两次问卷调查对所开发的主题量表进行探索性分析和验证性检验。新兴经济情境下商业模式创新主题量表开发，一方面创造性地将商业模式理论与制度理论相结合，挖掘开拓性商业模式创新和完善性商业模式创新的理论内涵，以弥补商业模式创新"情境化"的不足，并回答新兴企业如何通过商业模式创新进行能动性交易范式变革的问题；另一方面开拓性商业模式创新和完善性商业模式创新量表的对照性设计与开发，一定程度上为新兴企业在商业模式创新实践如何设计顾客价值、定位市场、建立价值网络、培育企业资源和能力等方面，提供方法论的指导，指引新兴企业在新兴经济情境下进行商业模式创新的实践。

（3）子研究三：主题性商业模式创新与新兴企业成长：实证与检验

子研究三将依据科学严谨的过程，对主题性商业模式创新对新兴企成长的作用机制进行实证研究。首先，从样本与数据收集、变量测量、变量信度和效度检验、研究方法选择4个方面进行研究设计。其次，对研究变量进行相关矩阵分析和描述性统计，掌握变量之间的相关关系、均值和标准差，并对相关理论假设进行初步验证。再次，检验商业模式创新（包括开拓性和完善性）通过合法性影响新兴企业绩效的中介效应，验证政策导向对商业模式创新与合法性关系的调节效应。以此，验证概念模型的普适性，并比较性检验本书中新兴经济情境下不同主题商业模式创新对新兴企业成长作用机制的差异。

（4）子研究四：新兴企业商业模式创新的合法性实现：基于模糊集的定性比较分析（fsQCA）

商业模式创新是企业与内外部环境相互联动、共同进化的结果，尽管先前的研究表明，组织战略导向、市场环境特征都能影响合法性的获取，但鲜有研究利用组织战略与市场环境交互的定性比较分析（fsQCA）来解释新兴企业商业模式创新的合法性实现。与考察情境因素"净效应"的传统回归分析不同，模糊集定性比较分析是一种基于案例的非对称方法，侧重于情境因素配置之间的复杂因果关系，能够克服传统定量分析过于强调情境因素边际"净效应"的不足。子研究四将以新兴企业为代表性样本，运用fsQCA方法，整合主题性商业模式创新、组织战略导向、市场环境特征三个层面及其多个条件要素，探讨影响新兴企业商业模式创新合法性实现的多重并发因素和因果复杂机制。

（5）子研究五：利益相关者互动视角下新兴企业商业模式创新过程中合法性的形成与演化

利益相关者互动能够为主题性商业模式创新合法性的形成与演化提供微观基础。子研究五以阿里巴巴和京东分别作为开拓性和完善性商业模式创新的典型案例，探讨利益相关者可以通过互动改变合法性的定义，其行为过程决定合法性进程。商业模式创新的利益相关者可以分为核心层、相关层与扩展层，核心层的强互动是平台商业模式创新合法性演进的主要动力，与相关层、扩展层的弱互动是合法化演进中的支撑和保障。利益相关者与组织合法性具有互撑关系，关键利益相关者的合法性认可，迎合关键利益相关者的行为规范、价值观和期望，有助于组织战略性地、能动性地获取组织合法性。

第三节　基本概念界定

一　新兴经济

Arnold 和 Quelch（1998）指出，新兴经济体可以定义为满足两个条件的国家：一是经济的快速发展；二是突出经济自由化和采用自由市场系统的政府政策。Hoskisson 等（2000）在 Arnold 和 Quelch（1998）的基础上，进一步将新兴经济体的指代进行了细化，他们指出，新兴经济是那些低收入，高速发展，并以经济自由化作为其主要发展引擎的国家。[①]。

相对于欧美成熟市场经济下发达的市场法规和交易规则，中国新兴经济环境在市场、制度等方面具有特殊性：一方面，以互联网等新兴信息技术应用为主导努力实现"弯道超车"。新兴技术变革了交易连接方式，显著降低了信息沟通成本，极大地提升了顾客和供应商等要素接触范围（Amit & Zott, 2001），使得新兴民企在缺乏关键资源和能力条件下仍能在短时间内跨界整合资源以改变价值创造逻辑，重塑行业交易规范（Foss & Saebi, 2017）。另一方面，"中间制度""变革中的失范"为新兴民企构建交易制度提供了空间（Droege & Johnson, 2007）。中国经济的自下而上市场化转型，决定了非正式制度与正式制度将长期并存、交替与演进（倪志伟等，2016）。因此，本书认为新兴经济的本质是制度变迁意义的经济体制转型，基础是微观管理意义的企业成长方式与机制的市场化转型，主体是企业、市场和政府（中央政府和地方政府）。

二　新兴企业

新兴企业是指改革开放以来脱胎于计划经济体制而在市场经济中成长起来的企业，它既包括国有企业、集体企业，也包括民营企业、股份制企业、混合制企业。本书关注的主要是新兴民营企业。

新兴企业一般具备企业初创期规模小、短期内急速膨胀、创业资金较少、毛利率较高等特征。Langlosis（2005）认为新兴企业必须在新颖和系统变革的世界里处理好协调问题（Coordination Problems），企业绩效主要

[①] 国际金融组织（International Financial Corporation，IFC）曾确定了亚洲、拉丁美洲、欧洲以及中东的 51 个国家或地区为新兴经济体；Hoskisson 等（2000）加入了中国等 13 个转型经济体，使得新兴经济体的数量扩大到 64 个。

依赖跨边界组织安排（Hite & Hesterly，2001），新兴企业高管的中心设计任务是描绘他们和供应商、顾客和合作伙伴新业务交易的方式。借鉴Bhide（2000）、Hite和Hesterly（2001）等学者的相关定义，本书将新兴企业定义为以创新驱动为核心，相对年轻、有获取较大规模和利润潜能的组织。

至于新兴企业成长路径，目前仍是具有很强"黑箱"性质的问题，彭罗斯企业内生成长理论、企业网络化成长理论是企业成长研究的两大主要流派，随着学者们逐渐意识到制度环境对企业成长的重要性，新兴企业合法化成长理论随之得到发展。本书认为，中国新兴经济情境对创新型新兴企业造成较大的制度性影响，制度理论在企业发展战略中有着重要作用，故而认同新兴企业合法化成长理论，将从新制度主义视角，探究新兴企业的合法化成长机理。

三 主题性商业模式创新

商业模式创新是企业改变价值创造与价值获取的逻辑，通过新的交易结构与新的制度建构进行价值创造的过程。主题性商业模式创新将主题视为主导价值创造的驱动器（Amit & Zott，2001），并且通过架构创新商业模式要素，不仅回答了企业"赚钱的方式"，而且借此激励利益相关者传递组织价值主张（Battistella et al.，2012）。不同的国情、不同的创业情境、不同的研究视角都需要不同的商业模式主题来表达，主题性商业模式创新是对企业与利益相关者联系及交换细节的描绘，更是从整体上界定商业模式要素相互结合而形成的系统构型的特征（Zott & Amit，2010；Luo et al.，2022）。

新兴经济所带来的巨大制度变迁，不仅会影响成熟场域的利益相关者间的互动作用，更会影响新兴场域的生成和演化（Maguire et al.，2004），集中表现为制度真空与制度缺陷。中国市场体量的巨大，"放权式"、"实验型"的"软着陆"改革方式和新兴经济背景下"摸着石头过河"的哲学思想，决定了中国市场的制度真空和制度缺陷交织性地存在（Droege & Johnson，2007；罗珉、马柯航，2013）。制度真空是政府制定政策的空窗期（魏江等，2014），利用交易制度的真空期，游离在"合法"与"不合法"的边缘，通过开拓性商业模式创新，进行制度创业或非正式经济下的创业，可以给企业带来巨大利好。制度缺陷虽有一定的制度基础，但交易制度不健全（蔡莉等，2011）。通过完善性商业模式创新，可以减少制度不完备带来的不确定性，从而为企业赢得很好的盈利机会，甚至后来者居上。

对应新兴经济中的制度真空与制度缺陷,结合商业模式理论和制度理论,本书认为,作为比产品、技术、渠道创新等更高层次的架构层面范式创新,商业模式创新的目的是为顾客、供应商、股东等利益相关者创造更多价值。为了实现这个目的,企业必须对内部资源和外部资源以及制度和模式进行或强或弱的提升或重构。因此,可以对新兴经济背景下商业模式的创新程度进行主题设计,将商业模式创新分为开拓性商业模式创新和完善性商业模式创新两种类型。开拓性商业模式创新指作用于交易制度真空,关注顾客隐性需求,通过对市场的前瞻性预见,以商业模式创新手段重构或新建交易结构和交易规则,从而对市场行为进行引领。完善性商业模式创新指作用于交易制度的缺陷,关注顾客显性需求,通过对市场的快速反应,以商业模式创新手段调整、优化现有的交易结构和交易规则,从而对市场行为进行提升。

四 组织合法性

从制度视角来看,合法性主要是对外部制度压力被动的回应,是结构化的信念机制;从战略视角来看,合法性则是一种独特的运营资源,并具有工具性特征(Operational Resource)(Suchman, 1995)。关于组织合法性的内涵与分类,虽然 Scott(1995)、Suchman(1995)为组织合法性的研究提供了根本思路,但并未形成统一的意见。

本书综合 Suchman(1995)、Scott(1995)、Zimmerman 和 Zeitz(2002)的观点,认为:合法性是一种在社会体系建构的信念、规范、价值和标准中,对实体行动的正确性、接受性和适宜性的总体性理解和假定,也是一种"能够帮助组织获得其他资源的重要战略资源"。并且,认同 Scott(1995)对组织合法性的分类,即组织合法性包括规制合法性、规范合法性和认知合法性。规制合法性来源于政府部门、强制认证机构的具有强制性特征的法律、规章,反映的是社会公众对企业"正确地做事"的判断;规范合法性来源于社会价值观和道德规范,反映的是社会公众对企业"做正确的事"的评判;认知合法性来源于有关特定事物或活动的知识的扩散,侧重于"被公众广泛理解与接受"。

五 利益相关者

利益相关者理论认为,组织可以被视为一个关系集聚体,由一系列与企业行为存在利益相关性的群体所编织,这些利益相关者可能表现为消费者、供应商、雇员、金融机构或人员（股东、债权人、银行等）、社区和管理者等，而利益相关者影响组织行为决策的过程便是通过互动共同创造价值和转移价值的过程（Freenman，1984；Walsh，2005）。近期一些学者的研究表明，与创新行动者具有利益关联的其他行动者也可能在"创造性破坏"的创业过程中起到关键作用（Greenwood & Suddaby，2006；Delbridge & Edwards，2008），Battilanna 等（2009）认为，利益相关者的行为有可能诱发创新行动者的创造性破坏行为，并且，新兴企业也会借助合法化策略从利益相关者处获取资源来实现新制度的合法化。

本书以 Freenman（1984）对利益相关者的界定为基础，认为创新行动者的利益相关者可被描述为，组织场域中能够影响一个创新行动者目标实现或受到一个创新行动者实现目标过程影响的所有个体和群体。从新制度主义的合法性角度来看，利益相关者是合法性的直接评判者和赋予者，一方面，创新行动者会借助一定的策略去动员和游说具有特定合法性评判权力的利益相关者来获取商业模式价值主张的合法化；另一方面，一些利益相关者会根据新兴商业模式价值主张对自身既有利益以及预期利益的影响，借助一定手段和策略来赋予或否认创新行动者本身及其行为的合法性。

六 政策导向

现有文献多是关注政府视角的政策导向，强调产业发展中政策的重要性，即政府如何制定政策及制定怎样的政策（金莉芝、郭剑媚，2005；李碧珍，2006；章美锦，2010；王兆君、关宏图，2010）。但少有文献强调政府政策对新兴企业的作用，对企业视角的政策导向关注较少，即企业如何根据政府政策的引导，调整自己的经营行为，以使企业获得更好的发展。

本书借鉴了陈启杰等（2010）对政策导向的定义，将企业的政策导向定义为：企业收集研究相关政策信息，在企业内部进行传播，并根据政策的引导调整企业的经营行为，以期实现企业的经营目标。

第四节 技术路线与研究方法

一 技术路线

本书综合运用新制度主义、组织合法性、商业模式、政策导向、利益相关者、新兴企业成长理论，采用理论演绎分析、统计调查分析、案例研究（探索性案例研究和纵向双案例研究）、大样本实证和定性比较分析相互结合与集成的方法，以设立专题的方式将子研究流程有机地统一起来。具体而言，整个研究贯穿以下两条主要线索：

一是实证研究线索。文献计量，系统地回顾商业研究并梳理理论脉络；采用探索性案例研究法，初步构建商业模式创新对新兴企业成长产生作用的假说模型；采用问卷调研法，对中国新兴经济情境下新兴企业开拓性与完善性商业模式创新的主题量表进行开发；采用大样本实证，验证商业模式创新对新兴企业成长的绩效机制模型；运用模糊集定性比较分析，探讨影响新兴企业商业模式创新合法性的多重并发因素和实现构型；纵向双案例研究，比较性研究开拓性和完善性商业模式创新过程中合法性的形成与演化机制。

二是理论研究线索。通过专题分析，积极探讨"商业模式创新、政策导向、合法性与新兴企业成长的变量关系"、"新兴经济对新兴企业商业模式创新的制度性影响"、"商业模式创新与新兴企业成长的内在机理与概念模型"、"开拓性和完善性商业模式创新合法性演化机制模型"，探寻建构新兴经济情境下中国新兴企业主题设计概念化、绩效机制与合法性演化的系统理论，并揭示其内涵。

本书贯彻"研究基础—研究核心—研究总结—研究拓展"的总体设计思路，具体技术路线如图1-2所示。

二　研究方法

理论研究与实证研究是管理研究的两种基本方法。系统的理论分析有助于研究者把握理论前沿和实践动态，提出具有研究意义与可行性的研究问题；有助于研究者通过系统的文献梳理掌握现有的研究成果，并构建出相应的研究设计，提炼出科学的概念模型。实证分析则实现了理论思考与客观实践的结合，进一步保证了研究的科学性。

本书的理论分析主要包括两个环节，一是实证研究之前的研究问题提出、文献综述以及研究设计；二是实证分析之后研究讨论及相应的政策分析。所采取的理论分析方法主要包括：①规范分析法。在对商业模式与商业模式创新、制度理论与组织合法性、政策导向、新兴企业成长进行文献研究的基础上，对本书的主要对象进行概念界定，并找到本书的理论切入点。②内容分析法。商业模式创新交易与制度双重属性对新兴企业作用机制的探索性研究即采用此法，对"三角"来源数据进行整理，汇总形成总体性文本材料，"双盲式"编码，进行构念提炼，归纳出研究主题，以

20　新兴企业商业模式创新主题设计研究

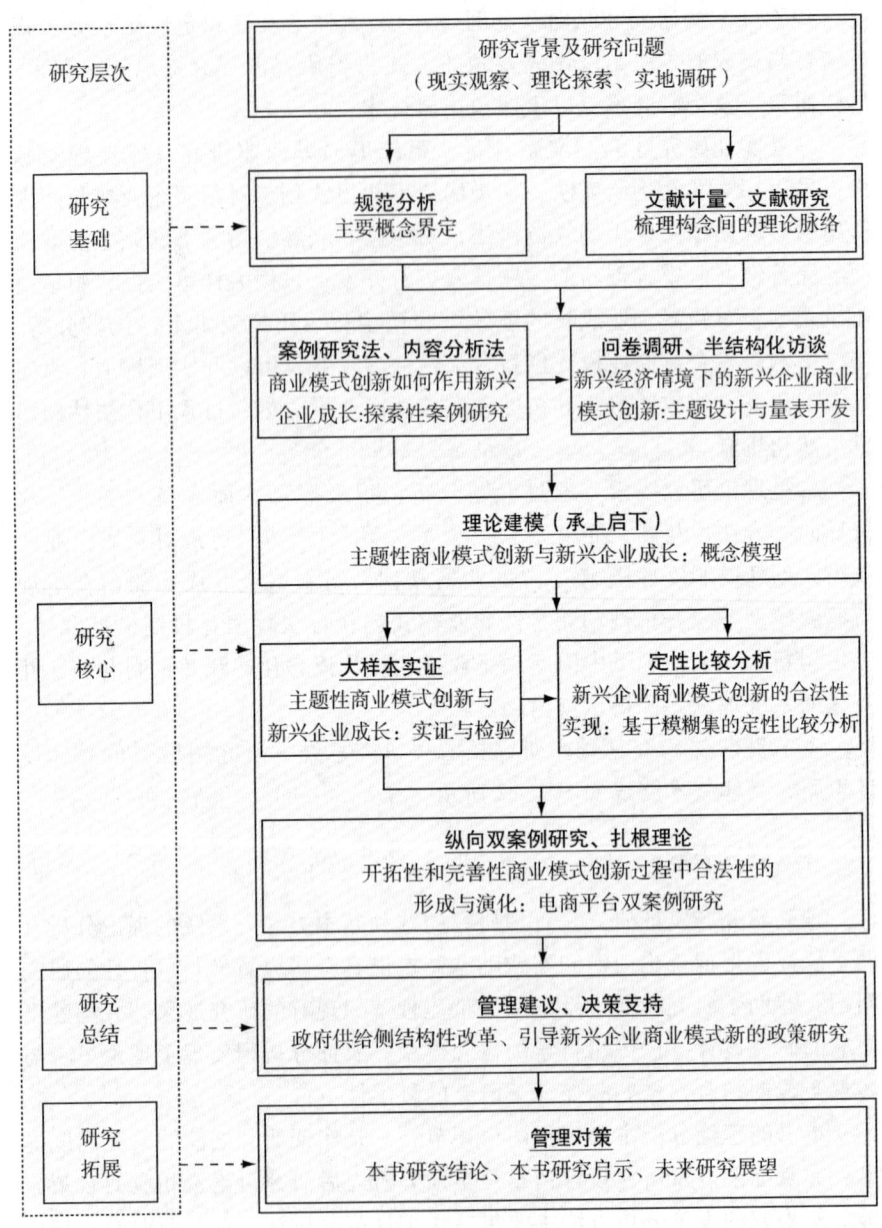

图1-2　本书的技术路线

形成各个类属的从属关系，直到数据与涌现的理论达到稳健性匹配。③扎根理论。在主题性商业模式创新过程的合法性演化中，采用扎根理论，通过开放式编码、主轴编码和选择性编码，来构建机制模型。

实证分析进一步保证研究的科学性，将理论与实践相结合。所采取的实证研究方法包括：①文献计量研究。运用 Citespace V 软件，进行引文分析和共词分析，全景呈现研究主题的发文现状。②案例研究法。绪论部分，利用创新案例进行研究引入；文献述评后，基于商业模式创新双重属性采用单案例探索商业模式创新与新兴企业成长的概念模型雏形；合法性演化，选择阿里与京东双案例进行拓展研究。③问卷调查统计研究。采用2套独立样本进行探索性因子分析与验证性因子检验，以开发开拓性与完善性商业模式创新主题量表；基于大样本调查，比较性检验与验证新兴企业主题性商业模式创新的绩效机制。④定性比较分析法。在新兴企业商业模式创新合法性实现构型研究中，将通过模糊集定性比较分析（fuzzy-set Qualitative Comparative Analysis, fsQCA）方法，研讨主题性商业模式创新与组织战略导向、市场环境特征不同匹配的多种组态如何实现新兴企业合法性，以探讨影响新兴企业商业模式创新合法性实现的多重并发因素和因果复杂机制。定性比较分析法（QCA）兼得案例导向（定性）和变量导向（定量）的优势，是介于概化性（generality）和复杂性（complexity）之间的研究方式，在处理多变量（特别是 3 个以上）的交互作用机制上更为便捷，特别适合在中小样本分析中归纳条件适配的组态。fsQCA 以集合论和布尔逻辑运算为基础，探究前因条件之间的互补性或替代性互动如何共同解释结果变量可观测的变化或不连续，从而理清复杂的因果关系。

第五节 本书结构安排

本书基于新制度主义视角理论和实证研究了中国新兴企业主题性商业模式创新的概念化、绩效机制、合法性实现与演化，为新兴企业通过商业模式主题设计实现赶超提供决策借鉴，为政府供给侧结构性改革、引导新兴企业发展提供政策参考。在研究思路上，本书首先将计量综述和系统综述相结合进行了文献回顾，识别了本书的切入点，即从新制度主义视角研究新兴企业商业模式创新主题设计。其次，通过对裸心民宿的探索性案例研究，以及新兴企业开拓性商业模式创新和完善性商业模式创新的量表开发，概念化新兴企业商业模式创新主题设计及绩效机制模型。再次，大样本实证检验新兴企业主题性商业模式创新的绩效机制，利用 fsQCA 解释复杂情境因素下新兴企业商业模式创新合法性实现构型，用比较性双案例研究探索新兴企业主题性商业模式创新过程中合法性的形成与演化。最后，总结研究结论。遵循这一研究思路，全书分为十章，各章的内容安排如下。

第一章：绪论。本章主要从新兴企业"死亡谷"、新兴经济进程和网络技术时代等现实背景，以及商业模式研究、制度理论和新兴企业成长的理论背景出发，分析项目研究的意义，提出"新制度主义视角下新兴企业商业模式创新主题设计如何影响企业成长"这一核心研究问题，并对诸如新兴经济、商业模式主题、组织合法性、政策导向等研究对象进行界定，概括本章的理论和实证研究的技术路线、定性和定量的研究方法、总体结构安排和项目的主要创新点。

第二章：商业模式创新研究回顾与相关理论构念文献综述。本章首先以商业模式创新为主题，计量综述（Citespace V 软件）和系统综述（内容分析法）相结合，进行引文分析和突现词分析，并据此进行系统综述，提炼出"概念化研究""创新过程研究""变革结果研究""绩效评估研究"四个商业模式创新研究流派。其次，在此基础上，分析了各个流派的热点演进，并构建出商业模式创新研究理论脉络的整合框架。再次，对国内外关于商业模式与商业模式主题设计、制度理论与合法性、利益相关者与合法性、政策导向等相关构念进行文献综述。最后，对新兴企业成长的三条路径进行了对比，进而厘清并识别出本书的研究切入点，即新制度主义视角下新兴企业商业模式主题设计与企业成长，为后续的研究活动指明方向。

第三章：商业模式创新如何作用新兴企业成长：探索性案例研究。裸心开创了高端民宿的先河，最为关键的是裸心公司通过与政府、村民等利益相关者的互动，获得了合法化身份，从而促进中国乡村民宿合法化。本章通过细描裸心公司在民宿领域的发展历程，运用内容分析法，对案例素材进行编码提炼，形成商业模式创新、政策导向、合法性和新兴企业成长四个基本构念，并依据企业成长过程中各构念研究编码结果表，初步建立了一个反映商业模式创新、合法性获取与新兴民宿企业成长关系的理论框架，但本章商业模式创新的主题维度还须做进一步的细化、拓展和深化。

第四章：新兴经济情境下的新兴企业商业模式创新：主题设计与量表开发。商业模式创新是网络经济时代企业转型升级的重要载体，其主题设计作为新兴企业获得持续性竞争优势的价值源泉近年来备受关注。鉴于主题设计是情境化的产物，本章结合中国新兴经济情境，整合商业模式理论与制度理论，提炼出以开拓性和完善性为主题的商业模式创新设计，并在混合研究法（文献演绎与访谈归纳）的基础上，开发出初始测度量表，而后利用两套独立样本数据分别进行探索性因子分析和验证性因子分析。实证分析结果表明,中国新兴经济情境下商业模式创新由2个主题维度和16个测项构成,验证了本书提出的主题设计框架,并开发出了信度、效度良好的测度量表。本书较好地弥补了商业模式创新"情境化"的不足,较好地回答了新兴企业如何通过商业模式创新进行能动性制度变革,为商业模式创新和新兴经济情境下企业战略的文献做出了理论贡献,也为中国新兴经济情境下新兴企业通过商业模式创新实现赶超提供了实践启示。

第五章:主题性商业模式创新与新兴企业成长:概念模型。本章承接第三、第四章,对前述探索性案例提出的初始命题进行展开,在分析新兴经济对新兴企业商业模式创新的制度性影响的基础上,明确将本书中的商业模式创新细分为开拓性商业模式创新和完善性商业模式创新两种主题,从而完善了研究设计,正式提出新制度义视角下主题性商业模式创新对新兴企业成长的影响机制。并且,启动第六、第七、第八章,分解所提出来的机制模型进行实证研究,为后续的实证检验、合法性实现构型与合法性演化的研究指明了方向。

第六章:主题性商业模式创新与新兴企业成长:实证与检验。本章是对第五章概念模型展开定量实证,客观描述本书的样本发放、采集及回收过程,介绍概念模型中各变量及其量表题项的测试、信度、效度分析与检验,并对量表总体构念模型进行了区别效度检验,还对定量实证中主要采用的统计方法做了简要说明。在大样本结果分析中,通过描述性统计、相关性分析、多元回归分析、简单效应分析、bootstrap法,检验和验证了第五章概念模型提出的理论假设,并对开拓性与完善性两种商业模式创新进行了比较性检验,直接与间接效应的对比分析回应了开拓性与完善性商业模式创新的操作性定义。

第七章:新兴企业商业模式创新的合法性实现:基于模糊集的定性比较分析(fsQCA)。本章旨在考察开拓性和完善性商业模式创新与前因条件联动匹配对新兴企业合法性实现的影响。通过使用fsQCA方法,识别因果非对称性和等效性,试图分析新兴企业商业模式创新合法性实现的必要条件,找出多条商业模式创新促进新兴企业合法性的实现构型和有效途径,以及特定条件下前因条件间的等效替代。从组织战略与市场环境交互的定性比较分析来解释新兴企业商业模式创新的合法性实现,借此丰富复杂现象下的多情境解释,更好地指导新兴企业的合法性获取实践。

第八章:开拓性与完善性商业模式创新过程中合法性的形成与演化:电商平台双案例研究。本章首先通过对150份电商平台利益相关者问卷进行聚类分析，将电商平台中利益相关者分为核心层、相关层和扩展层 3 类。其次，遵循典型性和代表性的原则，选取阿里巴巴作为开拓性商业模式创新、京东作为完善性商业模式创新的案例研究对象，采用"三角验证法"进行数据收集，并对数据开放性、主轴、选择性编码，遵守"因果条件—现象—脉络—中介条件—行动策略—结果"逻辑进行典范模型分析，将各个范畴联系起来，归纳出"创业约束""合法化策略""创新合法性"3个核心范畴。并将编码结果放回到阿里巴巴、京东演进的各个阶段，探讨各阶段创业约束、合法化策略与各层级利益相关者的关系，从而分别构建出开拓性和完善性商业模式创新合法性形成与演进的一般机制模型。

第九章：政府供给侧结构性改革、引导新兴企业商业模式创新发展的政策研究。在以上新兴企业主题性商业模式创新理论和实证研究的基础上，本章着重进行政策研究。主要包括两个方面：一是对于企业商业模式创新而言，如何有效地进行顶层的主题设计，实现企业的成功创新；二是对于政府而言，如何发挥供给侧结构性改革作用，引导新兴企业创新和可持续发展。

第十章：研究结论与未来展望。本章主要是对本书的理论和实证研究结果进行归纳和总结。首先，根据理论和实证研究结果进一步归纳主题性商业模式创新与新兴企业成长的内在机理。其次，对本书的研究意义进行了总结。最后，对未来的研究进行了展望。

第六节　研究特色和主要创新

一　本书的主要研究特色

第一，立足中国企业实际建构理论模型。中国已是全球第二大经济体，新兴企业是当前新兴经济背景下的改革先锋，是我国经济结构转型升级的先导。高质量发展的中国新兴市场经济情境，客观上要求新兴企业、新兴产业高质量发展。管理学者有必要从新兴企业实践中挖掘中国管理现象背后的逻辑，建构中国新兴经济背景下的管理理论。

第二，整合"静态分析"与"动态演进"。静态分析，表现在裸心探索性案例研究中商业模式创新双重属性对新兴经济成长的作用机制、新兴经济情境下的新兴企业商业模式创新主题设计与量表开发、主题性商业模式创新与新兴企业成长关系的实证研究、新兴企业商业模式创新合法性实现构型；动态演进，则表现在裸心探索性案例研究中商业模式创新的适配机制、结构化升级效应，以及开拓性与完善性商业模式创新过程中合法性的形成与演化机制。通过上述静态分析和动态演进的结合，较好地弥补了商业模式创新"情境化"的不足，较为全面地勾勒了新兴企业商业模式创新主题设计的概念化、绩效机制、合法性实现与演化。

第三，兼顾理论的贡献与实践的相关性（Relevance）。作为一项基础研究，本书围绕核心研究问题展开探索性案例研究、新兴经济情境下商业模式主题的概念化修正、绩效机制实证研究和纵向对比性双案例演化，对商业模式理论、合法性实现机制和新兴企业成长理论都有一定的理论贡献。同时，本书也有实践指导价值，一是指导新兴企业如何有效进行顶层的主题设计，实现企业的成功创新；二是对于为政府建言献策，以利于发挥供给侧结构性改革作用，引导新兴企业创新和可持续发展。本书兼顾理论贡献和实践启示，力图既理论"顶天"又实践"立地"。

二 本书的主要创新

（1）基于交易与制度双重属性视角，识别了竞争性、合法性、适配和互撑机制，勾勒出新兴企业商业模式创新的结构性失衡纠偏及提升路径。商业模式理论一直强调通过市场开拓手段展现交易属性，对新兴企业成长中的合法性约束及商业模式制度属性考虑较少，本书首次基于双重属性探讨了商业模式创新如何作用于新兴企业成长。

（2）"情境化"了新兴经济下商业模式创新这一构念，给出了新兴企业开拓性和完善性商业模式创新主题设计的操作性定义。本书弥补了商业模式创新"情境化"的不足，开发了信度和效度较好的新兴经济情境下商业模式创新的主题量表，较好地回答了新兴企业如何通过商业模式创新进行能动性制度变革。

（3）理论和实证揭示了主题性商业模式创新与政策导向交互效应促进新兴企业绩效通过合法性传导作用来实现，高政策导向将促进企业商业模式创新的发挥，并且这种发挥是通过影响组织合法性来实现的。主题性商业模式创新的差异性影响较好地解释了开拓性商业模式创新先发优势的"赢者通吃"效应，以及新兴企业政治谋略的重要性。

（4）通过对主题性商业模式创新与组织战略、市场环境层面关键情境因素的组态效应分析，发现了消极创新型、温和改善型、稳中求进型和积极开拓型四类合法性实现构型，丰富了新兴企业商业模式创新合法性实现的多情境解释。fsQCA组态效应分析克服了传统定量分析过于强调情境因素边际"净效应"的不足，拓展了权变理论并提供了中国独特情境下的系统化理论逻辑，可以更好地指导新兴企业的合法性获取实践。

（5）借助典型双案例研究，对比性地揭示了开拓性和完善性商业模式创新的制度情境、主题内涵和合法性形成与演进的差异。引入利益相关者理论，对电商平台的利益相关者进行了量化分析，聚合成了核心层、相关层和扩展层3类利益相关者，通过行业互动与关系互动，分阶段解析了开拓性和完善性商业模式创新合法性演进的动力、支撑与保障。

三　本书的基本观点

（1）新兴企业商业模式创新须充分认识交易与制度的双重属性，交易竞争性与制度合法性并举，培育阶段性的"结构化升级效应"。商业模式创新兼顾了市场导向与架构性范式创新，本质上是"为了引入可盈利商业模式而打破既有游戏规则"，故应充分认识其交易与制度的双重属性内驱，竞争性与合法性并举，释放交易属性价值效应的同时彰显制度属性的固化效应，共同促进新兴企业高速成长，使新兴企业完成快速跃迁。

（2）开拓性商业模式创新和完善性商业模式创新是中国新兴企业商业模式创新的两个主题设计，是中国新兴经济情境下的产物。"制度真空"与"制度缺陷"为新兴企业顶层的主题设计提供了空间，开拓性商业模式创新，作用于新兴市场的制度真空，利用市场进入次序优势，可以从无到有地建构新的交易规则，占据"赢者通吃"的制高点；完善性商业模式创新，作用于交易制度缺陷，利用弥补性资产，发挥后发优势，可以从有到新地优化现有的交易规则，甚至后来者居上。

（3）商业模式创新经由合法性影响新兴企业绩效，开拓性商业模式创新对新兴企业绩效的正向作用相较于完善性商业模式创新更加显著。商业模式创新能够显著促进合法性以及新兴企业绩效的提升；组织合法性在商业模式创新和新兴企业绩效之间起到部分中介作用；相较于完善性商业模式创新，开拓性商业模式创新对新兴企业绩效的作用更加显著。商业模式创新中的制度合法性不能仅仅作为隐含的存在而被忽视，企业商业模式的创新活动，也是企业克服制度障碍，建立交易规则制度优势的过程。主题性商业模式创新的差异性影响较好地解释了开拓性商业模式创新先发优势的"赢者通吃"效应，相对于完善性商业模式创新，开拓性商业模式创新易于形成先动优势，领先确立品牌认知地位，从而对市场行为进行引领。

（4）商业模式创新对于合法性的正向作用比较依赖企业的政策导向，

商业模式创新与政策导向交互效应促进新兴企业通过合法性传导作用来实现。中国新兴经济情境下，新兴企业商业模式创新与政策导向的交互，企业与政府间互动的加强，能使政策的出台有利于商业模式的推广。政策导向程度越高，开拓性商业模式创新对合法性的正向作用相较于完善性商业模式创新更加显著，这些都体现了新兴企业政治谋略的重要性。

（5）从组织战略导向与市场环境特征交互的定性角度比较分析（fsQ-CA），来解释新兴企业商业模式创新的合法性实现，能够更细致地解释复杂现象下多重并发因果关系、因果关系非对称性和多种方案结果等效性等问题。消极创新型、温和改善型、稳中求进型和积极开拓型四种合法性实现构型，揭示了多样化组态间的"殊途同归不同效"，其中温和改善型和积极开拓型更具有广泛的适用性，可以更好地指导新兴企业的合法性获取实践。利用组态效应分析，克服了传统定量分析过于强调情境因素边际"净效应"的不足，发现了新兴企业商业模式创新合法性实现构型的多情境解释，提供了中国独特情境下的系统化理论逻辑。

（6）利益相关者互动为主题性商业模式创新合法性的形成与演化提供了微观基础，利益相关者可以通过交流改变合法性阶段性的界定，其行为过程决定合法性进程。开拓抑或完善，本无定法，新兴企业应有针对性地选择变革模式，提高商业模式创新的成功率。利益相关者可以通过交流改变合法性阶段性的界定，其行为过程决定合法性进程。强互动侧重行为互动，是合法性进程的主要动力；弱互动侧重关系互动，是合法化进程的支撑和保障。

第二章　商业模式创新研究回顾与相关理论构念文献综述

【本章导读】商业模式创新是互联网时代"创新驱动发展"战略实施的重要形式,是经济形态高级化的重要引擎。本章首先以商业模式创新为主题,通过计量综述(Citespace 软件)和系统综述(内容分析法)相结合,进行引文分析和突现词分析,并据此进行系统综述,提炼出"概念化研究""创新过程研究""变革结果研究""绩效评估研究"四个商业模式创新研究流派。其次,在此基础上,分析了各个流派的热点演变进程,并构建出商业模式创新研究理论脉络的整合框架。再次,对国内外关于商业模式与商业模式主题设计、制度理论与合法性、利益相关者与合法性、政策导向等相关构念进行文献综述。最后,对新兴企业成长的三条路径进行了对比,进而厘清并识别出本书的研究切入点,即基于新制度主义视角,融合相关理论,探讨中国新兴经济情境下新兴企业商业模式创新主题设计的概念化、绩效机制及合法性的实现与演化。

随着新兴经济的发展,商业模式创新是互联网时代"创新驱动发展"战略实施的重要形式,为新兴企业保持竞争优势、提高绩效,提供了新的途径。随着创新驱动发展战略的确定,我国企业的国际竞争力与组织韧性得到很大的提升。"钉钉""饿了么""淘宝直播"等新兴企业的商业模式表现出逆势生长的坚强韧性。许多传统制造业也转向"平台化""服务化"等新型商业模式设计。商业模式创新是一种新的创新的来源,"补充了传统的过程、产品和组织创新的项目"(Zott & Amit, 2011)。近 15 年来,商业模式创新的研究正在迅速增长,这表明商业模式创新是一种重要的现象,需要单独概念化和理论化,并产生一系列理论和实践问题:什么是商业模式创新?什么是商业模式创新的研究热点?商业模式创新的研究流派有哪些?中国新兴经济制度情境下商业模式创新与相关构念有什么样的关系?在什么情况下商业模式创新能提供持续的竞争优势?商业模式创新仅来源于组织层面，还是可以来自其他层面？然而，这些基本问题目前还没有系统地提出、解决和回答，反映了中国新兴经济情境下商业模式创新研究的紧迫性。

第一节 商业模式创新研究的知识图谱与理论流派

商业模式创新代表了一种新颖并且更全面的战略性组织架构范式创新形式（罗兴武等，2019；罗兴武等，2021），需要理论构建、操作性定义和实践测试。在中国新兴经济下的不稳定环境中，众多企业高管开始寻求商业模式创新以提高企业价值创造和价值获取的能力。实际上，学者发现不同的环境制度下，创新性的商业模式对在创业公司的业务表现都有积极影响（Zott & Amit，2007）。同样，成熟企业进行商业模式创新对绩效也产生积极的影响（Cucculelli & Bettinelli，2015）。这些现象为快速增长的学术研究提供了依据，但为了更好地理解这些现象，还需对商业模式创新进行更多概念性和实证性研究。

对于商业模式创新的定义，学界至今尚未达成一致。学者从各自的研究视角出发，形成了商业模式创新研究的"丛林"。商业模式创新研究对中国管理研究理论和实践有着重要的意义，能够为新兴经济企业在复杂制度和市场环境下通过商业模式创新实现赶超提供思路。近年来，虽然国内外均有相关的综述（Foss & Saebi，2017；樊辉等，2018；乔晗等，2020），但大多以定性方法为主，使得其在呈现研究全貌和客观性方面存在不足，此外在研究领域大方向上也存在一定的不足。基于此，本章借助科学计量工具 CiteSpace，以及内容分析法进行分析，以期实现对商业模式创新研究的全景呈现。

一 研究方法和数据收集

以文献计量法为基础的定性与定量相结合的综述类文章逐渐成为管理学文献综述中的趋势（Shafique，2013）。通过计量的方法为学者提供一个研究现状、研究热点与趋势的全景图，而内容分析法则可以勾勒出研究领域更细致的内容。文献计量法为研究主题提供了框架，内容分析法则丰富了内涵，二者相辅相成。

本章采用文献计量与系统分析相结合的方法。文献计量分析借助 CiteSpace，注重通过挖掘已有文献的关键信息来提炼研究基础文献、关注细节和热点前沿（陈悦，2014），它既能减少研究者主观信息过滤带来的文献失真和偏见，同时通过量化分析为研究者提供更为科学客观的文献规律（Chen，2005）。本章通过工具开展共引文分析（Chen，2006），分析施引文献与被引文献，并基于关键词突现（burst terms），划分主题研究阶段，分析讨论商业模式创新的知识结构与前沿轨迹。

  英文文献搜集。本章所构建的文献数据来自 Web of Science（WoS）核心数据库，限定 SSCI、SCI–E、ESCI、CPCCISSH、BCISSH 和 CPCIS 索引期刊为文献来源，涵盖 2005—2019 年全部文献。首先，本章采用关键词搜索方法，搜索主题中涉及 "business model innovation" 的文献；其次，精确到管理（management）、商业（business）、经济（economics）三个领域，再精炼出 "article" 的文章，得到初步的 5281 篇文献；最后，根据标题、关键词和摘要信息对检索文献摘要进行逐一阅读，剔除：（1）无法获取摘要或全文；（2）没有实质商业模式创新意涵的文献（如本章提供了创新的一种模式）等；（3）经济周期、政府模式等与本章关切的商业模式创新无关的文章。最终得到本书需要的 1635 篇文献，将其详细数据及其引文信息以纯文本的形式导出，作为后续分析的基础样本。

  中文文献搜集。本章采取中文文献综述惯用的重点期刊检索方法搜集文献，在期刊目录的确定上，本章以国家自然科学基金委员会认定的 "管理学" 期刊目录（30 本）[①] 为文献初始来源。在此基础上，以 "商业模式创新" 为主题词开展文献检索，时间限定在 2005—2019 年，得到文献 198 篇。剔除如下文献：（1）短论文章、会议综述和征稿启事等；（2）与本章研究商业模式创新无关的，如法制法规建设、商业银行品牌塑造模式、教学实验室等。最终，得到本书需要的 163 篇中文文献。

  对于商业模式创新的研究现状，本章采用文献计量方法对外文文献进行分析，并辅以高被引文献精读，做出研究现状判断。与已有基于主观思维辨别的研究热点与演进轨迹的研究不同，本章采用共被引、中心度、突现值等指标判断关键文献，辅以关键文献精读，识别出商业模式创新的理论问题、研究视角和价值逻辑等。本章结合关键文献阅读和主题演进轨迹，提出商业模式创新研究的趋势、未来研究展望，并构建理论框架。

[①] 由于研究领域专业性与发文偏好，最终数据来源于如下 21 本期刊：《管理科学学报》《系统工程理论与实践》《管理世界》《中国软科学》《中国管理科学》《管理评论》《管理工程学报》《南开管理评论》《科研管理》《管理科学》《预测》《运筹与管理》《科学学研究》《中国工业经济》《农业经济问题》《管理学报》《工业工程与管理》《系统工程》《科学学与科学技术管理》《研究与发展管理》《中国人口·资源与环境》。

二 描述性统计：商业模式创新的全景图

本章从商业模式创新研究发文总量、聚集期刊与引用情况出发，结合对相关文献的阅读，针对发文量、文献结构与内容得出三点相应的判断。详见表2-1。

表2-1　　　　　　　　　研究现状判断及其依据

维度	主要观点	判断依据
总量	商业模式创新研究经历"三次浪潮"	国内外文献年度发文量呈现波浪式递增状态
结构	商业模式创新研究产生了学术聚集地	高发文量期刊集中凸显
内容	商业模式创新发展于商业模式；国内研究中在新情境新技术下识别与创新商业模式和影响组织绩效的研究占据较大比重	高被引文章集中体现该领域

（1）发文数量分析。近15年商业模式创新研究经历"三次浪潮"。图2-1展示了近15年国内外商业模式创新研究总体波动上升趋势。其中，2005—2009年为商业模式创新研究的起步阶段，国外每年发文量在50篇以下，国内平均每年发文量不足5篇，而2010—2016年国内外发文量稳步增长，直到2017年外国商业模式创新研究全面爆发，国内也在2018年进入激增状态。

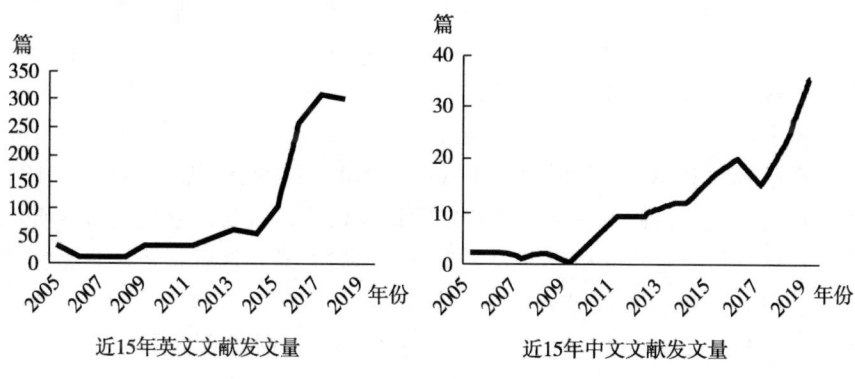

图2-1　2005—2019年度发文量

（2）发文期刊分析。商业模式创新研究学术"圈子"正在形成。10本外文期刊的发文量已超总量的50%，10本国内期刊相关文章和占总量的90%以上，形成国内外商业模式创新研究重要期刊群，主要为以下3大类别：科技、创新和战略管理。其中 *Technological Forecasting and Social*

Change、Journal of Business Research、Industrial Marketing Management 和《管理评论》《科学学与科学技术管理》《科研管理》分别为占据英中文期刊发文量的前三位，可见科技创新与管理领域的高质量期刊收录商业模式创新研究更密集。另外值得注意的是，Long Rang Planning 于 2010 年刊发有关商业模式专栏，对商业模式创新研究脉络具有里程碑意义，产生了许多高被引文献（见表 2-2）。

表 2-2　　　　　　2005—2019 年高发文量中英文期刊　　　　　单位：篇

序号	英文期刊	发文量	中文期刊	发文量
1	Technological Forecasting and Social Change	165	《管理评论》	28
2	Journal of Business Research	132	《科学学与科学技术管理》	22
3	Industrial Marketing Management	104	《科研管理》	21
4	Journal of Business Industrial Marketing	84	《科学学研究》	16
5	Management Decision	78	《管理学报》	15
6	Technovation	76	《中国软科学》	13
7	Journal of Product Innovation Management	71	《研究与发展管理》	11
8	International Journal of Technology Management	63	《中国工业经济》	10
9	Technology Analysis Strategic Management	60	《管理世界》	8
10	Long Range Planning	59	《管理工程学报》	4

资料来源：作者统计。

（3）引用率最高的文章分析。商业模式创新研究从商业模式发展而来，国内研究中新情境新技术下识别与创新商业模式和影响组织绩效的研究占据较大比重。表 2-3 分别展示了 1635 篇英文文献与 163 篇中文文献中共被引数[①]与引用数最高的 10 篇文章。英文期刊中，共被引频率最高的文章是 Zott 和 Amit（2011），Teece（2010）位列其后。Teece（2010）采用价值创造的机制设计了一个特定的商业模式，认为商业模式的本质是企业提供价值给客户并引导客户来支付价值的方式。该研究是将商业模式与商业战略、创新管理等经济理论相联系的经典企业理论（金玉然等，2018）。Chesbrough（2010）列举了一些商业模式创新的例子，以强调商业模式创新的重要性，还探讨了可能阻碍商业模式创新的因素，包括与既存企业资源和商业模式的冲突，以及对阻碍因素的认知，并指出组织需要通过变革来克服这些障碍。在中文期刊中，罗珉和李亮宇（2015）被引

---

① 采用"共被引频率"更能反映"圈内"的关注和认可度，而 Citespace 只能进行英文分析，所以中文文献依然使用引用率。

率最高，该文讨论了在互联网情境下以需求端为导向的新商业模式的出现，揭示了连接红利是商业模式在互联网时代所追求的。而罗珉等（2005）在早期就通过租金的角度解释了企业商业模式创新行为的内在驱动力。冯芷艳等（2013）则系统地指出在大数据背景下，可以探讨商业模式创新的价值创造的社会性、对市场观察的实时性、与企业网络化运作的综合作用与影响。

表 2-3　　　　　2005—2019 年高被引中英文文献　　　　　单位：次

序号	英文文献	被引次数	中文文献	被引次数
1	The Business Model: Recent Developments and Future Research, *Journal of Management*, 2011（4）	330	互联网时代的商业模式创新：价值创造视角,《中国工业经济》, 2015（1）	1052
2	Business Models, Business Strategy and Innovation, *Long Range Planning*, 2010（2/3）	304	企业商业模式创新：基于租金理论的解释,《中国工业经济》, 2005（7）	838
3	Business Model Innovation: Opportunities and Barriers, *Long Range Planning*, 2010（2/3）	214	大数据背景下商务管理研究若干前沿课题,《管理科学学报》, 2013（1）	733
4	Business Model Design: An Activity System Perspective, *Long Range Planning*, 2010	198	企业商业模式创新的实现方式与演进机理——一种基于价值链创新的理论解释,《中国工业经济》, 2006（11）	600
5	From Strategy to Business Models and onto Tactics, *Long Range Planning*, 2010（2/3）	157	基于"大数据"的商业模式创新,《中国工业经济》, 2013（5）	488
6	Creating Value Through Business Model Innovation, *MIT Sloan Management Review*, 2012（3）	94	基于价值网络重构的企业商业模式创新,《中国工业经济》, 2011（1）	419
7	Business Model Evolution: In Search of Dynamic Consistency, *Long Range Planning*, 2010（2/3）	136	平台商业模式创新研究——基于互联网环境下的时空契合分析,《中国工业经济》, 2016（3）	206
8	Business Model Innovation through Trial-and-Error Learning, *Long Range Planning*, 2010（2/3）	120	基于金字塔底层（BoP）市场的破坏性创新——针对山寨手机行业的案例研究,《管理世界》, 2012（2）	154
9	Creating value through business model innovation, *MIT Sloan Management Review*, 2012	119	商业模式创新的机理分析：一个系统思考框架,《管理学报》, 2012（1）	143

续表

序号	英文文献	被引次数	中文文献	被引次数
10	Business Models: A Discovery Driven Approach, *Long Range Planning*, 2010	113	企业技术创新与商业模式创新的协同研究,《中国软科学》, 2012（10）	140

三 商业模式创新关键文献识别

为了更清晰地了解商业模式创新研究的全貌，本章还对相关领域内关键文献进行探索，识别商业模式创新的知识基础。由于 Citespace 软件只能对英文文献进行分析，故本节仅对英文文献展开介绍。

参数设置。依据收集数据将时间范围调整为 2005—2019 年，时间切片（time slicing）为 1 年，选择引用文献（cited reference）为节点类型，共词分析类型选择名词性术语（noun phrases），阈值设定 Top 50，勾选路径寻找（pathfinder）和修建（pruning），其他采取系统默认设置。得到 350 个节点，979 条连线，如图 2-2 所示。图 2-2 中每个节点代表一篇文献，比较文献被引次数的多少可通过观察节点半径的大小实现，被引次数越多，则节点半径越大。

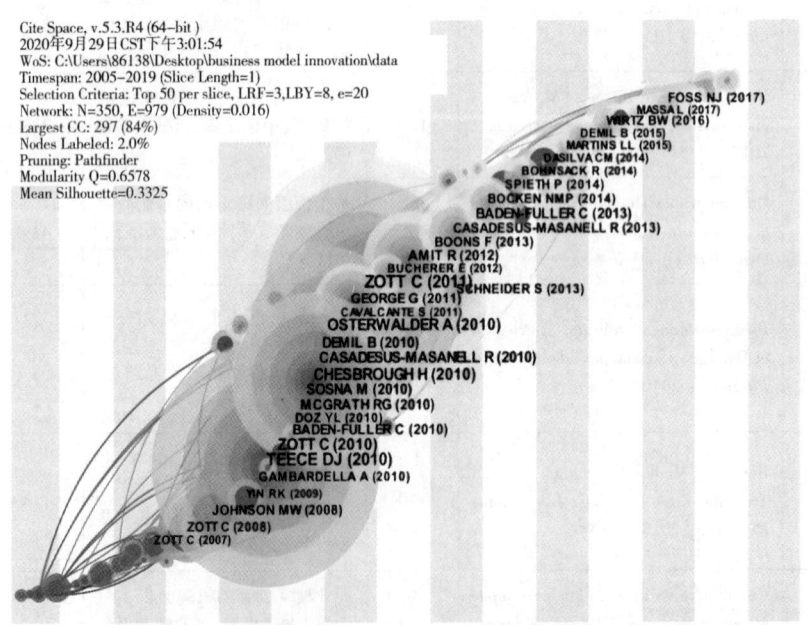

图 2-2　2005—2019 年关键文献时区

一般而言，中心度越高的节点在网络中影响力越大（Freeman，1978；罗兴武等，2020），在共引网络图谱中，关键节点多指中心度与被引频次较高且连接多个聚类的节点。这些节点可能成为不同时间段过渡的关键点（Chen，2005），因此本章将中心度高和被引频次高的文献视为商业模式创新的关键文献。另外文献影响的持久力和研究前沿热点也是重要指标，可以分别通过半衰期和突现值来表现，半衰期越大则文献影响越持久，突现值越大则在一定时间内文献被引频次或关键词出现次数越多（项国鹏等，2016；罗兴武等，2020）。故综合考虑中心度、突现值、半衰期和被引频率4种主要指标，形成30篇商业模式创新的关键文献（参见表2-4）。上文已展示了被引频率的关键文献。下文则仅对中心度、突现值、半衰期等关键指标展开叙述。

表2-4　　　　2005—2019年关键文献主要指标信息

序号	1	2	3	4	5	6	7	8	9	10
中心度	0.28	0.20	0.16	0.12	0.08	0.06	0.06	0.06	0.05	0.05
突现值	7.01	11.47			15.59	21.23			14.27	
半衰期	5	6	7	7	6	7	6	6	7	6
频次	19	32	66	120	35	87	136	113	23	304
年份	2007	2007	2010	2010	2006	2008	2010	2010	2003	2010
作者	Chesbrough	Teece	Doz	Sosna	Chesbrough	Johnson et al.	Demil	Mcgrath	Chesbrough	Teece

序号	11	12	13	14	15	16	17	18	19	20
中心度	0.05	0.05	0.05	0.04	0.04	0.04	0.03	0.03	0.02	
突现值				17.17		5.46			18.7	8.24
半衰期	6	5	5	6	5	8	6	6	7	8
频次	157	86	77	77	119	8	330	99	36	18
年份	2010	2013	2013	2008	2012	2001	2011	2010	2005	2008
作者	Casadesus-masanell	Casadesus-masanell	Schneider	Zott	Amit	Amit & Zott	Zott	Baden-fuller	Morris et al.	Vargo & Lucsh

（1）从中心度来看，Chesbrough（2007）（中心度0.28）表示"创新"不再是内部实验室的专利，不仅仅是技术和研发，还应该包括商业模式。狭隘的创新，在创造、开发和运输新产品上的成本已经大幅上升，多数产品在商业化之前，企业无法从中获取满意的利润，因此企业必须进行商业模式创新（Chesbrough，2007）。商业模式创新对于企业而言很重

要，一个好的商业模式往往更优于好的想法或技术，例如零售业的沃尔玛、个人电脑领域的戴尔（Chesbrough，2007）。Teece（2007）（中心度0.20）则借鉴社会和行为科学，试图阐明在开放经济中，企业应当掌握的能力与微观基础以至其在快速迭代与全球化的竞争下维持卓越企业绩效。而动态能力是企业构建与维持竞争优势的重要无形资产（Teece，2007），动态能力强的企业往往具有强烈的创业精神。它们不仅适应商业生态系统，还通过创新和与其他企业、实体和机构的合作来塑造它们（Teece，2007）。该文献所提出的框架可以帮助学者们理解企业长期成功的基础，同时帮助管理者理解商业模式创新作为动态能力提供者的重要性，描述出相关战略事项与优先级，避免卷入全球竞争下的零利润趋势，提高企业绩效。

（2）从突现值来看，Johnson等（2008）（突现值21.23）指出商业模式再创新是企业与产业变革的推手。企业要维持高绩效的重要措施是通过商业模式创新，而不仅仅是技术与设计的创新。该文献通过苹果公司的实践引出新进入者的商业模式创新往往推动了突破性产品的产生（Johnson et al.，2008）。Morris等（2008）（突现值18.7）阐述了关于商业模式的定义、性质、结构和演变，与目前还没有达成共识的现状。尽管如此，作为一个统一的分析单元，商业模式仍有希望促进创业理论的发展。该文为综合文献，探讨了企业商业模式的理论基础，并提出了六部分框架来描述一个不考虑风险类型的商业模式。该框架以一家成功的主流公司为例进行了说明，对商业模式可能会随着时间的推移而出现和发展的方式提出了建议。

（3）从半衰期来看，Amit和Zott（2001）（半衰期为8）通过研究59个新上市公司的美国和欧洲电子商务如何创造价值，来探讨电子商务中价值创造的理论基础，指出交易方式的创新可以创造新的价值。基于案例分析所获得的丰富数据，以及企业家精神和战略管理的公认理论，Amit和Zott（2001）建立了一个价值创造来源的模型。该模型表明，效率型、互补型、锁定型与新颖型四个维度决定了电子商务的价值创造潜力。其研究结果表明，某单一的创业或管理理论不能完全解释电商的价值创造能力。相反，需要对价值创造的现有理论观点进行整合。为了实现这种整合，该文提供了商业模式建构作为未来电子商务价值创造研究的分析单元。商业模式描述了企业整体架构的设计，利用商业机会，讲好企业故事，创造价值。企业的商业模式为创新提供了思路，同时也是重要利益相关者创造价值的源泉（Amit & Zott，2001）。Vargo和Lucsh（2008）（半衰期为8）强调和回应了与"市场营销的服务主导（S-D）逻辑"相关的突出问题，更新了原来的基础前提，并讨论了未来的研究方向。该文指出，将 S-D 逻辑视为一种潜力的效力比其作为理论更为恰当。也就是说，S-D 逻辑在理论的范式层面上起作用，尽管它也不是一个范式，因为它没有"世界观"的地位。更具体地说，市场营销的 S-D 逻辑是使用这个镜头重新聚焦于与营销相关的特定问题的结果，S-D 逻辑在未来或许可以对创造效用的整个过程的营销进行解释，而不仅仅是对营销所创造的效用进行解释（Vargo & Lucsh，2008）。

四　商业模式创新的四大研究流派

（1）通过 Citespace 聚类分析与代表文献精读对文献流派进行划分。通过现存文献间的共引关系可以发现研究聚焦的理论支撑，从而实现商业模式创新理论流派的识别。本章聚类分析采用 Citespace V 软件，由于技术的限制，软件仅对英文文献有更好的显示，因此本章聚类分析的样本仅为英文文献。参数设定同商业模式创新关键文献识别，点击 timeline，便得到如图 2-3 所示的结果。图中每个圆圈代表一篇文献，圈的大小反映了共引频次，圈越大共引频次越高。圈中深黑色代表了突现值，深黑色越大表示突现值越大。不难发现，主要聚类集中于前四个集群。

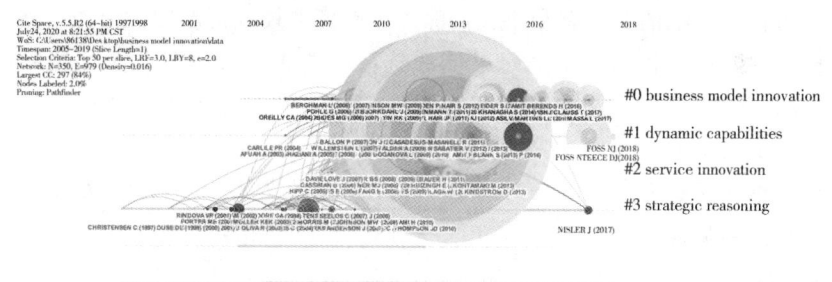

图 2-3　引文聚类结果

此外，表 2-5 展现了这四个聚类的基本信息。其中，第一个聚类的标签是"business model innovation"，活跃文献是发表在 *Long Range Planning* 上的 Baden-Fuller & Haefliger（2013），回答了商业模式与技术创新的关系，研究了商业模式的组成部分是什么，以及商业模式创新是如何发生的。第二个聚类标签为"dynamic capabilities"，活跃文献是发表在 *Long Range Planning* 上的 Sosna（2010），关于试错学习对商业模式创新影响的研究。第三个聚类标签为"service innovation"，活跃文献是发表在 *Journal of Marketing* 上的 Ulaga 等 (2011),该研究识别了新的工业服务类型,并讨论了资源和能力如何影响混合服务类别的成功。第四个标签为"strategic reasoning",活跃文献是发表在 *Strategy & Leadership* 期刊上的 Giesen 等 (2007),该文研究了商业模式创新与企业绩效的关系。综上可知,结合引文分析和文献初步阅读,本章参照 Foss 和 Saebi (2017) 给出了商业模式创新研究的四大流派划分,即包括概念化研究、创新过程研究、变革结果研究、绩效评估研究(见表 2-6)。

表 2-5　　　　　　　　　共被引聚类结果（Top 4）

聚类号	标签	年份均值	活跃文献
#0	business model innovation	2012	Baden-Fuller & Haefliger (2013), *Business Models and Technological Innovation*
#1	dynamic capabilities	2010	Sosna (2010), *Business Model Innovation through Trial-and-Error Learning*
#2	service innovation	2009	Ulaga (2011), *Hybrid Offerings: How Manufacturing Firms Combine Goods and Services Successfully*
#3	strategic reasoning	2005	Giesen (2007), *Three Ways to Successfully Innovate Your Business Model*

对代表文献的精读有利于我们深入了解商业模式创新四大流派,避免完整性的缺失,我们分别从每个流派选取一篇中英文文献。英文文献由 Citespace 聚类产生,这保证了其客观性与代表性。为了快速了解研究全貌,中文文献的选择则参照王节祥与蔡宁(2018)的标准,即选择内容上既有继承又有发展,发表时间集中于中后期的文献。文献最终的选择与基本信息参见表 2-6。

表 2-6　　　　　　　　　流派代表性文献一览

流派	代表性文献	研究问题	研究方法	研究结论	小结
概念化研究	Baden-fuller (2013), Business Models and Technological Innovation, *Long Range Planning*	商业模式的组成部分以及商业模式创新是如何发生的	以双向方式概念性地讨论商业模式与技术的关系	将商业模式定义为一个系统,它解决了识别谁是(或是)客户、满足他们的需求、实现价值货币化等问题。并指出,商业模式创新设计具有一种双向的联系	该文提供了含有因果关系的商业模式系统性框架,为未来分类提供了理论基础

第二章 商业模式创新研究回顾与相关理论构念文献综述

续表

流派	代表性文献	研究问题	研究方法	研究结论	小结
概念化研究	罗珉和李亮宇（2015），《互联网时代的商业模式创新：价值创造视角》，《中国工业经济》	商业模式创新在互联网时代下新的内涵与要素	从价值创造与租金的联合视角，探讨了互联网经济与传统经济价值架构的差异性。并分析了商业模式创新的内在驱动力与企业租金在新时代下的新内涵	互联网时代模糊了组织与行业之间的边界，在此情境下，商业模式则是依赖于双边用户的互动实现连接红利，以形成组织新的壁垒，保证组织稳定与绩效。并提出与解释了平台、社区、跨界等关键因素	阐述了互联网时代的新特点，指出了连接属性的重要意义，明晰了连接与顾客深层需求的关系，揭示了连接红利是互联网时代的商业模式创新所追求的
创新过程研究	Sosna (2010), Business Model Innovation through Trial-and-Error Learning, *Long Range Planning*	一个成熟的组织如何创新其商业模式	对 Naturhouse 企业进行访谈	将公司新零售市场商业模式的演变分为两个不同的阶段，强调试错学习对商业模式创新的重要性	仅考虑外部因素和环境突发事件如何随着时间的推移影响商业模式的创建、发展和复制，而且还考虑了企业家（在本例中是业主—经理）的心理和情感特征，以及之前的学习宝库，在不同层面（个人、团队、组织）影响商业模式创新和学习
	吴晓波等（2019），《感知的环境不确定性对企业商业模式创新的影响研究：高管连带的调节作用》，《管理工程学报》	从高管团队认知视角以及交易成本理论出发，探究环境不确定性对企业商业模式创新的影响机制	实证研究，样本为 159 家浙江省企业	高管感知环境不确定性与商业模式创新为负相关，高管连带负向调节了二者的负相关	将高管感知的市场不确定性以及技术不确定性引入商业模式创新领域，提供了高管认知和交易成本理论结合的新视角，填补了研究空白
变革结果研究	Ulaga et al. (2011), Hybrid Offerings: How Manufacturing Firms Combine Goods and Services Successfully, *Journal of Marketing*	在商业市场中设计和交付商品及服务组合（即混合产品）的关键成功因素	案例研究和对制造企业高级管理人员的深度访谈	开发了一个资源—能力框架，确定了四个关键资源。通过这些特定的资源，成功的公司建立了五个关键能力	提出一种新的工业服务类型，并讨论了资源和能力如何影响混合服务类别的成功

续表

流派	代表性文献	研究问题	研究方法	研究结论	小结
变革结果研究	冯华和陈亚琦（2016），平台商业模式创新研究——基于互联网环境下的时空契合分析，《中国工业经济》	平台商业模式作为互联网情境下新的模式，有什么新的内涵与解释	分别选择 B2B、B2C、C2C 等代表企业，研究其平台商业模式	平台商业模式在互联网时代下克服了时间与空间的约束，在经济时空中创造与获取价值	从互联网下的时空契合视角构建新的架构，诠释了平台商业模式创新的新内涵，完善了平台商业模式的理论研究
绩效评估研究	Giesen et al. (2007), Three Ways to Successfully Innovate Your Business Model, Strategy & Leadership	成功的商业模式创新的经验	文献回顾以及35个实践案例分析	确定了三种主要的商业模式创新：行业模式、收入模式、和企业模式。这些商业模式创新的方法可以单独使用，也可以组合使用	明确了商业模式创新与企业绩效的关系，并为此区分出三种创新模式
绩效评估研究	罗兴武等（2017），商业模式创新如何影响新创企业绩效？——合法性及政策导向的作用，《科学研究》	在新经济制度情境下，商业模式创新如何实现新创企业成长	实证分析，样本为512家中国新创企业	商业模式创新对组织合法性与新企业绩效有促进作用；组织合法性为商业模式创新与企业绩效的中介，起到部分中介作用；政策导向调节了商业模式创新与合法性的关系；商业模式创新与政策导向的交互效应可以通过合法性间接影响创业绩效	将商业模式和制度理论相结合，揭示了商业模式创新影响企业绩效的传导机制，拓展了商业模式在概念和结构上的研究

（2）结合聚类分析与代表文献精读，总结出四大流派的核心议题与脉络，参见表2-7所示。

表2-7　　　　　　　商业模式创新研究流派

流派	核心议题	主导研究方法
概念化研究	"商业模式创新"的定义以及企业可以沿着哪些维度进行商业模式创新	概念性、多案例、数据调查
创新过程研究	BMI 作为一个过程（例如，能力、领导力、学习机制的重要性）	概念性、数据调查、单/多个案例、内容分析、实证分析
变革结果研究	BMI 作为创新变革结果（例如，识别/描述创新的业务模式）	单/多个案例研究
绩效评估研究	BMI 和组织影响/绩效	数据调查

流派一：概念化研究。这一流派突出了现象本身，给出了商业模式创新的定义和概念（Teece, 2006；Santos et al., 2009；Amit & Zott, 2012；

Baden-Fuller & Haefliger, 2013；罗珉、李亮宇, 2015）。有学者强调了概念和架构明确性的重要性（Suddaby, 2010），并试图明晰不同架构之间的因果关系和机制（Fry & Smith, 1987；Luo, 2012）。因此，它关注的核心问题是"商业模式创新"边界以及企业可以沿着哪些维度进行商业模式创新等（Santos et al., 2009；Sorescu et al., 2011；Amit & Zott, 2012）。Mitchell 和 Coles（2004）认为商业模式创新是一种商业模式的更新替代，即向客户和用户提供以前没有的产品或服务，而发明这些新型替代品的过程被称为商业模式创新。而部分学者则指出商业模式创新是通过对公司现有的商业活动进行重新配置（Santos et al., 2009），或是挑战既存的行业模式和用户关系来创造新价值（Aspara, 2010；Luo et al., 2016）。近年来，不少学者从价值角度重新定义商业模式创新，指出可以通过新的价值主张或是改变某一价值维度创造新的商业价值便可称为商业模式创新（Yunus et al., 2010；Abdelkafi et al., 2013；罗珉、李亮宇, 2015；江积海、刘芮, 2019）。该流派研究结果丰富，正如前文所述其研究成果存在较大的不一致，使得商业模式创新概念未得到明晰。

流派二：创新过程研究。这一流派是将商业模式创新作为组织变革的过程。由于创新往往会对组织过程产生巨大的挑战（Damanpour, 1996；Luo, 2012），因此商业模式创新与组织变革便成为一个研究方向。这一流派强调了变革能力、领导能力和学习机制等可以实现成功的商业模式创新。这方面的研究将商业模式创新描述为一个动态过程：首先，强调商业模式创新过程的不同阶段（de Reuver et al., 2013；Frankenberger et al., 2013；Girotra & Netessine, 2013, 2014；Luo et al., 2016）。例如，国内学者张璐等（2019）以蒙草生态为案例对象进行纵向案例研究，提出商业模式更新迭代的三个过程，即市场需求型商业模式—技术创新型商业模式—共享开放型商业模式。其次，识别支持这一变化过程所需的不同组织能力和过程（Demil & Lecocq, 2010；Doz & Kosonen, 2010；Dunford et al., 2010；Achtenhagen et al., 2013）。大部分研究支持动态能力（Teece, 2007；戴亦兰、张卫国, 2018）、外部知识搜索和内部知识创造（吴增源等, 2018）、领导能力（吴晓波等, 2019）等是实现成功商业模式创新的重要能力。再次，强调实验和学习的重要性（Andries & Debackere, 2007；Sosna, 2010；Eppler et al., 2011；Günzel & Holm, 2013；Cavalcante, 2014）。例如 Sosna（2010）通过对 Naturhouse 企业进行访谈，以一个动态的视角强调试错学习对商业模式创新的重要性。最后，提出面向实践者的过程管理工具（Deshler & Smith, 2011；Evans & Johnson, 2013）。

流派三：变革结果研究。这一流派则是将商业模式创新作为结果，关注组织变革过程的结果，即产生新的商业模式，这些商业模式通常以某种方式进行情景化。此研究流派通常涉及特定行业中新商业模式的出现，例如绿色出行（Abdelkafi et al., 2013；刘颖琦等，2014）、报纸（Holm et al., 2013；Karimi & Zhiping, 2016）、电商（冯华、陈亚琦，2016；姚明明等，2017）、大数据（黄玮等，2019；曾锵，2019）和区块链（朱晓武，2019；宋立丰等，2020）。此流派中的其他研究考察了一种新的商业模式，例如针对低收入人群（Yunus et al., 2010；邢小强等，2019）、制造公司（Witell & Löfgren, 2013；李靖华等，2019），或服务业（Kastalli & Van Looy, 2013；李飞、乔晗，2019）；或是基于特定公司描述其创新的商业模式，例如海尔集团的 HOPE 创新平台与 COSMOPlat 平台（余菲菲、燕蕾，2017）、小米创业平台（周文辉等，2019；宋立丰等，2020）、阿里生态（吴晓波等，2013；姚明明等，2017）。描述特定的商业模式或许与概念化研究流派有些许的相似，但这个研究流派的贡献通常不是建立在概念化研究流派之上，而是重点描述一种特殊类型的商业模式的变化，通常称为一种新的变化。然而，这个流派并未提供一个关于商业模式变更的标准。

流派四：绩效评估研究。这一流派讨论了商业模式创新对组织绩效的影响。在这一流派中，我们可以区分商业模式创新的"行为"或"过程"与绩效影响相联系的研究（Giesen et al., 2007；Aspara, 2010；Bock et al., 2012；蔡俊、党兴华，2015；罗兴武等，2017，2019）和不同类型的商业模式对企业绩效的影响的研究（Zott & Amit, 2007, 2008；Wei et al., 2014）。第一种研究类型中，研究假设了一个过程模型，并调查了现有商业模式中的创新变化是否会导致更好的绩效结果，例如 Aspara（2010）研究商业模式创新与模仿对财务绩效的影响。而 Giesen 等（2007）则发现在不同类型的商业模式创新中，其财务绩效没有显著差异。第二种研究类型并没有直接将商业模式创新与表现结果联系起来，而是通过实证检验了不同的商业模式设计对于创新绩效的影响。例如，Zott 和 Amit（2007）在区分了以创新为中心和以效率为中心的商业模式设计之后，发现以创新为中心的商业模式与创业型企业的企业绩效之间存在正相关关系。Wei 等（2014）同样采用了以创新和效率为中心的商业模式设计的差异化分析，考察了不同类型的创新与不同的商业模式设计的匹配适应，以促进中国企业的成长。

第二节 商业模式创新研究趋势判断及理论脉络构建

一 商业模式创新四大流派趋势发展的研判

突现词分析用突现度检测关键词的变化程度,可以明晰商业模式创新领域的研究热点。选择"关键词(keyword)"为节点类型,其余与上文一致,点击"burstness"展示,获得突现结果,参见表2-8。

表2-8　　　　　　　　各研究流派突现词

研究流派	关键词	开始年份	结束年份	2005—2019
概念化研究	innovation	2005	2009	
	business model	2006	2008	
	user	2010	2013	
	creativity	2012	2015	
	product development	2017	2019	
创新过程研究	information technology	2005	2007	
	environment	2007	2010	
	commercialization	2010	2014	
	evolution	2013	2017	
	dynamics	2017	2019	
变革结果研究	open innovation	2009	2012	
	China	2013	2016	
	exploration	2014	2017	
	transition	2015	2016	
	platform	2017	2019	
绩效评估研究	fit	2010	2014	
	organization	2012	2013	
	adoption	2014	2017	
	resource based view	2015	2016	
	challenge	2017	2019	

(1)概念化研究开始融入用户创造的视角。随着新产品、新形式的商业模式的涌现与完善,从用户、创造和产品发展(user/creativity/product development)等突现词可以发现,用户参与产品价值创造的商业模式

创新的概念是近两年最热的研究话题。2005—2009 年，"创新（innovation）"与"商业模式（business model）"是率先开启商业模式创新概念研究的热点词。Morris 等（2005）基于企业家视角，提出一个商业模式六要素框架，推进了商业模式概念的研究。这一时期的概念研究，将重点由产品创新和技术创新转向产品和技术领域以外的商业领域创新。Chesbrough 和 Rosenbloom（2002）指出技术本身潜在的经济价值需要通过商业模式创新来实现，而非其本身的特定客观价值。随后的 2010—2015 年，概念研究中逐渐明晰了"用户（user）"、"创造力（creativity）"在商业模式创新中的意义，强调了用户需求为导向的系统性价值创造（Rochet & Tirole，2006）。2017—2019 年，随着"产品发展（product development）"涌现了大量的新兴产业，云计算、云服务作为产品或服务的新形态，商业模式创新在此阶段也有了其新的内涵（Xu, 2012；罗兴武等，2021）。

（2）创新过程研究正从关注"信息技术"转移到强调组织"动态能力"。以往的研究多以静态的形式关注新的商业模式，越来越多的研究则转向商业化、演进和动态性（commercialization/evolution/dynamics）等研究。2005—2007 年，"信息技术（information technology）"为主要突现词，信息技术与商业模式的相关研究，奠定了商业模式创新过程研究的基础。Chesbrough 和 Rosenbloom（2002）的一个重要作用是挖掘新技术所蕴含的价值并将其商业化。这一时期，商业模式创新主要作为技术商业化的一种手段。2007—2010 年，"环境（environment）"强调了商业模式创新的可持续性。有学者认为企业可以通过重构价值模式和组织形式，来减少对生态环境的负面影响，以创新方式实现可持续发展（Boons & Lüdeke-Freund, 2013；Bocken et al., 2014）。2010—2017 年，相关研究区分了商业模式创新与技术创新之间的关联和差异，商业模式创新作为一种促进新技术商业化的新型创新方式越来越多地被学界所接受（Teece, 2006；Chesbrough, 2010；Zott & Amit, 2011）。2017—2019 年，学者们重点关注商业模式创新为企业带来的动态能力（dynamics）。动态能力是企业构建与维持竞争优势的重要无形资产（Teece, 2007），动态能力强的企业往往具有强烈的创业精神。它们不仅适应商业生态系统，还通过创新和与其他企业、实体和机构的合作来塑造它们（Teece, 2007；Luo, 2012）。

（3）变革结果研究关于新模式的识别，则趋向于聚焦平台（platform）这一业态。2009—2012 年，"开放创新（open innovation）"引起学者重视。Chesbrough（2003）强调了研发环境对商业模式创新的影响，强调了研发机构应当被视为获取外部知识的工具和知识生产者，提出了一种分布式知识环境下的开放创新模式。2013—2017，在中国新兴经济情境下，涌现了大量如阿里巴巴生态、O2O 平台或是关注 BOP 市场的拼多多等新型商业模式，传统的"供给导向"逐渐被"需求导向"所取代（Massa et al.，2017）。社交网络和共享经济都是平台型商业模式下的产物，如何在平台基础上进行商业模式创新也在 2017—2019 年成为研究热点。平台商业模式是以平台为架构，连接供需双方用户，重塑价值网络的创新商业模式（Cusumano & Gawer，2002；Evans et al.，2006；Eisenmann et al.，2008；罗珉和李亮宇，2015）。不少学者指出平台架构对价值互动机制发挥了至关重要的作用，而后者则是塑造有效商业模式的关键（Osterwalder & Pigneur，2010；Amit & Zott，2012）。

（4）绩效评估研究则更多地关注如何调整商业模式使其适应环境的变化。为助力企业获取更高的绩效，商业模式挑战（challenge）是近年来的研究热点。2010—2014 年，商业模式创新效果的评估也是学者们的研究重点，如 Zott 和 Amit（2007）使用李克特量表，用新颖型和效率型两个维度去衡量。商业模式创新反映了组织的变革，通过对绩效的评估与测量在一定程度上可以反映新商业模式的适应情况。2014—2017 年，"资源基础观（resource based view）"是这一阶段的热点词之一。研究一致认为商业模式创新会促进企业绩效的提高，然而现实生活中却并非如此。这一阶段的研究，从企业资源的异质性角度，考察商业模式创新各要素对企业绩效之间的影响。2017—2019 年，因环境的动荡与不确定，企业进行商业模式创新也存在许多挑战（Chesbrough，2010）。这一阶段中，学者们致力于探讨如何面对商业模式创新阻碍，如何成功地进行企业变革。

二 中国新兴经济情境下商业模式创新展望

结合当前商业模式创新的研究热点与趋势，针对中国新兴经济情境，未来的研究应当关注以下几个方面。

（1）制度情境下的商业模式创新主题设计研究。商业模式创新作为复杂的创业活动，需要嵌入特定的社会情境和制度环境中（Hargadon & Douglas，2001）。新兴经济所带来的巨大变迁影响着新兴场域的生成和演化（Droege & Johnson，2007）。新型商业模式的形成也得益于初期的制度空白与制度红利，游离于"合法"与"不合法"的边缘（罗兴武等，2018；Luo et al.，2022）。在"情景化"的商业模式创新中，企业如何进行创新性主题设计使得企业在制度环境互动中持续盈利且形成难以超越的优势有待进一步研究。

（2）数字技术驱动下新兴企业商业模式创新价值创造与获取机制研究。自 2016 年起，国务院《政府工作报告》连续出现"互联网+"、"数字经济"、"智能+"等词语。2019 年，在中共中央政治局第十八次集体学习中，习近平总书记强调了"把区块链作为核心技术自主创新重要突破口"。新技术的产生及技术轨迹的不连续与范式的转移，产生了机会窗口，这为商业模式带来新的价值创造逻辑。在数字经济时代，为了获取难以撼动的先发优势，企业越来越重视为用户创造价值的策略，而不是价值获取策略。新技术群情境下，新兴企业拥有更好的工具以获取更广泛的资源，可以更高效地满足用户需求，为商业模式创新提供支持。智能技术群带来的"核聚变"既是机会也是挑战，分析与满足利益相关者的需求是商业模式创新的重点，未来的研究不能仅仅着眼于如何"多分一杯羹"，更要关注怎么"做大做强"。

（3）传统制造企业服务化商业模式创新研究。在产业融合背景下，制造企业向服务化转型已成为重要的战略选择，《中国制造 2025》提出将制造业服务化作为未来制造业发展的方向之一。服务化的本质是商业模式的创新，是对企业关键资源与能力的重新整合，且制造业有其内在特殊性，区别于其他产业商业模式的应用。比如海尔作为大家电制造企业，不完全通过产品的直接交易获取利润，而是创建创客平台和融资平台等企业孵化服务平台，通过连接双边或多边用户群体来实现价值的创造与获取。传统制造业如何进行商业模式创新，把握用户需求，进行差异化竞争，实现制造企业服务化，将成为国内研究的一大热点。

三 商业模式创新理论脉络构建

基于前述梳理，我们尝试构建商业模式创新研究的理论脉络。

第一，明确商业模式创新特征。明确的概念定义和界定常常有助于理解不同架构之间的因果关系和机制（Fry & Smith, 1987）。而在我们的回顾中，发现文献中关于商业模式创新本质的描述不够清晰，定义有很多，但是很多定义缺乏特征性。因此，有部分学者认为商业模式单一成分的改变可以构成商业模式创新。Giesen 等（2007）将商业模式创新定义为进入新产业、提供新产品或定价模型、重新定义组织边界等创新。而部分学者则将商业模式创新定义为技术创新、价值网络和财务预算回报率（Koen et al., 2011），这种定义着重于商业模式的组成部分。我们在 Foss 和 Saebi（2017）的基础上，整理出国内外对商业模式创新的定义（参见表 2-9）。

表 2-9　　　　　　　　　　代表性商业模式创新的定义

代表性文献	商业模式创新的界定
Aspara（2010）	在现有的地理市场区域，通过挑战现存特定行业内的商业模式、角色和关系来创造新价值的计划
Gambardella & McGahan（2010）	一家公司采用新的方式进行商业化时，将伴随着商业模式创新
Yunus et al.（2010）	商业模式创新就是通过发现新颖的价值主张或价值模块组合来创造新的利润来源
Sorescu et al.（2011）	对零售商业模式的一个或多个元素（即零售形式、活动和治理）及其相互依赖关系超越当前做法的改变，从而调整零售商创造价值和挪用价值的组织逻辑
Amit & Zott（2012）	通过重新定义内容（添加新活动）、结构（以不同方式链接活动）和治理（更改执行活动的各方）来创新商业模式
Bucherer et al.（2012）	商业模式创新指一家企业的核心要素及其商业逻辑改变的过程
Abdelkafi et al.（2013）	当公司修改其价值维度时，就会发生商业模式创新
Aspara et al.（2013）	企业商业模式转变被定义为：当涉及公司业务组合之间的价值创造环节时，从一个时间点到另一个时间点，公司如何创造价值的感知逻辑的变化
Berglund & Sandström（2013）	商业模式创新是为了创造商业价值而引入的新商业模式
Casadesus-Masanell & Zhu（2013）	从根本上说，商业模式创新通过寻找公司的新逻辑以及新方法，来为其利益相关者创造和获取价值
Khanagha et al.（2014）	商业模式创新活动的范围可以从商业模式个别组成部分的增量变化、现有商业模式的扩展、并行商业模式的引入，一直到商业模式的颠覆，这可能需要用根本不同的模式取代现有模式
孙永磊等（2018）	商业模式创新是一种以顾客为出发点的颠覆性创新范式，通过对多个商业模式关键环节的系统性创新，实现顾客的价值跃升，重构已有产业结构，改变竞争规则，从而使企业获得超额利润与成长的过程
黄昊等（2019）	商业模式创新需要通过一系列的商业模式变革与设计来实现，并体现在企业开展的一系列商业活动的变化上，具体可以分为内容创新、结构创新和治理创新三种类型
刘刚（2019）	将商业模式组件之间的相互依赖、相互作用关系看作耦合协调关系，认为商业模式创新是其结构组件及其关系的改变而形成整体协调的现象

续表

代表性文献	商业模式创新的界定
罗兴武等（2019）	商业模式创新是通过创新交易活动体系和制度规则体系改变既有商业逻辑，建构新的交易和制度结构的过程

资料来源：笔者基于 Foss 和 Saebi（2017）的研究，整理而成。

"创造、交付和获取价值的机制"反映了商业模式和商业模式创新的关键因素，即价值主张、目标细分、价值链组织和价值获取机制，这是概念化研究不可忽视的一部分（Foss & Saebi, 2017）。商业模式创新可以通过创新价值主张、稳定目标受众、锚定资源基础和降低交易成本等要素的相互强化，洞悉顾客需求，主动"破坏性创新"，挖掘被在位企业所忽视的商业机会（Amit & Zott, 2001；罗兴武等, 2019）。而"架构"也是商业模式创新的关键概念之一（Teece, 2010；Foss & Saebi, 2017）。商业模式架构不仅仅是公司创造、交付和获取价值的机制与实现这些机制的活动列表（Santos et al., 2009；Luo et al., 2016），还是这些机制与基础活动之间的功能关系（Maier et al., 2001）。综上所述，我们认为商业模式创新是一种主动的市场导向性创新，伴随着架构范式的创新，是一种具有大格局、全方位的战略性创新。

因此，不难发现商业模式创新价值的创造活动具有双重属性动因，即交易属性动因和制度属性动因。必须指出的是，我们强调的是"交易"和"制度"属性的"双重属性"（duality）而不是"二元性"（dualism），因为从二元论观点出发，通常仅将商业模式创新视为主动性市场导向型创新，而忽略了商业模式创新同时也是一种架构性范式创新。架构性范式创新意味着商业模式创新不同于产品、营销、技术创新等业务层面的创新，而是企业层面的结构性范式创新，即创造新价值的同时重构现行商业模式（Hamel, 2000；Aspara, 2010）。Giddens 早已指出二元性（非此即彼）容易引发错误的认识（杨俊等, 2018），容易出现"有行动而无结构"或"有结构而无行动"的极端情形，这与实践中的"行动与结构互动"不符。Schlegelmilch（2003）认为，商业模式创新作为一种战略性创新，改变竞争性质的同时颠覆既有的结构性规则，借此在提升顾客价值的同时实现企业快速成长。Markides（1998, 2006）强调商业模式创新就是"为了引入可盈利商业模式而打破既有游戏规则"。所以，市场导向性创新和架构范式创新都是商业模式创新的主要内涵，两者兼顾，方能在快速成长的同时实现可持续赢利。

第二，确定前因及结果。商业模式创新的前因有很多，可以是行业中新的信息和通信技术带来的机遇（Pateli & Giaglis, 2005; Wirtz et al., 2010），或者企业动态能力（Teece, 2007）和开放式创新（Chesbrough, 2010; Chesbrough & Crowther, 2006）要求所驱动，抑或是用户需求的转变（Ferreira et al., 2013）。多层次要素与商业模式之间紧密相连，与多方因素的适配能发挥商业模式的最大价值，因此，内外部的变化也需要改变商业模式。

许多文献认为商业模式创新是驱动企业绩效的重要因素。在特定客户群中解决的某些价值主张可能与高支付意愿相关；价值链组织和组织的其他方面可能会降低成本；特定的收入模式可能意味着公司有能力配置相当一部分创造价值。价值创造、交付和获取机制的这种组合可以使企业具有创造潜力并比竞争者享有更多价值，从而带来竞争优势（Peteraf & Barney, 2003）。而成功的商业模式往往容易被竞争者效仿，企业如何使这种优势更加持续，如何编排要素使其更为耦合，是商业模式创新的一大挑战。

第三，关注组织中潜在的调节因素。上述商业模式创新可能由许多因素导致，但有许多因素可能会增强或是减弱这种影响的强度。从宏观层面说，制度环境的差异可能会影响企业参与商业模式创新的难易程度。微观层面也可能起调节作用。例如管理认知是一个特别重要的微观调节变量。企业管理者往往率先感知需要商业模式创新的变化，并掌握实施商业模式变化的权利。有学者研究发现公司更有可能在感知威胁的条件下改变商业模式而非在感知机会的条件下来改变。许多研究强调了组织能力、领导行为和学习过程在实现商业模式创新中的作用，但忽视了其他微观变量。例如鲜有研究分析组织设计在商业模式创新中的作用。而组织设计需要调整或创新以支持不断变化的商业模式创新。

第四，明确边界条件。商业模式创新文献没有明确地处理边界条件问题。然而这些都是至关重要的，因为不同类别的企业在商业模式创新的前提和结果方面可能是不同的。例如，新兴企业可能更易进行商业模式创新，而创新的绩效或许对成熟企业更为突出，但却很难在成熟企业中实现。但很少有研究比较成熟企业与新兴企业之间的商业模式创新。此外，近年来，商业模式创新与可持续发展、服务创新获得了学者较多的关注。但这些研究中的大多数不是建立在商业模式创新的现有定义上，而是将商业模式创新作为企业改变其现有经营方式的背景。

综上，我们试着构建出商业模式创新的理论脉络，如图2-4所示。

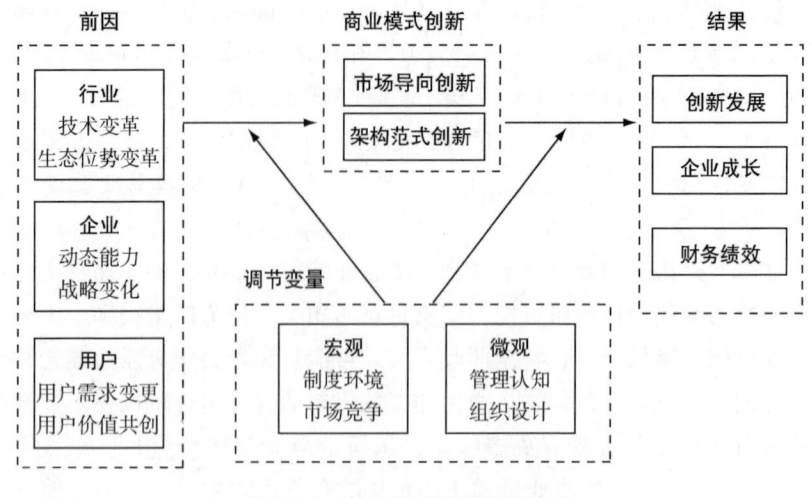

图2-4 商业模式创新理论脉络

第三节 相关理论背景研究综述

一 商业模式、商业模式主题与商业模式创新

（一）商业模式概念及组成要素

1. 商业模式概念

随着20世纪90年代信息技术的发展，特别是互联网中"点com现象"的出现，交流和计算的成本大幅度降低，加速了设计新的、跨边界组织形式的可能性，越来越多的学者开始研究商业模式（Casadesus-Masanell & Ricart, 2010）。然而，20世纪以来，"点com经济"经历了一个滑坡（Hodge & Cagle, 2004）。为了更有效地适应来自环境的挑战，学者们开始更多地关注电商行业之外的商业模式（Morris et al., 2013; Luo et al., 2016）。

对于商业模式的概念，学界至今尚未达成一致。学者们从各自的研究视角出发，形成了商业模式研究的"丛林"。纵观商业模式概念的研究，主要有战略、经营系统和价值创造视角（详见表2-10）。

战略视角。商业模式就是企业战略的执行过程，并从不同的战略方向去考察，涉及市场定位、客户细分、组织行为、企业竞争优势和可持续发展等。Casadesus-Masanell和Ricart（2010）认为商业模式是公司已实现战

表 2-10　　　　三大视角下代表性学者对商业模式的定义

类别	代表研究	定义
战略视角	Casadesus-Masanell & Ricart（2010）	商业模式是企业已实现的战略的反映
	Morris et al.（2005）	商业模式是创业战略、架构和经济学等领域一套相互关联的决策变量的简明陈述，它可以解释如何在限定的市场持续创造竞争优势
	Osterwalder & Pigneur（2011）	商业模式是商业战略的概念和结构上的实施以及商业过程的基础
经营系统视角	Timmers, 1998	商业模式是产品、服务和信息流的架构，是各种商业角色及其作用的描述，也是各种商业角色潜在利润和收入来源的描述
	Zott & Amit, 2010	基于交易连接活动的事实，商业模式是一个超越核心企业并扩展其边界的相互依赖的活动系统
	Hammer（2004）	商业模式是企业的运营结构，商业模式创新是企业组织结构深层变革
	Aspara et al.（2011）	商业模式既是一种客观的物质结构和过程，也是人思想中存在的一种主观认知结构
价值创造视角	Amit & Zott（2001）	商业模式是开发商业机会，进行价值创造的交易内容、结构和治理
	Chesbrough & Rosenbloom（2002）	商业模式是连接技术潜力和经济价值实现的探索性逻辑
	Magretta, 2002	商业模式是解释企业如何运作的故事
	Teece, 2010	商业模式可以清楚表达逻辑、数据和其他证据，是用以支持对顾客的价值主张以及企业传递价值的收入和成本的可行结构
	Shafer et al.（2005）	商业模式是价值策略的选择，以及基于价值网络的价值创造和价值获取
	Stewart & Zhao（2000）	商业模式是企业如何赚钱并维持现金流的陈述
	Rappa（2001）	商业模式的根本是企业的自我维持并清楚表达价值链中的定位及如何获利
	Cavalcante et al.（2011）	商业模式是企业商业化的抽象概念，个人认知在商业模式动态变化中发挥了重要作用
	Verstraete（2012）	商业模式是可以传递给利益相关者的商业价值的概念化

资料来源：笔者整理。

略的反映。KM Lab 顾问公司（2000）认为商业模式是企业通过组合产品、服务、形象、工作人员、作业基础设施等，在市场上创造价值的过程。Sinfield 等（2012）指出商业模式是执行管理选择的集合所得到的结果。

经营系统视角。商业模式被认为是企业的运营结构，重在通过内部流程和组织框架设计实现企业绩效，其主要源于"结构—行为—绩效"（SCP）的分析范式。商业模式是企业活动的集合，包括战略、组织、技术、伙伴网络等（Chesbrough & Rosenbloom，2002；Morris et al.，2005），其中伙伴关系发挥了关键作用（Timmers，1998；Zott & Amit，2010）。

价值创造视角。商业模式是企业的经济运行模式，其本质是企业获取利润的逻辑。价值创造视角来源于 Porter 的价值链分析框架，Porter 强调通过价值链的构成单位，即基本活动（生产、销售、后勤、服务等）和支持性活动（人力、技术、采购、计划、基础设施等），来创造公司价值。Amit 和 Zott（2001）认为商业模式是开发、识别机会的价值创造机制，并通过内容创新、结构创新和治理创新加以实现。Afuah 和 Tucci（2001）主张商业模式是获取并利用资源，创造比竞争对手更多价值以赚取利润的方法。商业模式各个要素共同作用于价值创造和价值获取（Johnson et al.，2008）。

深入理解商业模式，需要综合考察战略视角、经营系统视角和价值创造视角（Chesbrough，2010；Morris et al.，2013）。不难发现，价值创造视角的研究相当广泛，影响也最大（Afuah & Tucci，2001；Zott & Amit，2001；Teece，2006；Johnson et al.，2008；张敬伟和王迎军，2010；颜安和周思伟，2011；魏江等，2012）。Zott 和 Amit（2011）认为，价值创造视角更有利于对企业商业模式的认知，使认知过程更有系统性和动态性。

2. 商业模式组成要素

商业模式概念的差异性，也直接导致了商业模式组成要素及结构的多样性。商业模式要素的确定有助于商业模式的描述，以及商业模式架构的建立。而架构理论对于理解、设计组织和产业等复杂的系统具有十分重要的意义，可以帮助管理者表达和陈述商业模式的逻辑，为商业模式设计提供一个有用的起始点。在商业模式的概念中，有些概念直接表达出了商业模式的组成要素，而有些则是概念和组成分开进行表述。将商业模式要素单独列出来，有助于全面理解商业模式，深入考察商业模式构成的相似之处与不同的地方。Morris 等（2005）在 *the Entrepreneur's Business Model: toward a Unified Perspective* 一文中对以往商业模式的要素做了回顾，本章在此基础上做了进一步的整理和补充（如表 2-11 所示）。

表 2-11　　　　　　　　　　商业模式组成要素

来源	具体成分	数量（个）	范围	实证	数据性质
Horowitz（1996）	价格、产品、分销、组织特征和技术	5	普遍	否	
Viscio & Pasternak（1996）	全球核心、治理、商业单元、服务和连接	5	普遍	否	
Timmers（1998）	产品/服务/信息流架构、商业角色和作用、角色利润、收入来源和营销战略	5	电商	是	具体案例
Markides（1998）	产品创新、顾客关系、基础管理和金融	4	普遍	否	
Donath（1999）	顾客理解、市场策略、公司治理和内部网能力、外部网能力	5	电商	否	
Gordijn & Akkermans（2001）	角色、市场细分、价值提供、价值活动、利益相关者网络、价值界面、价值端口和价值交换	8	电商	否	
Linder & Cantrell（2000）	定价模式、收入模式、渠道模式、商业过程模式、互联网使能的商业关系、组织形式和价值主张	8	普遍	是	和 CEO 的 70 次访谈
Chesbrough & Rosenbaum（2000）	价值主张、目标市场、内部价值链结构、成本结构和利润模式、价值网络和竞争战略	6	普遍	是	35 个案例
Gartner（2003）	市场提供物、能力、核心技术、投资和底线	4	电商	否	客户咨询
Hamel（2000）	核心战略、战略资源、价值网络和顾客界面	4	普遍	否	客户咨询
Petrovic et al.（2001）	价值模式、资源模式、生产模式、顾客关系模式、收入模式、资本模式和市场模式	7	电商	否	
Dubosson-Torbay et al.（2001）	产品、顾客关系、伙伴基础设施和网络、金融	4	电商	是	具体案例
Afuah & Tucci（2001）	顾客价值、范围、价格、收入、连接活动、执行、能力和可持续性	8	电商	是	调查研究

续表

来源	具体成分	数量（个）	范围	实证	数据性质
Weill & Vitale (2001)	战略目标、价值主张、收入来源、成功要素、渠道、核心能力、顾客细分和IT基础设施	8	电商	是	调查研究
Applegate (2001)	概念、能力和价值	3	普遍	否	
Amit & Zott (2001)	交易内容、交易结构和交易治理	4	电商	是	59个案例
Alt & Zimmerman (2001)	使命、结构、流程、收入、合法性和技术	6	电商	否	文献综述
Rayport & Jaworski (2001)	价值簇群、市场空间提供、资源系统和金融模式	4	电商	是	100个案例
Betz (2002)	来源、销售、利润和资本	4	普遍	否	
Gartner (2003)	市场提供物、能力、核心技术投资、概要	4	电商	否	
Osterwalder et al. (2005)	价值主张、目标顾客、分销渠道、顾客关系、价值架构、核心能力、伙伴网络、成本结构、收入模式	9	普遍	否	
Teece (2010)	产品/服务、顾客价值、市场细分、收入来源、价值获取	5	普遍	否	
Johnson (2010)	客户价值主张、关键资源、关键过程、盈利模式	4	普遍	否	
Aspara et al. (2011)	物质层面、认知层面	2	电商	是	具体案例
Verstraete (2012)	价值生成、价值回报、企业间共享规范	3	普遍	否	
Casadesus-Masanell & Zhu (2013)	利益相关者、价值创造	2	普遍	是	具体案例

资料来源：Morris et al. （2005）和笔者整理。

不同时期，不同学者对商业模式组成要素的界定有一些差异，但在战略、经营系统、价值创造方面都有着较为统一的认识。不难发现，在以往的研究中，价值主张、市场定位、价值网络、收入模式等要素被反复提到。据此，阅读更多的 *AMJ*、*AMR*、*ASQ*、*JM*、*JMS*、*MS* 等著名期刊，本书利用扎根理论梳理了价值创造视角下的商业模式及其组成要素，发表在了《外国经济与管理》上，主要结论详见本书第四章。

3. 商业模式概念的抽象水平

纵观商业模式的概念和组成要素，结合 Zott 和 Amit（2011）的研究，发现学者们的商业模式概念抽象水平存在较大差异（如图 2-5 所示）。

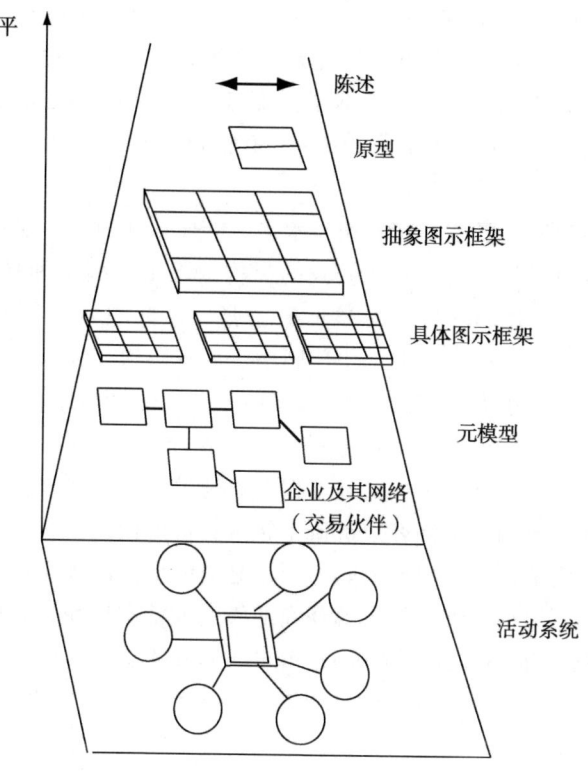

图 2-5 商业模式概念抽象水平示意

资料来源：Massa & Tucci（2013）、云乐鑫（2014）和笔者整理。

从图 2-5 可以知道，不同的商业模式概念在抽象水平上处于不同的层次。陈述代表商业模式抽象的最高水平（Perkman & Spicer, 2010）。Magretta（2002）认为商业模式是解释企业如何运作的故事。一个好的商业模式可以回答德鲁克的古老问题：谁是顾客？给顾客带来什么价值？也能回答每位企业经理必须问的根本问题：如何赚钱？以一个适合的成本传递给顾客价值的潜在经济逻辑是什么？因此，这种陈述不仅仅是功能的简单描述，还具有一定的前瞻性，可以简明扼要地勾画企业未来（Massa & Tucci, 2013）。大多数创业者和企业高管用这种层面的商业模式来简化认知，来说服股东、投资者等，获得利益相关者认可，更好地动员更多资源。

当越来越多的学者意识到商业模式结构上的差异后,他们开始引入了类型学并形成了商业模式原型的概念(云乐鑫,2014)。原型可以理解为一种理想的商业模式类型,它通过描述商业的核心逻辑来形成商业模式标签(Baden-Fuller & Morgan, 2010)。例如大家比较喜欢的"免费增值"商业模式,其核心逻辑是基本版免费、高级版收费。这种原型也可以变身为吉列公司的"剃刀+刀片"模式,低价销售剃刀,而从刀片中获得较高的利润回报(Zott & Amit, 2010)。相似的逻辑还可以运用于打印机和墨盒、免费手机和话费套餐等。

陈述和原型具有较高的抽象水平,能使认知简化,快速把握商业模式的核心逻辑,但是对于商业模式的架构缺乏更为精确和具体的展现。Osterwalder 等(2005)通过列举价值主张、目标顾客、分销渠道、顾客关系、价值架构、核心能力、伙伴网络、成本结构、收入模式 9 个核心要素的方式,开发了商业模式画布(canvas)——具体的图示框架,并通过九宫格的形式较好地展示了商业模式一般性质。而 Johnson(2010)则用客户价值主张、关键资源、关键过程、盈利模式 4 个要素合成的抽象图示模型来刻画企业如何围绕客户价值主张进行价值创造。

尽管图示框架、原型因其简明、易懂的形式易被企业实践界接受,但图示框架、原型都没有能力解释商业模式的动态演变,元模型的引入可以克服这个局限。Casadesus-Masanell 和 Ricart(2010)提供了一种新型概念化商业模式的方法,以解释企业动态化的系统。该方法基于选择和结构,通过对结构柔性或刻板的评估,来对待商业模式的重构;并基于因果循环关系来判断企业如何选择基础架构,以进行商业模式结构的有效配置,促进企业成长。Gordijn 和 Akkerman(2001)也提出了"E3—价值论",以描述价值在伙伴网络间的创造与传递。这种元模型,借鉴了行动者、价值目标、价值交换和价值活动的概念,建立企业与其伙伴网络如何创造、传递并获取价值的模型,可以较好地描述和理解选择和可能结果之间的关系,以适应企业动态性的发展。

活动系统的引入,使商业模式的概念变得更加具体、系统。Zott 和 Amit(2010)认为商业模式是由核心企业和其他利益相关者(如顾客、供应商、竞争者等)组成的互依互存的活动系统。活动系统这种视角,有助于理解商业模式主体间的依赖活动,是对商业活动、商业逻辑较为全面、具体的呈现。

综合上文所述及的陈述、原型、图示模型(抽象和具体)、元模型和活动系统,可以发现借助抽象水平较高的陈述、原型和抽象图示框架,有助于认知简化、快速准确地向外界环境或利益相关者传递一个明确的意思表示，而具体图示框架、元模型和活动系统则倾向于将商业模式概念具体化，更好地把握商业模式动态变化，来描绘商业模式主体间活动的依存关系。

（二）商业模式设计与主题

Amit 和 Zott（2001）首次创造性地区分了商业模式要素与商业模式主题，这样可以兼顾商业模式概念的抽象化和具体化水平，在简明准确地传递给外界利益相关者价值的同时，也能通过要素的架构设计，描绘商业模式主体间活动的依存关系，解释商业模式的动态性变化。Amit 和 Zott（2001）在回顾熊彼特创新、交易成本、战略网络、企业资源观等理论的基础上，通过对欧美 59 家电商企业的案例研究，提出交易活动的"NICE"主题，即新颖（novelty）、锁定（lock-in）、互补（complementarity）和效率（efficiency），标志着首次正式地将主题概念应用于商业模式研究，奠基了"商业模式设计"研究。商业模式要素是由网络所选择的活动（交易内容）、活动的顺序（交易结构）以及对谁执行该活动的选择（交易治理）构成。商业模式要素构成了商业模式架构的基础逻辑。企业管理者则要围绕不同的设计主题，进行活动系统设计："新颖"侧重交易活动在内容、结构和治理上的创新性；"锁定"侧重对目标顾客的吸引及战略网络的稳固；"互补"锚定资源基础及多种活动的搭配、绑定，以实现比单独活动更大的价值；"效率"则重在降低活动体系的成本、实现交易的透明化（如表 2-12 所示）。

表 2-12　　　　　价值创造来源和商业模式主题构念

	新颖	锁定	互补	效率
交易结构	新的参与者 空前的参与者或货物 参与者间的新连接 连接的空前富裕（质量和深度） 经营方法专利的应用或一致性 依赖贸易秘密和版权的商业模式结构 第一个引入商业模式	交易可靠性 联盟计划 直接的网络外部性 非直接的网络外部性 交易安全机制 参与者们的学习投资	交叉销售 参与者活动，如供应链整合 线上和线下交易结合	交换机制 交易速度 讨价还价成本 营销、销售、交易过程、通信成本 大量产品、服务进入 降低企业库存成本 交易简化 需求整合 供应整合 交易数量可扩展性

续表

	新颖	锁定	互补	效率
交易内容	新的产品、服务、信息或其组合	通过第三方信任促销参与者部署专用资产（如软件） 主导设计 定制化的个性提供物	线上、线下资源和能力的组合 来自合作企业、顾客的互补性产品、服务和信息进入 垂直产品/服务 水平产品/服务 参与者技术	货物、参与者信息作为决策制定基础，以减少信息不对称性 交易透明性，如货物流提供的信息
交易治理	新的激励（如顾客创造内容）	忠诚计划 信息流安全和控制 顾客个人信息的控制使用 社区概念的重要性	发展共同专用资源激励 合作伙伴的联盟能力	

资料来源：Amit & Zott（2001）。

在 Zott 和 Amit（2007）后期研究中，表 2-12 中新颖和效率的主题构念演进为新颖性商业模式和效率性商业模式的主题量表，由此可知，商业模式主题要紧紧围绕主导性、统率性驱动因素设计，是对商业系统结构特征的刻画，但是，并不完全等于系统结构。比如，从表 2-12 可以发现，新颖性商业模式、效率性商业模式两个主题围绕的主导性要素是交易结构，新颖性表现在交易内容、交易治理的题项上各只有 1 个，效率性表现在交易内容题项上的为 2 个，而在交易治理上的题项上则没有。因此，商业模式主题设计的目的是捕捉焦点企业与利益相关者的交易行为，刻画商业模式的整体形态，使商业模式可以更加概念化地表达和测量（Zott & Amit，2008）。

关于新颖和效率，早在 Miller（1996）的研究中，就将其作为不确定环境下连接商业模式要素的主题，但未进行量表开发。尽管 Amit 和 Zott 提出了 4 个商业模式主题，但还是遵循了 Miller（1996）的研究，聚焦新颖和效率两个主题，进行理论构建和量表开发。Zott 和 Amit（2007）利用 190 家欧美上市企业的数据，检验了新颖和效率主题对新兴企业绩效的影响。Zott 和 Amit（2008）进一步实证研究商业模式与产品市场战略的匹配对企业绩效的影响，研究发现新颖性商业模式与产品市场的差异化战略、成本领先战略、早期市场进入战略的匹配能显著提升企业绩效，商业模式与产品市场战略是互补关系，而不是替代关系。

以往文献的研究，较少对商业模式主题的研究比较，并且商业模式主题多停留在商业模式设计的定性分析上，对商业模式主题量表的开发非常少。商业模式主题是具体情境的产物（Zott & Amit, 2007, 2008）。不同的国情、不同的创业情境、不同的研究视角都需要不同的商业模式主题来表达。Zott 和 Amit（2007）对于新颖性商业模式和效率性商业模式的主题量表的开发是基于1996—2000年欧盟和美国两大经济体的具体情境，并不能完全反映中国新兴经济下的现实情境。因此，中国新兴经济背景下的商业模式亟须主题设计，这样才能更好地指导新兴经济情境下中国企业的商业模式实践。

（三）商业模式创新的英文释义、创新路径及主要研究视角

1. 商业模式创新的英文释义

商业模式创新是商业模式研究的根本目的，商业模式创新有助于通过改善企业的竞争优势而提高企业的获利能力。然而，不同学科背景的学者及企业家，关于商业模式创新概念却"莫衷一是"。

我们根据商业模式"创新"的英文释义的不同，进行商业模式创新概念上的比较，如表2-13所示。①有些学者将"创新"视作一种"design"。Amit和Zott（2001）认为商业模式主题设计能够导致商业模式创新，他们将商业模式作为一个分析的单元，通过商业模式的交易内容、结构和治理创新，开发商业机会来创造价值。②有些学者将"创新"看作"reinvent"。Johnson等（2008）认为商业模式创新是企业利用现有资源或新资源进行商业模式重构，重塑整个产业，并重新分配价值。Markides（1998, 2006）认为商业模式创新是为了引入可盈利的商业模式而打破原有的商业规则，通过对既有规则的颠覆，来重新确定顾客的细分标准、顾客需求、产品或服务的生产或开发手段等。③有些学者将"创新"看作"adjustment"。Sarasvathy（2001）认为商业模式创新是在创业实践中逐渐形成的，是一个循序渐进的过程。Blank和Dorf（2012）则强调这种商业模式调整是通过控制或减少商业模式替代项来实现的，以降低模式的不确定性，最终逼近可行的商业模式。④有些学者将"创新"看作"evolution"。Sharma和Talwar（2007）认为商业模式演化是商业模式多次创新的过程，是企业经营逻辑的不断深化。Demil和Lecocq（2010）将"动态一致性"的标签赋予商业模式演化，用于衡量构建、维持竞争优势的能力。⑤有些学者将"创新"视作"change"。Yip（2004）认为企业战略的改变，要求商业模式随之改变，战略选择与分析是企业商业模式创新的前提条件与逻辑起点。⑥有些学者将"创新"视作"develop/development"。商业模式创新是企业经营模式从一个特定的商业模式状态到下一个期望状态跃迁的过程。⑦有些学者将"创新"视作"innovate/innovation"。这种"创新"则是对"design""reinvent""adjustment""evolution""change""develop"等意义的综合（Chesbrough，2000，2007；Giesen et al.，2007）。

表 2-13　　商业模式"创新"的英文释义与概念差异

英文释义	主要结论	代表性研究
design	商业模式可以通过主题性设计进行创新，并通过主题特征将组成要素连接、编排起来	Amit & Zott（2001）；Dubosson-Torbay et al.（2002）
reinvent	企业利用现有资源或新资源进行商业模式重构，是对行业既有假设和规则的颠覆，并引入新的规则	Voelpel & Dous（2004）；Johnson et al.（2008）
adjustment	商业模式创新是企业不断调整、试错的过程，商业模式的实施是循序渐进的过程	Sarasvathy（2001）；Blank & Dorf（2012）
evolution	商业模式演化是商业模式多次创新的过程，是企业经营逻辑的不断深化，并随着时间、环境的变化进行演变	Sharma & Talwar（2007）；Demil & Lecocq（2010）
change	商业模式创新是企业受战略、技术等因素，进行短期、主观改变的结果，往往是企业个别部门的行为	Yip（2004）；Pateli & Giaglis（2005）
develop/ development	商业模式创新是企业经营模式从低层阶向高层阶的跃进过程，内生动力起决定性作用	Petrovic et al.（2001）；Mitchell & Coles（2004）
innovate/ innovation	包括上述研究的综合意义	Chesbrough，（2000，2007）；Giesen et al.（2007）

资料来源：笔者整理。

综上所述，商业模式"创新"不同的英文释义，实际上是从不同角度、不同层面对商业模式创新进行的解读，这样有助于对商业模式创新内涵的深入了解和全面认知。譬如，从时间上来说，商业模式创新既包括长期的时间序列上的商业模式演化（evolution），也包括短期，甚至是随时的商业模式改变（change）；从创新的强度来看，商业模式创新既包括对行业既有假设和成规的颠覆（reinvent），也包括渐进式的商业模式调整（adjustment）。因此，本书认为，作为比产品创新、技术创新、渠道创新等更高层次的架构层面范式创新，商业模式创新的目的是给顾客、供应商、股东等利益相关者创造更多价值。为了实现这个目的，企业必须对内外部资源、制度和模式进行或强或弱的提升或重构。

2. 商业模式创新的动力、阻力和途径

商业模式创新的大多数研究主要聚焦在商业模式创新动力和商业模式

创新途径两个方面，但仍有少量学者注意到制度环境下商业模式创新的阻力。本章对商业模式创新动力、商业模式创新阻力和商业模式创新途径3个方面的总结如下。

商业模式创新动力研究。商业模式创新是在一定动力驱动下的创新，主要包括：①技术推动。Timmers（1998）、Amit 和 Zott（2001）认为以互联网为代表的新技术是商业模式创新的重要动力。技术本身并没有特定的客观价值，需要通过商业模式来实现技术的潜在经济价值（Chesbrough et al.，2006）。Christensen（1997）指出突破性技术必须匹配全新的商业模式才能使其更好地市场化。②需求拉动。Deloitte Research（2002）在对15家企业进行调研的基础上发现，有些商业模式创新并不是因为技术的变化，而是由于满足了消费者长期拥有却被忽视的需求，比如美国西南航空的廉价短途旅行服务、星巴克咖啡环境给顾客带来的舒适与放松。③市场竞争。竞争逼迫和经营危机压力也是驱动商业模式创新的重要因素。IBM（2006）对全球765个CEO进行调查，发现约40%的CEO担心竞争对手的商业模式创新会改变行业的前景，从而希望自身能参与或掌控这种创新。并且，IBM的这项调研还发现，企业往往并不可能完全依赖自身的力量建构改变行业的商业模式，而需要通过建立战略联盟或竞合的方式来实现。④企业高管创新精神。商业模式创新是组织架构层面的战略变革行为（Hamel，1998），远高于业务层次的产品创新、品牌塑造、渠道变革，必须在企业高管的主导下才能实现。Linder 和 Cantrell（2000）对70名企业高管访谈，发现他们把30%左右的创新努力放在商业模式创新上面，从优先级来看，往往排在传统创新之前。⑤系统整合。由于单动机并不能完全解释商业模式创新，有些学者则从系统整合视角解释商业模式创新。Mahadevan（2004）从价值创造的角度去分析商业模式创新的驱动因素，发现随着商业竞争的加剧和顾客需求的变化、企业现有商业模式的价值减少，要求企业运用新技术或把握企业外部环境变化所带来的市场机会，即系统化变革，来实施商业模式创新。

商业模式创新阻力研究。商业模式创新作为架构层面的范式创新，影响是方方面面的，会受到企业内、外部诸多的阻力，主要包括：①外部环境阻力。商业模式创新在给顾客、供应商等利益相关者带来价值的同时，也会打乱竞争对手的阵脚，还有可能受到政府规章等方面的限制性约束（Hamel，1998）。Sosna（2010）指出当新商业模式被概念化之后，可能会受到外部环境不确定性和高风险带来的影响，给企业高管决策带来较大阻力。②资源配置阻力。Christensen（1997）认为突破性技术市场化所需的匹配性商业模式创新的主要阻力是资源的缺乏，因为大部分资源已被传统的商业模式所占有。Amit 和 Zott（2001）也指出商业模式创新往往会威胁到传统的资源配置，与传统的价值观相左，从而遭遇企业经理乃至合作伙伴阻止商业模式创新试验。③组织结构阻力。Sosna（2010）认为企业分散的权力结构不利于商业模式创新。Chesbrough（2009）指出大公司的企业高管发起商业模式创新以后，但由于调动频繁，商业模式创新的后续实施难以得到保障。④认知阻力。Chesbrough 和 Rosenbloom（2002）、Sosna（2010）认为认知阻力是商业模式创新的主要阻力。Sosna（2010）认为顾客、员工的认知惯性，会对商业模式创新试验产生阻碍。Chesbrough 和 Rosenbloom（2002）指出企业现有商业模式所形成的思维方式，会强烈影响新商业模式决策所需要的信息。

商业模式创新途径研究。早期的商业模式创新途径主要关注企业如何从传统模式向电子商务模式转变（Timmers, 1998; Mahadevan, 2000; Afuah & Tucci, 2001），随着研究的不断深入，商业模式创新途径的研究视野逐渐丰富和拓宽，主要可以归纳为：①商业模式要素创新研究。Weill 和 Vitale（2001）强调改变商业模式要素进行创新的重要性，提出"原子商业模式"的概念，并指出每个原子商业模式都具有战略目标、营收来源、关键成功因素和必备的核心竞争力4个特征，通过改变组合方式可以实现商业模式创新。更多的学者注重通过商业模式要素本身的创新来实现商业模式创新。Osterwalder 等（2005）认为，在商业模式价值组成体系里，价值主张、目标顾客、分销渠道、顾客关系、价值架构、核心能力、伙伴网络、成本结构、收入模式中某一个组成要素的变化，就可激发商业模式创新。Johnson（2010）也认为客户价值主张、关键资源、关键过程、盈利模式作为商业模式4个组成要素，涵盖了企业经营的方方面面，商业模式创新可以围绕这4个组成要素的创新来实现。②价值链视角的商业模式创新。Magretta（2002）认为新的商业模式就是隐藏在所有商业活动下的一般价值链上的变量，可以起始于一个新的产品，也可以起始于一个新的流程。Gordijn 和 Akkerman（2001）提出了"E3—价值论"，指出商业模式创新是对自身价值模型的解构与重构，认为商业模式创新可以由供应链驱动，如新科技或新的生产方法，也可以由需求链驱动，如新的顾客需求。高闯和关鑫（2006）基于价值链创新理论将商业模式分为价值链延展型、价值链分拆型、价值链创新型、价值链延展和分拆相结合型、混合创新型5种类型。③战略规划视角的商业模式创新。Wolfle（2000）、Knecht 和 Friedli（2002）、Leem 等（2005）认为商业模式创新与企业战略有类似的功能，可以采用战略规划的方法进行商业模式创新。Knecht 和 Friedli（2002）认为商业模式创新需要重点考虑"企业为顾客创造什么价值"和"企业如何实现这些价值"两方面的内容，其创新过程是一个"试错"的过程，包括环境分析、组织现状分析、价值提升和实施变革 4 个步骤。Wolfle（2000）还将 SWOT 工具引进来，作为分析商业模式创新外部环境和组织现状的工具。

3. 新兴企业商业模式创新主要研究视角

新兴企业是旨在寻找可盈利、可复制和可升级商业模式的临时组织（Blank & Drof, 2012）。商业模式对于新兴企业具有重要的意义，其开发与实施关系企业的成长与发展（Hargadon & Douglas, 2001）。学界关于新兴企业商业模式的生成是一个不断调整的过程（Winter & Szulanski, 2001），已达成基本共识，但新兴企业如何创新商业模式并未形成统一意见，以往研究主要聚焦在手段导向、学习和建构主义 3 种视角，我们将分别进行述评。

（1）手段导向视角下的研究。手段导向视角下，商业模式被看作连接市场机会和价值创造的桥梁（Chensbrough & Rosenbloom, 2002），并认为新兴企业商业模式是在企业实践中逐渐形成的（Sarasvathy, 2001; Santos & Eisenhardt, 2009）。手段导向视角下的商业模式创新关注新兴市场下的企业实践，强调商业模式试验的重要性。Andries 和 Debackere（2007）通过对 7 家新兴市场企业的案例研究，发现基于手段导向逻辑的新兴企业会不断调整企业的商业模式，避免了另起炉灶式的商业模式创新可能带来的风险。这些案例研究体现了"摸着石头过河"的哲学思想，有利于企业循序渐进地找到适合自己的商业模式。Chesbrough（2010）认为，对于新兴企业来说，在创业初期很难找到足够的数据来支持目标逻辑下的商业模式，手段导向视角则强调商业模式行动和试验的重要性，通过渐进的活动和知识的溢出效应减少支出，并在这个过程中不断减少替代选项而降低商业模式的不确定性，最终逼近可行的商业模式（Blank & Drof, 2012）。

此外，新兴市场上，商业模式创新过程和新兴市场创造过程是协同演化的。在新兴市场情境下，企业潜在收益和市场环境都存在较高的不确定性，创业者由于认知的局限，选择一个或少数几个他所发现的机会，按照对市场假设的构想来设计初始的商业模式，并遵循手段导向以商业模式试验加以检验（Sarasvathy, 2001; Morris et al., 2005）。随着更多企业的进入和创业活动的展开，新兴市场会形成自己的结构，要求新兴企业根据变化的市场情境重新审视当初的市场假设和商业模式，并进行相应的调整。

Holloway 和 Sebastiao（2010）研究了新兴市场条件下商业模式创新生成过程以后，认为手段导向逻辑和市场驱动战略会共同影响新兴企业商业创新过程，与此同时也在塑造新兴市场的结构。

手段导向逻辑的商业模式创新提供了 2 个洞见，但同时也暴露了 3 个问题。2 个洞见是：①商业模式试验为新兴市场条件下商业模式创新提供了重要机制。这种机制不是通过预测未来收入或评估市场风险来进行商业模式决策，而是从评估自身财务状况和心理承受能力来决定企业模式的开启，这样可以避免一次性大资本投入，而以较小的代价获得市场信息推进商业模式创新（Sarasvathy, 2001; Srarasvathy & Kotha, 2001）。②新兴市场条件下企业商业模式创新与新兴市场创造是协同演化的。新兴企业在商业模式创新过程中宁可牺牲效率，也会选择战略柔性，以便获得更多利益相关者认可，调整、完善商业模式创新。3 个问题是：①手段导向逻辑的商业模式创新关注新兴市场，而忽略了不确定性较低的成熟市场。②手段导向逻辑注意到企业商业模式创新与新兴市场创造的协同，但没能关注手段导向与组织学习或其他影响商业模式创新因素之间的关系。③这一视角把手段导向作为单维构念来探讨其对商业模式创新的作用，而实际上手段导向包括注重经验、可承受损失和保持柔性等多个维度（Chandler et al., 2011）。

（2）学习视角下的研究。在学习视角下，学者们多主要关注经验学习（experimental learning）这种商业模式创新机制，新兴企业商业模式创新过程就是创业实践学习的过程（Sanz-Velasco, 2007; Sosna, 2010; Kreiser, 2011）。

一些学者强调经验学习的试错属性对商业模式创新的影响，他们认为由于初创阶段的不确定性，企业会特别重视经验学习（Woo et al., 1994; Hellstrom & Sjolander, 2005）。Sanz-Velaso（2007）认为经验学习包括体验、试错、"干中学"等，在这个学习过程中，企业对创新的认知框架会发生变化。Sanz-Velaso（2007）在调研瑞典移动网络的新兴企业时发现，针对商业模式的不同维度开展经验学习，有助于迅速提高商业模式的可行性。Sosna（2010）探讨了商业模式创新过程中探索和开发两个不同阶段的试错学习问题，认为探索阶段是"质疑商业模式设计+质疑商业模式实施"的双环学习，而开发阶段则主要不断赋予商业模式创新内容以适应环境变化的单环学习。在 Chesbrough（2010）、Mcgrath（2010）看来，对外部市场环境的挑战，以试错方式开展低成本的经验学习，有利于企业较快找到可行的商业模式。

另一些学者强调经验学习的知识创造属性对商业模式创新的影响。Zhara 等（1999）考察了知识资源交易和整合之间的差异，认为前者会引发获得性学习（acquisitive learning），而后者会引发经验学习，也就是说，如果通过学习创造了不同于其他组织的新知识，那就是经验学习的功效。Mcgrath（2010）认为在快速变化、高度不确定性的市场环境，快速实验和演进性学习有助于企业迅速调整商业模式。因此，在不确定性市场环境，通过经验学习整合知识并创新商业模式是企业快速成长的有效途径。

学习视角下的商业模式创新提供了两个重要洞见，但也存在两个不足。两个洞见是：①经验学习是商业模式创新的重要机制。经验学习的试错属性有助于企业以较低的成本调整商业模式。②经验学习的创造属性，允许企业在行业主导逻辑以外创新商业模式（Chesbrough，2010）。两个不足是：①笼统地将企业商业模式创新过程视为创业实践学习的过程，没能区分不同类型学习的不同驱动逻辑。②学习视角下的研究忽略了竞争对手的模仿性学习对商业模式创新的影响。现实中，企业并不总是通过经验学习进行主动商业模式创新，有时由于市场竞争进行被动模仿性学习从而创新商业模式。

（3）建构主义视角下的研究。建构主义视角下，新兴企业的商业模式是利益相关者社会建构的产物（Verstraete & Jouison-Laffitte，2005；Aspara et al.，2011），强调认知建构和意义建构对创业者进行商业模式创新的影响，侧重创业者与利益相关者互动对企业创新商业模式的影响。

基于认知建构的分析，学者们强调创业者认知对创新商业模式的巨大作用。一些学者认为，商业模式既是企业运营中的一种客观存在，也是创业者（或团队）基于自己认知的主观建构。例如，Aspara 等（2011）研究发现，企业商业模式创新受到创业团队认知的影响。Andries 和 Debackere（2007）指出，在创业者认知没有发生变化时，仅会对商业模式创新内容进行增删，但当创业者发生变化后，则会对商业模式框架进行变革。还有一些学者认为，商业模式是在与周围环境中的物质因素和认知因素交织互动过程中，形成的社会建构的人工制品（artifact）。Verstraetet 和 Laffitte（2011）认为，商业模式一定程度上是企业利益相关者表达自己欲求的共同载体，创业者是商业模式的建筑工程师，整合商业模式建设中所需的知识和资源。

基于意义建构的分析，学者们认为新兴企业商业模式是创业者和利益相关者意义建构（sensemaking）和意义赋予（sensegiving）的结果（Grimes，

2012）。在新兴企业创新商业模式的过程中，创业者会受到顾客、供应商等各方利益相关者诉求的影响，创业者是否应该或如何调整企业商业模式的决策情境，面临高度的认知不确定性，甚至创业者会陷入困惑的状态。创业者必须选择性地关注利益相关者的诉求，解读信息交流想法，通过互动对企业初始商业模式进行意义建构，并在建构之后以意义赋予的形式将初始商业模式的意义传递给利益相关者（Kassinis & Vafeas, 2006）。在新兴企业生长和发展的不同阶段，创业者不断地进行意义建构和意义赋予。意义建构和意义赋予虽然都对商业模式的形成与完善产生作用，但侧重点不太一样，意义建构侧重于创业者商业模式构想的形成、评价与改进，而意义赋予侧重于创业者完善和实施商业模式过程中与利益相关者的互动、沟通（Grimes, 2012）。

建构主义视角下的商业模式创新提供了两个洞见，但也存在三个方面的不足。两个洞见是：①创业者认知影响商业模式创新。当创业者认同初始构想，商业模式只是内容上的变化；但创业者因互动改变认知后，则会作用于商业模式架构的创新（Andries & Debackere, 2007）。②利益相关者的诉求影响商业模式创新。创业者之所以重视与利益相关者的互动，因为利益相关者拥有新兴企业所需要的资源，而利益相关者是否愿意提供资源取决于其诉求是否能得到满足。三个方面不足是：①现有研究没有关注创业者认知的形成与变化，没有关注创业者认知与外部环境变化、商业模式创新、企业绩效的深层次逻辑。②现有研究强调了顾客、供应商、风投等利益相关者对创新商业模式的影响，却忽略了政府、行业协会等利益相关者的作用，特别是在中国新兴经济背景下，政府规制层面的合法性对商业模式创新具有重要影响。③现有研究没有关注创业者与利益相关者互动的动态性，忽视了创业网络资源可能对商业模式创新的影响。

二　新制度主义与组织合法性

（一）制度理论的起源与合法性发展脉络

过去 30 多年，制度理论是理解组织和社会的基本构成单元的最重要的方法之一（Zucker & Darby, 2005）。制度理论根植于社会科学，吸取与整合了 Marx、Webber、Cooley、Mead、Veblen、Commons 等学者的思想精髓。制度理论起源于 19 世纪末 20 世纪初，曾被社会学中的实证主义、政治学中的行为主义、新古典制度经济学等掩盖，又经历了一个明显的复兴时期（1975—1985 年）（Scott, 2005）。新制度主义（neo-institutionalism）理论派生于 20 世纪 70 年代兴起的组织社会学，并一直作为理性选择理论和新古典制度经济学的对立面存在并发展的（鲍威尔和迪马吉奥，2008）。新制度主义理论对于理性选择理论和新古典制度经济学中理性行为假设的批判有两个层次：一是个体和组织的许多行为不能用理性行为假设来分析。新制度主义理论认为个体和组织的行为并不总是趋利的，可能会在规制、规范和认知的制度压力下，更多出于组织合法性的考虑而进行制度趋同（Meyer & Rowan, 1977; DiMaggio & Powell, 1983）；二是理性行为本身的选择偏好来自制度，并不是先验的、独立于制度之外的（DiMaggio & Powell, 1983）。组织制度化的"神话仪式"与制度本身的规范都以内生的形式决定个体和组织的理性选择偏好（Meyer & Rowan, 1977）。

新制度主义强调环境文化特征的重要性，它主要用共享的社会观念、制度规则来解释组织在制度结构上和表现形式上的趋同（isomorphism）和符号化（symbolization）（DiMaggio & Powell, 1983），其核心思想是组织内嵌于社会化制度结构中，组织的结构和实践受到制度环境的规章制度、行业规范和文化认知的深刻影响。合法性作为新制度主义最重要的行动逻辑和核心命题，可以追溯到早期的组织理论研究，但在20世纪的前半个世纪发展缓慢，且比较零散。1995年以后，进入一个繁荣阶段，涌现了大批的学者，从而推动了合法性研究的多元化（Deephouse & Suchman, 2008）。具体对于组织合法性的发展脉络梳理如下。

1. 提出阶段

Weber 首先把合法性的概念引入到了社会学和组织研究之中。在 Weber（1958）的研究中，合法性的概念首先运用于权力结构，即领导对下属的命令是否能得到执行会受到领导魅力、传统观念、法律规制的影响。Parsons（1960）借鉴了 Weber 的思想，将合法性视为组织与传统规范、社会法律的一致性，并将合法性的运用拓展到权力系统以外的领域，提出子系统的价值体系须受到上层组织的合法性认可，即组织的价值观须与社会规则保持一致，这一观点得到很多学者的拥护（Dowling & Pfeffer, 1975; Pfeffer & Salancik, 1978; Czarniawska-Joerges, 1989）。

2. 发展阶段

新制度理论以 *Institutionalized Organizations: Formal Structure as Myth and Ceremony*（Meyer & Rowan, 1977）和 *The Role of Institutionalization in Cultural Persistence*（Zucker, 1977）两篇文章为起点。Zucker（1977）只提到一次合法性，但合法性却被 Meyer 和 Rowan（1977）作为核心概念，在结论中还将合法性与资源进行了关联，并指出合法性是遵从组织环境中制度神话的结果，可以使组织从外在压力中隔离出来。尽管 Meyer 和

Rowan（1977）没有明确界定合法性，可是仍然指出了合法性可能来源于手段和目标（后来的道德或规范合法性）、集体认可的意志、理性效用（后来的实用合法性）、法律（后来的规制或社会政治合法性），进而预示了 20 世纪 90 年代中期讨论的合法性维度。

Meyer 和 Scott（1983）更加深入地讨论了合法性，比较明确地定义了合法性，即组织合法性是文化对组织的支撑程度，表现为已建立的文化模式组合对组织存在、运行和权力的解释力度。该定义一个显著特征是强调了合法性的文化认知。DiMaggio 和 Powell（1983）根据组织应与制度环境保持同构，提出强制性同构、模仿性同构和规范性同构三种同构机制。Hirsch 和 Andrews（1986）发展了 Meyer 和 Scott（1983）的思想，提出了绩效挑战和价值观挑战两种问题，前者的企业价值观受公众认可，但产品业绩遭遇市场挑战；后者产品绩效能很好地满足企业目标和功能，但受到公众质疑。这两种问题都会影响组织合法性的持续性。

Pfeffer 和 Salancik（1978）提出资源依赖理论，倾向对合法性进行否定性定义，认为"无"比"有"更容易被外界所知道，一旦企业欠缺合法性，媒体言论、公众攻击就会纷至沓来。Knoke（1985）将合法性定义为公众和社会精英联盟对组织存在和行为方式的认可。Child（1972）认为合法性使得组织在选择市场、提供产品、组织生产等方面具有实质性的自由。换句话来说，合法性是企业获得其他资源、市场认可和生存可持续的前提条件（Brown & Deegan, 1998）。

除了这些基本的合法性定义，早期合法性的研究在 Pfeffer 和 Salancik（1978）的基础上，还关注合法性的获取和失去。Galaskiewicz（1985）研究发现，组织可以通过捐赠、背书、外部认证和连锁董事来提升合法性。Galaskiewicz 和 Wasserman（1989）发现组织倾向于模仿和自己处于大致相同位置的慈善捐赠行为，以减少企业行为决策的不确定性。Ashforth 和 Gibbs（1990）给出了基于印象管理理论的两种管理战略：实质性管理和象征性管理，并强调了获取、维持和防御三种管理合法性的努力。

3. 成熟阶段

合法性理论发展的关键节点是 1995 年。这一年，Scott 出版了 *Institutions and Organizations* 一书，Scott 认为合法性不是可以买卖或交换的产品，而是反映文化取向、规范支持或符合法律法规的状况，并且确立了规制合法性（regulatory legitimacy）、规范合法性（normative legitimacy）和认知合法性（cognitive legitimacy）3个"制度支柱"。也是在这一年，Suchman在管理学TOP期刊 *AMR* 上发表了 *Managing Legitimacy: Strategic and Institutional Approaches*，Suchman（1995）首先给出了一个包容性的合法性视角，即制度视角和战略视角。制度视角把制度视为基本信念（constitutive beliefs）（DiMaggio & Powell, 1983；Meyer & Scott, 1983），强调站在整个社会的角度"朝里看"，制度会影响组织的方方面面，组织发展应符合外部环境的制度逻辑，合法性获取主要是对外部制度压力被动的回应。战略视角把合法性看作一种操作性资源（operational resource）（Ashforth & Gibbs, 1990），强调站在组织管理者的角度"往外看"，组织应充分发挥主观能动性，以获取合法性这种有助于获得其他资源的重要资源。其次，Suchman将合法性从动力机制角度分为务实（pragmatic）合法性、道德（moral）合法性和认知（cognitive）合法性3个种类，从合法化动态管理过程角度划分了合法性获取、维持和修复3个阶段。最后，Suchman还针对企业成长过程中不同的合法性挑战，提出了应采取相应的适应环境（conform to environments）、选择环境（select among environments）和操纵环境（manipulate environments）3种战略。

此外，还有其他学者在这一阶段为合法性理论建设也做出了重要贡献。Oliver（1991）结合制度理论与资源依赖理论，整合组织的行为动机，指出企业在面临政府管制、行业规范和环境的不确定性时，可以采取默认、妥协、回避、反抗和操纵5种合法性战略。Deephouse（1999）建构了战略平衡理论，以解决差异化战略获取利润和顺从制度环境获取合法性之间的矛盾。Zimmerman和Zeitz（2002）在Suchman（1995）研究的基础上，在合法性获取阶段增加了1种创造环境战略（creat environments）。

（二）组织合法性的内涵与分类

关于组织合法性的内涵与分类，虽然Scott（1995）、Suchman（1995）的研究为组织合法性的研究提供了根本思路，但并未形成完全统一的意见（见表2-14）。合法性是一种在社会体系建构的信念、规范、价值和标准中，对实体行动的正确性、接受性和适宜性的总体性理解和假定（Suchman, 1995；Scott, 1995），也是一种"能够帮助组织获得其他资源的重要战略资源"，它有助于增强实体的竞争优势（如员工承诺、顾客忠诚、同行认可、公共关系等）（Williamson, 1999；Zimmerman & Zeitz, 2002）。

表 2 – 14　　　　　　　　合法性的内涵与分类界定

代表性学者	合法性的概念	合法性的分类
Singh et al. (1986)	组织内部成员或组织外的社会成员对组织权威结构的认同、支持和服从	内部（internal）合法性 外部（external）合法性
Aldrich & Fiol (1994)	社会政治合法性是指政府、竞争者等利益相关者对组织行为与法律、规范的一致性的认可度；认知合法性则是消费者对企业产品或服务的接受度	社会政治（sociopolitical）合法性 认知（cognitive）合法性
Scott（1995）	合法性是一种反映文化取向、规范支持或符合法律法规的状况	规制（regulatory）合法性 规范（normative）合法性 认知（cognitive）合法性
Scott（1995）	合法性是一种在社会体系建构的信念、规范、价值和标准中，对实体行动的正确性、接受性和适宜性的总体性理解和假定	实用（pragmatic）合法性 道德（moral）合法性 认知（cognitive）合法性
Zimmerman & Zeitz（2002）	合法性是一种能够帮助组织获得其他资源的重要战略资源	规制（regulatory）合法性 规范（normative）合法性 认知（cognitive）合法性 产业（industry）合法性
Dacin et al. (2007)	合法性是一种包含在规范、价值观、信念和规定的社会化制度结构内，主体活动被期待正确或恰当的总体感知或整体设想	市场（market）合法性 投资（investment）合法性 关系（relational）合法性 社会（social）合法性 联盟（alliance）合法性
Rao et al. (2008)	合法性是指组织的活动主体被期望的整体感知	联盟（alliance）合法性 历史（historical）合法性 市场（market）合法性 科学（scientific）合法性 位置（location）合法性
De Clercq et al. (2010)	合法性是由特定领域的支配力形成的权力装载的必要过程	制度（institutional）合法性 创新（innovative）合法性

资料来源：笔者整理。

从制度视角来看，合法性主要是对外部制度压力被动的回应，是结构化的信念机制；从战略视角来看，合法性则是一种独特的运营资源（operational resource）（Suchman，1995）。合法性包括了对组织存在的接受性（acceptance）、适宜性（appropriateness）和期望性（desirability）的社会整体判断，代表了现有法规、价值观和信念等社会体系结构对组织活动的存在所提供的解释程度（DiMaggio & Powell，1983），并为企业获取其他成长资源提供了可能（Zimmerman & Zeitz，2002）。新制度主义对新古典经济学和理性选择理论的基本假设进行了纠偏，人并不总是经济理性的，在强制、规范和认知的压力下，更多的是出于组织合法性的需要而进行决策。合法性建立是组织战略和结构决策的驱动力量（DiMaggio & Powell，1983）。一定程度上，新兴企业的成长过程就是合法化的过程（Tornikoski & Newbert，2007），企业需要获得来自其他利益相关者的认同、支持，才能谋求自己的生存与发展。

Singh 等（1986）依据合法性来源，将合法性分为内部合法性和外部合法性，新兴企业想获得更久的生存需要获得更多内、外部利益相关者的承认与支持。Aldrich 和 Fiol（1994）指出新兴企业面临合法性低的约束，社会政治合法性是指政府、竞争者等利益相关者对组织行为与法律、规范的一致性的认可度；认知合法性则是消费者对企业产品或服务的接受度。Scott（1995）提出的规制合法性、规范合法性和认知合法性被视为"制度的3个支柱"。规制合法性来源于政府部门、强制认证机构的具有强制性特征的法律、规章，反映的是社会公众对企业"正确地做事"的判断；规范合法性来源于社会价值观和道德规范，反映的是社会公众对企业"做正确的事"的判断；认知合法性来源于有关特定事物或活动的知识的扩散，侧重于"被公众广泛的理解与接受"。Suchman（1995）区分了实用（pragmatic）、道德（moral）和认知（cognitive）合法性，与 Scott（1995）的3个合法性维度不谋而合，但也有些区别，Scott（1995）从压力来源入手，而 Suchman（1995）则从组织目的入手。Zimmerman 和 Zeitz（2002）基于 Scott（1995）、Suchman（1995）的分类，增加了产业合法性维度。还有学者从战略联盟绩效的驱动因素入手，对诸如市场、投资、关系、社会等诸多合法性类型在开创企业间联盟的过程中的作用，进行了探讨。

（三）合法化战略

合法化战略起源于企业应对制度环境的研究（DiMaggio & Powell，1983），随着学者们不断意识到合法性与资源的内在联系，合法化战略的研究也不断与资源依赖理论（Oliver，1991）、战略理论（Ashforth & Gibbs，1990）相结合，使合法化战略的内涵和外延不断拓展（见表2-15）。

表2-15　制度视角和战略视角下新兴企业合法化战略研究比较

比较内容	制度视角	战略视角
兴起时间	20世纪70年代	20世纪90年代
代表性学者	Meyer & Scott；DiMaggio & Powell	Ashforth & Gibbs；Suchman；Zimmerman
合法性的内涵	制度被视为基本信念	合法性被看作一种操作性资源
关注焦点	政策制度、法律规范	组织行为

续表

比较内容	制度视角	战略视角
企业主动性	被动顺从	主动性较强
合法化目的	符合制度环境的相关规范	组织与制度环境互动，进行战略选择
典型合法化战略	强制性同构、规范性同构、模仿性同构	实质性管理、象征性管理；适应环境、选择环境、操纵环境、创造环境

资料来源：Suchman（1995）和笔者整理。

在企业实践层面，企业越来越意识到合法性的资源性和工具性特征，已逐渐不满足于单向的、被动的制度嵌入，而倾向于通过主动的组织行为来改变或创造制度。合法化的研究，也从单一的被动遵从演化为丰富的合法化战略，特别是，Suchman（1995），Zimmerman 和 Zeitz（2002）提出的适应环境、选择环境、操纵环境和创造环境 4 种战略，将企业战略视角的合法化战略推上了一个崭新的高度。下面我们将分别考察制度视角和战略视角下新兴企业的合法化战略。

1. 制度视角的合法化战略

制度视角的合法化兴起于 20 世纪 70 年代开放系统理论与组织理论的结合，制度视角下，组织是嵌入制度环境的，并被所处的制度环境渗透和构建。合法性并不是一种可以交换或买卖的商品，而是一种合意性的社会整体判断，是一种与相关法律规章、规范支持、文化取向相一致的状态（Scott，1995）。

Meyer 和 Rowan（1977）提出组织应与制度环境保持同构，同构可以使组织合法性最大化，帮助企业获得资源提高生存能力，否则企业组织结构的创新，可能使企业丧失合法性。Fennel 等（1980）通过对医院组织结构的研究，提出竞争性同构的概念，并指出由于竞争性同构使得医院从规模到服务的专业化水平提升。DiMaggio 和 Powell（1983）指出组织之间不仅存在顾客和资源的竞争，也存在权利和合法性的争夺，这种组织间的竞争和既有制度会对企业行为产生约束，使得组织趋于相似。DiMaggio 和 Powell（1983）针对制度同构提出强制性同构、规范性同构和模仿性同构 3 种机制，规制性同构源于法律、法规对组织施加的压力，规范性同构源于行业规范和价值观所施加的压力，模仿性同构则源于社会文化预期带给企业的影响，出于对这些压力或影响的回应，企业会不断趋于同构，如企业都争相聘请行业资深人员做高管，聘用员工重视证书、文凭等。

在制度视角下，新兴企业会通过服从和趋同行为以获取组织在规制、规范和认知等方面的合法性（Meyer & Rowan, 1977; Meyer & Scott, 1983; DiMaggio & Powell, 1983）。制度视角强调制度力量对组织影响的持续性和趋同性，因此，在此视角下，企业合法化战略主要是制度嵌入的被动、顺从的战略。

2. 战略视角的合法化战略

Dowling 和 Pfeffer（1975）提出企业的合法性，是通过是否拥有资源和组织间交易信息来评估的，而合法性可以促进企业生存，其本身可以看作一种"资源中的资源"。Oliver（1991）也认为企业寻求合法性的最终目的是获取可以调动的资源。Zimmerman 和 Zeitz（2002）在构建企业合法化成长模型时曾提出"合法性—资源—企业成长"的因果关系，指出合法性在企业绩效缺乏时，可以帮助企业获得组织外部的利益相关者的关注和支持，从而获取企业所需资源，持续成长下去。合法性与资源的内在联系，及合法性的工具性特征，激活了企业获取组织合法性的主观能动性。此外，Zimmerman 和 Zeitz（2002）举例说明如何进行合法化战略。如表 2-16 所示。

表 2-16　　　　　　　　　　　合法化战略举例

战略	合法性类型	合法化战略举例
适应环境	规制合法性	遵从政府规制，例如为公开发行股票而在 SEC 注册登记
	规范合法性	顺应社会规范，例如运营谋利的同时公平对待雇员、采用专业标准的同时考虑员工个人行为
	认知合法性	遵守信念、模式、行为习惯，例如雇用经验丰富和良好教育背景的高管
选择环境	规制合法性	选择地方规制政策有利于新兴企业发展的地区进入，例如企业扩张时选择有税收减免的州进入
	规范合法性	选择企业产品/服务、愿景的规范和价值观更易被接受的领域，例如苹果电脑首先选择家庭和学校市场
	认知合法性	选择企业的信念、模式和行为实践更易被接受的领域，例如开发新技术的软件公司通常选择在硅谷附近创业
操纵环境	规制合法性	通过游说以改变新兴企业遵守的规制
	规范合法性	改变现有的规范和价值观，例如，生物技术新企业利用投资者关注潜在科学突破的价值而操纵规则
	认知合法性	改变现有信念、模式、行为实践，例如 Napster 改变唱片的分销习惯

续表

战略	合法性类型	合法化战略举例
创造环境	规制合法性	创造使新兴企业受益的规制，例如，互联网零售商创造联邦立法，搁置州际互联网销售税
	规范合法性	发展规范和价值观，例如互联网企业为博眼球而自己定义行业价值
	认知合法性	创造新运营习惯、模式和信念，例如亚马逊通过网上零售改变了消费者的消费习惯

资料来源：Zimmerman & Zeitz（2002）。

　　Aldrich 和 Fiol（1994）认为创业者可以运用集性行为战略，如集体谈判、游说、营销等，来谋求企业的社会政治合法性。提出企业可以通过与政府建立联系、企业联盟、获取认证、慈善捐赠、为当地做贡献等 9 种战略为企业获取规制、规范与认知等不同方面的合法性。Ashforth 和 Gibbs（1990）提出了实质性管理和象征性管理两种合法化战略，实质性管理围绕组织目标、结构、制度化等具体的"务实"行为进行，象征性管理则围绕组织与社会价值观一致性的表征"务虚"开展，如放大企业正面形象、重新定义组织行为。Suchman（1995）整合了前人研究，针对企业成长过程中不同的合法性挑战，提出了企业应采取相应的适应环境、选择环境和操纵环境 3 种战略。Zimmerman 和 Zeitz（2002）在 Suchman（1995）研究的基础上，增加了 1 种"创造环境"的合法化战略，并分别对 4 种合法化战略如何针对规制、规范、认知合法性开展活动进行了列举（详见表 2-16）。自此，合法化战略的研究到达一个相对比较成熟的阶段。

　　战略视角下，合法性是一种"能够帮助组织获得其他资源的重要战略资源"（Williamson，1999；Zimmerman & Zeitz，2002），企业的主观能动行为成为研究的焦点。因此，战略视角下的合法化战略充分强调企业的创造性和变革性，借此摆脱制度环境的约束，获得企业成长所需的资源，本书的研究也多基于此视角。

三 利益相关者理论与组织合法性

（一）利益相关者概念的发展脉络

　　Mitchell 和 Wood（1997）对 20 世纪 60 年代至 90 年代以来大约 30 种利益相关者的定义进行了总结，大体可以从"同企业间相互影响的关系"和"在某企业拥有共同利益"两个维度来定义。60 年代至 80 年代中期主要从同企业间相互影响的关系来分析利益相关者，认为只要是影响企业活动或受企业经营活动影响的个人或团体都是企业的利益相关者。这样就形成了狭义与广义的利益相关者定义，从狭义方面讲，以斯坦福研究为代表，他们对利益相关者的定义是：对于企业来讲，存在这样一群利益群体，企业离开他们的支持，就无法生存（Clark，1988）。该定义是从利益相关者对企业是否存在重要影响这一狭义的角度出发的。广义定义则以Freeman（1984）出版的《战略管理：一种利益相关者的法》一书为代表，他认为"一个组织的利益相关者是能够影响或被组织达成目标的任何群体或个人"，这一定义则考虑了组织与利益相关者的相互影响，将地区、政府部门、环境保护主义者等纳入利益相关者的研究范畴，扩大了利益相关者的研究范围。

20世纪80年代中期以后，随着企业剩余索取权从专属股东向利益相关者分享的观点转化，此时对利益相关者的定义则是从是否拥有某种权力、利益、承担了企业经营风险等角度来定义企业利益相关者。典型的以Clarkson为代表，他认为利益相关者就是对一个企业及其活动拥有索取权、所有权和利益要求的人。

20世纪90年代后期至今，对利益相关者的认识的趋势是将企业利益相关者界定为那些与企业有一定的关系，对企业拥有某种利益关系，并承担企业经营风险的个人或团体（Starik，1994）。

吴玲（2006）在对国外利益相关者定义的文献总结上，发现大多数国外学者认同利益相关者是"受企业影响或影响企业"，"是否拥有某种相关利益，因而承担企业风险"来定义企业利益相关者。

国内学者也在20世纪末开始研究利益相关者理论在中国情境的运用。万建华等（1998）将利益相关者定义为"在某企业里享有一种或多种利益关系的个体或群体"。曾小龙（2001）认为利益相关者是指与企业有利益关系的行为主体，包括内部利益相关者及外部利益相关者，譬如：股东、公司员工、债权人、社区、客户、供应商、政府、公会、合作伙伴及其他利益相关者。陈宏辉和贾生华（2003）认为企业利益相关者是那些在企业中进行了一定的专用性投资，并且承担了一定的风险的个体或群体，其活动能够影响企业目标的实现，或是受到企业经营的影响。刘利（2006）从投资专用性和互动关系角度来定义利益相关者：利益相关者是那些在企业进行了一定的专用性投资，与企业有一定的长期的或短期的，间接的或直接的互动关系，并承担企业经营风险，受企业经营活动影响或影响企业完成经营目标的个体或群体。盛亚等（2007）、常宏建等（2014）从项目管理的角度来定义利益相关者。

综上可知，对利益相关者的定义，学者们有各自不同的理解，但是对概念的不统一不利于对利益相关者理论的深入研究。Rowely（1997）则认为虽然没有统一的定义基础，但从利益相关者的划分上可以进一步理解其概念，对今后的利益相关者的理论研究与发展具有促进作用。

（二）利益相关者与组织合法性的关系

根据企业利益相关者的定义：利益相关者是指那些影响公司目标实现，或者受公司目标实现影响的个人或团体（Freeman, 1984; Walsh, 2005）。那么借鉴该定义，我们认为"创造性破坏"活动中利益相关者是指那些影响创新行动者建立并推广新制度或实践，或是受到创新行动者在创新模式推广过程中影响的个人或团体。

根据项国鹏（2009）将企业家制度能力分为内部制度能力和外部制度能力，内部制度能力作用的对象是企业内部成员，通过协调企业内部成员的企业家外部制度能力作用的对象是企业家突破外部制度管制所涉及的利益相关者。创新行动者破坏性创业活动实质上就是制度变迁的过程（Battilana & Leca, 2009），而制度变迁会影响到企业内外的利益相关者的既得利益。另外，越来越多的创业研究开始关注企业与外部制度环境互动在推动变革方面的作用（Lee & Hung, 2014）。因此，在组织层面上，可以从组织内的利益相关者和外部利益相关者来界定企业创新过程中利益相关者。

国内外大量的文献研究表明，企业内部的利益相关者主要有股东、管理层和员工（陈宏辉、贾生华，2004）。而针对外部利益相关者，现在大多数学者认为企业破坏性创新的过程其实就是合法化获取过程，其中组织合法化分为规制合法化、规范合法化和认知合法化。创新行动者从组织场域内不同的利益群体中获取合法化，因此可以认为这些利益群体便是企业创新中外部的利益相关者。

根据合法化的来源，规制合法性来源于政府、专业机构和行业协会等相关部门所制定的规章制度（Scott, 1995）。由此可知，创新行动者在打破旧制度创建新制度时，必然会涉及和政府、专业机构行业协会等不同群体的协商与谈判。因此，在追求规制合法化的过程中，企业创新的利益相关者主要有中央政府机构、地方政府、专业机构、行业协会等政策制定者。

规范合法性来源于社会的价值观和道德观。创新行动者追求规范合法化意味着他要在广泛的价值观和道德观下，做外界认可"正确的事"（Suchman, 1995）。首先，在这个过程中，企业创新实践要接受行业竞争者和供应商以及社会媒体的监督与曝光。大量研究表明，新制度的实践以及创业领域的发展可以进一步推动科研发展。其次，企业产品或服务的消费者是企业创新行为的直接利益相关者，企业工艺流程的质量和安全认证必须得到消费者的认可。最后，在追求规范合法化的过程中，创新行动者所面临的利益相关者有媒体、竞争者、供应商、学术机构、消费者等。

创新行动者所创建的新制度或实践得到了广泛的扩散并且被人们所"广为接受"时，它就具备了认知合法性（Suchman，1995），只有某项新交易范式或实践被社会公众接受时，才得以重新制度化。这时，创新行动者面对的利益相关者主要是社会公众。

因此，通过以上分析可知，企业商业模式创新中外部的利益相关者主要有：中央政府机构、地方政府、专业机构、行业协会、媒体、行业竞争者、供应商、学术机构、消费者和社会公众。

至此，通过文献研究，我们可以得到的内部和外部利益相关者包括：股东、管理层、员工、中央政府机构、地方政府、行业协会、媒体、行业竞争者、学术机构、消费者和社会公众（参见表2-17）。

表2-17 合法性视角下利益相关者界定

利益相关者类型	含义	组成	理论依据
内部利益相关者	组织内部影响企业创新实现的利益群体	股东、管理层、员工	Garud et al.（2002）；陈宏辉、贾生华（2004）；吴玲、贺红梅（2006）；盛亚等（2007）
外部利益相关者	组织外部影响企业创新的利益群体	中央政府机构、地方政府、专业机构、行业协会、媒体、行业竞争者、供应商、学术机构、消费者和社会公众	Fligstein（1997）；Suddaby & Greenwood（2005）；Zietsma & Lawrence（2010）；奚艳燕（2014）

资料来源：笔者整理。

根据上述分析，从合法性角度，将利益相关者纳入商业模式创新分析的理论依据可以总结为，利益相关者是合法性的直接评判者和赋予者。一方面，创新行动者会借助一定的策略去动员和游说具有特定合法性评判权力的利益相关者来获取商业模式主张的合法化，以确保企业创新过程朝着其预定的方向发展；另一方面，一些利益相关者会根据商业模式价值主张对自身既有利益以及预期利益的影响，借助一定手段和策略来赋予或否认创新行动者本身及其行为的合法性。

四 政策导向、商业模式创新与组织合法性

(一) 政策导向的内涵

Tang 和 Tang (2012) 认为中国制度环境存在独特性。一方面市场逐步开放，引入竞争机制，计划经济向市场经济转型；另一方面，计划经济制度依然深深影响整个社会经济，政府发挥了重要的引导作用 (蔡莉、单标安，2013)。因此，在中国新兴经济情境下，与新兴企业经营相关的政策无疑是企业外部制度环境重要的组成部分，企业管理者须充分重视政策导向。

现有文献多是强调产业发展中政策的重要性，关注政府视角的政策导向，即政府如何制定政策及制定怎样的政策 (金莉芝、郭剑媚，2005；李碧珍，2006；王兆君、关宏图，2010；章美锦，2010)。少有文献强调政府政策对新兴企业的作用，对企业视角的政策导向关注较少，即新兴企业如何根据政府政策的引导，调整自己的经营行为，以使企业获得更好的发展。

陈启杰等 (2010) 基于对泛长三角地区 25 个农业龙头企业的调研，创新性地嫁接了 Wood (1993) 对导向的解释及 Kohli 和 Jaworski (1990) 信息行为观的思想，首次将农业企业的政策导向定义为：农业企业收集研究相关政策信息，在企业内部进行传播，并根据政策的引导调整企业的经营行为，以期实现企业的经营目标。此外，在深度访谈的基础上，陈启杰等 (2010) 将农业企业的政策导向分为政策信息生成、政策信息传播和企业经营行为调整三个过程，并进行了量表开发。后期一些学者纷纷采纳陈启杰等 (2010) 对政策导向的定义，陈民利 (2014) 在研究集群企业的政策导向时，在删除"农业"字样后，照搬了陈启杰等 (2010) 对政策导向的界定。因此，本书也倾向借鉴陈启杰等 (2010) 对政策导向的定义，它比较清晰地反映了政策导向型企业的行为过程，也比较吻合新兴经济情境下政府政策对企业的传导机制。

(二) 政策导向与商业模式创新

中国新兴经济情境下，企业的市场机制与政策机制呈现出共存性与互补性特征 (魏江等，2014)。商业模式创新是企业为了引入可盈利的商业模式而打破原来的游戏规则 (Markides, 1998, 2006)。也就是说，无论商业模式创新程度是强还是弱，由于商业模式创新作为企业系统架构的创新，其层次远高于产品创新、技术创新、营销创新 (Bock et al., 2010)，是一种企业级的变革 (Hamel, 1998)。商业模式创新会打破原有的商业规

则，而引入新的商业规则。Schlegelmilch（2003）认为商业模式创新是一种战略性创新，企业通过引入新规则和改变竞争性质以完善或重构企业既有的商业模式和市场，在提升顾客价值的同时，实现企业快速成长。可见，商业模式创新在本质上是对企业内部的价值链乃至外部价值网络的完善或重构（胡艳曦、曾楚宏，2008；原磊，2008），是与合作伙伴网络交互形成的一种新的制度安排（罗珉，2009；罗兴武等，2017），会对原有交易制度体系形成或大或小的冲击和影响。

政策导向（policy orientation）在我国企业体制改革过程中起着重要的作用。政策导向某种程度上可以视作企业的经营战略（陈启杰等，2010），而商业模式创新正是以战略分析与选择作为前提条件与逻辑起点（刁玉柱、白景坤，2012），新兴经济背景下商业模式的价值主张与政策导向的契合就显得尤为重要（罗兴武等，2017）。政策"导向"的过程，加快企业对政策的收集、研究与传播，加强企业对政策的感知与反应，强化企业根据政策引导信息（陈启杰等，2010），规范企业创新行为，从实施层面助推企业商业模式创新。因此，企业的政策导向程度越高，组织与政府政策的联结因素就越多，政府在融资、产业规划、人才吸引等方面的政策，就越能为企业商业模式的价值运营提供方向，丰富商业模式价值创造与价值获取的内容，从而提高企业商业模式创新能力。

（三）政策导向与组织合法性

经济转型时期，市场和制度是影响中国社会经济的双重力量（蔡莉等，2011），与创新企业经营相关的政策无疑是企业外部制度环境重要的组织部分（陈启杰等，2010）。Flack 等（2010）发现集群导向政策，政府为企业提供空间、配套公共基础设施等，有助于消除集群发展障碍，有效促进企业创新网络的形成与创新活动的规范。Carpenter 和 Peterson（2002）、Sysko 和 Platonoff（2005）指出政府研发补贴、税收优惠的政策导向，不仅有利于新兴企业克服资金瓶颈，而且降低了创业机会成本，使企业创业更加符合政府期望。Blees 等（2003）、Hopers 等（2009）认为政策导向蕴含的政府指引信息是提升组织合法性的重要因素。而在合法性提升过程中，企业如果对政策信息收集不多、研究不深、内部传播不充分，则对政府的规划、引导领会不够，导致企业对政策所释放的规制、规范与认知合法性认识不足，进而影响企业合法性水平的提升。反之，当企业与制度环境的客观联结因素较多时，企业也会更加重视政策对组织在经营战略、市场运营等方面的导向性作用，这会对企业合法性提升产生积极影响（Verstraete & Laffitte，2011）。

政策导向是指企业依据相关政策信息引导，调整企业经营行为，以期实现组织目标（陈启杰等，2010）。Minniti（2008）认为政策不仅释放出强有力的规制合法性，也能为产业的规范合法性提供指导，同时通过媒体解读与传播，增进认知合法性。Flack等（2010）、罗兴武等（2017）认为政策导向提高了企业的政策敏感性，有助于企业对政府的指引做出有效反应，从而提高组织的合法性水平。因此，高政策导向的企业相对低政策导向的企业，更能感知产业政策的变化，以及政策背后的利好信息，使企业运营有章可循、有据可依。

第四节 新兴企业成长与本书的切入点

彭罗斯企业内生成长理论、企业网络化成长理论是目前企业成长研究的两大主要流派。随着一些学者逐渐意识到制度环境对企业成长的重要性，新兴企业合法化成长理论随之得到发展。本节将对这三种成长理论分别加以阐述，并综合前述以理清本书的切入点。

一 彭罗斯企业内生成长理论

Penros 和 Edith（1959）的 *The Theory of Growth of the Firm* 奠基了管理学视角的企业成长研究。Penrose 和 Edith（1959）认为企业成长的实质是企业提高管理水平、充分利用企业内部资源的内生成长问题，也即克服内部管理限制开发企业未充分利用组织内资源的动态管理过程。

Penrose 和 Edith（1959）对资源与服务进行了区分。生产性资源，包括企业的物质资源和一般人力资源，是企业生产的基本要素，但不是企业差异化的来源。生产性服务主要包括企业家服务与管理服务，企业家服务主要是企业家精神的发扬，开发生产机会，探索企业经营活动；管理服务则是企业经营的利用性活动，管理者完善和实施扩张计划。Penrose 和 E-dith（1959）强调企业生产性服务对企业经营差异化的作用，指出即便是拥有同质的生产性资源，由于管理者不同的资源识别和组合能力，也能产生服务价值的差异，从而使企业在市场竞争中赢得自身的成长空间。

Penrose 和 Edith（1959）认为"生产机会"支配着企业的生产经营活动。企业成长某种意义上就是企业不断克服限制性因素、辨识和开发生产机会的过程。Penrose 和 Edith（1959）指出企业的产品和要素市场，以及外部环境的不确定性和风险性，虽然也是企业成长的限制性因素，但关键的限制因素却是来源于企业内部的管理能力。Penrose 和 Edith（1959）认为客观的生产机会并不是最重要的，管理者的主动进取心及识别生产机会的能力更加重要。管理者的主动进取心探索和开发了生产机会，充分利用组织冗余资源，促进了企业的经营与发展。

企业成长过程中，存在一个来自企业内部的管理制约，即所谓的"彭罗斯定理"或"彭罗斯效应"（Marris，1964）。彭罗斯企业内生成长理论强调，企业成长的动力源于组织冗余资源与管理者能力的有效结合，为后来的资源基础论研究奠定了基础，推动了企业成长理论的发展。

二 企业网络化成长理论

企业网络化成长理论兴起于 20 世纪 70 年代，计算机技术、互联网技术日新月异，创新的网络模式蓬勃发展，网络化成长理论进一步拓宽企业资源的获取渠道，企业可以利用网络结构和网络关系机制，挖掘其背后的资源，促进企业成长。

企业是社会的组织，企业与供应商、竞争者、科研院所、政府或非政府机构等存在丰富的网络联系（business network）。鉴于经济关系的社会嵌入性，商业社会中存在大量的以个人为节点的社会网络关系（social network）。Granovetter（1973）在著名的 *The Strength of Weak Ties* 中，提出弱关系是信息传播更重要的媒介，因为通过弱关系可以在原本并不关联的群体间建立联系。强、弱关系可以根据网络密度（network density）来判定，强关系网络密度大，交流、沟通频繁，成员关系密切；弱关系则相反。可是，强关系网络中的人，由于成员关系强度高，存在高度的认知一致性而导致信息交换的低效益；弱关系网络中的人，虽然成员关系较远，但由于信息交换的异质性，能够帮助企业获得更多的资源（Granovetter，1973）。Weisz 等（2004）指出起始于低网络密度的网络，逐渐走向高网络密度的网络，相对于直接起始于高网络密度的网络，能够整合更多的社会资本，使企业获得更多的生存资源。与 Granovetter（1973）的观点相反，Nelson（1989）从网络关系的另一面——强关系探讨了"强连带"在整合网络资源中的作用，他认为企业间深度合作需要强关系，强关系可以更好地处理组织间的冲突和应付企业危机。

Burt（1992）在结构洞（structural holes）理论中指出信息在商业社会中的分配是不均匀的，企业竞争优势不仅仅取决于企业所拥有的财务、人力资源，还取决于在社会关系博弈中的结构定位，具备大量社会联系并占据结构洞的人，才能享受更多的结构自治，并使企业获得更多的话语权。Burt（1992）认为不同的网络蕴含着不同特质和禀赋的资源，只要这种特质或禀赋的资源对于企业是互补的，并存在于弱联系或不联系的站点（sites），结构洞就存在，企业占据了这些分离连接间的"洞"，就能主导资源的整合。

Granovetter（1990）从嵌入性观念出发，将网络嵌入分为关系嵌入和结构嵌入两种，进一步丰富了网络分析方法。关系主要是网络互动中发展的业务关系，指关系的强弱、内容和方向等，结构则是指活动者间的联系模式，包括网络连接在整个网络中的位置、规模等。网络架构是企业间创新合作关系的主要连接机制，通过网络架构可以使企业创新网络获得一种基本制度安排（Freeman，1991），使企业传统的线性研发模式（traditional linear model）转向网络创新模式（network innovation model），拓展了创新资源的获取范围，获得在复杂产品开发和竞争优势培育方面的优势。

网络化成长理论揭示了"弱关系"力量、"强连带"作用、"结构洞"占据、网络架构等网络资源获取机制，网络资源通过提供成长资源、创造成长机会、增强成长欲望和施加成长压力等途径，有效促进新兴企业成长。但是，网络化成长理论并不足以解释新兴企业如何克服新进入缺陷与合法性约束而实现成长的问题，这需要我们关注新兴企业成长的特殊性，及合法性对新兴企业的作用。

三　新兴企业合法化成长理论

（一）新兴企业资源整合的特殊性

《财富》杂志 2019 年公布的数据显示，全球范围的新兴企业死亡率高达 70% 以上，创业已成为成功率最低的经济活动。新兴经济背景下，特别是在"大众创业，万众创新"政策的指引下，创业正成为商业经济中日益活跃的活动。克服创业的高失败率，实现新兴企业快速成长是创业研究中迫切需要解决的重大现实问题。

GEM（2005）指出中国大约 53% 的新兴企业属于生存型创业。这意味着新兴企业没有丰富的资源禀赋。同时，由于经营历史短、行业经验缺乏、顾客关系不稳定、雇员角色不清、信任关系脆弱、新角色开发效率不高，以及创业背负巨大的资金压力和风险压力，使得新兴企业面临新进入缺陷和合法性约束（Stinchcombe，1965）。新进入缺陷（liability of newness）、"合法性门槛"（legitimacy threshold）的难以跨越是新兴企业死亡率居高不下的主要原因（张玉利等，2010）。

在新进入缺陷、资源缺乏、合法性水平低的状况下，与成熟企业相比，新兴企业资源整合存在明显差异。首先，相对于成熟企业，新兴企业资源有限，不存在 Penrose 和 Edith 所假定的资源冗余或独特的管理能力。Singh 等（1986）研究发现，外部合法性而非组织内部管理协调能力是导致新进入缺陷和新兴企业死亡率高的主要原因。其次，成熟企业在市场中运营时间长，已建立了一定的声誉和关系网络，而新兴企业由于新进入缺陷，企业内部的信任和资源投入不是那么可靠（Francis & Sandberg，2000），因此新兴企业缺乏网络资源整合的可靠性与合法性，并且只有跨越了"合法性门槛"，才能通过网络化成长获得创业团队内外部资源。

（二）新兴企业合法化成长过程

Stinchcombe（1965）认为新兴企业应把获取合法性作为重要甚至首要工作目标（legitimating first）。Zimmerman 和 Zeitz（2002）发表在 AMR 上的题为 Beyond Survival: Achieving New Venture Growth by Building Legitimacy 的文章中，首次分析了新兴企业合法化过程。Zimmerman 和 Zeitz（2002）指出新兴企业应根据具体的情境选择合法化战略，谋求规制、规范、认知和产业 4 种合法性及其背后的资源，从而跨越"合法性门槛"，获得企业成长（如图 2-6 所示）。

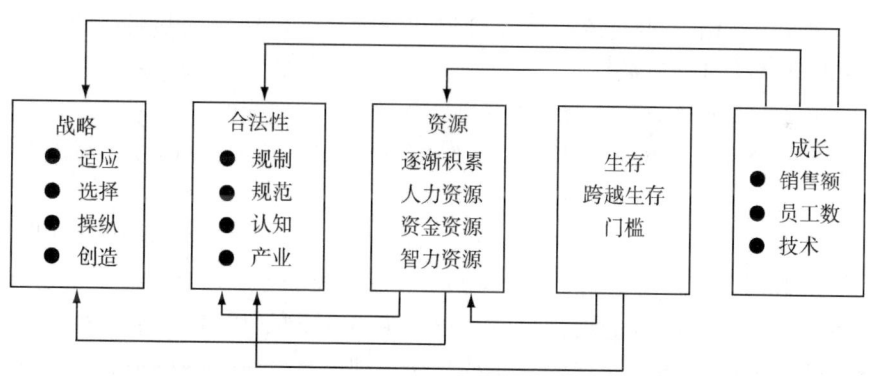

图 2-6　新兴企业合法化过程模型

资料来源：Zimmerman & Zeitz（2002）。

由图 2-6 可以知道 3 个重要的观点：第一，合法性是一种"能够帮助组织获得其他资源的重要战略资源"。Zimmerman 和 Zeitz（2002）认为合法性本身是新兴企业成长的关键资源，其重要性丝毫不亚于资金资源、人力资源、原材料资源、工艺技术、营销网络等。通过提高合法性，能够帮助企业获得其他急需的资源（Zimmerman & Zeitz，2002；杜运周等，2009）。第二，合法性资源促进新兴企业成长。合法性未必能提高组织内部的管理效率，而是通过获得顾客、供应商、竞争者等关键利益相关者的认可，并伴随着资源的获取，来提高组织绩效（DiMaggio & Powell，1983）。新兴企业能否成功取决于企业对合法性的重视程度，及是否采取了相应的合法化行动（Delmar & Shane，2004）。第三，新兴企业通过合法化战略获取组织合法性。早期制度理论认为新兴企业应被动地适应或顺从现有的制度，新制度主义理论认为新兴企业应根据制度情境来实施相应的合法化战略（Suchman，1995；Zimmerman & Zeitz，2002）。在操作层面，新兴企业应关注对组织生存影响较大的关键利益相关者的制度观，并通过企业网络化成长的"溢出效应"（spillover）和"骑背效应"（piggyback），帮助企业获取合法性（Zimmerman & Zeitz，2002）。新兴企业应根据合法化情境、改变自己或制度的难易、合法化可能的收益等因素，实施不同的合法化战略（Oliver，1991；Zimmerman & Zeitz，2002）。当制度刚性强，合法化收益不明确，委托人依赖高时，采用适应环境战略；当存在多种外部委托人，并有更受欢迎的环境可供选择时，采用选择环境战略；当企业创新活动与现有制度情境有差异时，采用操作环境战略；当新兴企业涉足的新兴行业本身缺乏规制、规范、价值观等认知基础时，则应采用创造环境战略，构造新词汇、制造新标签、传递新理念，以建立新行业实体的声誉（Aldrich & Fiol，1994）。

（三）三种成长理论的简要评价与比较

彭罗斯企业内生成长理论、企业网络化成长理论和新兴企业合法化成长理论是三种主要的成长理论，三者的机制比较如下。

首先，彭罗斯企业内生成长理论强调企业成长的动力源于组织冗余资源与管理者能力的有效结合，企业成长的实质是企业提高管理水平充分利用企业内部资源的内生成长问题（Penrose & Edith，1959）。企业生产性服务对企业经营差异化发挥重要作用，即便生产性资源同质，由于管理者不同的资源识别和组合能力，也能产生服务价值的差异（Penrose & Edith，1959）。但是，Penrose 和 Edith 聚焦的组织内部冗余资源与管理能力，与新兴企业的资源禀赋有限和新进入缺陷的现实不符，内生成长理论忽视了新兴企业成长的独特性与组织运营的制度嵌入性。

其次，20 世纪 70 年代兴起的企业网络化成长理论，进一步拓宽了企业资源的获取渠道，揭示了"弱关系"力量、"强连带"作用、"结构洞"占据、网络架构等网络资源获取机制（Granovetter，1973，1990；Nelson，1989；Burt，1992）。Granovetter（1990）认为网络资源通过提供成长资源、创造成长机会、增强成长欲望和施加成长压力等途径，有效促进新兴企业成长。但新兴企业由于新进入缺陷和资源禀赋有限，网络存在明显的不稳定性（如产供销信任关系脆弱）和局限性（如严重依赖创业者亲朋好友），新兴企业寻找和占据"结构洞"的资源投入可能难以获得经济租，基于网络关系和网络结构整合网络资源的能力也是有限的。新兴企业需要开发更广泛的网络连接，但这会受制于合法性约束。

最后，近年来随着创新创业活动的日益活跃，及新制度主义的兴起，关于社会制度情境对新兴企业生存和成长影响的研究方兴未艾。制度理论以新进入缺陷、资源缺乏、合法性水平低为前提，分析新兴企业整合资源的特殊性，揭示"合法性—资源—新兴企业成长"的因果关系（Zimmerman & Zeitz, 2002），指出新兴企业应根据制度情境选择实施相应的合法化战略，获取关键利益相关者的认可与支持，整合资源，促进企业成长（详见表2-18）。

表2-18　　　　　　　三种企业成长理论的机制比较

项目	企业内生成长理论	企业网络化成长理论	新兴企业合法化成长理论
资源来源	组织内部	组织外部网络	组织内外部制度环境
资源获取途径	管理者内部整合能力	强、弱弱关系力量，结构洞	合法化战略与制度一致性
理论前提	资源冗余	网络蕴含资源	社会制度情境影响企业
成长机制	克服内部管理限制，利用资源	利用网络关系和结构，整合资源	制度认可和支持的资源供给
研究聚焦	组织	组织网络	社会结构与制度

资料来源：杜运周等（2009）和笔者整理。

通过比较不难发现，制度学派的新兴企业合法化成长理论，将制度与组织一致性作为重要的研究课题，提供了一整套不同于传统商业研究的分析思路，更能解释新兴企业的成长问题。因此，本书将运用合法性相关理论，探究新兴企业的合法化成长机理。

四　本书的切入点

通过对商业模式与商业模式创新、制度理论与组织合法性、政策导向、新兴企业成长的文献回顾，本书逐步识别了一个研究空白：从合法性视角探析新兴经济情境下商业模式创新对新兴企业成长的影响。为此，我们进行了初步的研究设置（如图2-7），以便为后续的研究活动提出方向。

在图2-7中，企业商业模式创新/程度作为本书的核心自变量，合法

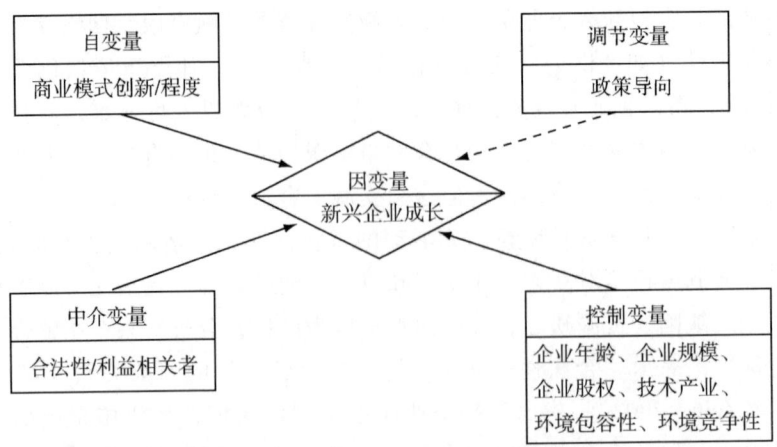

图 2-7 新兴企业成长的影响机制与研究设置

性作为本书的中介变量,政策导向作为本书的调节变量(在案例探索式研究中发现了这一变量的重要性),新兴企业成长作为本书的因变量。考虑到中国新兴经济情境,本书借鉴蔡莉和尹苗苗(2009)的处理方式,用环境包容性和环境竞争性两个代理变量测试并进行控制。此外,为了确保研究结果的可靠性,本书对可能影响研究结果的企业年龄、企业规模、企业股权、技术产业等变量进行控制。因此,本书拟回答新兴经济情境下新兴企业商业模式创新主题设计的概念化、绩效机制,以及利益相关者互动视角下主题性商业模式创新过程中合法性的实现与演化机制。

大多数制度研究聚焦合法化战略,却忽视合法化途径及其情境。本书将基于新制度主义视角,融合商业模式理论、合法性理论、利益相关者理论、政策导向等理论,理论和实证相结合研究中国新兴企业主题性商业模式创新的概念化、绩效机制和合法性演化,为新兴企业通过商业模式主题设计来实现赶超提供决策借鉴,为政府供给侧结构性改革、引导新兴企业发展提供政策参考。

第五节 本章小结

在过去的几十年里,商业模式及其创新已经成为宏观管理讨论的重要话题。特别是近15年来,相关领域文献大量涌现,但研究结论始终未达成一致,甚至产生相悖的观点。虽然商业模式和商业模式创新文献与战略领域有明显的关系，但到目前为止，它们在任何特定的管理领域都缺乏明确的锚定。

本章揭示了商业模式创新是一种不断演化和发展的过程。通过对商业模式创新研究计量分析和系统分析，得到以下结论：第一，商业模式创新研究可以分为概念化研究、创新过程研究、变革结果研究、绩效评估研究四个流派。其中，概念化研究流派关注的核心问题是"商业模式创新"边界以及企业可以沿着哪些维度进行商业模式创新等问题（Santos et al.，2009；Sorescu et al.，2011；Amit & Zott，2012）。创新过程研究流派强调了成功的商业模式创新所需要的能力、领导能力和学习机制。变革结果研究流派关注组织变革过程的结果，即产生新的商业模式，这些商业模式通常以某种方式进行情景化。绩效评估研究流派讨论了商业模式创新对组织绩效的影响。第二，尽管存在多个研究流派，但不能否认的是商业模式创新的学术圈在国内外都正在形成。国内外都多次组织相关的专题会议，产生高度集中的发文期刊与高被引的发文作者。第三，通过软件分析，本章阐述了各个流派的热点演进，发现产品发展新阶段下的商业模式、动态能力、平台与商业模式挑战是各流派现阶段的研究热点。第四，基于流派和研究缺口的分析，我们从前因、过程产生等方面出发构建了理论框架，并指出组织驱动力的确定、结构设计等议题是未来的重要方向。

此外，本章也对商业模式创新的相关构念进行了文献综述，即对商业模式与商业模式创新、制度理论与组织合法性、政策导向、新兴企业成长进行了回顾，从而初步清晰了一个研究空白：基于新制度主义，新兴经济情境下商业模式创新主题设计对新兴企业成长的影响。目前，从总体上来说，商业模式主题设计的研究特别薄弱，主要表现为缺乏不同情境下的商业模式主题设计以及相应的量表，相关的实证研究就更少，系统化研究不足。商业模式主题是情境的产物，嵌入一个特定的情境，其测量或操作性定义才更加有意义和有效，才能借此开展与其他变量的相关实证研究，从而细分与丰富商业模式的研究。此外，作为全球最大的新兴经济体，制度不完善且快速发展的中国情境，其主题设计应是什么样的？其价值创造与价值获取影响因素研究有什么特殊性和典型性？这些已成为迫切需要探讨的问题。

第三章 商业模式创新如何作用新兴企业成长:探索性案例研究

【本章导读】 裸心开创了高端民宿的先河,最为关键的是裸心通过与政府、村民等利益相关者的互动,获得了合法身份,从而促进中国乡村民宿合法化。商业模式创新正逐渐成为互联网时代新兴企业成长的重要路径。商业模式创新属性是新兴企业价值创造的内驱动力,外显的交易属性和内隐的制度属性又将如何作用新兴企业成长?本章以裸心民宿成长为例,探索了中国情境下商业模式创新双重属性对新兴企业成长的作用机制:商业模式创新的交易属性与制度属性共同内驱了新兴企业成长,交易属性通过增强竞争性交易优势促进企业成长,制度属性借助合法性获取以保障交易可持续;商业模式创新与政策导向的有效匹配是新兴企业适应动态环境、获取组织合法性的关键路径;交易属性与制度属性的互撑、竞争性与合法性机制的互撑,产生"结构塑造效应",推动组织快速进阶。本章解析了商业模式创新双重属性作用新兴企业成长的微观机制,初步建立了一个反映商业模式创新、合法性获取与新兴企业成长关系的理论框架,为中国情境下新兴企业通过商业模式创新实现赶超提供了实践启示。但本章商业模式创新的主题维度后续还须做进一步的细化、拓展和深化。

随着互联网、通信技术、数字技术的广泛运用,商业模式创新已成为互联网时代新兴企业成长的重要途径。中国新兴经济情境"摸着石头过河"的哲学思想,为新兴企业商业模式创新提供了"一个独特的市场可行与制度合法的情境"(Tsui, 2006; Jia et al., 2012),市场机会与制度约束并存,正式制度与非正式制度交织、演进(Droege & Johnson, 2007)。商业模式创新作为"破坏性"创业活动,其本质上通过变革原有的模式而获得更高价值创造的交易制度安排(Markides, 2006; 罗兴武等, 2018)。因此,中国情境下新兴企业商业模式创新对于创业成长

第三章 商业模式创新如何作用新兴企业成长:探索性案例研究

的作用机制是怎样的?这些疑问已成为理论界和实践界亟待解决的问题。

在本书看来,新兴企业价值创造的本源无疑发端于商业模式创新的属性,正是这些"元意义"上的属性才是破坏性创造活动的内驱动力。商业模式之所以能带来优势,表象上是价值创造及获取的逻辑发生了改变,实质却是其背后的竞争性属性在特定环境下发挥了重要作用(Hamel, 2000; Zott & Amit, 2010)。本书认为,面对新兴实践的快速涌现、商业模式研究的"丛林",基于交易与制度双重属性的商业模式创新可以从学理上澄清商业模式的本质,可以更细致、更有效地探索商业模式效应机制。现有商业模式创新研究多集中在"NICE"交易属性上,即新颖性(novelty)、锁定性(lock-in)、互补性(complementarity)和效率性(efficiency)(Hamel, 2000; Amit & Zott, 2001; Zott & Amit, 2007)。电商新价值可通过交易赋能的方式创造价值,电子商务价值创造通过 NICE 属性创新业务经营与连接活动的载体,以新颖性进行交易内容创新,以锁定性增加资产专用,以互补性耦合重要伙伴,以效率性降低交易成本,从而识别、开发与优化交易活动,释放价值潜能(Amit & Zott, 2001; Zott & Amit, 2007)。然而,商业模式创新的制度属性,如一致性(consistency)和可持续性(sustainability)(以下简称"C'S"制度属性)(Mahadevan, 2004; Demil & Lecocq, 2010; Casadesus-Masanell & Ricart, 2011),多被作为既定的假设存在而被忽视。C'S 制度属性源于对商业模式结构相对稳定性的需求,商业模式的创新不仅是交易创新的活动,更是创业者与利益相关者互动进行意义制造、意义给赋及建构意义的制度创新变革过程(Battistella et al., 2012)。新兴企业动态、非均衡、演变的过程中,一致性的标签赋予企业内、外部匹配能力(Demil & Lecocq, 2010),可持续性赋能企业动态适应性(Casadesus-Masanell & Ricart, 2011),以维系和保障商业模式价值创造重复、永续。

有鉴于此,本章将运用案例研究法,从一个更加完整的理论框架来审视商业模式创新的效应机制,重点围绕"中国情境下商业模式创新双重属性如何作用新兴企业成长"这一核心问题展开研究,从而打开商业模式创新到企业成长的"黑箱",为中国新兴企业借助商业模式创新实现快速赶超提供理论支持与实践启示。

第一节 商业模式创新双重属性与新兴企业成长的文献综述

一 商业模式创新及其属性动因

我们前期曾对2001—2014年的 *AMJ*、*AMR* 等8个管理学TOP期刊和 *HBR*、*LRP* 等4个管理咨询界著名期刊的商业模式文献进行扎根编码[①]，提炼出商业模式价值创造模型包括价值主张（顾客价值、市场定位）、价值营运（价值网络、资源禀赋）、价值分配与获取（收入模式、成本结构）3个维度和6个要素，价值主张是总目标，价值营运是实现路径，价值分配与获取是最终归宿，暗合了Morris等（2005）的商业模式是战略方向、运营结构与财务价值相统一的逻辑。

在回顾编码过程时（见表3-1），我们还发现商业模式创新价值创造活动具有双重属性动因，即交易属性动因和制度属性动因。注意，我们强调的是"交易"和"制度"属性的"双重性"（duality）而不是"二元性"（dualism），因为从二元论观点出发，通常仅将商业模式创新视为主动性市场导向型创新，而忽略了商业模式创新同时也是一种架构性范式创新。架构性范式创新意味着商业模式创新不同于产品、营销、技术创新等业务层面的创新，而是企业层面的结构性的范式创新，即创造新价值的同时重构现行商业模式（Hamel, 2000；Aspara, 2010）。Giddens早已指出二元性（非此即彼）容易引发错误的认识（杨俊等, 2018），容易出现"有行动而无结构"或"有结构而无行动"的极端情形，这与实践中的"行动与结构互动"不符。Schlegelmilch（2003）认为，商业模式创新作为一种战略性创新，改变竞争性质的同时颠覆既有结构性规则，借此提升顾客价值的同时实现企业快速成长。Markides（1998, 2006）强调商业模式创新就是"为了引入可盈利商业模式而打破既有游戏规则"。可见，交易竞争优势和规则重构后的制度优势都是商业模式创新的目标，两者的兼顾，方能使赢利可持续。因此，本章认为商业模式是交易与制度双重属性驱动进行价值创造的概念化模式，是描述价值主张、价值营运、价值分配与获

[①] 首先，通过对business model、enterprise model、revenue model等多个关键词的搜索，获得了156篇文献；其次，剔除与价值创造视角不相关的文献，剩余88篇文献；最后，88篇中只有29篇涉及假设、命题、推论或未来研究方向，对其进行编码提炼。

取等活动连接的架构；商业模式创新则是通过创新交易活动体系和制度规则体系改变既有商业逻辑，建构新的交易和制度结构的过程。

表3-1 商业模式创新属性动因及其与价值创造关系的文献归纳

文献	属性动因	理论基础	方法	样本	结论
Hamel (2000)	效率性、独特性、匹配性	资源基础观、企业能力观	定性推演	—	因果关系
Amit & Zott (2001)	效率性、互补性、锁定性和新颖性	熊彼特创新、资源基础观、战略网络、交易成本理论	案例研究	欧美59家已上市的贸易公司	因果关系
Zott & Amit (2007)	效率性、新颖性	熊彼特创新、交易成本经济学	定量研究	190家欧美上市新兴企业	正向相关
Zott & Amit (2008)	效率性、新颖性与市场战略匹配	熊彼特创新、交易成本经济学	定量研究	170家欧美上市公司	权变效应
Patzelt et al. (2008)	异质性	价值链理论、高阶理论	定量研究	99家德国生物技术新企业	权变效应
Sorescu et al. (2011)	可持续性（效率、效益、参与）	战略理论、价值链理论、制度基础观	案例研究	十余家零售行业企业	因果关系
Bohnsack et al. (2014)	路径依赖性、效率性	制度基础观、组织合法性	案例研究	在位和新创电动车辆企业	因果关系
Mahadevan (2004)	可持续性	制度基础观、竞争战略	定性推演	—	因果关系
Shafer et al. (2005)	核心逻辑的一致性	战略理论、新制度主义	定性推演	—	因果关系
Giesen et al. (2010)	内外部一致性、分析性、适应性	制度基础观、战略柔性	调研报告	全球28名知名CEO调研	因果关系
Demil & Lecocq (2010)	动态一致性	演化经济学、制度基础观	案例研究	Arsenal足球俱乐部	因果关系
Casadesus-Masanell & Ricart (2011)	目标一致性、鲁棒性、可持续性	战略理论、新制度主义	案例研究	Ryanair航空、Irizar客车、Airbus制造	因果关系
Hargadon & Douglas (2001)	鲁棒性	新制度主义、组织合法性	案例研究	Edison电灯	因果关系

资料来源：笔者整理。

商业模式的形成是塑造商业模式属性的过程，具备特定属性的商业模式创新会带来绩效优势（Shafer et al., 2005; Casadesus-Masanell & Ricart,

2011)。由表 3-1，具体说来：①商业模式创新交易属性主要表征为"NICE"，即新颖性（创新价值主张）、锁定性（稳固目标受众）、互补性（锚定资源基础）和效率性（降低交易成本）（Hamel, 2000; Amit & Zott, 2001; Zott & Amit, 2007），其理论基础包括资源基础理论、交易成本理论与价值链理论。资源基础观强调企业内 VRIN[①] 资源创造性地整合、配置和动员（Barney, 1991）。交易成本经济学关注特定经济情境下交易最有效治理机制的选择，是交易效率的来源（Williamson, 1975, 1983）。价值链分析认为可以选择、重组、优化链条上的环节，为自身和链上伙伴带来价值（Poter, 2000）。②商业模式创新制度属性主要表征为"C'S"，即一致性（内外部匹配性）和可持续性[②]（动态适应性）（Mahadevan, 2004; Demil & Lecocq, 2010; Casadesus-Masanell & Ricart, 2011），其理论基础包括制度基础理论、新制度主义理论与组织合法性理论。制度基础理论强调制度条件对企业战略的塑造作用，企业创新行为是企业与制度环境协调磨合的互动过程（Peng, 2003）。新制度主义理论认为正式和非正式的制度约束会触发企业的战略创新行为（North, 1990）。组织合法性理论认为，合法性机制是其最重要的行动逻辑（Oliver, 1997）。故商业模式创新本质上包含着交易与制度的双重属性，交易属性关注的是熊彼特租金产生的逻辑，回答的是交易竞争优势来源问题；制度属性关注的是制度规则体系的构建，回答的是制度优势的来源问题。

二 交易属性视角下的商业模式创新与新兴企业成长

Churchill（1992）认为新兴企业成长是创业活动对组织目标贡献程度的评价。新兴企业成长既是企业活动的客观产物，又是一种利益相关者对于活动过程和结果的主观评价，包括对企业战略、资源、能力和行为的评判（原欣伟等，2006）。为了便于考察创业过程中企业行为是否满足或超出利益相关者预期，多从新兴企业的获利性与成长性加以衡量（蔡莉、尹苗苗，2009）。本章遵循上述观点将重点关注新兴企业的获利与成长。

市场劣势是新兴企业死亡率居高不下的重要原因之一，表现出进入历史短、顾客少、与在位企业不在同一起跑线等因素（Tornikoski & Newbert, 2007）。商业模式创新作为一种主动性市场导向创新，是新兴企业获

---

① VRIN 即 Valuable（价值性）、Rare（稀缺性）、Inimitable（不可模仿性）和 Non-substitutable（不可替代性）。
② Hargadon 和 Douglas（2001）、Casadesus-Masanell 和 Ricart（2011）用"鲁棒性"（Robust）来说明商业模式的可持续性。

取交易竞争优势与绩效的重要来源（王翔等，2010；文亮、何继善，2012），其在顾客开发、交易网络达成、市场网络开拓中作用的表现毋庸置疑（Zott & Amit，2007；Aspara et al.，2011），能帮助新兴企业回应早期面临的各种缺陷，促进新兴企业成长。

交易属性视角下，商业模式是企业基本的生意模型（Magretta，2002），是识别机会、开发机会进行价值创造的业务活动体系（Amit & Zott，2001；Zott & Amit，2008），是将技术、知识等潜在投入通过顾客和市场转化为经济产出的框架（Chesbrough & Rosenbloom，2002；Patzelt et al.，2008）。商业模式创新是商业模式研究的根本目的，商业模式创新是新兴企业应对市场变化，获得企业交易竞争优势的极具经济价值的重要形式。商业模式创新可以通过"NICE"交易属性的相互强化（Amit & Zott，2001），主动性地"破坏性创新"（Schumpeter，1942），洞察顾客需求，挖掘被在位企业所忽略的商业机会（Amit & Zott，2001），钩稽交易活动间的网络连接，创造性地整合、配置资源（Zott & Amit，2007），从而释放经济价值，获取交易竞争优势。

三 制度属性视角下的商业模式创新与新兴企业成长

除了市场劣势，新兴企业大多面临合法性约束（Stinchcombe，1965），表现在历史记录少，缺乏吸引人才、稳定客户关系的商誉等。Zimmerman 和 Zeitz（2002）认为新兴企业成长的本质是实施合法化战略，跨越合法性门槛（legitimacy threshold），获取资源的过程。

组织合法性是新制度主义的核心和最为主要的行动逻辑（Scott，1995），它是一种"结构化的信念"（Suchman，1995），也是一种"能够帮助组织获得其他资源的重要战略资源"（Zimmerman & Zeitz，2002）。经过几十年的发展，制度理论早已不再局限于早期制度学派的"嵌入"观，强调对仪式和规制的遵从（Meyer & Rowan，1977）、制度环境对组织的同构（DiMaggio & Powell，1983）；而是越来越偏向后期战略学派的"能动"观，将合法性视作工具和可操作性资源（Zimmerman & Zeitz，2002），强调企业与制度环境的互动以及组织主观能动性的发挥，改变或重构既存制度（Tornikoski & Newbert，2007），进而实现企业成长。相应地，合法化战略既包括反应性的适应环境、选择环境，也包括前摄性的操作环境、创造环境（Suchman，1995；Zimmerman & Zeitz，2002）。究其本质，合法化战略是各种策略化行动的实施与运用（Drori & Honig，2013）。项国鹏和阳恩松（2013）通过文献梳理，提炼出话语策略、理论化策略、社会网络策略和文化策略4种关键策略。

制度属性视角下，商业模式是制度化的规则（Morris et al.，2005），是创新意图实现制度安排的集合（Hammer，2004），是使企业获取可持续竞争优势的制度结构的连续体（Casadesus-Masanell & Ricart，2011）。作为一种架构性范式创新（Schlegelmilch，2003），商业模式创新"C'S"制度属性有助于克服创新过程中的不确定性（Giesen et al.，2010），提高利益相关者对创新行为的预见与判断（Osterwalder & Pigneur，2011），维持新模式要素及结构的相对稳定（Doz & Kosonen，2010），从而构建系统性的制度规则优势。相对于"NICE"交易属性，"C'S"制度属性多被作为隐含的存在而被忽视，实践中商业模式创新实施过程需要将组织合法性的获取结合起来（Tornikoski & Newbert，2007），以合法化策略促进商业模式的结构塑造效应。

民宿企业在初创时合法性较低，具有非正规弱性。在民宿这一市场发育不完备的新兴业态中，相较于正规旅馆，由于消防、卫生、工商许可等原因，往往缺乏支持民宿企业的规制、规范、文化认知等基础，在新民宿企业成长过程中合法性问题非常突出，尤其是来源于政府、顾客的外部合法性是困扰新企业成长的主要因素。新制度主义视角下，商业模式创新通过特定的规则系统、制度安排和商业活动体系的整合，发挥结构塑造效应，增强基于制度建设的商业模式容器效应，提升企业经营的可预见性和利益相关者认同，获取规制、规范和认知合法性。合法性能够为新企业带来可信性和可靠性，有利于克服新创企业弱性（Tornikoski & Newbert，2007）。外部投资者会因为合法性而增强对新企业未来绩效的预期，降低对风险的感知（Certo & Hodge，2007）。而且，合法性的获取，有助于突破"合法性门槛"，并在此基础上有效地进行资源动员与整合（Zimmerman & Zeitz，2002）。

四 理论缺口：一个整合的理论框架

综上所述，商业模式是基于制度规则体系的"蓄利容器"，"NICE"交易属性与"C'S"制度属性双重内驱新兴企业商业模式创新价值的创造活动。我们发现，嵌入特定社会情境中的新兴企业商业模式创新，其成功与否不仅取决于交易活动体系能否获取交易竞争优势，还取决于交易规则体系结构化的制度优势能否彰显。一方面，"NICE"交易属性下的交易活动体系决定企业的盈利模式，以业务经营与交易创新活动为主要载体，具有外显性，是"硬币的阳面"；其价值效应是基于规则所诱导的交易创新行为，有助于顾客价值和企业收益的实现。另一方面，"C'S"制度属性下的制度规则体系则是"硬币的另一面"，或者说是"硬币的阴面"，以组织管理与制度创新为主要载体，具有内隐性，但不可或缺；其固化效应使商业模式交易内容具体化、规则化，促进制度规则体系合法性的获取，降低交易竞争活动中的不确定性，提高业务发展的可预见性，不断拓展企业的资源、能力与治理边界。

正是基于上述考虑，本章提出一个整合的理论框架（见图3-1），在现有研究的基础上，探讨中国情境下商业模式创新中双重属性如何作用于新兴企业成长。一方面，静态聚焦商业模式创新中双重属性对创业成长的作用机制；另一方面，从动态演化的过程观视角探索商业模式创新的适配机制以及结构化升级效应。

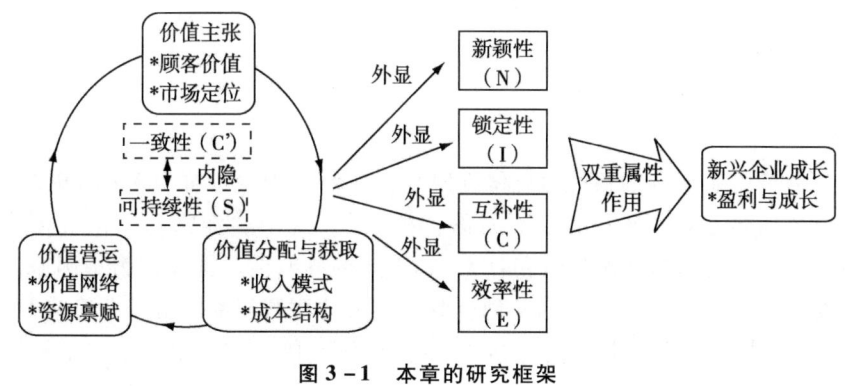

图3-1　本章的研究框架

第二节　单案例研究设计与数据编码

一　方法选择

基于上述研究课题，本章拟采用单案例研究方法，并且静态分析与动态分析相结合。理由如下：一方面，本章的研究旨在回答中国情境下商业模式创新双重属性如何作用于新兴企业成长，本质上是一个"如何（how）"型范畴的案例研究，需要对商业模式创新单个属性的作用机制进行归纳总结，也需要对商业模式双重属性互动下新兴企业的演进进行全过程揭示，非常适合采用单案例探索性研究（Eisenhardt，1989；Yin，2002）；另一方面，单案例研究的信息更加丰富与深入，可以详尽、深入地挖掘研究对象系列行为，进行理论建构（Siggelkow，2007），从而便于识别出商业模式不同属性价值创造的决策机制，同时归纳出属性互动下结构化的升级效应。

商业模式创新与新创民宿企业成长是基于新时期中国情境特色的背景，时间跨度大，关系复杂，宜采用单案例研究法，这样可以更加全面、整体地呈现其过程中的作用机制，清晰揭示和挖掘隐藏在现象背后更深层次的原因（Yin，2003）。大量来源相同且同质的案例研究只能增加研究的广度，却无益于增加研究的深度（Easton，1995）。代表性的典型单案例研究，有助于保证案例研究的深度（Dyer & Wilkins，1991），增强理论的说服力（Siggelkow，2007），从这一案例中得出的结论也有助于对同类事件的理解（Yin，2003）。且单案例研究可以更好地捕捉和追踪管理实践中的新现象和新问题，如果设定较好的时间阶段对案例进行深入剖析，能够更好地检视研究框架提出的问题，总结事物发展过程背后的规律（Pettigrew，1990）。

二 案例选取

为了保证案例的极化性[①]和典型性，并便于理论抽样（Yin，2003），本章选择裸心生态驿站（以下简称"裸心"）这一"洋家乐"的开创企业、全国民宿的标杆作为研究对象。[②] ①案例典型性。裸心作为中国旅游业新风尚——"洋家乐"的开创企业已成为德清乃至浙江的一张金名片，是全国民宿企业的标杆，是民宿企业商业模式创新的典型代表。裸心赋予民宿"可持续发展的自然奢华"，斩获了多个国内外大奖，如国内首家荣膺美国绿色建筑委员会（USGBC）LEED 铂金级认证、香港原创（HKC）亚洲奖设计荣誉认证等，国内外媒体争相报道，担当 CCTV4《山村里的洋家乐》的不二主角，被英国广播公司（BBC）评为全球最浪漫的 5 个度假场之一，被美国有线电视新闻网（CNN）评为"中国最好的 9 大观景酒店"之一，被 CNN 视为中国除长城外必去的 15 个特色地方之一，被《纽约时报》评为全球最值得参观的 45 个地点之一。②案例研究开展便利性。研究组成员与裸心有着"地理接近和关系接近"的优势，便于案例访谈、调研。裸心作为国内民宿的领军企业，网站资料、媒体报道颇多，便于案例多样化资料的获取和相互印证比较。

[①] 案例的极化类型（polar type）有助于更加鲜明地展示构念之间的关系（Eisenhardt，1989）。

[②] 案例来源：罗兴武、杨俊、项国鹏：《商业模式创新双重属性如何作用创业企业成长：裸心的案例研究》，《管理评论》2021 年第 11 期。

最主要的是，选择裸心作为案例，在理论抽样与构建上具有两方面的优势：一方面，"不按常规出牌"的裸心（见表3-2），从2007年成立以来一直保持上升的发展势头，其商业模式创新对企业成长的促进已经历了裸心乡、裸心谷、裸心堡3个重要的阶段，这为识别商业模式属性的决策机制，厘清动态环境中适配机制和升级效应提供了丰富的研究素材。另一方面，由于"洋家乐"乡村精品民宿崇尚原生态的美学设计，消防安全达不到普通酒店消费等级标准，其合法化的过程是个较为漫长的过程，这使得隐匿于阴面的商业模式制度属性可以凸显出来，提供了本案例研究所需的制度情境。

表3-2　　　　　　　裸心与农家乐、传统酒店的对比

	价值主张	开发思路	日常重点	选址	建设	装修
裸心	倡导无景点生态休闲度假	定位高端、经营生态、消费低碳	乡风民俗；精彩活动；客户体验	大城市周边的乡村	土木结构；建筑分散；房间低密度分布	美学设计；旧物利用；生态化改造
农家乐	旅游景点的附庸	定位低端、经营家常、消费不上档次	房间、餐饮	旅游景区边上	钢混结构；建筑较集中；房间密度较高	无设计感、粗糙
传统酒店	或便捷；或服务至上	定位高中低都有、经营标准化、消费普通	房间、餐饮、SPA	范围广，但乡村少有	钢混结构；建筑集中；房间高密度分布	工业化、标准化

三　案例阶段划分

根据新兴企业成长的生命周期和关键事件（蔡莉等，2008），以及裸心高管对于商业模式创新过程的经验性判断，我们将裸心的成长分为创意期、初创期和成长期3个阶段，成长期又可细分为成长—1期和成长—2期。

1. 创意期（2005—2007年）：初步价值主张

创业机会是留给有知识、有准备、有梦想的人的。2005年来上海从事传媒工作之前，高天成曾在英国开普敦创办了将市场营销与电话相结合的e-Bites公司，有着10余年的商业经营经历。高天成的妻子时任Studio Shanghai总监及合伙人，并有在香港、纽约和波士顿工作的经验。不堪"大都市的紧张步调、空气污染、生活压力"，渴望"原汁的自然"，或驾车，或骑行，在上海四周寻找放松、休憩身心的地方，无意间在莫干山山腰发现一个叫山鸠坞（外国游客喜欢称之为"三九五"）的世外桃源般的

小山村，青山耸翠，修竹袅立，湖水氤氲。山鸠坞有18户人家，当时村里只剩下即妇女、儿童、老人，空留下一些老式的泥坯房和早年西方人盖的别墅，虽然破旧，房屋结构却还完好。"这不就是原汁的自然吗？"高天成萌发了长住的想法，很快以每年8000元的租金租了2栋农舍，租期是15年。高天成用环保的理念，融入非洲元素，进行生态化改造，如原始的泥坯房外立面、大树墩子做的圆桌、老房大梁剖成的长条桌、啤酒瓶堆垒的吧台、旧马槽改成的洗手盆、竹篾编成的喇叭形垃圾桶……竹篱柴门户牖，乡土而不失雅致。自己度假外也用来招待朋友，朋友们赞不绝口，给了高天成很大鼓舞，也让高天成意识到"自己似乎找到了一样中国市场缺少的东西"。2006年高天成想多租几栋用于商业经营，这时发现并不太容易，很多村民不太愿意自己的房子用来当酒店经营，再加上所需栋数较多，高天成在中国朋友的帮助下，找到村干部、村支书，费了很大力气，谈自己的想法，经过不断的奔走说服，终于得到了他们的理解，村委也帮忙和村民沟通，这样又租下5栋农舍，但租金已上涨到每年15000元至30000元了。2007年生态化改造后，逐一命名这些农舍，如"翠竹小筑""竹工作室""紫岭居"等，7栋农舍对外宣传时，则统一冠以"裸心乡"之名。至2007年开业，"裸心"的价值主张初步提出，鼓励游客沐浴大自然放松身心。

2. 初创期（2008—2011年）：完整价值主张

2007年裸心乡对外正式开业，房间里没有空调，夏天用电风扇，冬天用壁炉，烧的是废木材、木屑压缩制成的柴火；房间里也没有电视，但有DVD，客人可以看电影。客人被建议乘火车来度假村，开车来不得大声摁喇叭扰民。住宿过程中，不允许在室内抽烟，第一次警告，第二次就要被"赶出门"；要求客人节水、节电，不提供每天换毛巾，门前有蓄水池，请客人循环使用；要求客人对垃圾严格分类，果皮、树叶会埋在地下；可以自己做饭，也可以烧烤，若想偷懒，可以请"阿姨"代劳。阿姨是当地村民来裸心乡做工的，有时她们的小孩也会带客人的小朋友上山摘果、下水摸鱼。来裸心乡的十个游客中八个是外国人，并络绎不绝，使原本原始、闭塞、落后的小乡村一下子活跃了起来，引起村民、村委及各级政府的高度关注，2008年湖州市政府颁发给高天成环保大使奖，表彰其为提升乡村生态旅游的努力及为社区创造了工作岗位。鉴于裸心乡"一房难求"的局面，2008年高天成决定启动第二轮创业，和助理朱燕（后来成为集团副总裁）主动邀请政府各级领导前来裸心乡参观，并向他们汇报裸心的价值主张及工作成绩，最终赢得德清县政府的支持，顺利地与筏头乡人民政府及县林业局签订了364亩林地承包计划，用于裸心谷生态驿站建设。2010年裸心谷建设中资金最困难的时候，高天成和助理朱燕又向政府汇报了项目进度和资金困难，争取到政府出面担保，从农村信用合作社银行贷款了3千万元。2011年5月推出莫干山naked酒店式公寓投资报告，通过预售裸心谷树顶别墅回笼资金；同年10月，裸心谷正式开业，并正式获得"四证一照"。至2011年裸心谷开业，"裸心"的价值主张得以完整提出，裸心不仅是一种生活态度，更是一种生活方式、一种首创精神。

3. 成长期—1（2012—2014年）：关键合法性获取

裸心赋予"可持续发展的自然奢华"以全新的内涵本质，树顶别墅采用了第三方绿色认证的SIP结构板，不辟地营造，架空悬隐于树梢；夯土小屋聘请当地70岁老工匠打造石迹墙，建在已被开发过的区域；7千万元投入水循环系统和污水净化系统建设，可节约32%的水资源，并使生活污水在排出前已完全净化；使用竹子颗粒锅炉以及太阳能热水器等可再生能源，减少能源消耗46%，房间内安装了能源记录表，耗电量低于标准的可以获得房费折扣；要求客人遵守"裸心公约"，如不在客房内吸烟、不将厕纸扔入马桶、不乱丢垃圾、不污染溪流等，违反者会进入裸心"黑名单"，影响下次订房。裸心倡导无景点的"裸家族"休闲理念，放下一切！把自己交给自然，过一种返璞归真的简单生活，骑马、采茶、山间徒步，或静听四周的鸟鸣声、山间的流水声，感受人与自然的融合，放松解压。2011年开业不久，杭州世界休闲博览会分会场活动德清"洋家乐"与低碳休闲旅游论坛在裸心谷举行，高天成作为承办方发言，"裸心"的价值主张受到与会者高度认可。2012年2月，遍邀美国《福布斯杂志》、日本《读卖新闻》、英国《金融时报》、韩国《经济日报》等海内外世界级媒体齐聚裸心，高天成纵谈绿色酒店的建设理念与建设过程，媒体争相报道。2012年11月亚洲最大的路虎体验中心入驻裸心，成为裸心重要的战略合作伙伴，人、车、自然融为一体的路虎理念与裸心亲近自然的生态观念不谋而合。2012年、2013年"原生态养生 国际化休闲"第二、第三届洋家乐高端论坛相继在德清举行，裸心谷作为"洋家乐"的当家花旦声名鹊起、蜚声海外。2013年1月，高天成为"五水共治"捐款10万元，并亲口喝下河口水库的水。2013年3月，裸心谷成为中国首家荣膺国际LEED绿色建筑铂金级认证的生态度假村，接下来的两年，裸心谷先后拿下国际水务情报局（GWI）全球水奖、香港原创（HKC）亚洲奖设计荣誉认证、《外滩画报》最佳体验设计之健康乐活设计奖及

International Herald Tribune 最佳可持续发展酒店奖。2013 年年底，高天成与莫干山管理局签订了炮台山开发协议（即裸心堡），并计划在未来三年投资 10 个亿，在中国布局更多的绿色度假村。又与莫干山管理局签订了开发炮台山的协议，定名"裸心堡"。2014 年 3 月，德清县城乡体制改革试点获批，从政策层面为以裸心为首的洋家乐发展托了底；也是这一年，裸心谷树顶别墅的产权证终于办了下来，给了业主一个满意的交代。至 2014 年德清城乡体制改革获批，裸心谷获得了地方民宿发展的政策保障，获取了企业成长中的关键合法性。2014 年 5 月 CCTV - 4《走遍中国》大型栏目以"山村里的洋家乐"为主题在莫干山开拍，裸心谷是开场主角。2014 年 11 月，高天成获德清县政府颁发的"旅游特殊贡献奖"，表彰他对德清乡村旅游做出的卓越贡献。

4. 成长期—2（2015—2018 年）：全面合法性获取

2015 年 2 月中央一号文件《关于加大改革创新力度 加快农业现代化建设的若干意见》鼓励"积极开发农业多种功能，挖掘乡村生态休闲、旅游观光、文化教育价值，研究制定促进乡村旅游休闲发展的用地、财政、金融等扶持政策，落实税收优惠政策"。2015 年 7 月浙江卫视《爸爸回来了》第二季收官之作在裸心谷完成制作，热播后裸心永续、环保、健康的理念更加深入人心。2015 年 10 月党的十八届五中全会《中共中央关于制定国民经济和社会发展第十三个五年规划的建议》坚持开放发展，坚持可持续发展，深化农村土地制度改革，培养新型职业农民，推进美丽中国建设。2015 年 11 月裸心谷荣获"德清县洋家乐发展特别贡献奖"。2016 年，莫干山裸心堡、义乌裸心岭、绍兴裸心湖、苏州裸心泊、成都裸心源计划开业，品牌、设计、投资全面输出。至此，裸心民宿发展已获得中央媒体传播、中央政策支持，并走出德清，品牌等全面输出，标志着裸心模式的全面扩散、合法性全面形成。

四 数据收集与编码

案例研究的数据来源强调多元化（Eisenhardt, 1989），以期通过不同来源数据的相互印证，形成"三角验证"，提高案例研究的信效度水平（Yin, 2003）。课题组结合研究的实际需要，将半结构化访谈作为最主要的资料收集方式，并辅之以档案文件、权威媒体报道、网络资料搜索等。①半结构化访谈和参与式观察（见表 3-3）。访谈对象主要为村民、顾客、政府、裸心与其他洋家乐，由于"地理接近"的优势，跟踪式访谈前后历时 5—6 年。每次访谈 0.5—2 小时不等，并在每次访谈后的 24 小时以内转化为文字稿。实地参观、参与裸心活动多次,形成了直观的经验证据。②档案文件。因为要打造"有温度的民宿",裸心民宿没有上市,也没有计划上市,故没有上市公司的招股说明书等。但通过"关系接近",课题组积累了企业公开财务报表、裸心公寓投资报告、裸心顾客满意度调查、会议资料、裸心新闻稿以及洋家乐协会报告等。③权威媒体报道。包括 CCTV - 4 走遍中国 "山村里的洋家乐"、CCTV - 2 央视财经评论"新型城镇化:靠市长?靠市场?"、CCTV - 2 生财有道"浙江德清:乡愁民宿聚创客"、CCTV - 7 "花田喜事"等报道资料。④公开的网络资料。包括数据库检索中的与裸心有关的期刊、报纸等文献;裸心的官方网站;裸心 naked APP 等网络资料。

表 3 - 3　　　　　　　　半结构化访谈一览

访谈对象	构成	核心问题
村民 (12 人)	劳岭村(三九坞 2/岭坑里 3/鸭蛋坞 1)(6) 筏头乡(上下庄 3/后坞村 2)(5) 莫干山景区看林员(1)	受访村民都和裸心有些交集,或是员工,或是物产提供者,或是出租户(制度约束、合法化策略);对村委、村镇里的举措进行评价(政策导向)
顾客 (10 人)	裸心顾客(5) 其他洋家乐(5)	裸心好在哪里,最吸引顾客的地方在哪里,顾客喜欢那些服务,与其他酒店、民宿相比较的优势(商业模式创新)
政府 (9 人)	副县长/局长(2) 旅游局所长(兼洋家乐协会会长)(1) 村镇干部(5) "红管家"负责人(1)	为什么帮助裸心及其他洋家乐,怎么帮的(政策导向;合法性机制);政府眼中的裸心(竞争性机制;企业成长);裸心为什么会获得政府颁发的特别贡献奖(商业模式创新;合法性扩散)
裸心 (13 人)	高天成夫妇 中高层(6) 主管/员工(5)	为什么裸心可以发展起来(政策导向);裸心不一样的地方在哪里(商业模式创新;竞争性机制);裸心发展历程中的重大事件(企业成长)
其他 洋家乐 (10 人)	老板(5) 老板娘(2) 店员(3)	住过裸心吗?学到过什么?作为同行,如何评价裸心(商业模式创新);裸心及洋家乐成长过程中最大的障碍是什么(政策导向、合法性机制)
实地 体验	参观裸心乡、谷、堡 参观裸心农场、路虎越野体验中心 参观法国山居、西坡 29、康家寨等洋家乐	参与山间骑行、徒步、采茶、炒茶等活动 参与陶艺制作、裸心堡内博物馆活动 参与当地村民庆祝年节的活动

本章对访谈及其他数据资料主要采用内容分析法(Strauss & Corbin, 1998)。首先对研究内容进行文本描述,根据研究的主题与理论预设,进

行数据删减、数据陈列，形成与研究问题相关的文本资料（Lee，2001）。其次，采用数据编码的归类的方法对文本资料进行分析与整理，从大量的定性资料里提炼主题，探讨前面在研究理论里提出的问题（Yan & Gray，1994；毛基业、李晓燕，2010）。借鉴李飞等（2010）、田志龙等（2014）的做法，研究小组中的两位成员先是全面通读和整理案例，然后进行渐进式编码。编码的规则：一是逐段或逐句编码，一定意思的表达就是一个条目，每个条目与研究问题相关；二是对于一手的访谈调研与观察，同一个人相同或相似的意思表达只计一个条目；三是对于二手资料，同一文献相同或相似意思表达的也只计一个条目；四是不同来源的相同条目应合并计算；五是两位成员"双盲式"编码，意见一致的直接进入条目库，意见不一致的，研究小组一起讨论，决定是否进入条目库或删除该条目。最后，本书通过内容分析，形成有效条目 308 个，并经过层层归纳，渐进编码，形成各个类属间的从属关系。定性数据编码过程如表 3 - 4 所示。

表 3 - 4　　　　　　　　定性数据编码过程示例　　　　　　　　单位：个

构念	维度	特性	关键词	典型条目的核心观点	条目数
商业模式创新	价值主张	顾客价值	目标顾客、产品内容、服务内容	裸心针对对象是都市白领、外国游客，以及名企商务；心向自然的裸心理念，与之匹配的是生态、是服务	13
		市场定位	细分市场、客户体验、客户界面、传递渠道	定位高端的无景点休闲乡村旅游度假；裸心给客户带来发人深省的体验；主要依赖口碑相传与线上新媒体	14
	价值运营	价值网络	企业边界、伙伴网络、价值契合、价值结构	裸心逐渐发展为裸心集团，集设计、建设与营运为一体；设计与建设上与AOO建筑、DLC景观等合作，在员工技能培训上与Lobster视频合作；路虎是重要的战略合作伙伴	16
		资源禀赋	战略资源、核心能力、制定规则、资源配置	裸心有新闻部、政府关系部；裸心赋予"可持续发展的自然奢华"以全新内涵，客户须遵守"裸心公约"；建设取材当地、取法地方传统工艺，营运活动设计自然化、民俗化	28
	价值分配与获取	收入模式	滚雪球、共享共担、政府扶持、营销模式创新、现金流保证、收入源拓展	裸心乡赚了钱，投入到裸心谷，然后又投入到裸心堡；裸心谷开业前推出产权式的树顶别墅回笼资金约 1 亿元，营运中与业主共享共担；3 + 5 营销创新模式，入住率在 92% 以上	16

续表

构念	维度	特性	关键词	典型条目的核心观点	条目数
商业模式创新	价值分配与获取	成本结构	生态改造投入、省能节水、回收利用、优惠账期、成本控制、成本布局	裸心乡每栋民舍改造成本在150万元以上，裸心谷投入约2亿元，花费最大的是7千万元中水循环；相较普通建筑可省46%能源、32%用水；未来投资10亿元建设更多的绿色度假村	10
政策导向	政策类型	中央政策	战略地位确立、提倡绿色旅游休闲、规范旅游市场、全面深化改革、加大加快发展	《国务院关于加快发展旅游业的意见》(2009年)确立旅游产业战略支柱地位；《中共中央关于全面深化改革若干重大问题的决定》(2013年)强调市场在资源配置中的决定性作用，赋予农民更多财产权利；《关于加大改革创新力度加快农业现代化建设的若干意见》(2015年)要求积极开发农业多种功能，挖掘乡村生态休闲，落实相关扶持政策	18
		地方政策	创建生态县、打造生态型休闲度假区、总体旅游布局、休闲假区总体规划、城乡体制改革、制定民宿标准	2003年德清县提出创建生态县奋斗目标；《莫干山国际休闲旅游度假区总体规划（2010—2020）》衔接嵌套"两美"建设；2014年《德清县城乡体制改革试点方案》获批，"三权到户、权随户走"产权制度改革全面落实；2015年《乡村民宿服务质量等级划分与评定》将民宿分为标品、优品和精品三个标准	17
合法性获取	规制合法性	政府认可	政府颁奖、建设用地支持、民宿监管、政府帮扶、指导与服务、认可贡献	高天成获政府颁发的"环保大使奖"、"旅游特殊贡献奖"；与筏头乡政府、县林业局签订了364亩林地承包计划，用于裸心谷建设；通过政府担保，裸心从农村信用合作社贷款3千万元	14
		行业协会监督	规范民宿、协调民宿、服务民宿	成立洋家乐行业协会，加强行业自律、沟通和监督，解决经营过程中出现的问题；洋家乐聚集区成立了红管家服务驿站，进行旅游集散、社会治理、矛盾调解、就业介绍	10
		强制机构认证	强制规则、强制认证	2011年裸心谷开业前获得"四证一照"；2015年树顶别墅产权证获批	9
	规范合法性	共同准则	顾客评价、员工称赞、专业机构认证、同行效仿	永续、环保的理念吸引着源源不断的客人；60%以上员工来自周边村庄，增收的同时增长见识；中国首家荣膺国际LEED绿色建筑铂金级认证；西坡29、康家寨等纷纷"偷师"裸心	30

续表

构念	维度	特性	关键词	典型条目的核心观点	条目数
合法性获取	规范合法性	社会道德	环保处理、生态经营、保护物种、企业捐赠	裸心谷度假村两个排污口排出来的水，可以养鱼；裸心马场马粪，用于裸心农场蔬果施肥，收获的蔬果供应裸心谷；高天成为"五水共治"捐款10万元	17
合法性获取	认知合法性	广泛认可	国际媒体宣介、国内媒体宣介、社区融合	裸心谷被英国广播公司（BBC）评为全球最浪漫的5个度假场所之一；担当CCTV-4《山村里的洋家乐》的主角；与当地社区的融合获扶轮国际社（RIC）上海分社嘉许状	16
合法性获取	认知合法性	普遍复制	模式复制、区块复制、区域升级、区域扩散	洋家乐从2007年的裸心1家，到2012年的35家，2015年的64家；"洋家乐"迅速从劳岭村，扩散到环莫干山；借力"洋家乐"德清打造美丽乡村2.0版；海内外各级政府纷纷取经裸心	27
新创企业成长	盈利与成长	资源动员	资源识别、资源开发、资源整合、资源拓展、资源利用	裸心乡租农舍费了好大力气，后来镇干部陪同选址裸心谷；县供电局为便利裸心谷临时调整线路检修计划；县劳动局为解决裸心招工难积极接洽省旅游职业学院	21
新创企业成长	盈利与成长	业绩提升	营业收入、净收益、市场份额、投资回报、新服务增长速度	裸心乡年营收400多万元，裸心谷2012年为6500万元，2013年为8500万元，2014年为1.2亿元；净收益率接近50%；裸心谷营收接近整个洋家乐的一半；裸心谷差不多3年收回投资	12
新创企业成长	盈利与成长	规模扩张	民宿扩容、区域拓展、输出拓新	裸心乡8幢农舍，21个房间，裸心谷30幢树顶别墅，40幢夯土小屋，121个房间；裸心堡、岭、湖、泊、源裸心堡2017年开业，裸心泊、园、岭则计划未来几年开业。除了裸心堡，其他主要是设计或品牌输出	10

需要说明的是，表3-4中增加了一个"政策导向"变量，这是本书前面在理论预设中没有提及的，但在实际访谈中不管是德清县政府官员，还是裸心高管、其他洋家乐老板，政策很明显是个高频词汇，政策导向对企业成长具有重要影响。Christensen（2006）认为规范性理论是在描述性理论之后形成的，描述性理论侧重根据理论预设对现象进行观察、分类和

联结,是对案例的演绎过程;而规范性理论则在案例演绎的基础上进行再次观察、分类和联结,侧重理论的总结、归纳,一方面可能是对先前理论预设的验证,另一方面可能发生"例外",探索归纳出框架以外的东西(见图3-2)。因此,"政策导向"正是在规范性理论构建过程中形成的"例外",它的产生有助于我们更好地解释与总结商业模式创新对新创民宿企业成长的理论框模型。

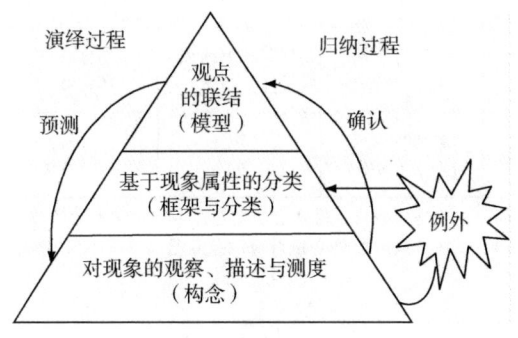

图 3-2 理论构建过程

资料来源:Christensen(2006)。

通过主题分析、阶段识别,进一步细化条目归属;并在验证性访谈时,引导受访者对编码结果进行核定,从而形成如下编码结果(见表3-5)。

表 3-5　　　　企业成长过程中各变量研究编码结果

变量	阶段	创意期 2005—2007 年	初创期 2008—2011 年	成长期 2012—2015 年
商业模式创新	价值主张 (27, 100%)	建立变革基础 (8, 83%)	理论化 (9, 75%)	扩散 (10, 100%)
	价值运营 (44, 100%)	尝试 (13, 92%)	商业化 (15, 100%)	制度化 (16, 75%)
	价值分配与获取 (26, 100%)	投入为主 (7, 92%)	投入—收益并行 (7, 83%)	收益为主 (12, 100%)
政策导向	中央政策 (18, 100%)	很少 (0, 100%)	较多 (6, 70%)	多 (12, 90%)
	地方政策 (17, 100%)	较少 (3, 90%)	多 (5, 80%)	很多 (9, 100%)

续表

变量 \ 阶段		创意期 2005—2007 年	初创期 2008—2011 年	成长期 2012—2015 年
合法性获取	规制合法性 (33, 100%)	存在很大约束 (13, 100%)	部分获取 (9, 70%)	完全获取 (11, 80%)
	规范合法性 (47, 100%)	存在很大约束 (13, 75%)	小部分获取 (16, 81%)	完全获取 (18, 88%)
	认知合法性 (43, 100%)	存在较大约束 (11, 75%)	部分获取 (16, 75%)	完全获取 (16, 92%)
新创民宿企业成长	盈利与成长 (43, 100%)	较差 (9, 94%)	好 (14, 78%)	很好 (20, 100%)

注 1："政策导向"主要是指涉及乡村旅游、生态休闲、民宿发展的政策法规；

注 2：(n, *%)，n 是指该阶段该变量对应的条目数，*% 是受访者持这种观点的人的百分比。

条目的阶段性归属，有利于分析裸心成长阶段各变量单编码结果的演进与变化，对新创民宿企业成长有更为全面的掌握。验证性访谈的对象都是对裸心非常了解的专家，包括裸心高管、政府官员、其他洋家乐老板（娘），这样就增加了编码结果的信度。

第三节 动静态案例分析与研究发现

结合图 3-2，根据企业生命周期和关键事件，我们已经将新兴企业成长识别为创意期、初创期与成长期 3 个阶段。鉴于商业模式创新既是静态的交易或架构（Yip, 2004; Voelpel & Dous, 2004），也是一个不断优化、演进、"持续变形"（continuous morphing）的过程（Rindova & Kotha, 2001; Teece, 2006; Mason & Spring, 2011），故在下文的分析中，将从静态与动态两个视角去归纳商业模式属性的决策机制以及动态环境中适配机制和升级效应。

一 静态视角发现

（一）竞争性机制：NICE 交易属性价值创造的内在机理

案例企业中，NICE 交易属性通过作用商业创新的维度或组成要素显现出来（见表 3-6）。

表 3-6　　外显交易属性归纳及其作用机制编码

典型引用语举例	关键词	外显交易属性	作用载体	竞争性机制	效果
定位高端的无景点休闲乡村旅游度假；"心向自然、返璞归真"的裸心理念，是一种态度、一种生活方式，更是一种首创精神；盈利模式连接着"顶线"（与业主共享收益）与"底线"（与业主共摊成本）；专设政府关系部，谋求政府支持，由政府出面协调建设用地的土地流转成本	新兴、独特、文化创意、收支创新	新颖性（N）	革新价值主张；优化价值营运；创新收入模式	差异化	提升业绩
在 Twitter、Facebook、携程，以及裸心官网、微信公众号、微博等互联网媒介推送软文或推广活动；对客人约法三章，要求遵守"裸心公约"；在设计和建设上与AOO建筑、DLC景观等单位合作，在员工技能培训上与 Lobster 视频合作	媒介推广、用户黏性、诚信、身体力行、稳定供应商	锁定性（L）	锁定客户关系；传递价值主张；稳固合作伙伴	差异化；核心能力强化	提升业绩；动员资源
亚洲最大的路虎体验中心入驻裸心，人、车、自然融为一体的路虎理念与裸心理念相互契合，资源互补；设计中非洲文化融入当地文化，变废为宝，进行生态化改造	战略联盟、交相辉映、生态改造、美学设计	互补性（C）	耦合重要伙伴；优化核心资源	核心能力强化	动员资源
注重资金的流动性，从不延迟付款；裸心乡赚了钱投入裸心谷，裸心谷赚了钱投入到裸心堡；钱要用在刀刃上，裸心谷最大的投入是7千万元的中水循环和污水处理系统；经营中尽可能雇佣当地人，利用当地资源，使用当地物产	资金流动、滚雪球、集中投入、本地化	效率性（E）	调整成本结构；削减交易成本	核心能力强化	提升业绩；扩张规模

资料来源：本书编码整理。

新颖性的作用载体是革新价值主张、创新收入模式、优化成本结构（Zott & Amit，2007；Zott & Amit，2008）。革新价值主张表现在开辟了定位高端的无景点休闲乡村旅游度假，并欣喜地发现中国旅游市场上存在这一空隙；"心向自然、返璞归真"的裸心理念，是一种态度、一种生活方式，更是一种首创精神，带来客户发人深省的体验；骑马、采茶、山间徒步、陶艺、射箭等活动项目替代传统酒店中KTV、桑拿房、棋牌室。创新收入模式表现在裸心的盈利模式连接着"顶线"（共享收益）与"底线"（共摊成本），开业前预售了25栋产权式树顶别墅，回笼资金约1个亿，营运中树顶别墅业主每年可以获得自身物业收益的36%，但须扣除4%用于建筑维修；"3+5"营销创新模式使裸心谷整年入住率保持在92%以上。优化成本结构表现在专设政府关系部，谋求政府扶持。计划未来几年以自建、设计或品牌等多种输出形式投资 10 亿元人民币，在长三角、西南、华南等地建设更多的绿色度假村。

锁定性的作用载体是锁定客户关系、传递价值主张与稳固合作伙伴（Amit & Zott, 2012）。锁定客户关系表现在强大的媒体攻势，打动人心的深度软文，自然化、民俗化的活动安排，增加了裸心品牌无形资产的专用性，提高了客户黏度。传递价值主张表现在把增加用户体验放在首位，如路虎驾乘体验；对客人约法三章的"裸心公约"传递出来的正能量，增强了目标客户对品牌的归属感。稳固合作伙伴表现在搭建了价值网络，形成了"战略联盟"，达成合作共赢，在设计与建设上与 AOO 建筑、DLC 景观等单位合作，在员工技能培训上与 Lobster 视频合作。

互补性的作用载体是重要伙伴耦合、核心资源优化（Bohnsack et al., 2014）。耦合重要伙伴表现在路虎体验中心入驻裸心，成为裸心重要的战略合作伙伴，人、车、自然融为一体的路虎理念与裸心理念相互契合，资源互补。优化核心资源表现在裸心在经营中尽可能雇佣当地人，利用当地资源，使用当地物产，尽可能节约能源、减少浪费；在生态经营、美学设计、文化内涵等方面不断强化。

效率性的作用载体是调整成本结构、削减交易成本（Zott & Amit, 2007; Zott & Amit, 2008）。调整成本结构表现在裸心特别注重资金的流动性，即使是企业客户也不提供延迟付款，裸心乡赚了钱投入裸心谷，裸心谷赚了钱又投入到裸心堡，通过"滚雪球"的方式，使企业快速成长；钱要用在刀刃上，裸心谷最大的投入是花费 7 千万元的中水循环和污水处理系统，使得企业、自然与社区真正和谐共处，相得益彰。削减交易成本表现在裸心通过交易活动系统的连接，降低信息的不对称，使各方利益相关者的资源充分整合和利用，如村里的物产、村民的闲置老屋、政府的林场等，减少交易中的复杂性，节约协调、激励等交易成本。

表 3–4、表 3–5 和表 3–6 编码结果显示竞争性机制是 NICE 交易属性内在作用机理。新颖性（N）是商业模式创新的关键，使裸心成为酒店行业的最大"异数"；"这世界上变化最快的，就是中国年轻消费者的需求，他们极度追求体验，很幸运，我们把握住了他们"，这也使得裸心赢利颇丰，每个房间年收入达到一百万元。锁定性（I）强调客户关系锁定，裸心从一开始便是高端锁定，一间客房一晚的定价在 3000 元以上，"不走寻常路"；并为此搭建伙伴网络，动员资源，增加资产专用性价值。互补性（C）指通过耦合重要伙伴、优化核心资源，以强化自身核心能

力，提高资源动员效应；裸心与路虎的战略合作是浓墨重彩的一笔，在极大提升顾客体验的同时，也提升了裸心品牌的价值效应。效率性（E）是裸心独特的商业运营模式带来的，通过成本结构优化、交易成本削减，强化核心竞争能力，在提升业绩的同时快速扩张；"滚雪球"式的建设、大手笔投入中水循环和污水处理系统，是对效率性的另类解读。基于上述分析，本章提出命题1：

命题1：商业模式创新外显的 NICE 属性，作用于价值主张、价值营运和价值分配与获取的组成要素，通过差异化、强化核心能力来增强交易活动的竞争优势，推动新兴企业成长。

（二）合法性机制：C'S 制度属性价值创造的内在机理

案例企业中，裸心商业模式创新的3个维度，价值主张、价值营运、价值分配与获取通过编码层层递归到合法化策略、行为方式，制度属性内蕴其中（见表3-7）。①价值主张创新方面，一致性（C'）体现在向村委书记宣讲裸心乡的生态改造计划、用逐一命名的方式取代房间号、向政府推介过来的参观团宣讲裸心等，对内、对外是一个"裸心"理念；可持续性（S）体现在对无景点生态休闲度假的倡导，正如高天成夫妇所说，"别人是'旅游+'，我们主张'+旅游'，我们希望顾客先想到去裸心，再想到去莫干山看看，这是两回事"。②价值营运创新方面，一致性（C'）体现为对要求顾客遵守"裸心公约"、当村民面喝下排污口的水、与路虎等建立稳定的战略伙伴关系增强用户体验、对顾客的低碳消费进行奖励等；可持续性（S）体现在嵌入德清"一核两翼"布局获得生态驿站建设用地、拿下国际 LEED 绿色建筑铂金级认证、使用当地物产雇用当地村民、尊重并吸收当地文化等。③价值分配与获取创新方面，一致性（C'）体现在赋予7千万元打造的中水循环和污水处理系统以"可持续发展的自然奢华"全新内涵，相对传统建筑可节能46%、节水32%。可持续性（S）体现在连接着"顶线"和"底线"与业主共享共担、"滚雪球"投入建设、"3+5"营销创新等。

表3-7　　　　内蕴制度属性归纳及其作用机制编码

创新维度	合法化策略	行为方式	典型创新行为举例	内蕴制度属性	合法性机制	效果
价值主张创新	话语策略	讲故事	费了很大力气向村干部讲述裸心的想法、蓝图	一致性（C'）	规制合法性	良好

续表

创新维度	合法化策略	行为方式	典型创新行为举例	内蕴制度属性	合法性机制	效果
价值主张创新	话语策略	建构竞争性话语	将裸心乡农舍命名为"紫岭居"、"竹工作室"等,裸心谷别墅命名为鹤、豹、河马等,对外统一以"裸心"宣传	一致性(C')	认知合法性	良好
		倡导	倡导无景点生态休闲度假,以及永续、环保、健康的理念	可持续性(S)	认知合法性	良好
	文化策略	宣讲	向全国络绎不绝的参观者,很多是德清县政府推介过来各个地方政府的考察团,宣讲裸心理念以及裸心生态营运	一致性(C')	规制合法性	良好
价值营运创新	话语策略	游说沟通	成立专门的政府关系部门,公关游说政府,帮助裸心获得更多的政策优惠和政府补贴	可持续性(S)	规制合法性	良好
	理论化策略	嵌入现有制度	嵌入德清"一核两翼"的总体旅游布局,裸心谷、裸心堡生态驿站的建设用地成功获批	可持续性(S)	规制合法性	良好
		建构制度框架	制定"裸心公约",对游客约法三章,要求客人节能节水,不能在客房内抽烟,不污染溪流等	一致性(C')	规范合法性	良好
		辩护	度假村排污口的水受到村民质疑,裸心采样后主动送去质检,并且高天成当着村民的面喝下从排污口流出来的水	一致性(C')	规范合法性	一般
		建构标准	裸心拿下国际 LEED 绿色建筑铂金级认证、GWI 全球大奖等多项国际认证,成为"原生态养生,国际化休闲"洋家乐的标杆	可持续性(S)	认知合法性	良好
	社会网络策略	缔结战略联盟	在客户体验上和路虎建立战略联盟;在民宿建设上与 AOO 建筑、DLC 景观合作;在技能培训上与 Lobster 酒店视频合作	一致性(C')	规范合法性	良好
		配置有形资源	雇用当地村民,利用当地资源,使用当地物产;营运活动也自然化、民俗化,让游客欣赏自然美景的同时,从体验活动中学习很多	可持续性(S)	规范合法性	良好
	文化策略	教育奖励	建筑配有能源记录表,耗电量低于标准的可以获得房费折扣	一致性(C')	规范合法性	一般
		教育惩罚	违反"裸心公约"者会被拉进"黑名单",影响下次订房	一致性(C')	规范合法性	一般
		文化嵌入	尊重当地人生活方式、文化习俗、价值观	可持续性(S)	规范合法性	一般

续表

创新维度	合法化策略	行为方式	典型创新行为举例	内蕴制度属性	合法性机制	效果
价值分配与获取创新	理论化策略	辨识制度	裸心乡赚了钱，投入到裸心谷，然后又投入到裸心堡	可持续性(S)	规制合法性	良好
		身份界定	赋予"可持续发展的自然奢华"以全新内涵，花费7千万元投入中水循环系统，相较普通建筑可节省46%能源、32%用水	一致性(C')	规范合法性	良好
	社会网络策略	使用社会资本	裸心谷营运中与业主共享共担，而这些业主扮演着游客、债权人、推广者等多个角色	可持续性(S)	规范合法性	良好
	文化策略	文化营销	"3+5"营销创新模式，入住率达92%	可持续性(S)	规范合法性	良好

资料来源：本书编码整理。

表3-4、表3-5和表3-7编码结果显示合法性机制是C'S制度属性内在作用机理。一致性（C'）和可持续性（S）内蕴于新兴企业创新行为中的合法化策略，通过合法性机制，旨在突破"合法性门槛"（Stinchcombe，1965），获得合法性这种"资源中的资源"（Zimmerman & Zeitz，2002），以更好地组织和整合资源，促进企业更好地生存与发展。裸心合法化策略既"嵌入"又"能动"，"嵌入"表现在嵌入德清"一核两翼"的总体旅游布局、尊重当地人生活方式和文化习俗、雇用当地村民使用当地物产等，"能动"表现在成立专门的政府关系部门公关游说政府以获得对裸心理念的认同、制定"裸心公约"以保证生态营运低碳消费、争取关键利益相关者以结网的方式产生"骑背效应"，蕴含了内、外匹配的一致性（C'）和动态适应的可持续性（S），形成创业成长过程中规制、规范与认知合法性机制，最终嵌入环境又能动性地改造了环境。根据上述案例与理论相结合的分析，本章提出命题2：

命题2：商业模式创新内隐的C'S属性，内蕴于组织的合法化策略，通过认识、规范和规制合法性的获取来增强交易活动的制度优势，促进新兴企业可持续发展。

二 动态视角发现

（一）合法性获取的适配机制：商业模式创新与政策导向动态匹配

在表3-4的编码中，涌现出了"政策导向"这一构念，按政策类型可以分为中央政策导向与地方政策导向。我们认为，某种程度上，商业模式创新行为与政策导向之间的动态匹配决定了新兴企业能否顺利跨越"合法性门槛"。政策导向可以使新兴企业的创新行为"鲁棒化"（罗兴武等，2017），即在现有政策中找到企业创新依据点，使组织与政策的联结因素增多，通过修辞等合法化策略以进行嵌入式改造，最终获取组织合法性。Carpenter 和 Peterson（2002）、Sysko 和 Platonoff（2005）发现产业政策、政府补贴、税收优惠等导向，有利于企业明确产业方向，进行相关领域的投入，降低创业机会成本。Flack 等（2010）指出政府为产业集聚提供公共基础设施、产业发展空间，有助于消除产业集群发展中的制度性障碍，促进创新网络生成及创新活动体系的规范。因此，政策导向可以为新兴企业商业模式创新提供前提条件与逻辑起点。

案例企业中，我们发现商业模式创新与政策导向的动态适配是合法性获取的适配机制（见图3-2）。创意期，裸心生态理念与德清县生态建设目标不谋而合，而政策尚未突破，裸心乡只得"裸奔"经营。裸心合伙人回忆，"一开始高天成夫妇在劳岭村租了2栋农舍，按他们自己想要的进行美学设计、生态化改造，大树墩成了圆桌，石磙子叠起来就是凳子，老房大梁剖成长条桌，旧马槽改成洗手盆……自己放松的同时也用于招待朋友，朋友们的好评让高天成意识到他可能找到了'一样中国市场缺少的东西'，想多租几栋农舍用于商业运营，就找到村委，找到劳岭村贾书记，没想到被婉拒，因为农舍商业运营在中国存在制度障碍"。为此，裸心高管们查阅了大量政策文件、法规，他们注意到，2003年德清县提出了创建生态县奋斗目标、2004年德清县出台《德清县西部保护与发展规划》、2005年德清县颁布《关于建立西部乡镇生态补偿机制的实施意见》、2007年2月德清县发布《生态县建设专项资金奖励补助办法》。这些让裸心高管们喜出望外，裸心的生态经营、低碳消费理念与德清西部生态建设的愿景不谋而合。此后，在与劳岭村、莫干山镇的多次沟通中，在村干部、镇干部的帮助下又租赁了5栋农舍，总共7栋农舍，2017年10月裸心乡正式开始营业。

初创期，裸心成立专门的政策关系部门，去跟政府对接，并接受政府一些具体规范上的指导。高天成回忆说，"当时真的很难，政策不允许你太过创新，政策要求你建造符合标准的建筑，我们想把我们的创意在政策允许范围内做到最好"。裸心集团副总裁朱燕接着解释，"我们成立了专门的政府关系部门，我兼了这个部门的副主任，主任就是老板自己，因为一个项目落下去的话，不仅要研究政策，还要研究很多细节问题，关键的部门，没有人专门去协调的话很麻烦"。这个阶段，裸心的政府关系部门注意到政策朝着利好的一面发展，中央政策陆续出台，如2008年党的十七届三中全会《中共中央关于推进农村改革发展若干重大问题的决定》强调大力推进改革创新加强农村制度建设、2009年《国务院关于加快发展旅游业的意见》支持各地开展旅游综合改革和专项改革试点；地方政策也开始明晰，2007年9月《德清县旅游业发展五年行动计划（2007—2011年）》进行了"一核两翼"[①] 的总体旅游布局，2007年12月德清县《关于加快"四个一体化"建设的实施意见》确立到2010年年底全面实现供水、公交、垃圾处理和污水处理"四个一体化"，2010年《莫干山国际休闲旅游度假区总体规划（2010—2020）》与"两美建设"[②] 规划衔接嵌套指导有序开发。"裸心生态民宿不失为兼顾乡村保护、盘活乡村的有益尝试！加之裸心之后，法国山居、西坡29等10来家精品民宿都快速跟进"，德清县旅游局姚局长说，"我们对他们进行了规范上的指导，比如入住登记、线路套管、装烟感器、装灭火器、消防用水等"。结果是明显的，由于与政府的良好对接，2008年裸心拿到了裸心谷生态驿站的建设用地，并在2010年建设过程中依托政府担保从农村信用合作社拿到了3000万元的贷款。

成长期，分为成长期—1和成长期—2，民宿标准是主线索，分水岭是关键合法性的获取。成长期—1，裸心实行高举高打的策略，承办论坛、高调宣传、"五水共治"捐款，在赢得自身成长的同时，也赢得以裸心为蓝本的民宿管理办法出台。2011年裸心谷开业不久，裸心就承办了德清"洋家乐"与低碳休闲旅游论坛；2012年遍邀美国《福布斯》等世界级媒体高调宣传裸心绿色生态驿站的建设过程及当地政府的支持；2013年荣膺国际LEED绿色建筑铂金级认证的生态度假村；2013年为对河口"五水共治"捐款10万元。"我们一系列'亲政府'的行为，也得到了一个回报。2013年年底，我们与莫干山管理局签订了炮台山开发协议，也就是现在的裸心堡"，裸心集团副总裁朱总介绍，"这个回报，最主要是在裸心成长过程中建立了政府对我们的信任"。这个过程中，2013年党的十八届三中全会《中共中央关于全面深化改革若干重大问题的决定》确定了市场在资源配置中起决定性作用的地位，这也使得德清出台了《关于农村宅基地管理若干问题的处置意见》《土地流转经营权证、林地经营权流转证登记管理办法》等以"确权赋能"为核心的举措。2014年1

[①] "一核两翼"，"核"为下渚湖，"翼"为西部环莫干山和东部新市古镇区。
[②] "两美建设"，即和美家园、美丽乡村建设。

月,以裸心为蓝本,德清县人民政府签发《德清县民宿管理办法(试行)》,这标志着裸心关键合法性的获取。

成长期—2,央视的宣传,政策红利的不断释放,民宿标准上升为国家标准,裸心收获全面合法性。2014年5月裸心担当CCTV-4"山村里的洋家乐"当家花旦,2014年11月高天成获德清县政府颁发的旅游特殊贡献奖,2015年11月裸心谷获"德清县洋家乐发展特别贡献奖",2017年2月裸心堡开业,2018年3月裸心被授予"最具发展魅力生活方式品牌"。这个阶段,中央政策层面,2014年9月《关于促进旅游业改革发展的若干意见》提出坚持以人为本的科学旅游观,积极发展休闲度假旅游,推动乡村旅游与新型城镇化有机结合;2015年中央一号文件《关于加大改革创新力度加快农业现代化建设的若干意见》坚决围绕增加农村发展活力,全面深化农村改革,鼓励创新土地流转,推进农村集体产权制度改革,推进农村金融体制改革;2015年8月国务院办公厅《关于进一步促进旅游投资和消费的若干意见》明确进一步实施投资促进计划,积极发展"互联网+旅游",完善休闲农业和乡村旅游配套设施,深入挖掘乡村文化内涵,大力发展具有历史、地域、民族特点的特色旅游城镇,让游客看得见山水、记得住乡愁、留得住乡情。2015年9月《关于积极开发农业多种功能 大力促进休闲农业发展的通知》进一步优化政策措施,开发农业多种功能,大力促进休闲农业发展,着力推进农村一二三产业融合;2015年《中共中央关于制定国民经济和社会发展第十三个五年规划的建议》提出坚持开放发展,坚持可持续发展,推进美丽中国建设。地方政策层面,2014年《德清县关于促进旅游业加快发展的若干意见》明确德清以"原生态养生,国际化休闲"为旅游发展主题,2015年全国首个地方标准《乡村民宿服务质量等级划分与评定》在德清正式发布。重要的是,2017年国家旅游局正式批准颁布《旅游民宿基本要求与评价》,德清地方民宿标准上升为国家标准,裸心民宿由此获得了全面合法性。"我们去理解政府,政府也懂我们",裸心副总裁朱总解读了裸心成功之道,"我们主动去对标政策,从政策中找到裸心可以契合的点,同时也多做有利于政府的事,2014年始我们每年接受政府推介过来的参观近2万人次,通过接待参观我们也得到全国各地政府抛过来的橄榄枝,下一步裸心将走出浙江,洽谈中的裸心泊、裸心源、裸心璧都将开业"。基于以上分析,本章提出命题3:

命题3:商业模式创新与(中央或地方)政策导向的有效匹配是新兴企业适应动态环境、克服制度障碍、获取组织合法性的关键路径。

（二）互撑机制：双重属性与其机制的互撑推动组织纵向升级效应的实现

商业模式形成是塑造商业模式属性的过程，某些颠覆性商业模式能够成功的根源在于商业模式创新的特定属性不断强化（Foss & Saebi，2017；杨俊等，2018）。新商业模式会同时产生价值和固化两种效应，价值效应是商业模式所诱导的新行为，促进新的顾客价值或企业收益；固化效应源于商业模式合法性所彰显的制度优势，降低交易中的不确定性（Zott & Amit，2009；李东等，2010）。交易属性竞争性机制的价值效应，为组织合法性机制的固化效应提供经济基础，固化效应的显现，又将促进企业战略资源的获取，减少交易中的不确定性，两者相互作用、相互支撑，共创更多价值。

案例企业中，我们发现交易属性与制度属性、竞争性机制与合法性机制的双重互撑会造成几何级"结构塑造效应"，推动组织纵向升级（见表3-8）。

表3-8　交易与制度属性、竞争性与合法性机制的双重互撑机制及其效果的编码

阶段（时间）	属性彰显		竞争性与合法性机制互撑的证据	属性效应		企业成长
	交易属性	制度属性		价值效应	固化效应	
创意期	＋ 形而上 业务试水	＋ 真实存在却感知少	不堪"钢筋混凝土的城市喧嚣"，渴望"原汁的自然"，放松身心；对承租的两栋"老破旧"农舍进行美学设计及改造，自己度假以外，也用于招待朋友，朋友们赞不绝口； 我们似乎找到了"中国市场上一种缺少的东西"	＋ 试水成功	＋ 建构价值主张基础	试水→正式营业
初创期	＋＋ 足够新颖；投入不低；生意爆好	＋＋ 认知高，但规制与规范压力大	"裸心自然，返璞归真"，裸心是一种态度，也是一种生活方式； 一些来裸心乡玩过的游客（7成是老外），也学着老高在村里租老宅开旅馆，法国人、英国人、丹麦人、韩国人开的都有，也就是跟风吧，而且跟得还不错，都在走中高端路线； 裸心乡"一房难求"，申请经营资质却未获得，"现有规制不允许太过创新"，我们研究现有政策，游说政府，邀请他们参观，与游客互动…… 获德清县政府支持，低密度开发，建设裸心谷生态驿站	＋＋ 引爆"洋家乐"，并迭代创新	＋＋ 给"洋家乐"开绿灯，先行规范	裸心乡→裸心谷

续表

阶段（时间）	属性彰显 交易属性	属性彰显 制度属性	竞争性与合法性机制互撑的证据	属性效应 价值效应	属性效应 固化效应	企业成长
成长期—1	+++ 集体性效仿，迫使新的项目追求客户极致体验	+++ 规范上逐渐到位，规制上的压力也逐渐松动	裸心赋予"可持续发展的自然奢华"以全新的内涵本质，要求客人遵守"裸心公约"，违反者会影响下次订房； 裸心倡导无景点的"裸家族"休闲理念，把自己交给自然； 亚洲最大的路虎体验中心入驻裸心谷，成为裸心重要战略合作伙伴；承办低碳休闲旅游论坛，遍邀媒体，斩获LEED绿色建筑铂金级认证等多个奖项，与莫干山管理局签订炮台山开发协议； 以裸心为蓝本，德清县政府签发《德清县民宿管理办法（试行）》； 德清县城乡体制改革试点获批，裸心谷树顶别墅产权证终于办成	+++ 裸心作为"洋家乐"的当家花旦声名鹊起	+++ 全国首个县级民宿管理办法发台	裸心谷→裸心堡开发协议签订
成长期—2	++++ 内涵挖掘引导新项目设计，以增强顾客黏性	++++ 推动全国范围内规制松动，将有利于"走出去"	全国第一个乡村民宿标准诞生，即中国·德清乡村民宿标准； 《德清县乡村民宿服务质量等级划分与评定》正式实施； 裸心获"德清县洋家乐发展特别贡献奖"； 《浙江省人民政府办公厅关于确定民宿范围和条件的指导意见》颁布； 承载莫干山百年历史的裸心堡正式问世； 剑指国标，国家旅游局正式批准颁布《旅游民宿基本要求与评价》； 裸心被授予"最具发展魅力生活方式品牌"； 未来几年，苏州裸心泊、绍兴裸心潭、成都裸心源等都将计划开业	++++ 单个房间年收益居行业之冠	++++ 民宿管理办法由县标上升为省标、国标	裸心堡开发→裸心堡营业

注："+"表示变量水平最低，"++++"表示变量水平最高。

基于以上分析，本章提出如下命题：

命题 4：商业模式创新交易属性与制度属性的互撑、竞争性机制与合法性机制的互撑，诱发了价值创造与行为固化效应，更加显著地促进了新兴企业成长过程中质的改变。

第四节 案例进一步讨论

为了更加全面地理解上述影响机制,我们有必要以裸心为例对新兴企业商业模式创新的前因,以及新兴企业的成长路径做进一步探讨。

一 新兴企业商业模式创新的前因

商业模式创新的驱动因素有很多,以往的研究表明内部因素有知识、资源、能力等,外部因素有商业机会、市场竞争、技能创新等。但内、外部影响因素的分析,往往忽略了制度环境的约束性,不能很好地解释商业模式创新的成因。基于调研,我们发现新兴企业商业模式创新是在主体与环境互动中形成的,故将商业模式创新的驱动因素分为环境层面与主体层面,环境又细分为市场环境与制度环境,主体则分为个体与组织(见图3-3)。

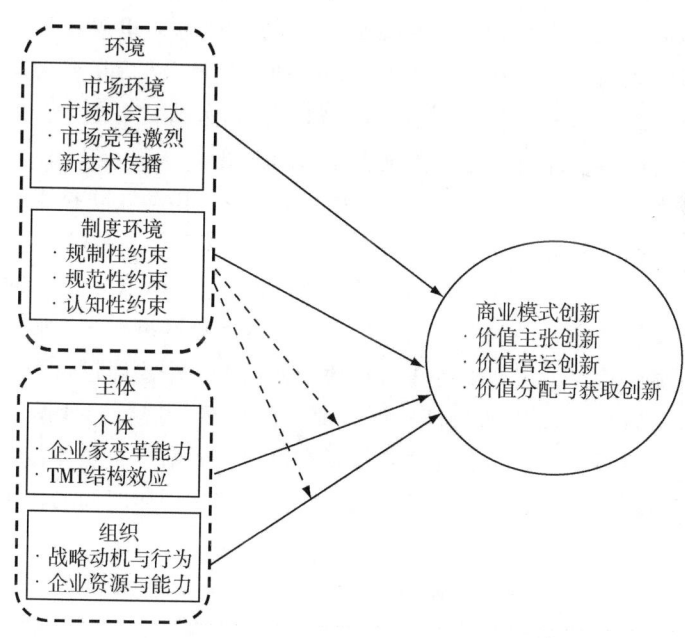

图3-3 新兴企业商业模式创新因素的整合框架

注:虚线箭头表示现有研究较少探讨的问题。

(一) 市场环境

市场机会巨大。中国住宿产品在经历了20世纪六七十年代的国营饭店、招待所，80年代合资或外资单体酒店，90年代星级标准酒店，21世纪初的经济标准化酒店之后，2009年之后随着相关政策的出台以及人均GDP不断创新高，旅游度假需求增长迅速，大众出行主体逐渐从商务转向个人休闲，乡村个性化民宿处于爆发式增长期。裸心创业时，我国民宿经济还处在初级阶段，处于消费高端的外国游客和都市白领的乡村休闲度假需求远高于传统农家乐的现有服务能力，这在旅游市场结构中留下了空隙，为倡导自然、环保、健康理念的外国投资者带来了商业机会。

市场竞争激烈。20世纪80年代，农家乐从四川郫县农科村发端，呈星火燎原之势，迅速在全国各地发展起来。传统农家乐的经营者多是农民，投资规模整体偏小，经营档次不高，活动内容雷同单调，特色项目较少，公共服务水平、规范管理意识以及卫生环境状况不尽如人意，并多依附景点而存在，恶性竞争，依靠低价获利。裸心创业时，环莫干山的农家乐并不多，酒店、饭店多集中在莫干山上、县或镇里。裸心新的经营理念和清晰的消费群体定位使其从传统农家乐的"红海"里脱颖而出，倡导无景点健康休闲旅游，推崇"放下一切，裸心自然"；旨在成为高端白领和外国游客的"筑梦天堂"，供都市"归隐者"远离城市喧嚣，客流量未必很大，但产生的经济效益是传统农家乐的数倍。

新技术传播。20世纪90年代以来，互联网、移动互联技术等的普及应用，在线旅游度假市场交易规模增长迅速，2013年、2014年分别较上年度增长42.9%、48.1%，不断重塑传统业务。一般农家乐，网络营销只是零敲碎打，通过网络平台发布广告，或是依赖网络在线度假旅游厂商携程、同城、途牛、驴妈妈等进行销售。而裸心，主要通过自身官网和电话预订，从宣传、交流到预订、点评都可以在网上进行，营销不依赖渠道，直接针对目标客户，并且非常擅长在微博、微信等自媒体传播，图文并茂地展示裸心住宿、餐饮和活动项目特色，传递健康时尚的休闲观。

(二) 制度环境

规制性约束。我国民宿业自其诞生起便面临拿不到"准生证"的尴尬，缺乏正式的民宿产业政策、规章标准，丽江古城、厦门鼓浪屿乃至全国各地的民宿客栈，多见"裸奔"。核心点之一就是经营用地的合法性问题，民宿利用的是乡村屋舍，宅基地属于集体，农房产权不明晰，并且乡村屋舍多是土木结构，消防也过不了关。裸心在初创时，即裸心乡也是无"四证一照"，开不了正式发票，刷不了POS机。但好在裸心的生态经营与德清县生态建设目标及生态休闲度假区规划是一致的,德清县委书记大胆进行以"确权赋能"为核心的农村产权制度改革。

规范性约束。民宿的消防隐患、餐饮安全、生活污水、公共设施落后等诸多问题屡屡曝光,"挂羊头卖狗肉"、价低服务差、欺客宰客也时有发生,这样导致顾客投诉多,员工难招,供应商也多不信任,同行之间拆台挖脚、恶意竞争。裸心也曾遭遇人难招、车难停、村民质疑等问题。裸心采取了行之有效的策略,建筑上裸心乡在保持泥房子外观的前提下融进美学设计,裸心谷依照国际LEED绿色建筑铂金级认证标准建造,建设、设计、环保上获得一系列国内外专业机构认证;争取关键利益相关者即政府的支持,联系对口的旅游职业学院,新建异国风情观光线,新增停车位,铺设污水管网等。

认知性约束。民宿行业的良莠不齐,经过媒体放大,导致传统民宿一定程度上成了"脏乱差"的代名词,加之游客行为与当地民俗的冲突,社区与媒体接受度有限。裸心乡老外袒胸露背晒太阳曾被视为有伤风化,大量游客的到来引发村民对饮用水水源水质的担忧。裸心努力使裸心理念与莫干山历史人文、乡土文化相契合,制定裸心公约,要求对垃圾实行分类,不在客房吸烟,尊重当地居民生活方式,游客登记入住时被告知节约用水用电。媒体宣传上,遍邀世界级媒体共商民宿发展之策。裸心还对污水进行净化,有效化解了游客与村民之间的矛盾。

(三) 个体

企业家变革能力。民宿制度的不明朗,使大多数民宿的经营者面临市场环境与制度环境的双重不确定性,企业家的制度能力与战略能力显得同等重要。普通的民宿经营者,更多地关注战略的认知、决策与执行,以及诸如公司治理、职能管理等内部制度创新,而战略变革能力、外部制度能力较弱。裸心创始人高天成具有敏锐的识别环境变化能力,意识到旅游自由行、自驾游、散客化渐成主流,乡村高端民宿发展机会巨大,故主动变革,积极谋求地方政府支持,制定"裸心公约",建构"裸心"竞争性话语,赋予"可持续发展的自然奢华"以全新内涵,建造了人与自然和谐相处的裸心圣地,并且促进了德清整个乡村地区生态旅游发展。高天成先生也因此获得湖州市政府颁发的"环保大使奖"和德清县委颁发的旅游特殊贡献奖。

高层管理团队(Top Management Team,TMT)结构效应。民宿这一新兴行业最缺乏的就是人才,传统民宿多无团队的概念,夫妻店或一家人经营的比较多,但这种依托血缘关系或地缘关系建立起来的非正式意义的团队、背景、经验、技能表现出太多的同质性，虽然可以减少内部决策过程损耗，但不利于在白热化的竞争中脱颖而出。裸心创业团队中合伙人的年龄、教育专业背景、职业经验、职权结构等异质性较大，譬如集团总裁有IT和MBA教育专业背景、有10年的商业经营及运作经验，裸心总设计者和建筑师是哈佛大学建筑学博士、担当过许多高端项目的规划设计，集团首席运营官拥有超过13年的企业财务及地产开发经验，集团常务董事有超过15年的高端活动和公共关系管理经验，集团总经理在处理政府关系与当地事务上有丰富的经验，销售总监专注营销战略和中国商业文化。整个团队和外部环境的配合度高，具有很好的结构效应，在民宿激烈的竞争环境中表现出更高的效率和绩效。

（四）组织

战略动机与行为。战略分析与选择是民宿商业模式创新的前提条件与逻辑起点，表现为商业模式的价值主张。普通民宿多属于跟随性的生存型创业，没有鲜明的价值主张。裸心创业之初，就倡导生态自然的"裸"理念，主张天然、低碳、乡村文化与族裔文化的融合。战略分析决定了裸心是否进入民宿产业，以及如何发展民宿产业，由此带来相应的行为，如裸心乡的生态改造、裸心谷依照最为严苛的LEED铂金认证标准来建造。

企业资源与能力。新兴企业往往是以某种形式的资源和能力开始创业。企业资源不仅可以取法于内，而且可以取法于外。能力则是提高、重组或变革资源所需的才能和知识。乡村民宿多能结合当地人文、自然景观和乡村资源进行设计改造，但设计较粗糙、文化主题不突出，竞争能力不强。裸心设计注重乡土文化与外国族裔文化的融合，建造中将乡村废旧物品变废为宝，使得自然纯朴与品质相得益彰。裸心运营中多雇用当地村民，利用当地资源，使用当地物产，并成立专门的政府关系部门，研究政府政策，争取政府的认可与支持，从而获得更多的资源，也扩展了裸心的成长能力，裸心乡、裸心谷、裸心堡等系列发展，资源动员、业绩提升、规模扩张显著高于其他民宿。

二　新兴企业商业模式创新的结构性失衡及提升路径

新兴企业商业模式创新是克服市场压力和制度约束的过程，是作用于交易属性维和制度属性维的过程，是新兴企业获取交易竞争优势和跨越合法性门槛的成长过程，也是新兴企业从古典市场经济向现代市场经济转型的微观作用过程。低成长企业如何能够突破市场压力和制度约束，探寻向高成长企业的转型路径？可以从新兴企业商业模式创新的结构性失衡入手

(详见图3-4)。

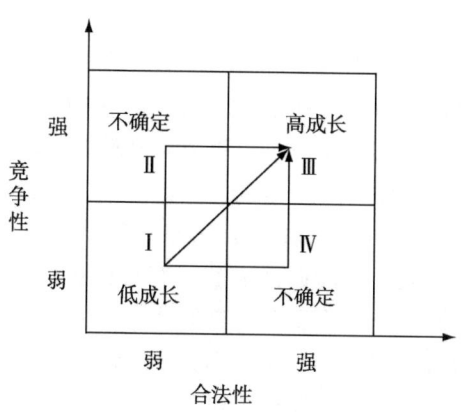

图3-4 新兴企业商业模式创新的结构性失衡及提升路径

资料来源：笔者绘制。

(一)"先竞争性，后合法性"路径

这条路径如图3-4中的"Ⅰ→Ⅱ→Ⅲ"所示，即低成长企业进行商业模式创新应首先增强交易竞争性，然后增强组织合法性，转向高成长企业。"Ⅰ"代表竞争性、合法性均弱，企业成长绩效低，面临市场劣势，产品或服务接受度低；"Ⅱ"表示竞争性强、合法性弱，成长绩效不确定，新兴企业可能获得成长机会、先动优势和"熊彼特租"，但由于合法性的欠缺而难以长久维持；"Ⅲ"表明竞争性与合法性均强的新兴企业成长绩效高，竞争性强，获取超额利润的机会大，合法性强可以进一步促进价值实现。"Ⅰ→Ⅱ→Ⅲ"路径侧重商业模式创新的交易属性维，强调市场竞争导向的经济原则，突出商业模式NICE交易属性创新，挖掘潜在的市场机会，着眼在位企业忽视或难于模仿的资源或能力建设。这种新兴企业商业模式创新的结构性失衡，可以通过后期积极克服企业成长中的规制、规范与认知约束，增强组织合法性，建立相关的制度规则体系来纠偏，从而转向高成长企业。

(二)"先合法性，后竞争性"路径

这条路径如图3-4中的"Ⅰ→Ⅳ→Ⅲ"路径所示，即低成长企业进行商业模式创新，先增强合法性，后增强竞争性，继而转向高成长。"Ⅳ"表示合法性强、竞争性弱，企业成长绩效不确定，合法性可能为企业带来一致性和可信性，但竞争性不足并不必然能获得企业成长中所需的关键资源。"Ⅰ→Ⅳ→Ⅲ"路径侧重商业模式创新的制度属性维，充分注意了社会结构、制度环境因素作为规范原则对新兴企业成长的影响,强调商业模式创新过程中合法化策略的运用,避免产品或服务引起的激烈竞争,迎合利益相关者对组织的社会规范预期。这种新兴企业商业模式创新的结构性失衡,可以通过提升商业模式创新的 NICE 属性,更好地响应市场,满足顾客需求来纠偏,逐渐回归到企业追求的高速成长轨道。

(三)"竞争性与合法性并举"路径

这条路径如图 3-4 中的"Ⅰ→Ⅲ"路径所示,即企业同时注重增强交易竞争性和组织合法性,转向高成长。新兴企业商业模式创新的 NICE 属性提升,最终反映在产品或服务的竞争性上,企业面临更广阔的市场机会与先动优势潜力,但创新者往往面临更多的合法性问题,合法性与竞争性并举,创新者可以向顾客、政府等利益相关者传递企业产品或服务的可靠性和规范性信息,消除顾客顾虑,争取政府的支持,从而在将产品或服务的竞争性转换为竞争优势的同时,也能将交易活动的制度规则体系理论化,使新兴企业获得更大的成长空间。

第五节 本章小结

本章采用探索性案例研究方法,从静态与动态视角探析了中国新兴经济情境下商业模式创新交易属性、制度属性如何作用于新兴企业成长,涌现出了竞争性、合法性、适配与互撑 4 个机制,并相应地提出了 4 个命题,在此基础上提炼出了商业模式创新双重属性的整合框架(参见图 3-5)。

本章得到如下 3 个主要结论:

首先,商业模式创新的交易属性与制度属性共同内驱了新兴企业成长,交易属性通过增强竞争性的交易优势促进企业成长,制度属性借助合法性获取以保障交易的可持续。商业模式创新的 NICE 交易属性是显性的,通过作用商业模式创新的维度或组成要素,助力新兴企业进行交易创新,快速响应市场,获得交易性竞争优势。商业模式创新的 C'S 制度属性则是隐性的,是"硬币的阴面",内蕴于组织合法化策略,如话语策略、理论化策略、社会网络策略和文化策略,通过认知、规范和规制合法性的获取增强交易活动的制度优势,借以促进新兴企业可持续发展。故而,交易活动体系决定组织的盈利模式,是制度规则体系的经济基础,制度规则体系有利于获取合法性,有助于战略资源的获取,减少交易中的风险和不

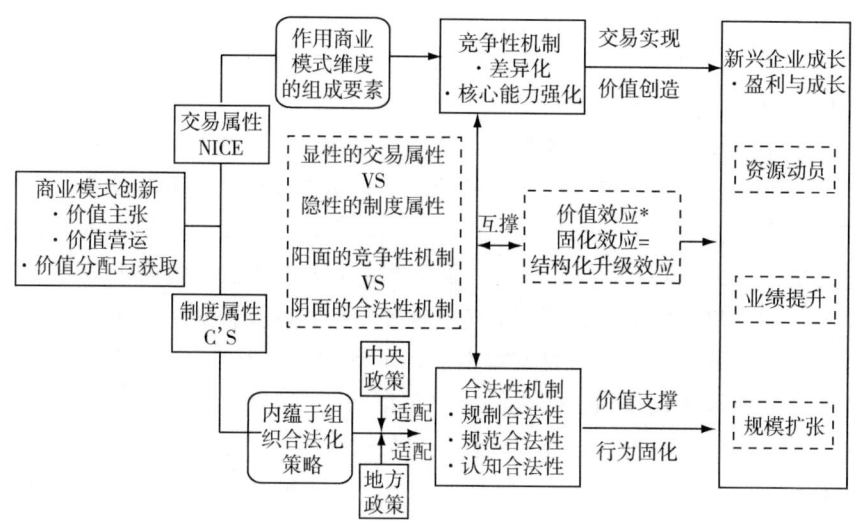

图 3-5　基于双重属性内驱的商业模式创新对新兴企业成长的作用机制

确定性,两者相互作用,共创价值。

其次,商业模式形成与扩散的过程中,商业模式创新与政策导向的有效匹配是新兴企业适应动态环境、获取组织合法性的关键路径。与中央或地方政策导向的动态匹配,强化了商业模式价值主张、市场营运、网络构建与政策因素的联结,增强组织内、外部一致性以及动态适应的可持续性,从而有助于克服制度障碍。新兴企业商业模式创新,是一个集经济、政治、文化于一体的复杂创业活动,面对高资源约束和高不确定性,社会化的制度结构要求企业充分关注外部制度环境中的相关政策。Narayanan 等(2011)认为组织因素与政策因素的交互作用,有助于新兴企业进行意义建构,逐步在商业活动中稳固自己的商业逻辑。本章中裸心的"无景点生态休闲"、"裸心公约"的倡导,就高度吻合了中国美丽乡村建设、德清生态县的发展目标。因此,政策导向某种程度上可以作为商业模式创新战略分析与选择的前提条件与逻辑起点。

最后,交易属性与制度属性的互撑、竞争性与合法性机制的互撑,产生"结构塑造效应",推动组织快速进阶。在新兴企业的成长过程中,商业模式创新双重属性及其机制的互撑,有助于创新性交易活动体系的理论化、制度化,增强交易的竞争优势与制度优势,促进结构塑造,推动组织纵向升级。商业模式创新的价值创造活动得益于双重互撑下的几何级效应,交易属性的价值效应增进了新的交易活动体系,制度属性的固化效应提高了交易的确定性与稳定性，互撑机制的引入极大地拓展了资源边界、能力边界与治理边界，产生网络效应，提升价值创造空间，在释放经济价值的同时突破制度障碍。

本章主要包括两方面的理论贡献。一方面，从学理上澄清商业模式的本质与属性，揭示了商业模式交易创新双重属性作用新兴企业成长的内在机理。商业模式的交易属性与制度属性是商业模式现象背后的本质，是普适性的"第一性原理"，它们才是商业模式价值创造活动的内驱动力。双重属性动力机制的清晰，可以避免就商业模式论商业模式，避免从变化本身去重复归纳，拨开事物表象看本质。本章对双重属性动力机制的提炼，打开了商业模式创新到企业成长的"黑箱"，同时为商业模式研究提供了更加完整的理论视野，弥补了以往的研究过于聚焦 NICE 交易属性的不足（Amit & Zott，2001；江积海、蔡春花，2016），同时也回应了杨俊等（2018）对商业模式双重属性机理研究的展望。

另一方面，案例分析涌现出了政策导向的适配机制，拓展了创新型企业的合法性获取机制。在裸心的调研过程中，裸心高管多次强调的就是"政府懂我们，我们也懂政府"，其背后就是政策导向的动态适配机制在发挥作用。新兴经济下，企业商业模式创新的价值主张与中央或地方政策导向的契合显得尤为重要，政策导向为企业商业模式创新提供了前提条件和逻辑起点。过往的组织合法性研究，过于强调合法性策略和合法化战略，忽略了企业商业模式成长与政策导向的动态适配。

本章的研究结论同样对于创业实践具有较好的指导意义。第一，新兴企业商业模式创新须充分认识交易与制度的双重属性，交易竞争性与制度合法性并举，培育阶段性的"结构化升级效应"。1978 年改革开放以来中国已成为全球最大的新兴经济体，新兴经济兼具保护本能与从欠发达向市场开放过渡的特征，面临动态环境下的制度环境弱性与制度缺陷（Hill & Birkinshawa，2005；Marino et al.，2008）。制度情境是把"双刃剑"，创业者应从"第一性原理"出发，不能仅将其作为制度约束，更应洞察制度真空与制度缺陷背后的创业机会和潜在收益（Snihur & Zott，2015）。商业模式创新兼顾市场导向与架构性范式创新，本质上是"为了引入可盈利商业模式而打破既有游戏规则"（Markides，1998，2008），故应充分认识其交易与制度的双重属性内驱，竞争性与合法性并举，即"Ⅰ→Ⅲ"路径（参见图 3-5），减少企业成长中的不确定性，增进交易竞争性活动的规则化、制度化，释放交易属性价值效应的同时彰显制度属性的固化效应，共同促进新兴企业高速成长，使其完成创意期→初创期→成长期的快速跃迁。

第二，新兴企业商业模式创新须充分重视合法化过程中的政策导向，加强制度互动，使政策的出台有利于商业模式的推广。Tang 和 Tang（2012）认为中国制度环境有其两面性，一方面是市场逐步开放，计划经济向市场经济转型，另一方面是政府主导的计划经济依然深深影响着整个社会经济。这决定了新兴企业商业模式创新过程中须充分认知政策的导向，它能为企业市场创新提供指导和依据，为组织交易活动体系的理论化、制度化提供空间（罗兴武等，2017）。正如 Hargadon 和 Douglas（2001）所指出的，当创新遇上制度，组织应采用稳健性设计，寓一致性、可持续性于兼顾"嵌入"与"能动"的合法化策略，最终获取组织合法性。因此，新兴企业不仅应跟踪、收集与研究相关政策，更应积极与政府互动，使规范与细则的出台有利于企业商业模式的扩散。

第三，政府须充分发挥政策性供给作用，借力企业商业模式创新，进行制度创新，做大市场增量空间。"春江水暖鸭先知"，商业模式作为跨组织边界的交易活动体系，其交易结构与制度结构具有网络的外部性。政府对商业模式外部性的承接，与以"市场在资源配置中的决定性作用"为导向的政府制度创新不谋而合，实践中集中表现在政府的政策性供给作用上。政府作为新兴企业成长中重要的资源拥有者、合法性赋予者，通过政策的供给不仅可以赋能活权，帮助企业突破商业模式创新的制度约束，更可以借此支撑和推动新兴场域、新兴业务的发展，壮大和巩固市场增量空间。

本章采用单案例研究法，虽然充分注意了案例的典型性以及研究的信度与效度，但个案研究存在固有的局限性。未来可以在更多行业、企业，引入大样本定量实证检验本章所提出的命题和理论框架。

第四章 新兴经济情境下的新兴企业商业模式创新:主题设计与量表开发

【本章导读】 商业模式创新是网络经济时代新兴企业快速成长的重要载体,其主题设计作为企业获得持续性竞争优势的价值源泉近年来备受关注。鉴于主题设计须面向社会化制度情境,本章结合中国新兴经济情境,整合商业模式理论与制度理论,概念化开拓性和完善性商业模式创新的主题设计内涵,并在混合研究(文献演绎和访谈归纳)基础上,开发出初始测度量表,而后利用两套独立样本数据分别进行探索性因子分析和验证性因子分析。实证分析结果表明,新兴经济情境下商业模式创新由2个主题维度和16个测项构成,验证了本章提出的主题设计框架,并开发出了信度、效度良好的测度量表。本章较好地弥补了商业模式创新"情境化"的不足,较好地回答了新兴企业如何通过商业模式创新进行能动性制度变革,为商业模式创新和新兴经济情境下企业战略的研究做出了理论贡献,也为指导新兴企业新兴经济情境下通过商业模式创新实现快速成长提供了操作性工具。本章回应了上一章商业模式创新主题维度细化的需求,同时也有助于下一章系统性地提出本书的整体概念模型。

错综复杂的国际金融危机、"三大老红利"(人口红利、土地红利和成本红利)的逐渐消失、网络经济时代的非线性竞争,以及"双创"战略、经济新常态"三期叠加"下的中国情境制度创新,表明中国已进入深度经济转型阶段(金碚,2015),正面临从要素、投资驱动转向创新驱动的新局面。商业模式作为连接技术潜力与经济价值实现的启发式逻辑(Chesbrough & Rosenbloom,2002;Mansour & Barandas,2017),其创新正成为网络经济时代企业转型升级的重要载体和突破口(Ghezzi & Cavallo,2018;Minatogawa et al.,2020;罗珉、李宇亮,2015),是转型期中国新兴企业实现快速赶超的关键所在。

现有商业模式创新可分为创新过程视角和创新结果视角两个流派（Luo et al.，2022）。基于过程视角的商业模式创新聚焦于企业商业模式逐步改变的过程，从商业模式包含的各大要素出发，探究通过搜寻、试验学习、转变等阶段，企业如何逐步完善商业模式（Demil & Lecocq，2010；Bolton & Hannon，2016）。创新结果视角下商业模式创新则聚焦于创新的范围和新颖程度（Foss & Saebi，2017），前者关注要素或者要素间的关系，而后者关注对于企业或者所在行业而言的新颖度。事实上，这两个流派本身并不冲突，将设计的思想融入商业模式（Zott & Amit，2007），可以将商业模式看做由一系列设计要素所组成，而这些要素需要按照一定的主题进行编排和连接（Zott & Amit，2008），商业模式创新的过程和结果均可从这些要素和主题的变化上来体现。商业模式主题的顶层设计，有助于企业获得持续性竞争优势（Amit & Zott，2001）。商业模式设计主题是主导价值创造的驱动器，能够捕获焦点企业与外界利益相关者的交易行为（Zott & Amit，2008），映射设计过程的倾向性及其情境改造的偏好（Hargadon & Douglas，2001；Chester et al.，2019）。

然而，作为复杂的创业活动，商业模式创新嵌入特定的社会情境（social context）和制度环境（institutional setting）中（Luo et al.，2022；Chester et al.，2019），需要创新交易活动，更要面对社会化的制度结构，西方情境的商业模式量表并不完全适用于中国情境，中国学者对新兴经济情境下的商业模式创新活动也关注不够。在政府政策等正式制度缺失的条件下，"草根"创业者们自发地发展出交易规范和网络，中国自下而上的制度变革与市场化转型，创造了中国经济奇迹（倪志伟等，2016）。事实上，新兴经济所带来的巨大制度变迁不仅影响成熟场域利益相关者间的互动作用，而且影响新兴场域生成和演化（Droege & Johnson，2007），集中表现在市场中制度真空与制度缺陷的存在（Luo et al.，2022；Wu et al.，2019）。在这种情境下，一方面，企业利用交易制度的真空期，通过开拓性商业模式创新进行创业，可以给企业带来巨大利好，譬如，阿里巴巴因成功开创B2B电商而成为新经济的领军企业、滴滴因网约车模式的开启成为当之无愧的独角兽、裸心因"洋家乐"这一非正式酒店形态而蜚声海外。另一方面，通过完善性商业模式创新，可以减少制度不完备带来的不确定性，也能为企业赢得很好的盈利机会，例如，京东加强自营和物流的建设使其从电商企业的竞争中脱颖而出、比亚迪扩充电池优势从汽车红海中突围、韩都衣舍累积供应链柔性成功实现后来者居上。

因此，中国新兴经济情境下的商业模式创新与西方情境有显著不同（Wu et al., 2019；蔡莉、单标安，2013；魏江等，2014），鉴于商业模式主题是具体情境的产物（Zott & Amit, 2008），十分有必要对中国情境下商业模式创新进行主题设计，并将操作或观测嵌入一个特定的情境中，使其测量更加有意义和有效（Tsui, 2006；Jia et al., 2012；Luo et al., 2022）。基于中国独特情境，聚焦于新兴经济下中国新兴企业如何通过商业模式创新变革交易制度，本书将首先挖掘商业模式的交易与制度属性，分析中国新兴经济情境对新兴企业商业模式创新的影响，提炼出开拓性与完善性商业模式创新的主题设计内涵，接着通过初始化量表、量表提纯、量表验证三个阶段的研究来开发新兴经济情境下商业模式的创新测度量表。借此，"情境化"商业模式创新这个构念，为中国新兴企业通过商业模式创新实现快速赶超提供理论支持与实践启示。

第一节　新兴经济情境下商业模式创新的理论框架构建

商业模式设计包括设计要素和设计主题两层结构。商业模式要素是构件，商业模式主题则是界定对构件进行串联、编排而形成的系统结构的特征，描绘商业模式中主要的价值创造来源、驱动和效应，是商业模式本质内容的形象反映（Zott & Amit, 2007；Zott & Amit, 2008）。

一　商业模式的要素及其属性

进入21世纪，得益于消费者需求变化、网络技术进步、知识经济崛起，商业模式的学术研究呈现了非线性增长。但对于何谓商业模式并没有形成统一的定论，代表性的观点有：逻辑说，即商业模式是关于企业如何创造价值的总体逻辑（Teece, 2010）；故事说，即商业模式是关于制造和产品创新的新故事（Magretta, 2002）；机器说，即商业模式就像汽车一样是将能量转化为任务执行的机械装置（Masanell & Ricart, 2010）；关系说，即商业模式是跨企业边界的交易关系治理（Zott & Amit, 2008）；财务说，即商业模式是生产收入、获取利润的盈利模式。但这些抽象的概念无法支持商业模式主题设计活动的开展。

本书前期采用扎根理论，对2001—2014年管理学界公认的 *AMJ*、*AMR*、*ASQ* 等8个外文顶级期刊与 *CMR*、*HBR*、*LRP*、*MSM* 4个管理咨询界著名期刊的商业模式文献进行编码和提炼。我们通过文献搜索，首先获取了

156篇商业模式文献；其次，根据摘要内容，剔除与商业模式不直接相关的文献，结余88篇文献；最后，根据价值创造的主题视角，筛选出29篇涉及假设、命题或推论及未来研究方向的商业模式文献，据此扎根编码。研究发现"价值"是界定商业模式概念的核心要素，并得出POAA价值创造模型是商业模式的核心逻辑（项国鹏等，2014；项国鹏、罗兴武，2015）。"P"代表价值主张（value proposition）、"O"代表价值营运（value operation）、"AA"代表价值分配与获取（value appropriation and acquisition）。每个维度下包含了若干要素，其中，顾客价值出现37次、市场定位出现10次、价值网络出现16次、资源禀赋出现14次、关键活动出现16次、收入模式出现42次、成本结构出现19次，高于其他要素在所属维度出现的频次。编码过程如表4-1所示。

表4-1 基于POAA价值创造模型的商业模式构成要素编码提炼　　单位：个

初级编码	聚焦编码	聚焦编码数量	所属维度	编码数量
用户、目标顾客、顾客关系、细分顾客、客户信息、洞察需求、产品和服务、客户接口、客户知识管理、价值内容、价值体现、价值曲线、传递利益、管道、顾客价值、利益板块规则、为顾客提供优质的消费体验	顾客价值	37	价值主张	58
市场、细分市场、市场机会、分销管道、价值主张定位、定位板块规则、价值网络定位、竞争定位	市场定位	10		
战略联盟或扩张、竞争战略、战略目标、愿景、使命、专业化还是多元化	竞争战略	8		
外部要素、利益相关者、法律义务	外部要素	3		
价值结构、价值网络、价值网络定位、伙伴网络、内部价值链、外部价值链、价值链、传递价值、潜在的经济价值	价值网络	16	价值营运	60
资源板块规则、关键资源、企业运营资源、资源/资产、互补资源、战略资源、资源利用速度、资源模式	资源禀赋	14		
关键活动、互补活动、程序/活动、流程/运营活动、关键过程、治理、关键业务、管理要素、关键成功因素、技术要素	关键活动	16		
内部结构、内部要素、产出/提供物、组织结构、组织	内部结构	8		
核心能力、能力、本地能力	核心能力	6		

续表

初级编码	聚焦编码	聚焦编码数量	所属维度	编码数量
收入模式、收入来源、收入板块规则、盈利模式、收入驱动或定价方法、销售量或边际产品价格、如何溢价、销售收入、收入流、销售方式、利润模型、财务方面、利润、利润屏障、社会利润、环境利润、利润潜力、利润分成	收入模式	42	价值分配和获取	63
成本结构、成本管理、成本、动用的资本	成本结构	19		
信息传递、产品和服务的交付	交互服务	2		

资料来源：本书编码提炼。

由于关键活动和其他要素不在同一相关高度上，我们加以剔除，而保留了顾客价值、市场定位、价值网络、资源禀赋、成本结构与收入模式6个要素，这6个要素可以很好地回答"顾客是谁"、"企业能为顾客提供什么价值"、"企业如何创造价值"等几个商业模式要解决的关键问题（Magretta，2002；Morris et al.，2005；Yunus et al.，2010；Luo et al.，2022）。

此外，我们还发现，企业商业模式创新的价值创造活动，除了交易属性动因，还隐含了制度属性动因（如表4-2所示）。商业模式有着特定化的规则体系，对价值主张、价值营运、价值分配与获取产生形塑作用，影响业务发展的可预见性。譬如，在创业实践中，企业创业板IPO被要求在招股说明书中披露企业的商业模式；在吸纳风险资本（venture capital，VC）时，企业商业模式是风投公司做出投资的重要依据。缘起就在于，商业模式不是简单的要素拼图，也不是多个功能的堆砌，而是整体化、系统化的架构。

表4-2　　　　　　商业模式的交易属性与制度属性

分类\维度	交易属性	制度属性
表征	交易活动体系	制度规则体系
性质	新颖性、锁定性、互补性、效率性	一致性、可持续性
效应	交易实现与价值创造	价值支撑与意义给赋
动因	以商业模式创新释放经济价值	以商业模式创新克服制度障碍
载体	业务经营与交易创新	意义制造与制度创新
目的	连接活动，获取竞争优势	建构意义，获取合法性

资料来源：笔者整理。

交易属性视角下，商业模式是企业价值创造、传递和获取机制的设计和架构（Teece，2010），是信息技术情境下的系统性运营活动（Wei et al.，2014；Mansour & Barandas，2017），是企业关键业务流程及其连接的整体性描述（Zott & Amit，2008）。商业模式创新是商业模式研究的根本目的，代表组织创新新颖的、更为整体的形式（Foss & Saebi，2017），着眼于在位企业忽视或市场难于模仿的资源和能力，以获得企业应对市场变化的交易竞争优势。新兴企业商业模式创新通过"NICE"模型，创新业务经营与连接活动的载体，以新颖性进行"创造性破坏"的熊彼特创新，以锁定性稳定组织间的战略网络，以互补性锚定合作性资源，以效率性降低企业间交换的成本，识别、增强、优化交易活动，使企业资源和能力异质化，释放经济价值（Zott & Amit，2008；Zott & Amit，2010）。

制度属性视角下，商业模式是一个基于规则的"蓄利"容器（Miller et al.，2014；李东等，2010），是跨边界的交易活动治理（Snihur & Zott，2015），是整合利益相关者关系获取超额利润的结构体系以及制度安排的集合（Chen et al.，2018；罗珉、李宇亮，2015）。新兴企业的商业模式是创业者与其交易伙伴进行意义建构（sensemaking）和意义给赋（sensegiving）的结果（Battistella et al.，2012）。商业模式创新作为组织变革的过程，是新兴企业采用新方法建构新边界的交易治理实验（Cavalcante，2014），旨在克服制度障碍，建构意义，构建新的交易规则体系（Verganti & Öberg，2013）。利益相关者的行为受企业商业模式背后的规则影响，这些规则的存在，使得商业模式创新活动获得利益相关者的信任，提高业务发展的预见性，使企业的价值创造和价值获取可以重复、持续，产生结构塑造效应（Miller et al.，2014；李东等，2010），为企业带来一致性（内、外部匹配性）（Aspara，2010）和可持续性（动态适应性）（Casadesus-Masanell & Ricart，2011），获取合法性，使新的商业模式架构产生较强的价值固化效应。

显然，综合交易属性视角和制度属性视角，嵌入既定社会环境中的商业模式创新成功与否，不仅在于交易活动体系能否获取绩效竞争优势，还取决于其交易规则体系的制度优势能否彰显（Luo et al.，2022）。因此，本书认为商业模式是为了满足客户价值主张而进行价值创造的概念化模式，是描述价值主张、价值营运、价值分配与获取等活动连接的架构；商业模式创新则是企业通过改变价值创造与获取的逻辑，建构新的交易与制度结构进行价值创造的过程。

二 商业模式主题与创新程度

(一) 商业模式主题

商业模式主题是主导价值创造的驱动器 (Amit & Zott, 2001), 通过架构商业模式要素,不仅回答企业"赚钱的方式",而且借此激励利益相关者传递组织价值主张 (Battistella et al., 2012)。国内外关于商业模式主题的回顾 (参见表 4 – 3), 表明商业模式主题是具体市场情境的产物 (Zott & Amit, 2007, 2008)。不同的国情、不同的创业情境、不同的研究视角都需要不同的商业模式主题来表达,商业模式设计主题是对企业与利益相关者联系及交换细节的描绘,是从整体上界定商业模式要素相互结合而形成的系统构型的特征 (Zott & Amit, 2010)。选择设计主题不仅是因为其能够捕捉焦点企业与利益相关者的交易行为,并描绘商业模式的整体形态,而且使商业模式可以更加概念化地表达和测量 (Zott & Amit, 2008)。商业模式主题的测量往往基于架构理论,能更好地考虑整体的结构、形态与设计要素 (Miles & Snow, 1978)。商业模式架构一定程度上可以被定义为商业模式要素被一个或几个单一的主题连接、编排起来的结构 (Miller, 1996)。下面, 我们对代表性学者的商业模式主题观点进行总结,并分析其理论贡献及局限。

表 4 – 3　　　　代表性学者关于商业模式主题设计的观点总结

代表性学者	主题构成	理论贡献	理论局限
Amit & Zott (2001) Zott & Amit (2007, 2008)	新颖性 效率性 互补性 锁定性	商业模式是描绘企业交易内容、结构与治理的架构设计。"NICE" 主题, 为商业模式主题研究奠基。"NICE" 4 个主题是依据价值创造来源设计的, 效率性侧重降低交易成本, 新颖性侧重熊彼特创新、互补性强调锚定资源基础、锁定性则强调稳固战略网络	数据样本和数据检验均来自欧美企业; 作者仅对新颖性和效率性进行了量表开发
Teece (2006)	授权导向 整合导向	主导性设计与独占性机制、互补性资产是 PFI 框架的重要组成部分。作者根据企业执行活动系统边界的不同, 提出授权导向和整合导向两个主题商业模式。授权导向指专注研发, 将研发成果授权合作企业; 整合导向则是指整合互补资产进行共同专业化	针对的是欧美技术企业; 侧重于将商业模式设计视作技术变现的手段
崔楠和江彦若 (2013)	市场驱动型 驱动市场型	基于市场导向理论, 依据商业模式设计的思维结构和行为模式, 提出驱动市场型商业模式和市场驱动型商业模式, 以回答企业是主动还是被动地参与市场	强调了商业模式应以外部市场为导向, 忽略了商业模式的制度建构属性

续表

代表性学者	主题构成	理论贡献	理论局限
程愚等 (2012)	技术主题 方法主题	技术主题和方法主题两个商业模式是针对中国企业在全球竞争中处于落后状态而提出来的。技术主题模式以摆脱生产技术劣势为宗旨；方法主题模式则是以摆脱经营方法落后为宗旨	强调了营运效应，却将生产技术主题与经营方法主题对立起来了
Osiyevskyy & Dewald (2015)	探索式 利用式	站在在位企业的角度，思考如何应对新兴公司的破坏性创新，认为威胁和机会的感知是变革的主要驱动力，提出了探索式和利用式商业模式变革两种适应性战略。探索式变革是指采纳新方法，改变原有惯例；利用式变革是指渐进式创新，整合或分拆原有组织	数据样本来自加拿大房地产中介；没有对探索式和利用式商业模式变革进行量表开发，用中介公司费用方面的代理指标进行测量
Saebi & Foss (2015)	封闭式 开放式	在开放式创新战略下提出封闭式和开放式商业模式创新，封闭式聚焦单个企业和财务资源，创新认知局限于企业内部；开放式聚集多重实体，创新认知跨越企业边界	未能开发量表；强调了商业模式交易的价值属性，忽略了商业模式制度属性的支撑
Nyangon & Byrne (2018)	单中心 多中心	在电力公司整合新技术和分布式能源资源谋求转型的情境下，提出单中心与多中心商业模式创新。单中心是政府规制的、垂直整合的、纯资产和商品驱动价值创造的创新；多中心是电力现代化、多中心治理的、依靠增值和服务驱动价值创造的创新	未能开发量表；强调了价值网络的作用，忽略了商业模式的制度属性

资料来源：笔者整理。

在 Miller（1996）的研究中，他将创新和效率作为不确定环境下串联、连接商业模式要素的主题，但未进行量表开发。Amit 和 Zott（2001）在回顾熊彼特创新、交易成本、战略网络、企业资源观等理论的基础上，通过对欧美59家电商企业的案例研究，提出交易活动的"NICE"主题，即新颖（novelty）、锁定（lock-in）、互补（complementarity）和效率（efficiency），标志着首次正式地将主题概念应用于商业模式研究，为"商业模式设计"研究奠基。尽管有锁定（稳固战略网络）、互补（锚定资源基础）主题存在，Zott 和 Amit（2007）仍遵循了 Miller（1996）的研究，聚焦于跨组织边界的商业模式活动的"商业模式设计"，利用190家欧美上市企业的数据，选择新颖（熊彼特创新）和效率（降低交易成本）主题进行理论建立、量表开发，并检验了它们对新兴企业绩效的影响。Zott 和 Amit（2008）进一步实证研究商业模式与产品市场战略的匹配对企业绩效的影响，研究发现新颖性商业模式与产品市场的差异化战略、成本领先战略、早期市场进入战略的匹配能显著提升企业绩效，商业模式与产品市场战略是互补关系，而不是替代关系。但是，不难发现 Amit 和 Zott（2001）虽然提出来新颖、锁定、互补和效率 4 个研究主题，但 Zott 和 Amit（2007）、Zott 和 Amit（2008）也仅对新颖和效率进行了量表开发，并主要是基于欧美上市企业的研究，数据样本和数据检验均来自欧美企业。

Teece（2006）针对技术类新兴企业，根据企业执行活动系统的边界不同，设计了授权导向和整合导向 2 个主题商业模式。授权导向商业模式是指技术新兴企业专注研发，然后授权给相关合作企业进行技术的产品化及产品的销售，自身通过技术许可费或技术咨询费获得收益，这样做的好处是企业可以轻资产、高效率地运作。整合导向商业模式则是指技术新兴企业掌控技术开发和技术商业化所必需的互补性资产，业务覆盖技术研发、专业化制造、市场营销的全供应链，为客户提供一体化解决方案，这样可以更好地协调、控制整个链条，赚足每个链节中的利润。李炎玮等（2013）进一步指出，在技术交易市场非常有效的情况下适合采用授权导向商业模式，否则，技术新兴企业应采用整合导向商业模式。后士香和王翔（2014）通过对江苏省 200 家典型双创企业的实证研究，发现技术新兴企业独占能力越强，越适合采用授权导向商业模式，反之则宜采用整合导向商业模式。

崔楠和江彦若（2013）观察到由于企业对外部市场的认知不同，开展业务活动的方式也会有所不同，基于市场导向理论，依据商业模式设计的思维结构和行为模式，提出了驱动市场型商业模式和市场驱动型商业模式，以更好地回答企业是主动还是被动地参与市场。驱动市场型商业模式强调通过突破性创新来构建新的市场结构和交易体系；市场驱动型商业模式则强调对市场的快速反应，采用创新手段优化或改良现有的市场结构和交易体系。可是，崔楠和江彦若（2013）虽然强调了商业模式应以外部市场为导向，但忽略了商业模式的制度建构属性。

程愚等（2012）针对中国企业在全球化竞争中呈现技术劣势、产业低度化问题，开始强调技术创新和经营方法创新，设计了以摆脱生产技术劣势为宗旨的技术主题模式和以摆脱经营方法落后为宗旨的方法主题模式。技术创新主题的商业模式强调以技术研究为中心，重视专利保护，以及技术研发对企业经济效益的关键作用。经营方法创新主题的商业模式则强调企业提供的是产品、服务或信息的新组合，经营中引入了新的利益相关者，并以新的交往方式连接利益相关者。

Osiyevskyy 和 Dewald（2015）为应对新兴企业的破坏性创新，通过对加拿大房地产中介的调研，提出了探索式和利用式商业模式变革两种适应性战略，用中介公司费用方面的代理指标进行测量。站在在位企业的角度，思考如何应对新兴企业的破坏性创新，认为威胁和机会的感知是变革的主要驱动力，提出了探索式和利用式商业模式变革两种适应性战略。探索式变革是指采纳新方法，改变原有惯例；利用式变革是指渐进式创新，整合或分拆原有组织。但是，Osiyevskyy 和 Dewald（2015）并没有对探索式和利用式商业模式变革进行量表开发。

Saebi 和 Foss（2015）在开放式创新战略背景下，提出封闭式和开放式商业模式创新，认为不同的创新策略会获得不同程度的收益，企业的商业模式应与开放战略相适应。封闭式商业模式创新聚焦单个企业和财务资源，创新认知局限于企业内部；开放式商业模式创新聚焦多重实体，创新认知跨越企业边界。可是，Saebi 和 Foss（2015）未能开发量表，虽然强调了商业模式交易的价值属性，但忽略了商业模式制度属性的支撑。

Nyangon 和 Byrne（2018）在电力公司整合新技术和分布式能源资源谋求转型的情境下，提出单中心与多中心商业模式创新，能源组合多样化和客户选择多样化是理解单中心向多中心这种转变的关键驱动因素，多中心网络商业模式创新有利于建立更强的竞争力和比较优势，以满足日益增长的电力需求服务和实用的战略目标。单中心是政府规制的、垂直整合的，纯资产和商品驱动价值创造的创新；多中心是电力现代化、多中心治理的，依靠增值和服务驱动价值创造的创新。但是，Nyangon 和 Byrne（2018）也未能开发量表，虽然强调了价值网络的作用，但忽略了商业模式的制度属性。

目前，BMI 主题设计的研究尚处于起步阶段，多脱胎于成熟制度环境下的西方实践，强调商业模式的交易属性。Amit 和 Zott（2001）首次提出"NICE"主题，奠基了 BMI 设计的研究，并利用 190 家欧美企业数据开发了新颖性和效率性主题量表（Zott & Amit，2007）。Osiyevskyy 和 Dewald（2015）通过对加拿大房地产中介的调研，站在在位企业应对破坏性创新的角度，提出了探索式和利用式商业模式变革，但未进行量表开发。Nyangon 和 Byrne（2018）、程愚等（2012）、崔楠和江彦若（2013）等，沿承了 Zott 和 Amit（2007，2008）的研究，过于强调交易活动创新，而忽略了商业模式主题设计本身也是一个制度意义建构过程（Verganti & Öberg，2013）。因此，鉴于 BMI 主题设计需面对社会化的制度结构（Hargadon & Douglas，2001），有必要对新兴经济情境下新兴民企商业模式创新主题设计展开深入研究（Luo et al.，2022）。本章将整合商业模式理论与制度理论，聚焦新兴经济情境下制度情境对新兴民营企业主题商业模式设计的作用，在此基础上进行概念化和量表开发。

（二）商业模式的创新程度

不同资源禀赋、不同能力类型、不同战略思考的企业实施商业模式创新的程度大相径庭，目前对这方面的研究还处在理论指导层面。Linder 和 Cantrell（2000）把商业模式创新分为挖掘型、调整型、扩展型和全新型：挖掘型强调挖掘企业现有商业模式的潜力，调整型则指通过产品（或服务）平台、品牌、成本结构和技术基础的改变来调整企业的核心竞争能力，扩展型则把现有商业逻辑复制扩展到新的商业领域，全新型则要引入全新的商业逻辑。Osterwalder 等（2005）在案例分析的基础上，把商业模式创新分为存量型、增量型和全新型三种，对于继续获得新的资源、能力或销售渠道的企业应采取存量型商业模式创新，对于某些方面有些滞后的企业则相应地增加新的要素进行增量型商业模式创新，对于拥有新技术并存在商业机会的企业则应进行全新型商业模式创新。原磊（2007）基于对变革路径的探究，进一步将商业模式创新细分为完善型、调整型、改变型和重构型，并分别适用于不同的环境动态性和产业生命周期，完善型适合相对成熟、相对稳定的经营环境，调整型适合趋于定型但尚未完全定型的环境，改变型则由于供应或分销网络不稳定需要对商业模式核心逻辑进行较大幅度改变，重构型则是一种最激进的商业模式变革，适用于激烈动荡、非线性变化的经营环境。Mahadevan（2004）则在商业模式创新程度的考虑上加入了可持续性，把企业分为当前领导者、趋势创造者、新进入者、模仿者和跟随者，重点讨论了前三者如何采取不同程度的商业模式创新，他认为当前领导者应进行妨碍性商业模式创新以提高客户的转换成本，趋势创造者应突出自己模式的创新性以持续获取收益，新进入者应进行"战争式"创新宣扬自己的价值主张。借鉴原磊（2008）的分类思想，对上述学者的观点进行化繁为简的总结，我们发现，商业模式创新程度可以归纳为完善和开拓两类，完善侧重对现有商业模式的调整、优化，开拓则强调重构原有商业模式或新建一个崭新的商业模式。

新兴经济背景下商业模式创新程度的主题设计还需要考虑"中间制度"（meso-institution）环境下企业的合法化策略。市场和制度是影响中国社会经济的双重力量，忽略任何一方都无法解释中国新兴经济情境下独特的企业创业环境（蔡莉等，2011）。经济转型背景下，中国经济体制从计划转向市场，经济发展阶段从传统转向现代的过程中，各种正式制度和非正式制度还未形成稳定结构，呈现出"中间制度"的形态（Droege & Johnson, 2007）。商业模式创新在本质上是对企业内部的价值链或外部伙伴网络乃至整个产业的价值星系进行重构的过程（胡艳曦、曾楚宏，2008），因而商业模式创新不论其创新程度的强弱，都是与外部价值网络交互形成的一种新的制度安排，都会对原有交易结构体系形成或大或小的冲击和影响，都会受到来自政府部门等的法律、规章的规制性约束，源于行业标准、社会价值观和道德规范的规范性约束，以及产品知识、文化模式不被理解而导致的认知性约束。

合法性是一种在社会体系建构的信念、规范、价值和标准中，对组织行动的正确性、接受性和适宜性的总体性理解和假定（Suchman, 1995; Scott, 1995），也是一种"能够帮助组织获得其他资源的重要战略资源"，它有助于增强组织的竞争优势（如员工承诺、顾客忠诚、同行认可、公共关系等）（Williamson, 1999; Zimmerman & Zeitz, 2002）。新兴经济情境下一个重要而普遍的问题就是新兴企业合法性水平偏低，由于新进入缺陷（Stinchcombe, 1965）、缺乏交易记录、缺乏行业经验、缺乏社会认可的品牌，从而面临更多的风险和不确定性，导致社会对新兴企业整体认可度不高（杜运周等，2008）。如何获取合法性？DiMaggio 和 Powell（1983）根据组织应与制度环境保持同构，提出强制性同构、模仿性同构和规范性同构3种同构机制。Oliver（1991）结合制度理论与资源依赖理论，整合组织的行为动机，指出企业在面临政府管制、行业规范和环境的不确定性时，可以采取默认、妥协、回避、反抗和操纵5种合法性战略。Suchman（1995）针对企业成长过程中不同的合法性挑战，认为应采取相应的适应环境（conform to environments）、选择环境（select among environments）和操纵环境（manipulate environments）3种战略。Zimmerman 和 Zeitz（2002）在 Suchman（1995）研究的基础上，在合法性获取阶段增加了1种创造环境（creat environments）战略。Tornikoski 和 Newbert（2007）从新兴企业谋求合法性的角度，认为有战略合法性（Strategic Legitimacy）和自洽合法性（conforming legitimacy）2种合法性获得方式。综合这些学者的观点，形成了两个大家公认的学派——制度学派和战略学派（Suchman, 1995; 杜运周和张玉利，2009；项国鹏，2009）。制度学派把制度视为基本信念（constitutive beliefs）（DiMaggio & Powell, 1983; Meyer & Scott, 1983），强调站在整个社会的角度"朝里看"，制度会影响组织的方方面面，组织发展应符合外部环境的制度逻辑，合法性获取主要是对外部制度压力被动的回应。战略学派把合法性看作一种操作性资源（operational resource）（Ashforth & Gibbs, 1990；罗兴武等, 2017），强调站在组织管理者的角度"往外看"，组织应充分发挥主观能动性，以获取合法性这种有助于获得其他资源的重要资源。

通过上述分析，不难发现，商业模式创新的程度，合法性获取的"朝里看""往外看"，都可以聚焦到两个研究方向：开拓性和完善性，这样就理清了新兴经济背景下商业模式创新程度的设计主题，即开拓性商业模式创新和完善性商业模式创新。这不是简单的巧合，而是偶然当中的必然，正如魏江等（2014）指出的那样，制度不再是一个外生变量，而是中国情境下企业战略创新的内生性因素。市场中的交易竞争性和制度中的合法性追求都是企业商业模式创新的原生动力，新兴企业商业模式创新就是兼具克服市场压力和制度约束的双重过程，也是获取交易竞争优势和跨越合法性门槛的成长过程。开拓性商业模式创新和完善性商业模式创新的主题设计挖掘了商业模式的制度内涵，兼顾了商业模式的交易属性和制度属性，拓宽了商业模式主题设计的思路，可以更好地指导企业商业模式创新的实践。

三　新兴经济情境对商业模式创新主题设计的锐化作用

始于1978年的经济体制改革使中国成为全球最大的新兴经济国家，为商业模式创新研究提供了"一个独特的市场可行与制度合法的情境"（Tsui, 2006; Jia et al., 2012）。新兴经济情境下的新兴市场机会与约束并存（魏江等, 2014）。中国市场化转型遵循的是中国特色的探索性改革道路，这决定了各种层面的正式制度和非正式制度长期并存、交织与演进，处于"中间制度"或者说"变革中的失范"状态（Droege & Johnson, 2007），从而导致制度缺失，制度供给不足，制度环境不完善，集中表现为市场中的"制度真空"与"制度缺陷"（Li et al., 2008; Luo et al., 2022）。那么，中国新兴经济情境如何锐化新兴企业商业模式创新？

（1）中国经济转型下的市场环境变迁为识别与开发市场机会进行价值创造的商业模式创新提供了机遇。具体表现为：一是从卖方市场到买方市场，从"二八法则"到长尾理论（Cavalcante, 2014），升级顾客价值，细分市场定位，新的价值主张不断涌现。中国在计划经济体制基础上引入市场机制，加剧了企业竞争、深化了多层次市场空间（蔡莉和单标安, 2013），市场供需状况快速转化，顾客需求进阶，产品周期缩短，服务迭代更新，范围经济开始反击规模经济，顾客体验与反馈促进价值共创（Zott & Amit, 2010），新的客户价值要求开发新的商业模式。二是从以网络和关系为基础的战略向以规则和契约为基础的战略转变（Peng, 2003），变革了资源禀赋和价值网络的竞争焦点，加快创新商业模式的价值营运。经济转型的渐进性与非连续的变革、高强度的技术波动与全球化价值网络嵌入（魏江等，2014），市场不断出清，迫使产业脉动速度加快，以政府关系、政治连带为战略资源转向技术创新与商业模式共演（Wei et al.，2014），不断拓展网络组织边界，提升以资源配置为核心的价值营运。三是从价值链断裂与缺失到借力互联网等新兴技术跨界协作成为商业新常态（罗珉和李亮宇，2015），优化成本结构，变革传统线性盈利模式，使新颖的价值分配与获取成为可能。从工业经济时代进入互联网时代，拓展了交易时间，缩短或重构了价值链的商业逻辑，逐渐打破了信息不对称基础上的效率差（罗珉、李亮宇，2015）。互联网的连接红利，降低了企业成本，使企业从单一价值链向价值商店与价值网络转变，通过跨界协作、顾客体验、"去中心化"、"脱媒"产生新的效能（Cavalcante, 2014），提高了企业的经济租。

（2）中国新兴经济情境下的制度约束，为主题性商业模式创新设计提供了原始触发点。市场和制度是影响中国社会经济的双重力量（蔡莉、单标安，2013），决定了交易竞争性和制度合法性都是企业商业模式创新的原生动力。商业模式不论其创新程度如何，都是内外部价值网络交互形成的一种新的制度安排，会对原有交易秩序形成冲击，会受到社会规范和文化认知的合法性约束（Snihur & Zott, 2015）。如何获取合法性？早期制度学派把制度视为结构化的基本信念（DiMaggio & Powell, 1983; Meyer & Scott, 1983），站在整个社会的角度"朝里看"，强调环境对组织的规制性、规范性和模仿性同构（isomorphism）（DiMaggio & Powell, 1983），企业的合法化战略主要是制度嵌入的依从、趋同策略（DiMaggio & Powell, 1983）。后期战略学派则将合法性看作一种操作性资源（operational resource），一种可以从外部环境萃取的资源（Suchman, 1995），站在组织管理者的角度"往外看"，重视制度变革的内生性以及组织主观能动性的发挥（Zimmerman & Zeitz, 2002），承认制度的多样性、冲突性与复杂性为组织战略能动行为的选择与应用提供了空间（Scott, 2008），认为合法性获取是企业适应与改变制度环境的过程，主张采取操纵环境、创造环境的战略（Suchman, 1995; Zimmerman & Zeitz, 2002），以及印象管理、象征性行为和修辞策略以获取合法性这种"资源中的资源"（Snihur & Zott, 2015）。不难发现，早期嵌入观把制度变革仅仅视作"一个自然的过程，而非待解释的社会构念"（Scott, 2008），由于忽视企业商业模式创新等主动性的战略性行为而备受批评，后期能动观更能较好地解释制度变革（罗兴武等，2021）。制度约束帮助新兴企业减少概念重叠，锐化商业模式设计的前因，触发回应性激励和创造性挑战（Snihur & Zott, 2015），制度不完备为整合制度和战略选择视角提供了吸引人的机会（Peng, 2003; Luo et al., 2022）。

（3）中国新兴经济下的"制度真空"与"制度缺陷"为识别、开发市场机会的商业模式创新提供了主题设计的空间，即开拓性和完善性商业模式创新。设计，作为体现创新的具体的特定安排，提供中介创新与制度的方式（Hargadon & Douglas, 2001）。乐意甚至狂热地接受竞争性约束是设计思想的基础（Snihur & Zott, 2015），创业者设计企业的行动过程具有涌现性和倾向性，旨在改变现有情境至其所偏好的情形（Hargadon & Douglas, 2001）。"制度真空"代表当前交易制度尚未建立，处于规则、章程、法规缺失的窗口期（Li et al., 2008），为嗅觉灵敏、先入为主、偏好"赢者通吃"先动优势的开拓性商业模式创新提供了良好的契机；"制度缺陷"则代表现有交易制度对经济活动的规范性指导失灵，甚至起到阻碍作用（Li et al., 2008），如"很差强人意的法规、行业进入壁垒以及不合理的垄断限制"等（Peng, 2003），这为洞察秋毫、不甘人后、利用后发优势赶超的完善性商业模式创新提供了重大机遇。商业模式创新主题设计本身也是一个意义建构过程（Battistella et al., 2012; Luo et al., 2022），主题标签象征意义的传递也是合法性的扩散过程，有利于资源的获取。

因此，本章基于商业模式理论和制度理论的结合，将中国新兴经济背景下商业模式的创新程度主题的思维结构和行为模式分为两种类型：开拓性商业模式创新和完善性商业模式创新。Dimaggio（1988）在 *Interest and Agency in Institutional Theory* 一书中，解释"制度从何而来的问题"时谈到，当组织或个人认识到改变现有制度或创新制度所蕴含的潜在利益，就可以通过建立或推广获得认同所需的规则、价值观、信念和行为模式，从中创造、开发和利用盈利机会。有必要指出的是，这里所提及的制度并不是单指政府规制，也包括市场中不断涌现的交易规则和交易秩序。中国市场体量的巨大，特有"渐进式""放权式""实验型"的"软着陆"改革方式和经济新兴方式，以及"摸着石头过河"的哲学思想，决定中国市场的可分性（segment）（罗珉、马柯航，2013），即存在制度真空和制度不完备，这是本书开拓性商业模式创新和完善性商业模式创新主题设计的前提。特别是现阶段，中国经济与制度转型仍未完成，仍在深度转型中，但网络技术的涌现，云计算的出现，大数据时代的到来，使产业脉动

(industry clock-speed)速度加快,竞争关键点不断转移,迂回生产链条加长,使得交易制度的真空和不完备成为一种常态(魏江等,2014),这就为企业进行开拓性商业模式创新和完善性商业模式创新提供了巨大空间。

本书之所以采用开拓性商业模式创新与完善性商业模式创新的主题设计,是由于:①商业模式设计主题是具体情境的产物。国内外商业模式的学术研究中,没有关于中国新兴经济背景下商业模式的创新程度的主题设计,无法更好地指导新兴经济情境下中国企业的商业模式创新实践。②商业模式创新程度与合法性战略的文献研究都聚焦到开拓性和完善性两个研究方向,是偶然当中的必然。商业模式作为跨组织边界的架构,交易属性和制度属性并存,不仅是价值主张、价值营运与价值获取等活动连接的交易结构,也是利益相关者关系的制度安排。③开拓性商业模式创新与完善性商业模式创新的主题设计有助于生动表达创新程度不同的商业模式对市场和制度的认知和假设。本书的主题设计,尝试回答市场和制度是企业商业模式活动的影响者还是被影响者。④开拓性商业模式创新与完善性商业模式创新的主题设计有助于说明创新程度不同的商业模式的作用机制。本书的主题设计,回答了创业者如何通过主动性还是被动性的思维结构和行为模式来实施创新模式。

第二节 开拓性与完善性商业模式创新的量表初步开发

一 量表开发思路

关于量表开发的方法,虽然学者的表述不尽相同,但量表发展的步骤是相似的,争议较少。请参见表4-4。

表4-4　　　　　　　量表开发步骤的代表性文献

代表性作者	代表性文献	关键步骤
DeVellis(2003)	Scale Development: Theory and Applications	①明确你到底要测量什么;②建立一个项目池;③决定项目形式;④请专家评审初始项目池中的测量项目;⑤考虑把效应性测量项目包括进去;⑥在样本身上施测项目;⑦评价项目;⑧优化量表长度等
梁建和樊景立(2012)	理论构念的测量	①构念说明;②产生测验题目;③内容效度评价;④内部结构检验;⑤内部一致性与稳定性的评价;⑥聚合效度与区分效度检验;⑦逻辑关系网络的建立

续表

代表性作者	代表性文献	关键步骤
Churchill（1979）	A Paradigm for Developing better Measures of Marketing Constructs	①确定概念范围；②开发相关测量题项，形成初始量表；③精简测量题项；④探索性因子分析形成正式量表；⑤检验正式量表的可靠性
Pandit（1996）	The Creation of Theory: A Recent Application of the Grounded Theory Method	研究设计；数据处理；数据整理；数据分析；文献比较
罗胜强和姜嬿（2014）	《管理学问卷调查研究方法》	①明确要测量的目标构念；②编写备选项目；③选择问题形式和答题方式；④请专家和测量对象评审备选项目；⑤量表检验与修订
于晓宇等（2019）	《管理研究设计与方法》	①明确构念的定义和内涵；②获取测量题项；③设定量表尺度形成问卷；④量表指标净化；⑤确定性因子分析；⑥逻辑关系检验

  本书借鉴 Churchill（1979）、罗胜强和姜嬿（2014）、于晓宇等（2019）的量表开发程序，设计了三阶段的子研究进行量表开发。第一阶段，采用文献演绎法和访谈归纳法相结合的混合研究方法（combined approach），确定初始测量问项。第二阶段，进行探索性研究，精炼提纯量表，修正测量框架。第三阶段，进行验证性研究，验证量表。

  关于量表开发，测量问项的产生是关键。根据对现有文献的总结，可以发现测量问项产生主要有两种路径：第一种是访谈归纳法。对目标案例企业进行开放或半开放式结构访谈，并通过扎根理论或内容分析法等工具对所获得的访谈材料进行编码，聚焦测量要素、测量维度等，并据此开发出测量量表，如贺小刚等（2006）关于动态能力的测量、徐万里等（2008）关于企业执行力的测量、陈启杰等（2010）关于政策导向的测量。这种量表开发路径适用于某个尚处于探索阶段的研究领域，文献较少且不完善。第二种是文献演绎法。基于已有的文献和其他资料，通过目标内涵分析以及借助已有的相关量表开发出研究对象的测量题项，如陈文婷和李新春（2010）关于创业学习的测量研究。这种方法多适用于目标对象文献资料较多但并未形成统一意见的情形。单标安等（2013）在新兴经济背景下商业模式创新程度的主题量表开发过程中，将以上两种方法进行了结合。目前，关于商业模式的研究方兴未艾，虽然在概念内涵、分析框架、实证工具、管理策略等方面取得了一些成果，但关于商业模式主题设计的却比较匮乏。这也为本章研究前期的文献编码、要素及主题的提炼提供了研究基础和理论依据。同时，商业模式属于多学科的交叉研究，不同学者观点差异较大，相关理论基础并未齐备，在开发相应的测量题项时仅仅依靠文献研究难以反映出新兴经济背景下商业模式创新程度主题设计的本质特征。因此，有必要将质性研究与文献研究相结合（Luo et al., 2022），在文献梳理的基础上，进行半结构化访谈，以质性分析的形式开发新兴经济背景下商业模式创新程度主题量表会更加可靠。

具体来说，本章量表开发的研究思路如下：首先，通过文献编码提炼商业模式的内容与要素，并回顾商业模式主题代表性学者的观点。本书认为商业模式是以满足客户需要实现企业价值作为总体逻辑，是描述价值主张、价值运营、价值分配与获取等活动连接的架构，并基于利益相关者交易结构和制度结构进行价值创造的概念化模式。商业模式包括顾客价值、市场定位、价值网络、资源禀赋、成本结构与收入模式6个要素。商业模式主题则是对商业模式要素构件连接、编排而形成的系统结构的特征，可以更好地捕捉焦点企业与利益相关者的交易行为，刻画商业模式的本质内容。这部分内容主要体现在本章的第一部分。其次，通过分析新兴经济对商业模式创新产生的制度性影响，以及商业模式创新程度的文献回顾，并基于商业模式理论和制度理论的结合，设计了新兴经济背景下商业模式创新程度的主题，从而开发出能反映开拓性商业模式创新和完善性商业模式创新的题项。此内容在本章的第二部分差不多已完成。再次，选取新兴企业进行半结构化访谈，访谈的内容主要围绕如何创业、商业模式设计的过程等展开。通过半结构化访谈以深入理解商业模式主题如何设计，剖析开拓性商业模式创新和完善性商业模式创新，以修改和完善前期梳理的测量题项，并把新考虑到的题项加进去。最后，预测试修订问卷中的冗余和提问不当之处之后，进行探索性分析（EFA）和验证性分析（CFA）。

二 量表初步开发

（一）编制初始测量问项

如前文所述，本章采用文献演绎法和访谈归纳法相结合的混合研究方法（combined approach），确定开拓性商业模式创新和完善性商业模式创新的初始测量问项，我们编写备选题项，以便形成项目池（item pool），作为最后选入量表的候选项目。

开拓性商业模式创新主要借鉴了 Zott 和 Amit（2007）新颖性商业模式、Aspara（2010）战略性商业模式创新、Narver 和 Slater（2004）预应性市场导向、Christensen（2006）破坏性创新、Subramaniam 和 Youndt（2005）激进性创新能力、Osiyevskyy 和 Dewald（2015）探索式商业模式变革、He 和 Wong（2004）探索式创新战略研究思想和合理内核，开发出"为顾客提供与众不同的新颖的产品、服务或信息"等题项（详见表 4-5）。

表 4-5　　新兴经济情境下商业模式创新的初始测量量表

维度	相关概念	测量指标	来源
开拓性商业模式创新	关注顾客隐性需求，通过对市场的前瞻性预见，以创新手段重构或新建交易结构和交易规则，从而对市场行为进行革新	为顾客提供与众不同的新颖的产品、服务或信息	Zott & Amit, 2007
		带给顾客前所未有的、独特的、容易感知的价值	Narver & Slater, 2004
		以打破常规的方式，发现新机会，开拓新市场	He & Wong, 2004
		拥有多种不同于行业中其他对手的营销渠道	创业者访谈
		打造了利益相关者良性互动的商业生态圈，并在其中扮演核心角色	Osiyevskyy & Dewald, 2015
		主导新颖的交易机制（如奖励、惩罚或协调等管理机制），在商业模式中建构新的运作流程、惯例和规范	Zott & Amit, 2007
		创造性地寻找技术或创意来源，开发新的资源和能力	Subramaniam & Youndt, 2005
		通过这种商业模式获得较多的新创意、新专利	Aspara, 2010
		非常倾向于较高风险、具有较高回报机会的项目	创业者访谈
		与同行相比，企业的收入来源多，盈利模式具有创新性	Christensen, 2006
		与合作伙伴分担营运成本、分享共同收益	He & Wong, 2004

续表

维度	相关概念	测量指标	来源
完善性商业模式创新	关注顾客显性需求，通过对市场的快速反应，以创新手段调整、优化现有的交易结构和交易规则，从而对市场行为进行适应性调整	重视产品或服务的完善性创新	Subramaniam & Youndt, 2005
		经常改良主打的产品或服务，更好地迎合顾客需求	He & Wong, 2004
		在市场开辟方面，倾向于对市场领先者进行跟随性创新	创业者访谈
		经常巩固和扩大现有市场的营销渠道	He & Wong, 2004
		努力以弥补性资产融入外部创新合作网络	Narver & Slater, 2004
		系统性地、频繁地监测交易伙伴的满意度，以更好地服务交易伙伴	Subramaniam & Youndt, 2005
		不断优化现有的流程、知识和技术	Osiyevskyy & Dewald, 2015
		坚持在既定的战略框架下分配人、财、物资源	创业者访谈
		倾向于较低风险项目	创业者访谈
		商业模式能使交易更透明，减少交易成本	Zott & Amit, 2007

资料来源：根据相关文献及创业者访谈整理。

完善性商业模式创新主要借鉴了 Zott 和 Amit（2007）效率性商业模式、Narver 和 Slater（2004）回应性市场导向、Subramaniam 和 Youndt（2005）渐进性创新能力、Osiyevskyy 和 Dewald（2015）利用式商业模式变革、He 和 Wong（2004）利用探索式创新战略等研究思想和合理内核，提出"重视产品或服务的完善性创新"等题项（参见表4-5）。

借鉴 Bhide（2000）、Hite 和 Hesterly（2001）等学者的相关定义，本书将新兴企业定义为相对年轻（大于1年小于8年）、有获取重要规模和利润潜能的组织。对于主题性商业模式创新可供借鉴的文献有限，为保证这些题项能真实反映设计的内涵和结构，本章在文献演绎的基础上，带着已有的测量问项和对商业模式创新的理解深入企业开展调研。我们在2016年3—4月对6家成立时间在8年以内的新兴企业（Covin & Slevin, 1991）进行了半结构化访谈。这些企业主要涉及电子商务、网络科技、人工智能、在线教育、软件、自动化等行业，受访者都是公司总经理以及创业团队核心成员。访谈的主要内容和目标请见表4-6。在整体层面上，我们的目的是了解企业家对商业模式创新的理解，以及企业家对商业模式创新激进程度的认识。在具体层面上，我们想知道受访公司在创新历程中发生了哪些变化（如顾客价值、市场定位、价值网络、资源禀赋、收入模式、成本结构等），以及对我们创新和完善 BMI 测量项目的其他建议。

表 4-6　　　　　　　量表初始测量问项的半结构化访谈

关键性问题	主要目标
总体层面	
您认为什么是商业模式创新？	
在过去几年，贵公司经历了哪些商业模式创新？	
从激进程度来说，请您评价贵公司的商业模式创新是高还是低？ ——是在组织内部创新还是涉及外部的交易伙伴？ ——是被动完善市场行为还是主动建构市场规则？	创业者对商业模式创新的理解； 创业者对商业模式创新激进程度的认识
具体层面	对于开拓性商业模式创新和完善性商业模式创新您有什么建议？
贵公司为顾客提供了什么样的产品或服务？	顾客价值
贵公司倾向于开拓新市场还是跟随性创新？	市场定位
贵公司倾向于主导商业生态圈，还是融入外部创新合作网络？	价值网络
贵公司倾向于创造性地开发新的技术和资源，还是不断优化现有的流程和技术？	资源禀赋
贵公司倾向于高风险高回报的项目，还是倾向于低风险中低收益的项目？	收入模式
贵公司倾向于整合和利用外部资产，还是倾向于使交易更透明？	成本结构

通过对这 6 家企业的深度访谈，对开拓性商业模式创新和完善性商业模式创新有了更为深刻的理解，创业者们认为开拓与完善主题的提出很应景，契合正在向市场经济纵深层次演进的中国新兴经济，并非常认可开拓性和完善性商业模式创新主题所释放的经济红利、意义建构和合法性赋予，并认为开拓和完善只是相对而言，在某些条件下可以相互追赶、相互转化，并且可能存在于同一企业的商业模式里，这与开拓性与完善性如同

其他双元创新一样并非正交替代而是互补关系的理论支持是一致的（Zott & Amit, 2007; Osiyevskyy & Dewald, 2015）。

此外，根据访谈情况对测量问项进行相应的调整。一方面对量表题项的语句进行修改，避免晦涩难懂、意思模糊，使之更加符合企业用语、简单明了，也剔除了测量问项中冗余和提问不当之处。另一方面增补了问项设计中未考虑到的题项，开拓性商业模式创新部分加入了"拥有多种不同于行业中其他对手的营销渠道""非常倾向于较高风险、具有较高回报机会的项目"2个题项，完善性商业模式创新加入了"在市场开辟方面，倾向于对市场领先者进行跟随性创新""坚持在既定的战略框架下分配人、财、物资源""倾向于较低风险项目"3个题项。

（二）评审备选题项

请专家和测量对象评审备选项目的主要目的是保证测量工具的内容效度，确保量表表意明晰（罗胜强、姜嬿，2014）。我们在研究团队以外，选择了一位战略管理教授、一位创业管理副教授、两位企业管理博士生对测量量表进行了评定，进一步增强了量表的内容效度。根据评定，专家们本着商业模式主题要紧密围绕主导性、统率性驱动因素设计（Zott & Amit, 2007），对商业活动系统结构特征的刻画并不等于系统结构，对量表的题项进行了合并、修改和删减。其中开拓性商业模式创新部分删减了"擅长整合利用外部资金，且整体资金周转快"1个题项，完善性商业模式创新则删减了"拥有较为固定的收入来源，收入持续稳定"、"商业模式使交易具有可延展性"2个题项。最终本项目形成了21个测量题项，开拓性11个，完善性10个（参见表4-5）。

（三）先导性项目分析

为了鉴别每个题项是否能测试不同受试者的反应程度，将上述21个题项编制成李克特7点量表，邀请了44名MBA和EMBA学员进行先导测试（pilot test）。运用独立样本T检验，对初始量表题项按照27%的分位数进行项目分析，即计算出新兴经济情境下商业模式创新主题量表各个题项总分，按从高到低排列，将前27%、后27%分成高、低分两组，分别赋值1、2，进行独立样本T检验，求出两组样本在各题项平均分上的差异显著性。结果表明，21个题项的CR值（critical value, 决断值）都在3.05和9.99之间，CR值越大则各题项区分度越高（吴明隆，2010）；同时21个题项的CR值外侧概率均小于0.05（$p < 0.05$），具有较强的鉴别度，故本书暂予全部保留。44名MBA学员的先导测试，也更好地克服了问卷中冗余和提问的不当之处，确保表意明

晰，无阅读困难。

第三节　新兴经济情境下商业模式创新测量框架修正：探索性研究

一　样本与数据

为了验证问卷的有效性，我们需要先对问卷进行探索性研究。在2016年5月至6月，我们进行了第一次问卷发放和收集。笔者通过研究团队在课题调研与实践的过程中直接发放问卷20份，回收18份，有效问卷16份。此外，委托朋友定点发放，我们选择了6位比较有资源的朋友，委托他们在各自分管的区域向园区内的企业发送，这样以较快的时间在杭州、武汉、大连与东莞4地的科技园区、高新技术开发区给340家企业发放问卷，回收290份，有效问卷164份。故第一次的问卷调查中，共发放问卷360份，回收308份，剔除企业年龄大于8年的、问卷填答随意的、完成率低于75%的样本，获得有效问卷180份，问卷回收率为85.6%，问卷有效率为50.0%。样本量基本满足实证需求。样本描述如表4-7所示。

表4-7　　　　　样本描述性统计　　　　　单位：份，%

指标	第一次问卷收集（n=180）			第二次问卷收集（n=512）		
	最小值	最大值	均值	最小值	最大值	均值
企业年龄	1	12	5.59	1	12	5.18
工作年限	1	12	4.16	1	12	4.04
企业类别情况	数量		百分比	数量		百分比
农林牧渔业	0		0	农林牧渔业 14		2.73
采矿业	0		0	采矿业 2		0.39
制造业	46		25.56	制造业 233		45.51
交通运输业	12		6.67	交通运输业 42		8.20
建筑业	2		1.11	建筑业 6		1.17
金融业	4		2.22	金融业 22		4.30
信息技术业	82		45.56	信息技术业 145		28.32
批发和零售业	28		15.56	批发和零售业 33		6.45
其他服务业	6		3.33	其他服务业 15		2.93

二 量表的探索性分析

Churchill（1979）认为，初始量表的可靠性和效度需要多次检验，并且，他将 0.4 视作可靠性检验的临界值。据此，本章对初始量表进行 co-efficient alpha 和 item-to total 可靠性检验，删除完善性商业模式创新的"本企业倾向于低风险项目"题项（CITC 值为 0.356）后，信度有所提高，且其余题项通过显著性检验。

接下来，本章利用 SPSS19.0 软件对剩余的 20 个题项进行探索性因子分析，统计结果表明，20 个题项 KMO 检验的 MSA（measure of sampling adequacy）值为 0.900（>0.7），Bartlett 球形检验卡方值为 2426.913（df 为 190，p 为 0.000），说明非常适合做因子提取。

采用主成分分析法（principal component analysis，PCA）进行因子分析，按特征值大于 1，最大方差法（varimax）旋转，并经过多次迭代后，共析出 3 个因子，其中第 3 个因子只有"本企业非常倾向于高风险、具有高回报机会的项目"1 个题项，与其他题项区别明显，故先行予以删除。

根据 Akaike（1987）的测项纯化的标准，旋转后题项因子上的载荷值不小于 0.4，并且同一个题项不得同时在两个或两个以上因子的负荷值都大于 0.4。我们用相同的步骤进行了第二、第三、第四次探索性因子分析（EFA）。第二次探索性因子分析（EFA）共析出 2 个因子，但"本企业与合作伙伴建立了良好的营运成本分担和收益分享协商机制"题项在两个因子上负荷值都大于 0.4（分别为 0.577 和 0.485），故加以删除。第三次探索性因子分析删除了两个因子负荷值都大于 0.4（分别为 0.460 和 0.514）的题项"本企业商业模式能使交易更透明，减少交易成本"。第四次探索性因子分析删除了在两个因子上负荷值都大于 0.4（分别为 0.693 和 0.478）的题项"与同行相比，企业的收入来源多，盈利模式具有创新性"。第五次探索性因子分析（EFA）后形成了最终结果，剩下 16 个题项，如表 4-8 所示。两个因子对应的因子载荷均达到 0.5 以上（>0.4），因子 1 的特征值为 5.500，因子 2 为 4.203，两因子累积的方差贡献率达到 60.643%（>50%）。两个因子对应开拓性商业模式创新和完善性商业模式创新。故开拓性商业模式创新的测项有 8 个，完善性商业模式创新对应的测项也有 8 个。

表 4 - 8　新兴经济情境下商业模式创新主题维度指标的探索性因子

新兴经济背景下商业模式创新主题维度的测项	旋转后因子载荷	
	因子 1	因子 2
开拓性商业模式创新（Cronbach's α = 0.926/0.930；AVE = 0.6085）		
BMI1_1 为顾客提供与众不同的新颖的产品、服务或信息	0.810	0.152
BMI1_2 给顾客带来的价值是前所未有的、独特的、容易感知的	0.789	0.097
BMI1_3 以打破常规的方式，发现新机会，开拓新市场	0.820	0.236
BMI1_4 拥有多种不同于行业中其他对手的营销渠道	0.772	0.352
BMI1_5 打造了利益相关者良性互动的商业生态圈，并在其中扮演核心角色	0.701	0.326
BMI1_6 主导新颖的交易机制，在商业模式中建构新的运作流程、惯例和规范	0.781	0.209
BMI1_7 不断创造性地寻找技术或创意来源，开发新的资源和能力	0.774	0.206
BMI1_8 通过商业模式获得了较多的新创意、新发明、新专利	0.774	0.259
完善性商业模式创新（Cronbach's α = 0.870/0.910；AVE = 0.549）		
BMI2_1 重视产品或服务的完善性创新	0.081	0.747
BMI2_2 经常改良主打的产品或服务，更好地迎合顾客需求	0.323	0.714
BMI2_3 在市场开辟方面，倾向于对市场领先者的跟随性创新	0.299	0.520
BMI2_4 经常巩固和扩大现有市场的营销渠道	0.323	0.697
BMI2_5 努力以弥补性资产融入外部创新合作网络	0.357	0.741
BMI2_6 系统性地、频繁地监测交易伙伴的满意度，以更好地服务交易伙伴	0.317	0.638
BMI2_7 不断优化现有的流程、知识和技术	0.234	0.684
BMI2_8 坚持在既定的战略框架下分配人、财、物资源	0.087	0.695
Eigen value	5.500	4.203
Variance explained（accumulated %）	34.373	60.643

注：Cronbach's α 值有两个，前面一个代表第一次调研的信度值，后面一个代表第二次调研的信度值。AVE 是第二次调研的统计值。

三　可靠性检验与问卷修正

在进行可靠性检验之前，需要对问卷的敏感度进行分析，这是量表开发中的一个重要问题。本章对问卷的每个题项实行李克特 7 点打分法，从"非常不同意"到"非常同意"，就填答问卷者的态度来说是敏感的（Browne & Cudeck，1989）。并且，每个因子的题项都远超过 2 个，这也有利于提高问卷敏感度。关于可靠性，我们采用 Cronbach's α 检验，由表 4 - 8 可知，因子 1 开拓性商业模式创新的 Cronbach's α 值为 0.926（>0.7），且修正后的各题项单项对总项的相关系数（Corrected Item-Total

Correlation，CITC) 都在 0.700 以上 (>0.4); 因子 2 完善性商业模式创新的 Cronbach's α 值为 0.870 (>0.7)，各题项 CITC 值都在 0.510 以上 (>0.4)。这表明，量表具有较好的内部一致性，题项按预期收敛于相应的因子。

第四节　新兴经济情境下商业模式创新测量量表检验：验证性研究

为了保证量表的独立性和有效性，本章第二次采集了更大范围、更加多样化的样本进行验证性因子分析 (CFA)，以确保前面探索性因子分析 (EFA) 所得的因子结构符合新兴经济背景下商业模式创新程度的主题实践。为此，在 2016 年 7 月至 2016 年 9 月，我们进行了第二次大规模的问卷发放和收集，而后利用 Amos 21.0 软件进行验证性因子分析，以探究其对量表的解释力。

一　样本描述

对于数据的采集，我们委托了杭州的数据公司进行发放与回收。该公司利用其强大的企业库和学术研究数据调查经验，在上海、广州、杭州、南京、宁波、大连等地随机联系了 940 家符合条件的企业发放问卷，回收 807 份，其中有效问卷 512 份，问卷有效率为 54.47%。从问卷发放数量、发放区域、发放的随机性、所涉及的行业类别来说，第二次问卷发放都较第一次有较大幅度的提升，以保证样本的普遍性与代表性。两次样本的对比情况详见表 4-7 所示。

二　验证性因子分析与信度效度检验

我们运用 Amos 21.0 结构方程软件进行验证性因子分析 (CFA)，测量模型如图 4-1 所示，拟合结果如表 4-9 所示。

从图 4-1 可以知道，把 16 个题项作为观察变量，把两个因子作为潜在变量，可以构造一个 CFA 检验模型，从表 4-9 可评价这个二维结构模型的拟合优度，$\chi^2/df = 2.899$，RMSEA = 0.061，GFI = 0.940，IFI = 0.969，NFI = 0.954，CFI = 0.969，PGFI = 0.629，PNFI = 0.723，表示模型拟合的效度较高且模型简约，CFA 检验显示商业模式创新程度主题的两个维度具有较好的建构效度。

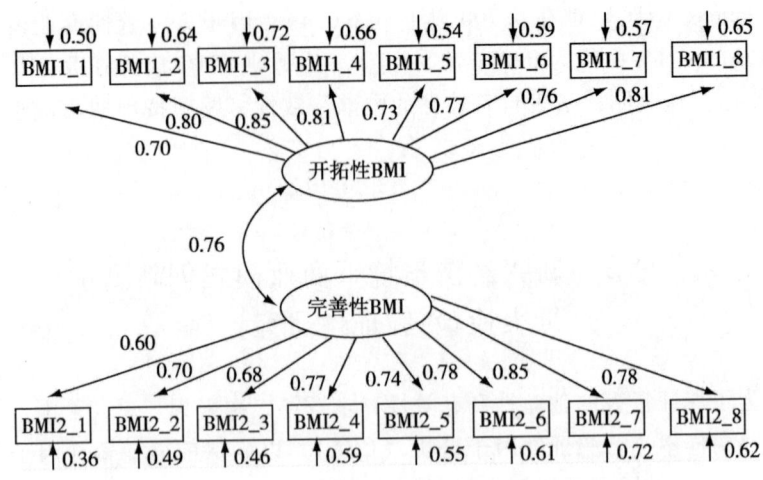

图4-1 商业模式创新程度主题测度模型的验证性因子分析

表4-9　　　　　商业模式创新程度主题测度模型拟合指标

	拟合指标	数值	拟合数值标准
绝对拟合指标	卡方值（χ^2）	263.769	—
	自由度（df）	91	—
	GFI（拟合优度指标）	0.940	大于0.90
	RMSEA（近似误差均方根）	0.061	小于0.08
相对拟合指标	IFI（增量拟合指标）	0.969	大于0.90
	NFI（规范拟合指标）	0.954	大于0.90
	RFI（相对拟合指标）	0.939	大于0.90
	CFI（比较适配指标）	0.969	大于0.90
简约适配指标	PGFI（简约适配度指标）	0.629	大于0.50
	PNFI（简约调整后规准适配指数）	0.723	大于0.50

从图4-1可以知道，利用Amos运算出的标准化因子载荷中，开拓性商业模式创新最小的因子载荷（路径系数）为0.70，完善性商业模式创新则为0.60，同时分析结果也显示，各路径系数相应的临界比值（critical ratio，C.R.）都大于3.29，且均在$p<0.001$的水平上通过了显著性检验，由此可以进行收敛效度检验。Browne和Cudeck（1989）认为，结构化方程模型的标准化因子载荷大于0.5临界值，且显著大于判定量表收敛效度，因此可知量表具有较好的收敛效度。

为了获得较好的实践适用性，在模型拟合之后，需要进一步检验主题测度模型的信度与效度。我们对第二次 512 份样本进行信度检验。结果参见表 4-8，开拓性与完善性商业模式创新的 Cronbach's α 值分别为 0.930、0.910，远大于 0.6 的临界值。可见，量表测量模型信度很好，具有可靠的内部一致性。而且，图 4-1 中模型分析结果显示所有观察变量对应的潜在变量的路径系数都在 0.6 以上（>0.5），其中开拓性商业模式创新因子载荷介于 0.70—0.85，完善性商业模式创新则在 0.60—0.85，各路径系数相应的临界比值（critical ratio，C.R.）都大于 3.29，并且均在 $p<0.001$ 水平上通过了显著性检验，两个潜在变量的组织信度分别为 0.9253 和 0.9061（>0.5）。这表明量表具有良好的收敛效度，模型的内在质量理想。

已知结构方程中的因子载荷，还可以计算平均方差抽取量（average variance extracted，AVE），进行判别效度检验。开拓性商业模式创新的 AVE 值为 0.6085，完善性商业模式创新的 AVE 值为 0.549，都高于 0.5 的临界值。并且，两个潜在变量具有显著的相关性（如表 4-10），并且，表 4-10 括号里的数字表示两个潜在变量 AVE 的平方根。根据 Fornell 和 Larcker（1981）的判定标准，AVE 的平方根大于所在列与行的相关系数的值，则表示变量之间具有良好的区分效度。这说明，作为探索性的量表开发，新兴经济背景下商业模式创新程度主题的两个维度可以较好地涵盖测项内容的信息，具有较好的区别效度，测项指标对于新兴经济背景下商业模式创新程度的主题也具有一定的解释力。

表 4-10　　　　　　各变量的相关系数与描述性统计

	平均值	标准差	1	2
开拓性商业模式创新	4.60	1.09	(0.778)	0.700**
完善性商业模式创新	5.00	0.95	0.700**	(0.741)

注：n=512；** 表示 $p<0.01$；括号里的数值为 AVE 值的平方根。

三　效标关联效度

为了验证构念的结果，我们进一步分析商业模式创新与以前研究证明的变量之间的相关性，以检验其效标关联效度。杜运周等（2008）、眭文娟（2014）的研究表明中国情境下的创业氛围、科技进步的日新月异、顾客对新事物接受度的增强，先动性、创新性易于获得客户、投资机构等关键利益相关者的认可，有助于谋取政治支持，从而先动性、创新性与"象征性绩效"合法性显著正相关。但是，Snihur 和 Zott（2015）指出，由于商业模式的创新性挑战了现有交易范式、格局，创新性越强的商业模式创新受到的合法性约束会越强；中国新兴经济下的创业实践也为此提供了例证，如阿里巴巴相较京东、滴滴相较曹操专车等。此外，Zott 和 Amit（2007）的实证研究表明新兴企业的商业模式设计越新颖，企业"实质性绩效"越高。故而，商业模式创新与合法性、创业绩效均正相关，但创新程度高的合法性会较低，创业绩效会较高，反之则相反。因此，我们以合法性和创业绩效作为效标，以开拓性商业模式创新、完善性商业模式创新为自变量，以企业年龄、企业规模、技术产业、市场环境等为控制变量来检验主题量表的效标关联效度。Pearson 相关分析结果如表 4-11 所示，开拓性商业模式创新、完善性商业模式创新与合法性、创业绩效均显著正相关，且在合法性效标上开拓性低于完善性，在创业绩效效标上完善性低于开拓性。所以，本章认为，新兴经济情境下主题性商业模式创新具有较好的效标关联效度，这进一步验证了本书开发的商业模式创新量表是有效而可信的。

表 4-11　新兴经济情境下商业模式创新的效标关联效度检验

因变量 自变量	合法性（象征性绩效）				创业绩效（实质性绩效）			
	β	t	β	t	β	t	β	t
企业年龄（取对数）	-0.017	-0.461	-0.003	-0.082	-0.014	-0.363	-0.001	-0.028
企业规模	0.119**	3.186	0.062	1.836	0.159***	4.194	0.110**	3.128
民营企业	0.015	0.400	0.039	1.177	0.046	1.211	0.066	1.895
技术产业	0.034	0.882	-0.073*	-2.023	0.111**	2.846	0.014	0.374
环境包容性	0.445***	10.086	0.206***	4.584	0.506***	11.380	0.296***	6.297
环境竞争性	0.129**	2.989	0.097*	2.467	-0.087*	-1.989	-0.107**	-2.591
开拓性商业模式创新			0.178**	5.276			0.282***	5.119
完善性商业模式创新			0.260***	5.426			0.176**	3.505
F	35.963***		51.393***		33.844***		41.071***	
R^2	0.299***		0.450***		0.287***		0.386***	

注：N=512；*** 表示 $p<0.001$，** 表示 $p<0.01$，* 表示 $p<0.05$。

第五节　本章小结

鉴于量表开发的严肃性，本章在以下几个方面有序展开了对新兴经济

第四章　新兴经济情境下的新兴企业商业模式创新：主题设计与量表开发

背景下商业模式创新程度主题量表的设计与测度：第一，商业模式及其主题性的理论基础。前文采用扎根理论对商业模式进行了扎根编码，将商业模式解构为价值主张、价值营运、价值分配与获取3个维度，以及顾客价值、市场定位、价值网络、资源禀赋、成本结构与收入模式6个要素，并将商业模式定义为：以满足客户需要实现企业价值为总体逻辑，是描述价值主张、价值运营、价值分配与获取等活动连接的架构，并基于利益相关者交易结构和制度结构进行价值创造的概念化模式。这样做是为了从繁杂的商业模式中，找到我们的研究出发点和商业模式主题设计的理论支撑点。另外，厘清了商业模式主题与商业模式要素间的关系，商业模式要素是构件，商业模式主题则是对构件进行串联、编排而形成的系统结构的特征，仅以主导性、统率性的要素为驱动，对商业模式本质进行刻画。

第二，解析了新兴经济背景下商业模式的创新程度。中国新兴经济从计划经济体制向市场经济体制转变的特性，实质上是一种巨大的制度变迁，对于商业模式创新的影响集中表现为制度真空与制度不完备。商业模式创新的程度，合法性获取的"朝里看""往外看"，都可以聚焦到开拓性和完善性两个研究方向，这不是简单的巧合，而是偶然当中的必然。市场和制度都是影响企业发展的双重力量，新兴企业商业模式创新兼具克服市场压力和制度约束的双重过程。开拓性商业模式创新和完善性商业模式创新的主题设计，挖掘了商业模式的制度内涵，兼顾了商业模式的交易属性和制度属性，可以更好地指导新兴经济情境下中国企业的商业模式创新实践。

第三，新兴经济背景下商业模式创新程度主题量表的开发。新兴经济背景下商业模式创新程度的主题量表的开发，是文献研究与质性研究两种方法的结合。通过文献研究初步梳理出商业模式创新程度主题的量表题项，并对6家新兴企业进行了半结构化访谈，还辅之以专家评定、MBA学员预测试，从而形成新兴经济背景下商业模式创新程度主题的初始测量量表。

第四，新兴经济背景下商业模式创新程度的主题量表的探索性分析。第一次问卷调查，从杭州、武汉、大连与东莞4地回收了180个有效样本，对新兴经济背景下商业模式创新程度主题的初始测量量表进行探索性因子分析（EFA），最终剩下16个题项，开拓性商业模式创新和完善性商业模式创新各8个题项。

第五，新兴经济背景下商业模式创新程度的主题量表的验证性检验。将16个题项作为观察变量，将两个因子作为潜在变量，构造一个CFA检验模型，借助 Amos21.0 结构方程软件做验证性分析，研究发现：商业模式创新程度主题测度量表建构效度、收敛效度、判别效度较好，测量模型信度也较好，具有较高的内部一致性。

本章通过混合研究法，整合商业模式理论和制度理论，提炼出中国新兴经济情境下商业模式创新的主题维度结构，并利用两套独立样本数据进行探索性因子分析（EFA）和验证性因子分析（CFA）。结果表明：新兴经济情境下商业模式创新测量模型包括开拓性商业模式创新、完善性商业模式创新 2 个主题维度和 16 个测项，并且这两个主题维度在整体架构上具有良好的信度和效度，能够较好地解释中国新兴经济情境下新兴企业的商业模式创新行为。

本章的创新点在于：第一，理论层面上，"情境化"了新兴经济下商业模式创新这一构念，比较好地回答了新兴企业如何通过商业模式创新进行能动性制度变革。经济转型下的市场环境变迁呼吁新的价值主张，加快创新价值运营，使新颖的价值分配与获取成为可能。新兴经济情境下的制度约束，锐化主题性商业模式设计的前因，触发回应性激励和创造性挑战。"制度真空"与"制度缺陷"为开拓性和完善性商业模式创新的主题设计提供了空间。开拓和完善主题性商业模式是新兴经济情境下新兴企业与利益相关者意义建构和意义赋予共同作用的结果，不仅架构商业模式的设计要素，而且传递组织的意义、信仰和价值观。

第二，方法论上，给出了主题性商业模式设计的操作性定义，开发了信度和效度较好的新兴经济情境下商业模式创新的主题量表。商业模式主题设计是以架构理论为基础，要求商业模式设计的要素需要围绕主导性、统率性的"主题"来编排和连接。通过挖掘商业模式创新的交易和制度属性动因，内化于新兴经济情境下商业模式创新量表的开发中。正如 Tsui（2006）所指出的"情境的差异不是对原有量表简单的修订可以弥补的"，中国情境的特殊性决定了制度是企业战略创新的内生性变量（魏江等，2014），组织合法性不只是一种结构化的基本信念，更是一种可操作的资源，可通过开拓性或完善性主题商业模式设计从外部环境萃取。鉴于商业模式主题设计是具体情境的产物，新开发的开拓性与完善性商业模式创新量表将是对原有基于西方发达经济体情境开发的主题量表的修正，有助于学者们围绕商业模式展开更为复杂的多变量研究。

本章的实践启示在于：第一，后发企业商业模式创新应加强制度互动，实现交易创新性与制度合法性并举。中国情境下，计划经济与市场导向的混合性，计划和市场力量的相互博弈（Peng，2003），创造了组织的不确定性，使得新兴企业倾向建立新的商业以缓和这种不确定性（Wei et al.，2014；罗兴武等，2021），并从中发掘机会。实践表明，经济转型中的创业发展不是国家层面上的大范围运动，而是通过创业者自发的活动涌现和扩散呈现出持久爆发式成长，民营企业自下而上的变革推动了中国市场化转型（倪志伟等，2016）。新兴经济情境下，创新性与合法性并举，是对企业商业创新的结构性失衡的纠偏，有助于新的交易活动体系的规范化、制度化，使企业的交易竞争优势和制度优势都得到彰显。

第二，创业者须因地制宜灵活运用开拓性、完善性两种不同类型的商业模式主题设计。开拓和完善的定向隐喻功能，具有重要预设和暗示作用（Battistella et al.，2012），可以激励利益相关者、分享组织意义。制度真空是新兴市场交易制度的空窗期，通过开拓性商业模式创新，可以从无到有地建构新的交易规则，获得企业发展主动权。制度缺陷是交易制度的不完善、不齐备，通过完善性商业模式创新，发挥后发优势，可以从有到新地优化现有的交易规则。开拓抑或完善，本无定法，新兴企业应有针对性地选择变革模式，提高商业模式创新的成功率。从相关性可知，开拓性与完善性商业模式创新不是正交替代，而是互补关系，两者有机结合可以促进企业成长，这在现实的商业实践中有着极其重要的意义。

第三，量表的诊断性工具功能，可以指引后发新兴企业商业模式创新实践。开拓性和完善性商业模式创新的主题设计，在一定程度上解析了中国新兴经济情境下新兴企业商业模式创新的发展实践。商业模式交易、制度属性的厘清，商业模式设计主题层、要素层的解构，为后发企业商业模式创新实践如何在设计顾客价值、定位市场、建立价值网络、培育企业资源和能力等方面实现赶超，提供了操作方法上的指导。

第五章　主题性商业模式创新与新兴企业成长:概念模型

【本章导读】 在第三章和第四章的基础上,借助对变量关系的进一步梳理,本章正式提出主题性商业模式创新与新兴企业成长的概念模型。在新制度主义视角下,本书概念模型的提出,为后续的实证检验、合法性实现构型与合法性演化的研究指明了方向。

经济理性研究者认为商业模式创新作为一种市场导向型创新,通过顾客价值主张、运营模式、营销模式的突破,创造先动优势,并展现出区别于竞争者的更优盈利能力而正向促进新兴企业绩效（Zott & Amit,2007）。作为企业的行为逻辑,商业模式创新反映企业如何运营并为利益相关者创造、传递价值的因果关系（Demil & Lecocq,2010；Osiyevskyy & Dewald,2015）。规范理性研究者认为创新性高的公司面临更多的合法性约束,合法性与效率相互排斥（Zucker,1987）,使得新兴企业商业模式创新陷入"合法性悖论"。新兴企业实施商业模式创新的目的是为顾客、投资者和合作伙伴创造更多的价值,为此"引入可盈利商业模式而打破既有游戏规则",组织创新性与制度一致性的相互矛盾（Elsbach,1994）,使得新商业模式可能遭遇政策规制的限制、行业规范的不接受、消费者的认知障碍（Hargadon & Douglas,2001；罗兴武等,2017）。

商业模式创新与合法性对新兴企业成长的作用真的是彼此对立、不可调和的吗？制度理论经过几十年的发展,组织合法性的获取早已不再局限于早期的对广泛接受的规则和仪式的遵从（Meyer & Rowan,1977）、制度环境对组织结构的单方面的同构（DiMaggio & Powell,1983）,而是更多地关注将组织创新视作能够操纵和部署的唤起性符号以积极纳入合法性（Tornikoski & Newbert,2007）。后期制度研究者多将合法性视为可操作性资源（operational resource）（Zimmerman & Zeitz,2002）,这种可操作性资源可以通过有计划的战略行为操纵外部受众的感知,是从外部环境主动萃取的（Tornikoski & Newbert，2007）。而商业模式创新正是企业层面的战略性架构范式创新（Schlegelmilch，2003），它源于对顾客需求的洞察，在为顾客创造新价值的同时，通过非狭隘的"竞合"为利益相关者创造新财富从而形塑和操纵环境（Hamel，2000），进而帮助新兴企业构建系统性竞争优势。因此，本章认为，新兴企业成长在很大程度上取决于新兴企业的交易创新策略以及在此过程中组织合法性的获取，商业模式的交易创新与制度合法性对新兴企业成长的作用应是可以调和的。在第三章和第四章的基础上，本章进一步拓展本书的概念模型。

第一节 主题性商业模式创新对新兴企业成长的影响机制

在本书第三章中，我们以裸心民宿这一"洋家乐"的开创企业为例，进行了探索性案例研究，从静态与动态视角探析了中国新兴经济情境下商业模式创新交易属性、制度属性如何作用于新兴企业成长，涌现出了竞争性、合法性、适配与互撑4个机制，并相应地提出了4个命题，从而得出3个结论，即商业模式创新的交易属性与制度属性共同内驱了新兴企业成长，交易属性通过增强竞争性的交易优势促进企业成长，制度属性借助合法性获取以保障交易的可持续；商业模式形成与扩散的过程中，商业模式创新与政策导向的有效匹配是新兴企业适应动态环境获取组织合法性的关键路径；交易属性与制度属性的互撑、竞争性与合法性机制的互撑，产生"结构塑造效应"，推动组织快速进阶。从而构建了如图3-6所示的基于双重属性内涵的商业模式创新对新兴企业成长的作用机制。

在本书第四章中，我们结合中国新兴经济情境，整合了商业模式理论与制度理论，概念化了开拓性和完善性商业模式创新的主题设计内涵；并且，通过文献演绎法和访谈归纳法确定了初始测量问项，利用两套独立样本数据进行了探索性因子分析（EFA）精炼提纯量表、验证性因子分析（CFA）验证修正后的量表。

为此，基于第三章、第四章的研究，本章提出新制度主义视角下主题性商业模式创新对新兴企业绩效的影响机制模型（请参见图5-1）。

中国新兴经济环境在市场、制度等方面具有特殊性：一方面，以互联网等新兴信息技术应用为主导努力实现"弯道超车"。新兴技术变革了交易连接方式，显著降低了信息沟通成本，极大地提升了顾客和供应商等要

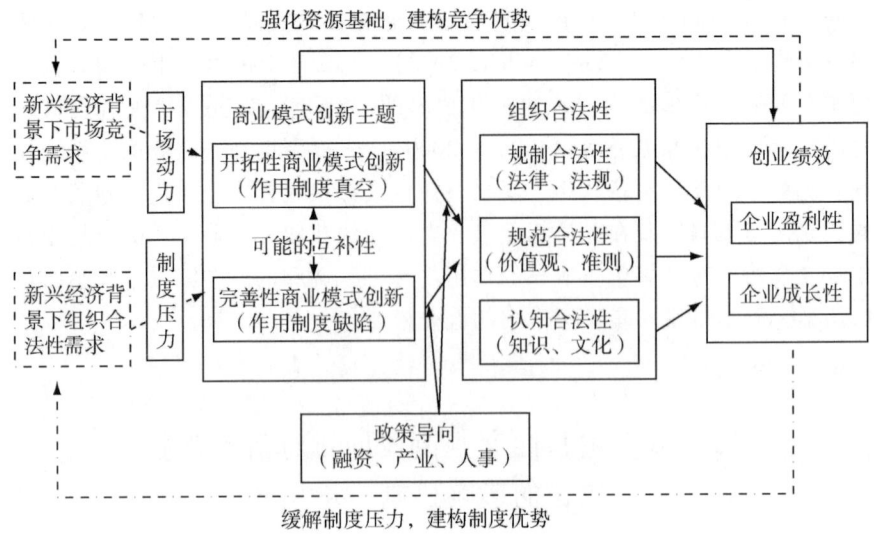

图 5-1 主题性商业模式创新对新兴企业绩效的影响机制模型

素接触范围（Amit & Zott, 2001），使得新兴企业在缺乏关键资源和能力的条件下仍能在短时间内跨界整合资源以改变价值创造逻辑，重塑行业交易规范（Foss & Saebi, 2017）。另一方面，"中间制度""变革中的失范"为新兴企业构建交易制度提供了空间（Droege & Johnson, 2007）。中国经济的自下而上市场化转型，决定了非正式制度与正式制度长期并存、交替与演进。

商业模式创新是新兴经济时代企业转型升级的重要载体，"设计思想"融入商业模式已成为企业获得持续性竞争优势的价值源泉（Zott & Amit, 2007）。中国新兴经济中制度不完善和市场机会并存，为新兴企业商业模式创新研究提供了"一个独特的市场可行与制度合法的情境"（Jia et al., 2012），"制度真空"和"制度缺陷"为新兴企业开拓性商业模式创新和完善性商业模式创新的主题设计提供了逻辑起点。商业模式价值创造活动具有交易和制度双重属性动因，与产品、技术、营销创新不同的是，商业模式创新既是一种市场导向性创新，也是一种架构性范式创新，创造新价值的同时重构现行商业模式（Schlegelmilch, 2003；Aspara, 2010；罗兴武等，2021）。因此，商业模式创新是通过变革价值创造与获取的商业逻辑，建构新的交易结构和制度规则的过程。

合法性作为新制度主义最重要的行动逻辑和核心命题（Scott, 1995），是一种在既有社会体系建构的信念、规范、价值和标准中，对组织行动的接受性、适当性和合意性的社会整体判断（Suchman, 1995），更是一种"资源中的资源"，合法性的寻求有助于帮助组织全面获取可调动的资源，促进组织成长（Oliver, 1991）。合法性具有资源和壁垒双重属性（Hamilton, 2006），新兴企业 BMI 通过设计交易制度、建立规则，突破合法性约束，获取资源，产生结构塑造效应（李东等，2010）。经过几十年的发展，制度理论早已不再局限于对规则和仪式的遵从（Meyer & Rowan, 1977）、制度环境对组织的同构（DiMaggio & Powell, 1983），而是更多地将组织创新视作能够操纵和部署的唤起性符号以积极获取合法性资源（Tornikoski & Newbert, 2007；罗兴武等，2017）。

中国新兴经济情境下，市场和制度是影响中国社会经济的双重力量（蔡莉等，2011）。新兴企业商业模式创新过程，是一个集政治、经济、文化等因素为一体的复杂过程（Hughes et al., 2008），面临市场准入、资金短缺、人才缺乏等瓶颈问题，社会化的制度结构要求企业商业模式创新密切关注制度环境中的相关政策（Gerasymenko et al., 2015）。在新商业模式的推广过程中，企业高管认知行为与组织政治行为往往是交织在一起的（Narayanan et al., 2011；罗兴武等，2021）。新商业模式这种市场导向型创新能否保持较高的政策导向可能会对企业合法化行为产生显著影响，商业模式创新与政策导向的交互效应也可能会对组织合法性和企业成长产生帮助。

第二节　新制度主义视角下主题性商业模式创新与新兴企业成长：变量关系模型

一　商业模式创新与新兴企业绩效

管理学大师彼得·德鲁克一针见血地指出，"目前企业间的竞争不是产品和技术的竞争，而是商业模式之间的竞争"。产品和技术固然重要，但在商业竞争白热化的今天，"酒香也怕巷子深"。技术本身并没有特定的客观价值，其经济价值的实现依赖于商业模式创新（Hart & Christensen, 2002）。已有案例表明，商业模式创新给企业所带来的价值远大于产品创新和技术创新（张根明、易睿，2013）。

以往的商业模式创新大多集中在交易视角，商业模式是识别机会、开发机会并进行价值创造的交易活动体系（Amit & Zott, 2001），是将技术、知识等潜在投入通过顾客和市场转化为经济产出的框架（Chesbrough &

Rosenbloom，2006）。交易视角的商业模式创新多以资源理论、交易成本理论、价值链理论等来解释如何通过商业模式创新释放经济价值。资源基础理论强调商业模式对企业内部资源的创造性整合、配置和动员（Barney，1991）。资源依赖理论认为商业模式创新离不开外部环境的支持，需要通过联盟、合并、游说或治理等手段获得企业发展所需要的关键资源（Zott & Amit，2007）。交易成本理论则将商业模式视为创新交易途径，降低交易成本与风险、提高交易效率的有效手段（Amit & Zott，2001）。价值链理论认为商业模式创新可以选择、重组或优化交易链条的活动，其目的是给自己和价值链上的合作伙伴带来价值（Poter，2000）。总的来说，在交易视角下，商业模式创新被看作开发商业机会的重要手段，企业可以通过创新交易结构、交易方式，或对企业内外部资源进行优化、配置，获取交易竞争优势，提高企业绩效。

商业模式创新中的制度合法性不能仅仅作为隐含的存在而被忽视。在制度视角下，商业模式是活动主体间的关系治理（Amit & Zott，2001），是制度化的规则体系（李东等，2010），是整合利益相关者关系获取超额利润的结构体系以及制度安排的集合（罗珉，2009）。制度视角的商业模式创新，以制度基础理论、新制度主义理论、组织合法性理论为基础，诠释企业的商业模式创新活动，也是企业克服制度障碍、建立交易规则制度优势的过程。制度基础理论认为制度能影响企业商业模式的选择，制度环境为企业提供了挑战和机会，企业商业模式创新的过程就是企业与制度环境的互动过程（Peng，2002），这种互动将使企业的资源和行动更具特色，获取远超竞争对手的经济价值，从而拥有制度竞争优势。新制度主义理论将制度环境分为正式制度和非正式制度（North，1990），正式制度主要指法律、规章的规制支柱，非正式制度又细分为价值观、共同准则的规范支柱和社会知识、文化模式（Scott，1995），正式和非正式的制度约束通过对组织的交互作用直接影响了企业商业模式的选择。合法性机制是新制度主义理论最重要的行动逻辑（Oliver，1997），合法性理论可分为制度和战略两个学派，制度学派强调"朝里看"，组织发展应符合外部环境的制度逻辑，合法性主要是对外部制度压力被动的回应，是结构化的信念机制（Meyer & Rowan，1977；DiMaggio & Powell，1983）；战略学派强调"往外看"，组织应充分发挥主观能动性，以获取合法性这种独特的运营资源（Suchman，1995；Zimmerman & Zeitz，2002）。商业模式创新过程也暗含了改变自己和改造环境两条合法化途径，新兴企业商业模式创新过程实际就是新企业获取合法性的过程（Tornikoski，2007）。总体来看，在制度视角下，商业模式创新本质上是对企业内部的价值链或外部伙伴网络乃至整个产业的价值星系进行重构的过程，是与外部价值网络交互形成的一种新的制度安排，应重视企业与制度环境的交互作用，努力克服交易中的制度障碍，获取合法性支持，建构交易体系的制度优势，使企业持续赢利（罗兴武等，2018；Luo et al.，2022）。

故而，交易竞争优势和交易制度优势都是商业模式创新的重要目标，两者的兼顾，既能获取经济价值，又能保障交易赢利活动的连续性。大量资料表明，商业模式创新是市场商业机会的开发机制，通过创新性整合资源传递更高价值，来满足市场显性和隐含需求，借以实现新兴企业高效率成长（Malone et al.，2006；Zott & Amit，2007；张炜等，2007；文亮、何继善，2012），这在第三章的案例研究中也得到了佐证。商业模式主题设计是企业竞争优势的重要来源（Teece，2010）。企业利用商业模式主题设计，可以有效整合创业资源，引导新兴企业发展，帮助企业正常运转（Hart & Christensen，2002）。商业模式主题设计不仅能促进企业创造新知识，而且能广泛吸收外部知识（刘洋，2014）。

商业模式主题设计可以通过架构理论进行描绘和测量（Zott & Amit，2007）。架构理论是商业模式要素结构性的汇聚，架构的独立性使其成为模式（Meyer et al.，1993），本质上是多要素相互依赖的复杂系统（Miller，1996）。基于架构理论，商业模式创新将商业模式要素以某个主题连接、编排起来，可以更好地捕捉焦点企业与利益相关者的交易行为，理清企业与利益相关者的联系和交换细节（Zott & Amit，2008），从而加强客户的购买意愿、降低供应商合作的机会成本来创造价值（Zott & Amit，2007）。Amit 和 Zott（2001）通过对欧美 59 家电商企业案例研究，提出交易活动的"NICE"主题，即新颖（novelty）、锁定（lock-in）、互补（complementarity）和效率（efficiency），标志着首次正式地将主题概念应用于商业模式研究。并且，检验了新颖（熊彼特创新）和效率（降低交易成本）主题对企业绩效的正向影响（Zott & Amit，2007）。Teece（2006）针对技术型新兴企业，根据企业执行活动系统的边界不同，设计了授权导向和整合导向 2 个主题商业模式。程愚等（2012）针对中国企业在全球化竞争中呈现的技术劣势、产业低度化问题，开始强调技术创新和经营方法创新，设计了以摆脱生产技术劣势为宗旨的技术主题模式和以摆脱经营方法落后为宗旨的方法主题模式。

国内外关于商业模式主题的回顾，一方面表明商业模式主题研究的匮乏，另一方面也表明商业模式主题是具体情境的产物。以往的研究，不能满足中国新兴经济情境下商业模式创新程度的主题。因此，本书整合商业模式理论和制度理论，提出了新兴经济背景下商业模式创新程度的设计主题，即开拓性商业模式创新和完善性商业模式创新。开拓性和完善性商业模式创新的主题设计，兼顾了商业模式的交易属性和制度属性，拓宽了商业模式主题设计的思路，可以更好地指导中国新兴经济情境下企业商业模式创新的实践。

因此，基于上述理论逻辑和本书第三章的案例研究，提出以下假设：

假设1：商业模式创新（开拓性和完善性）能够促进新兴企业绩效提升。

（一）开拓性商业模式创新与新兴企业绩效

开拓性商业模式创新作用于交易制度真空，关注顾客隐性需求，通过对市场的预测，以商业模式创新手段重构或新建的交易结构和交易规则，从而对市场行为进行引领。Droege 和 Johnson（2007）研究发现，中国经济转型下旧制度瓦解和新制度建立之间存在大量空白，呈现很多"中间制度"状态，造成行为主导制度，而不是制度引导行为。中国市场体量巨大，"放权式""实验型"的"软着陆"改革方式和新兴经济背景下"摸着石头过河"的哲学思想，决定了中国市场的制度真空和制度不完备交织性的存在（罗珉和马柯航，2013）。特别是现阶段，网络技术、云计算、大数据的风起云涌，加快了产业脉动（industry clock-speed）速度，加长了迂回生产链条，使得竞争关键点不断转移，交易制度的真空和不完备成为一种常态（魏江等，2014），这些都为企业进行开拓性商业模式创新和完善性商业模式创新提供了巨大空间。

制度真空是政府制定政策的空窗期，利用交易制度的真空期，游走在"合法"与"不合法"的边缘，通过开拓性商业模式创新，进行制度创业或非正式经济下的创业，可以给企业带来巨大利好，譬如，阿里巴巴成功开创其电商模式、滴滴从打车软件成长为国内最大一站式出行平台、裸心从民宿这一非正式酒店形态到蜚声海外等。Barkema 等（2002）指出新经济时代的基本特征，就是层出不穷的不确定性。网络经济和经济全球化不断制造出新的机会和新的市场，每一轮机遇的把握，每一个市场的争夺，都存在战略窗口期，这为开拓性商业模式提供了源源不断的机遇（李东等，2010）。开拓性商业模式创新通过新的价值创造和价值获取，创造新的交易规则，获得生存的主动权，占据"赢者通吃"的制高点（李东等，2010）。互联网时代，厂商组织边界变得模糊，内外环境难分，正如管理学家 Peters（1988）所说，"混沌将导致一场革命"。互联网改变了交易场所，加快了沟通速度，减少了中间环节，推动了去中心化（decentralization），使传统的以供给为导向的价值链向以需求为导向的价值创造转变（罗珉、李亮宇，2015；罗兴武等，2021）。小米"硬件+软件+互联网服务"的"铁人三项"商业模式，成功开拓出手机新的生产、交易与服务的规则体系，使"风口上的猪"也能飞起来，成立仅 4 年市值便已超百亿美元（董洁林、陈娟，2015）。"跨界协作"模糊组织原有边界，开拓新的交易规则，创造新的价值，阿里巴巴跨界金融动了银行的奶酪，腾讯跨界"聊天"动了移动通信巨头们的奶酪，等等，这些背后都意味着一个旧的制度正在瓦解，而一个新的制度正在建立，跨界者们利用开拓性商业模式创新为自己带来了丰厚的回报（罗珉、李亮宇，2015；罗兴武等，2021）。Lumpkin 和 Dess（2005）指出开拓性商业模式创新作用制度的相对真空（relative vacuum）和市场的非均衡（asymmetries），获得高额回报，在顾客认知中领先确立品牌优势。Lieberman 和 Montgomery（1988）指出以开拓性姿态进入市场的企业，容易抓住先动机会，获取先动优势，获得顾客更多的品牌认知、接受更多的关注，创造巨额利润。Lumpkin 和 Dess（1996）认为开拓性要求企业的商业行为具有认知超前性、市场预见性及产品或服务提供的领先性。

基于以上研究，本书提出以下假设：

假设 1-1：开拓性商业模式创新正向影响新兴企业绩效。

（二）完善性商业模式创新与新兴企业绩效

完善性商业模式创新作用于交易制度的不完备，关注顾客显性需求，通过对市场的快速反应，以商业模式创新手段调整、优化现有的交易结构和交易规则，从而对市场行为进行提升。制度不完备是指有一定的制度基础，但市场交易机制不健全，通过完善性商业模式创新，可以减少制度不完备带来的不确定性，从而为企业赢得很好的盈利机会，甚至后来者居上，例如，京东加强物流体系建设使自身从电商平台的竞争中脱颖而出、韩都衣舍累积供应链柔性成功实现后来者居上。正如刘强东在中欧国际工商学院 20 周年庆活动之"大师讲堂"上所讲，用户体验、成本与效率是京东商业模式成功的关键因素，完善性商业模式创新旨在降低现有规则的成本，来提高营运效率和提升用户体验。处在新兴时期的新兴企业，在核心技术缺乏的情况下，通过提供互补性资产，借助差异化商业模式架构创新、产业价值网络组织形式的创新，也有可能成为市场的领先者（罗珉、赵红梅，2009）。像比亚迪、联发科、振华重工等尚在初创期时，它们凭借拥有和掌控的互补性资产，进行完善性商业模式创新，不断突破先发者设立的追赶陷阱和战略隔绝机制，最终实现后发先至（罗珉、马柯航，2013）。

"第一个先进入者第一个失败"（Robinson & Min, 2002），开拓性公司并不总是在创新中获得利润最多的组织，它们可能面临政策规制的限制、行业规范的不接受、顾客的认知障碍、进入市场的高风险。特别是中国新兴经济背景，在商业模式模仿较容易、市场不规范、知识产权保护不力、交易机制不成熟的情况下，完善性创新者可能吸取开拓者所犯错误的教训，利用开拓者的资本外溢（capital spillover）效应和知识外溢（knowledge spillover）效应（罗珉、马柯航，2013），弥补现有市场产品或服务以及交易机制的不足，在付出比开拓者小得多的代价下快速超越开拓性企业。正如 Osterwalder 等（2005）的研究，商业模式复制的成本与发明一个商业模式不可同日而语，从而使"搭便车"效应（free-rider effects）凸显。开拓者较早进入市场，其商业模式需要经过不断试错的过程（Cho et al., 1998），可是对完善者来说，进入较晚，有可能跳过这些阶段。而且，完善性商业模式创新企业可以通过对开拓者进入市场后的战略、行为和效能进行有效观察和分析后，利用自身的互补性资产，以及在技术、设备和市场的快速模仿和赶超能力，在开拓性企业的顾客忠诚度、品牌声誉建立之前，在开拓者的规模经济、经验曲线和学习曲线尚未获得之前，后来居上，形成后发优势（late-comer advantage）（Mathews, 2002），获得开拓者无法获得的竞争优势和更大市场占有率。

基于以上研究，本书提出以下假设：

假设1-2： 完善性商业模式创新正向影响新兴企业绩效。

假设1-3： 完善性商业模式创新对于新兴企业绩效的直接效应，相对于开拓性商业模式创新同样显著。

二 组织合法性与新兴企业成长

作为新兴经济体的中国，改革开放以来，强调通过相对自由、不断增长的贸易来强化市场机制，并鼓励民营企业的发展，但新兴经济背景下企业缺乏竞争的意识和经验，也缺乏完善的法律和规范的行业制度来规范其市场化行为（Hoskisson et al., 2000）。大多数学者在分析中国等新兴经济体的制度环境时，借鉴了 North（1990）的正式制度和非正式制度、Scott（1995）的规制合法性、规范合法性和认知合法性理论，认为各种正式制度和非正式制度还未形成稳定结构，呈现出"中间制度"的形态（Droege & Johnson, 2007）。具体表现在，规制层面上政府行政式干预较多、产权保护制度不够、竞争体制不公平、契约的法律效力不足等；规范层面上行业准则缺乏标准、创业生态环境的缺失、创业即剥削的价值观错位等；认知层面上存在创业者市场经验和创业技能的不足、消费者对新产品或服务的文化认知不够等（Aidis et al., 2008；Manolova et al., 2008；罗兴武等，2021）。

合法性是一种在社会体系建构的信念、规范、价值和标准中，对组织行动的正确性、接受性和适宜性的总体性理解和假定（Suchman, 1995；Scott, 1995），也是一种"能够帮助组织获得其他资源的重要战略资源"，它有助于增强组织的竞争优势（如员工承诺、顾客忠诚、同行认可、公共关系等）（Williamson, 1999；Zimmerman & Zeitz, 2002）。新兴经济情境下一个重要而普遍的问题就是新兴企业合法性水平偏低，由于新进入缺陷，缺乏交易记录、缺乏行业经验、缺乏社会认可的品牌，面临更多的风险和不确定性，社会对新兴企业整体认可度不高（杜运周，2008）。Tornikoski 和 Newbert（2007）认为创业过程实际就是新兴企业获取合法性的过程。新兴企业可信性和可靠性低，需要通过合法化战略嵌入制度情境，获得关键利益相关者的支持，广泛整合资源获得企业的成长（杜运周等，2009）。新兴企业对合法性的需求会受到所在行业特征和制度情境的影响。Aldrich 和 Fiol（1994）指出，新兴行业对合法性资源获取的需求要高于成熟行业。Scott（1995）、Deeds 等（1997）认为新兴企业应根据制度情境来选择合法化措施。Oliver（1991）、Zimmerman 和 Zeitz（2002）认为新兴企业成长具有社会情境属性，故应根据自身情况和改变制度的难易程度，以及合法化措施可能带来的效果差异来决定采取何种合法化战略。

现有研究表明，合法性能够为新企业带来可信性和可靠性，有利于克服新创弱性（Tornikoski & Newbert, 2007）。外部投资者会因为合法性增强对新企业未来绩效的预期，降低对风险的感知（Certo & Hodge, 2007）。而且，合法性的获取，有助于突破"合法性门槛"，并在此基础上有效地进行资源动员与整合（Zimmerman & Zeitz, 2002），相对于低合法性的组织，高合法性组织能以更合意的条件获得高质量的资源（Deephouse, 1996）。获得关键利益相关者的认可，即合法性本身可以视为一种资源，其对企业绩效的影响丝毫不亚于人力、工艺、技术、资本等其他企业资源（Suchman, 1995）。因此，合法性的获取，有助于提高特定制度情境下社会对组织的认可，克服新进入缺陷和新创弱性，进而整合资源，扩张规模，提升业绩，实现新兴企业的快速成长。

基于以上研究，本书提出以下假设：

假设 2：新兴企业合法性水平正向影响新兴企业绩效。

三 组织合法性在商业模式创新与新兴企业成长间的中介作用

从新制度主义视角看，商业模式创新是在谋求交易制度的合法性，是在产业情境与企业资源以及制度约束下，制度与组织互动的结果（Peng，2002）。Casadesus-Masanell 和 Zhu（2013）认为，商业模式本质上是使企业获取可持续竞争优势的制度结构的连续体，这种制度结构的稳定性是来自包括竞争者在内的合法性认可。罗珉（2005）认为商业模式是获取超额利润的结构体系以及制度安排的集合，并以此合法化结构保证商业模式追逐熊彼特租金的可持续。李东等（2010）认为商业模式是使企业价值创造和获取价值得以持续和重复的特定规则系统。Rappa（2004）认为商业模式最基本的意义是企业做生意的方法，以及企业的生存之道和营收模式，深层意义上是指企业与上游伙伴以及客户价值分配与获取的规制安排。显然，这种特定规则体系及利益相关者的价值获取安排都蕴含了组织合法性的真实存在。如果用一个更加完整的理论视野来审视商业模式，我们认为，即使除掉市场环境威胁的感知能够降低对新商业模式认知层面抵触的因素，商业模式创新作为一种复杂的创业活动，也并不一定会陷入"合法性悖论"。NICE 交易属性内化于商业模式创新活动当中，有助于增强企业产品或服务的市场竞争性（Amit & Zott，2001），而企业竞争性的增强又将正向影响合法性提升（杜运周等，2012）；同时，一致性与可持续性的制度属性要求则使得商业模式创新的行为过程本身蕴含了合法化策略（Hamel，2000；Casadesus-Masanell & Ricart，2011），通过获取合法性制度安排，以保障交易赢利活动的连续性。交易创新决定组织的盈利模式，为制度合法性提供经济基础，制度合法性的获取，又将有助于战略资源的获取，减少交易中的不确定性，两者相互作用，共创价值（罗兴武等，2017）。

作为一种架构性范式创新，商业模式创新有助于企业构建系统性竞争优势（Osterwalder & Pigneur，2011），这种系统性竞争优势有助于合法性的获取。事实上，商业模式创新最易于获取客户和投资机构两个新兴企业最为依赖的利益相关者（杜运周等，2012），从而突破"创新者窘境"。商业模式创新作为主动性市场导向型创新，在新顾客的开发、新交易的达成和新市场的开拓上表现突出（Zott & Amit，2007；Aspara et al.，2011），科技进步的一日千里和市场环境的瞬息万变也增强了顾客对新的商业模式的接受和认知（Gerasymenko et al., 2015）。根据种群生态和合法性理论，组织合法性是新兴企业生存和发展的关键资源。Zimmerman 和 Zeitz（2002）在构建合法化时，构建了"合法性—资源—企业成长"的因果关系，认为当企业绩效缺乏时，可以通过合法性获取外部环境利益相关者的关注和支持，使企业获取资源并帮助企业成长。企业寻求合法性的最终目的是获取可调动的资源，企业应根据外部制度环境的压力、内部意愿和自身能力的强弱，选择默认、妥协、回避、反抗、操纵等措施来进行相应的合法化行动（Oliver, 1991）。企业创业初期，没有市场认可的产品和可靠的声誉，可以通过商业模式或创业故事表达自己的合法身份，争取风投（VC）等外部利益相关者给予的合法性资源（Lounsbury & Glynn, 2001; Navis & Glynn, 2011），当然这要求在商业模式描绘时，能体现价值创造创新的商业逻辑，并可能转化为企业的专用型资产和产业层面的制度资本，具备将这种新的商业逻辑商业化的巨大市场潜力（Lounsbury & Glynn, 2001; 曾楚宏等，2008）。商业模式创新赋予了企业获取合法性的主观能动性，其价值正在于其对包括合法性在内的资源的整合和利用，借此挖掘消费者需求，形成企业异质化的核心能力，建构企业竞争优势（郭毅夫和赵晓康，2009）。因此，商业模式创新有助于获取组织合法性，本书提出如下假设：

假设3：商业模式创新正向影响新兴企业合法性水平。

组织合法性是不是将商业模式创新转化为新兴企业绩效的一种机制？现有研究很重视商业模式创新对于企业绩效的直接作用（Zott & Amit, 2007; 文亮和何继善，2012），以及这种关系是否受到技术创新战略、战略导向、市场环境的调节影响（Zott & Amit, 2008; 崔楠和江彦若，2013; 郭海和沈睿，2014），或是什么前置因素（如创业机会、创业环境、创业能力、二元式创新）影响商业模式创新（文亮和何继善，2012; 闫春，2014）。但是对于商业模式创新如何转化为企业绩效过程了解不够。考虑到新兴企业新进入缺陷和合法性约束，如何发挥商业模式创新的作用，并避免市场交易的恶性竞争，跨越合法性门槛，以促进新兴企业成长，是现有研究没有关注的，这值得我们去探讨。商业模式创新中的制度合法性不能仅仅作为隐含的存在而被忽视，企业商业模式的创新活动，也是企业克服制度障碍、建立交易规则制度优势的过程。根据制度基础观，企业商业模式创新的过程就是企业与制度环境的互动过程（Peng, 2002）。新制度主义和组织合法性理论的合法性机制也是企业创新商业模式的行动逻辑，不仅要求组织遵从外部制度环境，更鼓励企业能动性的发挥（Suchman,

1995），正式制度和非正式制度的交互助推企业商业模式创新。因此，商业模式会形成结构塑造效应（李东等，2010），支撑和固化组织创新的行为价值，为企业带来内、外部匹配的一致性，以及熊彼特租金追逐的可持续性，获得顾客、投资者等利益相关者的认可，建构交易体系的制度优势。合法性能够为新企业带来可信性和可靠性，有利于克服新创弱性（Tornikoski & Newbert, 2007）。外部投资者会因为合法性增强对新企业未来绩效的预期，降低对风险的感知（Certo & Hodge, 2007）。而且，合法性的获取有助于资源的动员与整合（Zimmerman & Zeitz, 2002），相对于低合法性的组织，高合法性组织能以更合意的条件获得高质量的资源（Deephouse & Suchman, 2008）。此外，受利益相关者认可的合法性本身可以视为一种资源，其对企业绩效的影响丝毫不亚于人力、工艺、技术、资本等其他企业资源（Suchman, 1995）。

商业模式创新挖掘消费者的潜在需求，开发市场机会，有效整合企业技术与内外资源，是取得企业竞争优势的重要来源（Amit & Zott, 2001；郭毅夫和赵晓康，2009）。新兴企业不仅要关注商业模式创新的交易竞争性，也需要获得交易创新合法性，避免损害行业利润水平和降低企业自身的盈利水平。根据行业竞争理论，交易竞争越激烈，行业的利润水平和企业的利润率会越低（Poter, 1980）。种群生态理论也表明，交易竞争性使得组织密度和企业成立率负相关，而合法性对种群生态起正向作用（Hannan & Freeman, 1989）。Aldrich 和 Fiol（1994）指出许多新兴企业创业没有成功，不是因为商业模式的创新性不够，而是因为新兴企业没有得到利益相关者的认可，没有得到制度的支持。新兴企业由于其资源禀赋和合法性水平有限，在商业模式创新方面并不必然具有优势，但由于商业模式本质上是对企业内部的价值链或外部伙伴网络乃至整个产业的价值星系进行重构的过程（胡艳曦、曾楚宏，2008），作为与外部价值网络交互形成的一种新的制度安排，或强或弱都会对原有交易结构体系产生影响。因此我们推断，新兴企业商业模式创新可以赋能合法性，主动突破制度环境约束，获得顾客、投资者等关键利益相关者的认可，克服新创弱性，进而形成企业异质化的核心能力，为企业拓展更多的成长空间。基于此，本章提出以下假设：

假设4：商业模式创新通过合法性中介作用，正向影响新兴企业绩效。

（一）合法性在开拓性商业模式创新与新兴企业绩效间的中介作用

开拓性商业模式创新作用于新兴经济情境下，数字网络技术发展和经济全球化过程中，由于产业脉动速度加快、竞争关键点不断变化，市场中存在大量的制度真空。作为引致环境不确定性的因素，开拓者商业模式创新的过程，也是创造新规则的过程（李东等，2010），以强化一些新的信念或行为规则，这种新的合作规则可能导致全新商业生态体系发展壮大。从新制度主义视角看，开拓性商业模式创新是一种从无到有的制度建构过程，它可以利用先发优势（罗珉、马柯航，2013），钩稽出较为稳定的多主体参与的新型价值活动体系，发挥结构塑造效应，增强基于制度建设的商业模式容器效应，提升企业经营的可预见性和利益相关者认同（李东等，2010），获取规制、规范和认知合法性。由此，本书提出如下假设：

假设3-1： 开拓性商业模式创新正向影响新兴企业合法性水平。

开拓性的新兴企业面临一种悖论（王炳成、李洪伟，2010），一方面由于开拓性易于取得先动优势，另一方面可能遭遇合法性低的问题，如顾客对产品或服务理论错位、缺乏历史记录、品牌认知不足等（Stinchcombe，1965）。为了克服开拓者的不确定性，需要通过合法化战略以获得合法性（Haunschild & Miner，1997）。爱迪生电灯市场化的案例，堪称开拓性商业模式创新的典范，为了让消费者广泛接受电灯这一颠覆性的创新产品，他采取了稳健的合法化战略，如隐藏了电灯相较于煤气灯的巨大不同，使用煤气灯既有制度中人们熟知的语言、标准来传播电灯新产品，逐步建立了顾客对新产品对于认知合法性的基础（Hargadon & Douglas，2001）。项国鹏等（2011）将阿里巴巴视作以开拓性商业模式创新进行制度创业的典范。阿里巴巴开创了电商B2B的先河，创业创期，马云游说纽约华尔街30余家风投（VC）公司未果，遂采用配合工商总局打假、说服高盛、西湖论剑造势等手段，来获取政府、竞争者和顾客等关键利益相关者的认可。因此，开拓性新兴企业由于新进入缺陷和合法性约束，其商业模式需要采取必要的合法性措施来提高合法性，以把握稍纵即逝的商业机会，获得先动优势，促进企业成长。这个过程体现的是开拓性商业模式创新通过合法性的中介，实现新兴企业绩效的过程。由此，本书提出如下假设：

假设4-1： 开拓性商业模式创新通过合法性中介作用，正向影响新兴企业绩效。

（二）合法性在完善性商业模式创新与新兴企业绩效间的中介作用

相较于开拓性商业模式创新创造新规则，完善性商业模式创新主要是对交易规则的优化、提升，可以降低利用现有规则的成本（李东等，2010）。Hagel和Singer（1999）认为数字化的普及与应用，导致企业间合作规则以全新方式和极低成本来实现，解绑制度内的传统公司，提高组织运营效率。除了数字技术，还有产品、物流、金融等方面，完善性商业模式创新都有广泛的存在空间，通过提供互补性资产，降低交易规则的成本，较易获得顾客、竞争者和政府等关键利益相关者的认可（Amit & Zott, 2001）。京东以自建物流网络、扩大网上自营的形式，提供平台电商运营的互补性资产，降低了物流成本，加快了货物周转速度，获得消费者、平台商家的高度认可（尹锋，2014）。

商业模式创新通常是一个循序渐进的过程，开拓性商业模式创新存在较大风险：顾客认知不够，供应商不理解，各种资源也不一定能同时到位（Boulding & Christen, 2001），因此很多新兴企业选择了完善性商业模式创新。作为市场的快速跟随者，可以吸取开拓者的教训，降低在技术和市场领域的风险，少走弯路，并产生"搭便车"效应（free-rider effects），利用先发企业的知识外溢和资本外溢，并通过互补性的服务，如改良产品、改进服务等，来获取顾客认知、供应商信任，从而获得较高的市场占有率和较强的竞争优势。由于经济全球化，基于时间的竞争加剧，新兴企业常主动或被动嵌入到各种组织网络中，如何获得所在商业网络中特定地位，就是普遍意义的组织合法化过程（Hargadon & Douglas, 2001）。在数字网络经济飞速发展和企业高度依存的今天，完善性商业模式创新企业可以将自己最长的那一块或几块木板拿出去和别人合作，做一个更大的木桶，即"新木桶理论"，在提升市场交易机制的同时，可以更快地获得价值网络利益相关者的认可，并获取属于自己的那杯羹（朱瑞博等，2011）。由此，本书提出如下假设：

假设3-2：完善性商业模式创新正向影响新兴企业合法性水平。

假设3-3：完善性商业模式创新对于新兴企业合法性水平的直接效应，相对于开拓性商业模式创新同样显著。

完善性商业模式创新，虽然从创新程度来说，没有开拓性商业模式创新强，但它依然是与价值网络互动后形成的一种改良性的制度安排，对原有结构体系形成了冲击和影响，面临着各种规章的规制性约束、共同准则的规范性约束和文化模式的认知性约束。新兴企业在新进入时，本身存在合法性约束和新进入缺陷。故而要求新兴企业，一方面可以通过完善性商业模式创新，在激烈的市场竞争中，为自身谋取交易中的竞争优势；另一方面则需要开展适合制度环境和自身能力的合法化战略，谋求商业网络中的合法性。这样可以避免恶性竞争，又能争取到环境中利益相关者的认可，通过合法性这一特殊资源谋求企业成长中其他急需的资源。而这个过程体现的就是完善性商业模式创新向新兴企业绩效转化中的合法性获取的中介作用,即商业模式创新通过合法化可以更好地促进新兴企业成长。本书提出如下假设:

假设4-2:完善性商业模式创新通过合法性中介作用,正向影响新兴企业绩效。

四 政策导向在商业模式创新与组织合法性间的调节作用

中国新兴经济情境下,市场和制度是影响中国社会经济的双重力量(蔡莉等,2011),与创新企业经营相关的政策无疑是企业外部制度环境重要的组成部分。企业合法性不是凭空获取的,组织因素与情境因素的交互作用能够更好地解释复杂情境中的合法性的内在产生机制。作为组织与制度间客观契合度的体现,政策导向正是这样一个重要的情境调节因素。政策导向是指企业依据相关政策信息引导,调整企业经营行为,以期实现组织目标(陈启杰等,2010)。企业的政策导向程度越高,企业与政府政策的联结点就越多,匹配程度也会越高(Cheng,2014)。Tang 和 Tang(2012)认为中国制度环境存在独特性,一方面市场逐步开放,引入竞争机制,计划经济向市场经济转型;另一方面,计划经济制度依然深深影响整个社会经济,政府发挥了重要的引导作用。Narayanan 等(2011)认为管理者的意义给赋行为、建构行为、上谏行为等认知行为,在其新商业模式推广过程中是与政治行为交织在一起的。与新兴企业经营相关的政策是企业外部制度环境重要的组成部分,组织因素与情境因素的交互作用能够更好地解释复杂情境中的合法性的内生机制。以往研究表明,政策导向提高了企业的政策敏感性,有助于企业对政府的指引做出有效反应,从而提高组织的合法性水平(Minniti,2008;Flack et al.,2010;彭华涛,2013;罗兴武等,2017),但是政策导向作为调节变量的影响效应还有待深入探讨。

Blees 等(2003)、Hopers 等(2009)认为政策导向蕴含的政府指引信息是提升组织合法性的重要因素。而在合法性提升过程中,企业如果对政策信息收集不多、研究不深、内部传播不充分,则对政府的规划、引导领会不够,导致企业对政策所释放的规制、规范与认知合法性认识不足,进而影响企业合法性水平。

制度属性视角下,商业模式是制度化的规则(李东等,2010),是活动主体间的关系治理(Amit & Zott,2001),是创新意图实现的制度安排的集合(罗珉,2009)。商业模式创新通过制度设计、规则建立,产生结构塑造效应(李东等,2010),适应、对接社会化制度结构,因此,商业模式创新在一定程度上意味着对制度的主动建构。结合企业对制度主动建构与客观政策的被动适应来讨论交互效应对组织合法性的影响十分必要。一方面，企业商业模式创新程度的强弱，体现了企业重构价值网络意愿的大小、建构交易规则能力的高低（Moyon & Lecocq，2010）。当政策导向程度高时，组织与政府政策的联结因素就多，这能强化企业的价值主张、价值创造与价值获取等商业模式创新的内容，从而使企业商业模式创新能力提高，即商业模式创新的影响效应得到加强。另一方面，当企业与制度环境的客观联结因素较多时，企业也会更加重视政策对组织在经营战略、市场运营等方面的导向性作用，这会对企业合法性提升产生积极影响（Verstraete & Laffitte，2011）；同时，"导向"的过程使企业收集、吸收到政府政策引导的信息，从而在实际层面推动企业商业模式创新。

政策导向某种程度上可以视作企业的经营战略（陈启杰等，2010），而商业模式创新正是以战略分析与选择作为前提条件与逻辑起点（Zott & Amit，2008），新兴经济背景下商业模式的价值主张与政策导向的契合就显得尤为重要。当政策导向程度高时，组织与政策联结因素多，强化企业价值主张、网络构建与市场运营等商业模式创新的内容，增加其适应社会环境的能力（Cheng，2014），获得更多利益相关者的认可，提升组织合法性。相反，当政策导向程度低时，企业对客观环境的政策感知程度低，企业收集、吸收到的政策信息少，企业商业模式创新得不到政策的有力支持，使企业运营无规可依、无章可循，降低顾客认知，减弱组织合法性。高政策导向的企业能够比低政策导向的企业关注到与制度环境更密切的联系和更高的匹配性，这种相对客观的政策感知反过来能够加强企业对制度的主动构建，使得企业倾向于把制度看作企业的内生变量（魏江等，2014），从而使一致性、可持续性等制度属性更好地作用于商业模式创新。并且，在这种客观政策与主观政策感知交互影响的过程中，企业能够获得更多顾客、竞争者、政府等利益相关者的认可，获取商业模式创新的制度资本，从而促进企业创新模式外显为制度优势，提升能使组织在未来愈加激烈的市场竞争中胜出的组织合法性水平。因此，中国新兴经济下企业的市场机制与政策机制呈现出共存性与互补性特征（魏江等，2015），高政策导向的企业能够比低政策导向的企业关注到与制度环境更密切的联系，获得政府在融资、产业规划、人才吸引等方面更多的支持，取得更多利益相关者认可，使交易模式外显为制度优势。故本章提出以下假设：

假设5：政策导向正向调节商业模式创新与合法性的关系。即与低政策导向相比，高政策导向时，新兴企业的商业模式创新对合法性的正向影响更强烈。

（一）政策导向在开拓性商业模式创新与组织合法性间的调节作用

开拓性商业模式创新作用于新兴经济情境中涌现的交易制度真空，企业关注顾客的潜在需求，为顾客提供与众不同的产品（或服务）与顾客体验，以商业模式创新手段重构或新建的交易结构和交易规则，先行占领顾客的认知空间，建立良好的声誉和品牌形象，获得较强的交易竞争优势。可是，开拓性商业模式创新由于其前瞻性、预应性与先动性，在技术和市场领域面临较大风险，顾客对其认知不足，并由于重构或颠覆了原有制度，可能招来竞争者的抵御。政策导向在某种程度上可以视作企业的经营战略（陈启杰等，2010），商业模式创新的价值主张正是以战略分析与选择作为前提条件与逻辑起点，政策导向会提高企业的政策敏感性，提高组织合法性。刘鹰（2014）认为阿里巴巴作为以开拓性商业模式创新进行制度创业的典范，契合了中国经济深度转型的时间节点，踩准了电子商务发展的节奏，从而建构了新的游戏规则，在释放草根创新创业活力的同时，使自身企业获得巨大成功。张维迎（2001）认为开拓性企业不会坐等政策出台，而会采用各种策略对政策与法规形成的过程施加影响。商业模式创新与政策导向的交互作用，组织经营与政府政策的联结点会增多（Cheng，2014），不仅帮助开拓性企业获取政府的规制合法性，而且有助于规范行业行为，同时通过媒体传播或其他合法化战略，增进消费者的认知。故而，相较于低政策导向，高政策导向对新兴企业开拓性商业模式创新对合法性的影响将变大或增强。基于此，本书提出如下假设：

假设 5-1：政策导向正向调节开拓性商业模式创新与合法性的关系。即与低政策导向相比，高政策导向时，新兴企业的开拓性商业模式创新对合法性的正向影响更强烈。

（二）政策导向在完善性商业模式创新与组织合法性间的调节作用

完善性商业模式创新作用于新兴经济情境中存在的交易制度不完备，企业关注顾客显性需求，不断改良、优化产品或服务，通过对市场的快速反应，以商业模式创新手段调整、优化现有的交易结构和交易规则，降低现有规则的成本，不断巩固和扩大市场范围，稳健地培育自己的竞争优势。在模仿较容易、市场不规范、知识产权保护不力、交易机制不成熟的情况下，完善性创新者可能吸取开拓者所犯错误的教训，利用开拓者的资本外溢（capital spillover）效应和知识外溢（knowledge spillover）效应（罗珉和马柯航，2013），弥补现有市场产品或服务以及交易机制的不足，在付出比开拓者小得多的代价下快速超越开拓性企业。可是，作为商业模式创新，不论其创新程度强弱，本质上都是对企业内部的价值链或外部伙伴网络乃至整个产业的价值星系进行提升或重构的过程（胡艳曦、曾楚宏，2008），完善性商业模式创新虽然是对交易规则的优化和改良，但仍会对原有交易结构体系形成影响，可能受到政府的规制性约束、行业的规范性约束和顾客的认知性约束。尹锋（2014）认为，京东不是从无到有地进行交易制度构建，而是一种从有到新的交易制度完善，通过增加自营比例和自建物流体系成功实现商业模式架构的差异化，获得消费者、供应商、风投等多方利益相关者的认可。政策导向蕴含的政府指引信息是提升组织合法性的重要因素（Blees et al., 2003；Hopers et al., 2009；罗兴武等，2017）。完善性商业模式创新与政策导向的交互作用，使组织运营与制度环境的联结点增多，首先会使规则层面的合法性提高，对于政策的解读与传播及其溢出效应，也会提高规范合法性和认知合法性，从而提升组织的整体合法性水平。因此，相较于低政策导向，高政策导向新兴企业完善性商业模式创新对合法性的影响将变大或增强。由此，本书提出如下假设：

假设 5-2：政策导向正向调节完善性商业模式创新与合法性的关系。即与低政策导向相比，高政策导向时，新兴企业的完善性商业模式创新对合法性的正向影响更强烈。

假设 5-3：政策导向对于完善性商业模式创新与合法性的调节效应，相对于开拓性商业模式创新同样显著。

五　假设汇总和模型构建

围绕商业模式创新与新兴企业成长，基于本章变量关系的研究，共提出了16个理论假设，如表5-1所示，我们将在第六章进行大样本实证研究。16个理论假设中，假设1、2、3、4、5需要检验的是总效应，即商业模式创新对新兴企业成长的直接作用，及其通过合法性中介作用对新兴企业成长的正向影响，以及在新兴经济背景下，政策导向对于商业模式创新与新兴企业成长的调节效应；假设1-1、3-1、4-1、5-1需要检验的是开拓性商业模式创新对新兴企业成长的直接作用，及其通过合法性中介作用对新兴企业成长的正向影响，以及在新兴经济背景下，政策导向在某种程度上可以视作企业的经营战略，可能对其与新兴企业成长发挥调节作用；假设1-2、3-2、4-2、5-2需要检验的是完善性商业模式创新对新兴企业成长的直接影响，及其通过合法性中介作用对新兴企业成长的正向作用，以及在新兴经济背景下，政策导向某种程度上可以视作企业的经营战略,可能对其与新兴企业成长起调节影响;假设1-3、3-3、5-3则是两类主题商业模式创新的直接效应对比性检验和两种主题商业模式创新与合法性关系的调节效应的比较性检验。

表 5-1　　　　　　　　　　理论假设汇总

假设	假设内容
假设 1	商业模式创新（开拓性和完善性）能够促进新兴企业绩效提升
假设 1-1	开拓性商业模式创新正向影响新兴企业绩效
假设 1-2	完善性商业模式创新正向影响新兴企业绩效
假设 1-3	完善性商业模式创新对于新兴企业绩效的直接效应,相对于开拓性商业模式创新同样显著
假设 2	新兴企业合法性水平正向影响新兴企业绩效
假设 3	商业模式创新正向影响新兴企业合法性水平
假设 3-1	开拓性商业模式创新正向影响新兴企业合法性水平
假设 3-2	完善性商业模式创新正向影响新兴企业合法性水平
假设 3-3	完善性商业模式创新对于新兴企业合法性水平的直接效应,相对于开拓性商业模式创新同样显著
假设 4	商业模式创新通过合法性中介作用,正向影响新兴企业绩效
假设 4-1	开拓性商业模式创新通过合法性中介作用,正向影响新兴企业绩效
假设 4-2	完善性商业模式创新通过合法性中介作用,正向影响新兴企业绩效
假设 5	政策导向正向调节商业模式创新与合法性的关系
假设 5-1	政策导向正向调节开拓性商业模式创新与合法性的关系
假设 5-2	政策导向正向调节完善性商业模式创新与合法性的关系
假设 5-3	政策导向对于完善性商业模式创新与合法性的调节效应,相对于开拓性商业模式创新同样显著

综上可知,新兴经济背景下,中国情境的制度真空和制度不完善,为新兴企业开拓性商业模式创新和完善性商业模式创新提供了机遇,本书从新制度主义视角,依据相关理论推导,提出了开拓性商业模式创新、完善性商业模式创新分别经由合法性获取影响新兴企业成长的中介研究模型,并在模型中考虑了政策导向对于商业模式创新与合法性关系的调节作用(如图5-2所示)。我们试图回答"中国制度情境下商业模式创新的主题设计"、"商业模式创新是否以及如何通过合法性作用新兴企业成长"、"政策导向是否以及如何调节商业模式创新与合法性之间关系"。

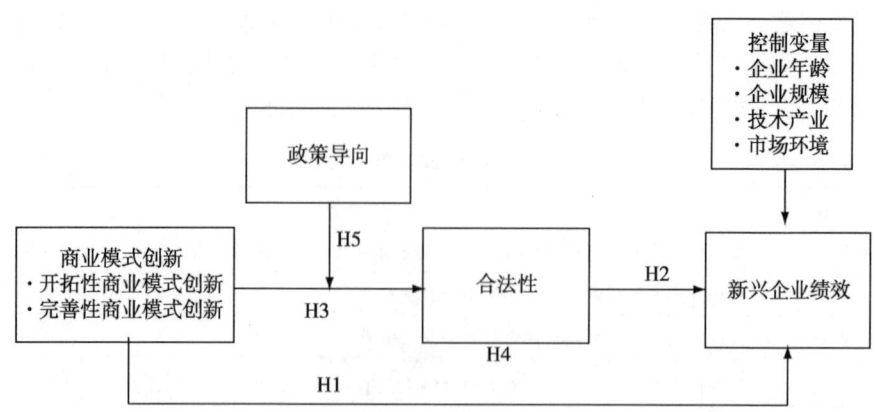

图 5-2 商业模式创新与新兴企业绩效的变量关系模型

第三节 主题性商业模式创新与新兴企业合法性实现:集合关系模型

新兴企业合法性的实现是一个受多因素影响的复杂结果,主题性商业模式创新作用于新兴企业合法性是一个多情境因素协同联动的复杂过程。定性比较分析(qualitative comparative analysis,QCA)提倡用整体的、组合的方式探究复杂的社会现象(Fiss,2007;Ragin,2008),与传统定量分析考察情境要素的"净效应"不同,它关注情境因素条件的组态(configuration)与结果间复杂的因果关系,兼具传统范式中的定性研究和定量研究的优点(杜运周、贾良定,2017),是解决战略管理(如创业)等领域复杂因果关系的重要工具(Fiss,2007,2011;Misangyi et al.,2017;Luo et al.,2021;杜运周、贾良定,2017),能够挖掘主题性商业模式创新与多层次情境对组织合法性的协同影响。为此,可以通过定性比较研究探讨新兴企业合法性中国情境下的实现构型,展开主题性商业模式创新与战略导向、环境特征层面情境因素条件的组态效应分析,探索新兴企业合法性实现的充分必要条件以及多种等效方案,以拓展关于组织合法性的现有研究。

一 新兴企业商业模式创新合法性的影响因素:战略与环境层面的整合

商业模式创新是企业与内外环境相互联动、共同进化的结果(Casadesus Masanell & Zhu，2013）。先前的研究表明，战略导向和环境特征是紧密交织在一起的（崔楠、江彦若，2013），二者都有能力推动商业模式创新（郭海、沈睿，2012；罗兴武等，2017），不难推测战略导向与环境特征之间的互动情境可能会影响商业模式创新与合法性。由此，我们认为，商业模式创新合法性的实现取决于商业模式创新、组织与环境之间的相互作用。

战略导向决定了一个组织的整体战略姿态，影响商业模式创新的成效。现有研究表明，商业模式设计需要关注识别市场中的显性和隐性需求，通过快速反应和前瞻性思考，对市场行为进行调整或革新（崔楠、江彦若，2013）。此外，制度作为中国情境下的重要驱动力之一，商业模式与政策导向的匹配性也十分重要（陈启杰等，2010；刁玉柱、白景坤，2012）。

外部环境是商业模式创新研究的另一个焦点（Pateli & Giaglis，2005；Waldner et al.，2015）。环境以不同维度为特征，如包容性和竞争性（Desarbo et al.，2005；罗兴武等，2017），可以为商业模式创新创造机遇和挑战。在不同的环境特征中，包容性为商业模式创新被广泛接受提供了前提条件，竞争性为企业进行商业模式创新提供了情境需求的解释。有证据表明，二者都会对商业模式创新作用于企业绩效产生影响（Castrogiovanni，1991；郭海、沈睿，2012；罗兴武等，2017）。

二 商业模式创新条件

中国情境下的"制度真空"与"制度缺陷"为识别、开发市场机会的商业模式创新提供了主题设计的空间，即开拓性和完善性商业模式创新。开拓性商业模式创新作用于交易制度真空，关注顾客隐性需求，通过对市场的前瞻性预见，以商业模式创新手段重构或新建交易结构和交易规则，从而对市场行为进行引领。随着 ICT 技术和互联网经济的发展，为企业开拓性商业模式创新提供了战略性机会窗口（Miller et al.，2014），企业可以通过商业模式变革创造新规则，基础设施数字化和经济全球化使得这种规则的创造效应更加显著。

完善性商业模式创新指作用于交易制度缺陷，关注顾客显性需求，通过对市场的快速反应，以商业模式创新手段调整、优化现有的交易结构和交易规则，从而对市场行为进行提升。开拓者并不总是从创新中获得利润最多的组织，在模仿较容易、市场不规范、知识产权保护不力、交易机制不成熟的情况下，完善性创新者可能吸取开拓者所犯错误的教训，利用开拓者的资本外溢效应和知识外溢效应（Haunschild & Miner, 1997; 罗珉和李宇亮, 2015），弥补现有市场产品或服务以及交易机制的不足，在付出比开拓者小得多的代价下实现企业成长，赶超开拓性企业。

三 战略导向条件

战略导向作为一个企业层面的结构，决定着一个组织的整体战略姿态。作为企业战略导向的核心内容，政策和市场导向具有不同的组织重点：（1）政策导向强调政策对企业经营的引导作用，企业根据政策对企业行为进行调整，进而实现企业经营目的（陈启杰等, 2010; 罗兴武等, 2017）。（2）市场导向强调企业对市场信息的响应，并构建新的交易方式来满足潜在的市场需求，进而开发或改善商业模式（Jaworski & Kohli, 1993; 张璐等, 2018）。

市场和制度是影响中国经济的两大力量（蔡莉、单标安, 2013; 罗兴武等, 2017），决定了组织存在市场和政策双元战略导向，允许企业在同一时间追求两种完全不同事物的能力。在不同导向之间获得平衡和互补的组织或许能有效地管理和解决矛盾并持续产生竞争优势。

四 环境特征条件

环境包容性是指环境支持商业活动的程度，包括资源的获取难度和成本（Castrogiovanni, 1991; 郭海、沈睿, 2014）。一些研究表明，在不那么宽松的环境中，企业更有动力构建新的价值网络，以解决资源矛盾、获取开发商业机会（Li et al., 2013; Winterhalter et al., 2017）。而一部分学者从交易成本角度出发，发现环境包容性越高，企业获取资源的难度和成本越低，进而使得企业更易通过商业模式创新开拓商业机会（Castrogiovanni, 1991; 郭海、沈睿, 2014）。

环境竞争性是环境竞争强度的体现。在竞争激烈的市场环境中，机会识别与开发在替代性创新、竞争性创新下具有较大的不确定性。一方面，考虑到商业模式创新的风险性和不确定性，企业对于可延迟的创新，往往会采取更稳健的方式（郭海、沈睿, 2014）。而另一方面，在高竞争环境中，由于企业资源的同质化，使得企业往往需要进行商业模式创新以重新构建竞争优势，因此需要企业发现新的机会以刺激企业的变革。

五 组态视角下的主题性商业模式创新与新兴企业合法性实现

与考察情境因素"净效应"的传统回归分析不同，模糊集定性比较分析（fsQCA）是一种基于案例的非对称方法，侧重于情境因素配置之间的复杂因果关系，探索复杂的社会现象（Fiss，2007；Ragin，2008）。本节认为 fsQCA 方法在本书中非常合适（参见图 5-3），原因有三：首先，fsQCA 方法识别关系不对称，能够揭示少数情况下的关系（Douglas et al.，2020；Luo et al.，2021）。例如，环境非包容性预计会抑制合法性增长（郭海、沈睿，2012；罗兴武等，2017），从回归分析的系数中推断出正面影响。相反，fsQCA 方法确定了一种特殊的条件（一种组态），在这种条件下，处于非包容环境中的公司仍然可以实现增长，从相同的数据中提供更多的信息和细节（Douglas et al.，2020；Luo et al.，2021）。fsQCA 方法将增强战略导向与环境特征互动情境下，不同商业模式创新主题有效性的理解。其次，战略导向对新兴企业的合法性至关重要，但战略导向的作用表现出很大的差异，导致一些偏离值。回归分析倾向于通过去除极值来观察平均情况，而 fsQCA 方法则保留那些异常值，因为它们可能是最值得探索的情况（Douglas et al.，2020；Luo et al.，2021）。最后，回归分析必须添加交互项来捕获相互依赖关系，当交互是高阶的（例如，三项交互）时，结果可能很难解释。fsQCA 可以通过识别所有先行因素之间潜在的相互依赖关系来解决这一问题，然后识别多个等效途径来达到相同的结果（Luo et al.，2021）。因此，fsQCA 方法可以帮助研究商业模式创新、战略导向和环境特征的相互作用及其对新兴企业合法性的影响。

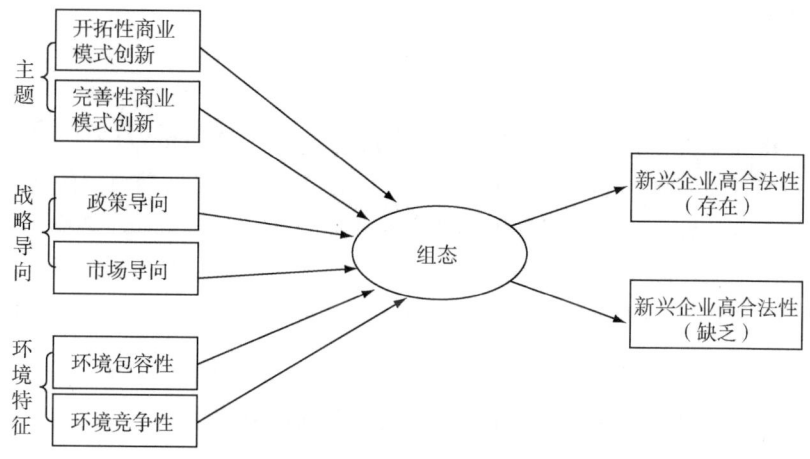

图 5-3　组态关系下新兴企业合法性实现分析框架

第四节　主题性商业模式创新过程中合法性的形成与演化：案例框架模型

一　新兴经济对平台商业模式创新产生的制度性影响

新兴平台企业的出现是互联网背景下中国经济深度转型的产物。消费者需求变化、互联网技术进步、中国情境制度创新，以及组织价值创造机制从"价值链""价值星系"向"价值网络"的转变（金帆，2014），驱动了平台商业模式的应运而生。据统计，世界前100强至少有60%的企业主要收益来自平台商业模式（Eisenmann et al., 2006），如苹果、微软、谷歌、思科等。2014年，在中国互联网走完20年的节点上，阿里巴巴、京东商城、聚美优品等平台型电商的集中上市，标志着中国电商经济体系趋于成熟。今天，平台电商变现方式从流量变现向效率提升转变，出现电商直播"人货场"效率匹配的新方式，平台电商发展驶入深水区。

中国新兴经济的特性是计划经济向市场经济的转变，其实质是一种巨大的制度变迁，会催生平台模式涌现。合法性是新制度主义学派的中心命题，合法性是组织与制度环境互动的产物并对组织内部起着重要作用（Oliver, 1997）。合法性具有资源和壁垒双重属性（Hamilton, 2006），符合利益相关者的期望是平台生存、发展获取合法性的前提条件。新兴经济所带来的巨大制度变迁不仅会影响成熟场域的利益相关者间的互动作用（主要针对外部合法性和部分内部合法性），而且会影响新兴场域的生成和演化（主要针对内部合法性和部分外部合法性）（Maguire et al., 2004），集中表现为制度真空与制度不完善。平台作为新兴经济时期典型的新兴场域，其合法性的形成与获取更具准实验环境（Hoskisson et al., 2000）。因此，对应制度真空与制度不完善，可以选择阿里巴巴作为开拓性商业模式创新的代表，选择京东作为完善性商业模式创新的代表，分别分析其合法性的形成与演化的特性。

二　新制度主义视角下平台商业模式创新的机理分析

价值主张、价值运营、价值分配与获取的价值三维度是价值创造视角的核心逻辑，这也是平台商业模式的核心内核。平台商业模式创新过程包括平台价值主张、平台价值创造和平台价值获取等子过程，具有系统性和动态性。但平台商业模式以平台为载体，侧重从价值网络层面论证价值创造。

合法性作为平台创新不可或缺的属性动因，要求平台价值创造不能局限于交易结构，更要注重制度结构。交易结构决定组织的盈利模式，是制度结构的经济基础，制度结构构建有利于获取合法性，有助于战略资源的获取，减少交易中的不确定性，两者相互作用，共创价值。此外，利益相关者不能仅仅作为隐含的存在，利益相关者的引入，可以把企业的资源边界、能力边界、治理边界拓展到多边群体的边界，拓展价值空间，产生巨大的乘数效应，突破资源能力观的局限，能更好地解释平台价值创造过程。故平台商业模式是以平台为载体，描述价值主张、价值创造、价值获取等活动连接的架构，并基于利益相关者交易结构和制度结构进行价值创造的价值网络管理模式。

三 从利益相关者互动视角研究新兴平台企业商业模式创新过程中合法性的形成与演化

划分合法性演化阶段。根据 Haire（1959）、Adizes（1989）划分企业生命周期的观点，结合新兴场域特征和平台自身的特点，对应商品主导逻辑、服务主导逻辑与顾客主导逻辑下的价值创造模式，以建立价值主张变革、价值主张理论化、价值主张扩散化为基础，通过对新兴经济中平台经济体的历史分析，将合法性阶段划分为平台寄生、平台共生和平台衍生3个阶段。

分阶段平台商业模式创新中合法性的形成与演化机制。针对两种合法化类型（开拓型合法化和完善型合法化），结合合法性演化3阶段划分（平台寄生、平台共生和平台衍生），从利益相关者互动视角，探索性地研究平台发展的不同阶段形成了哪些合法性、合法性发生了哪些变化且为何这样发生，揭开合法性形成与演化机制的黑箱。合法性为平台商业模式创新提供新的属性动因，平台商业模式创新过程也会为合法性的形成与演化提供整体性研究框架。需要说明的是，根据国内外文献的研究，有必要将利益相关者互动分为强互动和弱互动。强互动侧重行为互动，是合法性进程的主要动力，借鉴社会心理学互动行为维度，即行为角色—行为动机—行为方式，进行分析；弱互动侧重关系互动，是合法性进程的支撑和保障，但不宜进行角色、方式、动机等细描。研究模型如图5-4所示。

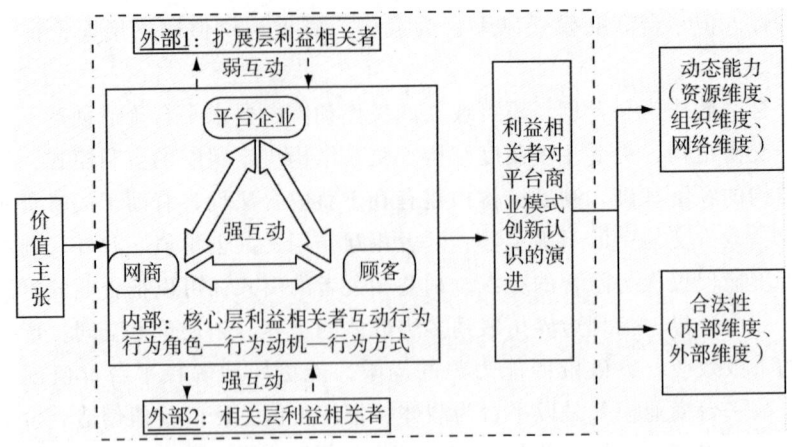

图5-4 新兴平台企业商业模式创新过程中合法性形成与演化的机制模型

第五节 本章小结

中国新兴经济制度不完善和新兴企业资源约束下,围绕"新制度主义视角下商业模式创新主题设计如何影响新兴企业成长"的科学问题,探讨中国新兴企业主题性商业模式创新的概念化、绩效机制、合法性实现与演化,充分反映国际理论前沿和中国情境新兴企业发展现实问题的紧密结合。

在第三章、第四章研究的基础上,以及关系模型的进一步梳理,本书提出总体研究框架模型请见图5-5,既凝练了前述机制模型,也指明了后续的研究方向。

本章概念模型研究旨在:(1)承接第三章、第四章,完整地提出新兴企业主题性商业模式创新影响机制。参见图5-1,在第三章探索性案例研究,以及第四章新兴经济情境下新兴企业商业模式创新主题维度细化的基础上,本章提出新制度主义视角下主题性商业模式创新对新兴企业成长的影响机制。(2)启动第六章、第七章、第八章,分解所提出来的机制模型进行后续实证研究。参见图5-2、图5-3、图5-4,本章概念模型的提出,为后续的实证检验、合法性实现构型、合法性演化的研究指明了方向。

第五章 主题性商业模式创新与新兴企业成长：概念模型

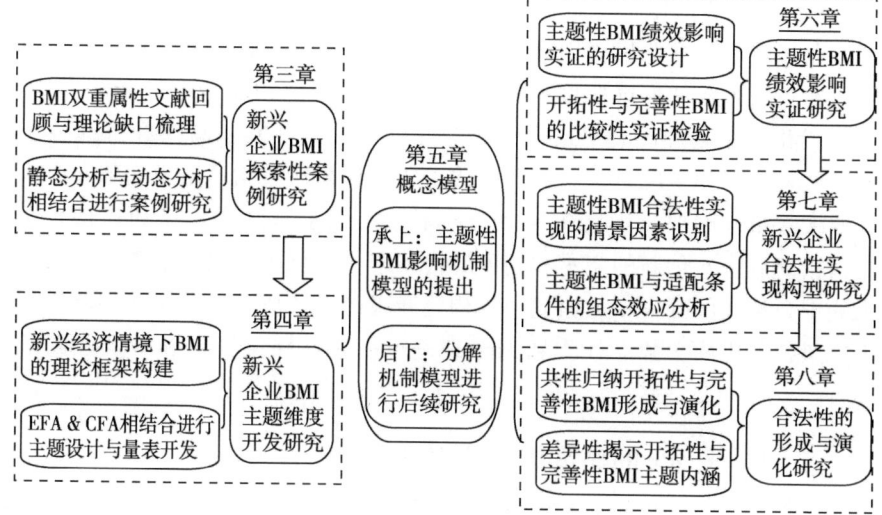

图 5-5 本书总体研究框架的概念模型

注：BMI，就是 Business Model Innovation，商业模式创新。

一 承上：主题性 BMI 影响机制模型的提出

第三章是对新兴企业商业模式创新探索性的案例研究，旨在构建并探索：（1）商业模式创新的交易属性与制度属性如何共同内驱新兴企业成长。交易属性通过增强竞争性的交易优势来促进企业成长，制度属性借助合法性获取以保障交易的可持续。（2）商业模式形成与扩散的过程中商业模式创新与政策导向的有效匹配。政策导向在某种程度上可以作为商业模式创新战略分析与选择的前提条件与逻辑起点，商业模式创新与政策导向的匹配是新兴企业适应动态环境、获取组织合法性的关键路径。（3）交易属性与制度属性的互撑、竞争性与合法性机制的互撑，如何产生"结构塑造效应"，推动组织快速进阶。新兴企业成长过程中，商业模式创新双重属性及其机制的互撑，有助于创新性交易活动体系的理论化、制度化，增强交易的竞争优势与制度优势，产生"结构塑造效应"，推动组织纵向升级。为此，对商业模式创新双重属性文献进行回顾，梳理理论缺口，静态分析与动态分析相结合进行案例研究，从而打开商业模式创新作用于新兴企业成长的"黑箱"，为中国新兴企业借助商业模式创新实现快速赶超提供理论支持与实践启示。

第四章是对新兴企业商业模式创新主题维度开发的研究，旨在构建并探索:(1)"情境化"了新兴经济下商业模式创新这一概念。旨在回答新兴企业如何通过商业模式创新进行能动性制度变革,这对于新兴经济情境下后发新兴企业如何选择目标顾客、定位市场与建构竞争位势非常重要。(2)给出了主题性商业模式设计的操作性定义,开发了新兴经济情境下商业模式创新的主题量表。商业模式主题设计是以架构理论为基础,要求商业模式设计的要素围绕主导性、统率性的"主题"来编排和连接。通过挖掘商业模式创新的交易和制度属性动因,内化于新兴经济情境下商业模式创新量表的开发中。为此,须构建新兴经济情境下商业模式创新的理论框架,利用两套独立样本数据分别进行探索性因子分析和验证性因子分析。

二 启下:分析机制模型进行后续研究

第六章是对新兴企业主题性商业模式创新绩效影响的实证研究,旨在构建并探索:(1)检验商业模式创新与新兴企业成长的总效应。即需要检验假设1、假设2、假设3、假设4和假设5。(2)比较开拓性与完善性商业模式创新绩效影响差异。即重点检验假设1-3、假设3-3、假设5-3(请见表5-1)。为此,需要对主题性商业模式创新绩效影响实证进行研究设计,包括样本与数据收集、变量测量、变量信度和效度检验、研究方法选择等,并对开拓性与完善性商业模式创新进行比较性实证检验。

第七章是对新兴企业合法性实现构型的研究。旨在构建并探索:(1)以"组态视角"化解商业模式创新合法性不一致的矛盾。突破了传统回归方法的局限性,使用 fsQCA 方法,以厘清新兴企业商业模式创新实现合法性的等效驱动机制、条件替代关系,以及可存在的非对称性驱动机制。(2)通过内外部环境的交互来解释商业模式创新驱动新兴企业合法性实现构型。在中国新兴经济情境下,商业模式创新主题、战略导向、环境特征的多重组态实现新兴企业合法性,需要对主题性商业模式创新合法性实现的情景因素进行识别,并对主题性商业模式创新与适配情景因素进行组态效应分析。

第八章是对合法性的形成与演化的研究。旨在构建并探索:(1)从利益相关者互动视角研究平台商业模式创新过程中合法性的形成与演化。利益相关者互动分为强互动和弱互动。强互动侧重于行为互动,是合法性进程的主要动力;弱互动侧重于关系互动,是合法性进程的支撑和保障。(2)构建出开拓性商业模式创新和完善性商业模式创新合法性形成与演进的一般机制模型。以阿里巴巴、京东为例,需要探讨各阶段创业约束、合法化策略与各层级利益相关者的关系。为此,需要共性归纳开拓性商业模式创新与完善性商业模式创新的形成与演化,并差异性揭示开拓性商业模式创新与完善性商业模式创新主题内涵。

第六章 主题性商业模式创新与新兴企业成长:实证与检验

【本章导读】 本章是对第五章概念模型（图 5-2）展开定量实证，研究设计中客观描述样本的发放、采集及回收过程，介绍概念模型中各变量及其量表题项的测试，信度、效度分析与检验，并对量表总体构念模型进行了区别效度检验，对定量实证中主要采用的统计方法做了简要说明。在大样本结果分析中，通过描述性统计、相关性分析、多元回归分析、简单效应分析、bootstrap 法，实证和检验了第五章概念模型提出的理论假设，并对开拓性与完善性两种商业模式创新进行了比较性检验，直接与间接效应的对比分析回应了第五章开拓性与完善性商业模式创新的操作性定义。

在前述研究的基础上，本章旨在构建并探索检验商业模式创新与新兴企业成长的总效应、开拓性商业模式创新与完善性商业模式创新绩效影响差异，这就需要对主题性商业模式创新绩效影响实证进行研究设计，并对开拓性商业模式创新与完善性商业模式创新进行比较性实证检验。

第一节 研究设计

一 样本与数据收集

（一）问卷设计

由于本书的问题属于组织层面，并且研究对象新兴企业，大多未上市，决定了我们应采取一手问卷调研的方法。问卷的效度与信度保证，方能保障研究结果的科学性和严谨性。因此，为了提高问卷的可靠性与效度，根据 Dunn 等（1994）、Hinkin（1995）建议，我们在进行问卷设计时遵循了以下流程：

（1）文献研读与企业访谈。文献研读与企业访谈相结合，借此明确研究问题，确定研究内容。商业模式创新的文献研读始于多年前，并与团队其他成员一起做了商业模式文献的扎根编码，在此过程中，提炼了商业模式创新、合法性与新兴企业成长的研究问题。并就研究问题，与研究中心团队成员，访谈了10余家新兴企业，从而形成了对研究内容的初步判断。

（2）量表梳理。除了商业模式创新量表不能满足新兴经济背景下商业模式创新现实问题的需要，有必要重新设计量表外，合法性、政策导向、市场环境、新兴企业绩效等其他变量国内外研究文献都有比较成熟的量表。开拓性与完善性商业模式创新量表的开发过程，我们已经在第四章中详述，这里不赘述。合法性、政策导向等量表，多来自外文文献成熟量表的翻译，考虑到时间、语言和文化的差异性可能对量表题项的理解与翻译偏差，我们采用了回译（back branslation, Brislin, 1980）的方法，即一组成员先将英文量表翻译成中文，再由相关研究领域的另一组成员将中文翻译回英文，然后一起分析翻译中的差异，提高翻译的精确度，减少翻译人员的主观偏差。

（3）与相关领域的学术专家、企业高管讨论。与学术专家、企业高级管理人员的讨论，旨在提高问卷的表面效度（face validity）。学术专家针对量表的逻辑与构念、题项的措辞等，提出了宝贵意见；企业高管针对变量间的逻辑是否符合企业实际、变量的测项是否能全面反映企业真实情况、问卷填写是否顺畅等，做出了真诚的反馈。我们详细记录了他们的问题，并综合他们的意见，对量表进行调整与改进。

（二）问卷前测

（1）问卷前测调研。根据谢家琳（2008）的建议，在大样本问卷发放之前，应对量表进行前测，便于及时调整、修改量表题项，能有效提高量表的信度和效度。本书接受这一建议，问卷的前测与商业模式创新量表的开发同时进行。一方面，研究团队在课题调研与实践的过程中，直接发放了20份量表问卷，回收18份，有效问卷16份；另一方面，选择了有资源的朋友，委托他们在杭州、武汉、大连与东莞4地的科技园区、开发区，给340家企业发放了量表问卷，回收290份，有效问卷164份。由于我们的抽样是在2015年，对于新兴企业的选择标准是成立12年以内的企业（Covin & Slevin, 1990），即2003年之后成立的企业。总体上，问卷发放360份，回收308份，有效问卷180份，问卷回收率85.6%，问卷有效率50.0%。多以民营企业为主（140家），有少量外商投资企业（31家），个别是国有企业（5家），个别企业股权性质不明（4家）。主要分布在制造业（46家）、信息技术业（82家）、批发和零售业（28家）。企业年龄均值为 5.59 年,最小为 1 年,最大为 8 年。企业规模(按员工人数),大多在 50 人以下(134 家),50—150 人的有 25 家,151—500 人的有 11 家;501—1000 人的有 4 家,1001—5000 人的有 6 家。这 180 家样本企业的行业分布、企业规模、企业性质等,能较好地满足问卷前测统计上的需要。

(2)信度分析。量表的信度(reliability)是指测量结果的稳定性、一致性程度。信度用于说明测量随机误差所占的成分,信度高则随机误差所占的成分低;信度低则随机误差所占的成分高。信度可以分为内部一致性信度、重测信度和复本信度。内部一致性指构成变量所测题项的一致性状况,变量的题项一定程度上应相互补充,共同反映同一构念或变量。内部一致性信度通常通过 Cronbach's α 系数来衡量,Cronbach's α 系数是变量所测项目可能方法的折半信度系数的均值。Cronbach's α 系数在 0—1,达到 0.5,内部一致性视为基本可信,超过 0.6 表示信度较好,超过 0.7 表示信度很好(Hair et al.,1998)。重测信度是指同一被测群体在不同时间节点对同一量表结果一致性的程度,它表明测量的稳定性,通常用两者之间的相关性来测度。复本信度是指针对相同变量设计两种量表,两种量表在项目数、内容、指导方法上类似,两种量表测量结果的相关程度反映样本信度水平。

由于研究经费、时间、统计工具上的限制,现实研究对于重测信度和复本信度的测算并不普遍,而多在研究中须对内部一致性信度进行测算。内部一致性信度的测算多使用 SPSS 等现代统计工具进行,计算修正后的各个变量单项对总项的相关系数(corrected item-total correlation,CITC)和内部一致性系数(Cronbach's α)。关于修正后单项对总项的相关系数(CITC),大多研究建议 CITC 值应不低于 0.4,低于 0.2 或低于 0.3 应考虑删除该题项(吴明隆,2010),但也有学者认为 CITC 值低于 0.1 也有可能被接受(Narver & Slater,1990)。如果删除某题项后,该变量的 Cronbach's α 增加,表示该题项的删除比较成功,提高了变量的内部一致性。

本书对于前测样本通过 SPSS 统计工具运算了 5 个构念各个题项的 CITC 值,以及每个构念的 Cronbach's α 系数(见表 6-1)。关于开拓性商业模式创新(开拓性 BMI)与完善性商业模式创新(完善性 BMI)2 个主题,系中国新兴经济情境下商业模式创新主题设计的新量表开发,开拓性商业模式创新原始问卷各 11 个题项,完善性商业模式创新 10 个题项,通过专家讨论、EFA 分析、CFA 检验,最终两个变量题项数均减到了 8 个,此过程在第四章详细交待过,这里就不重复了。其余 3 个构念政策导向、合法性与新兴企业绩效均来自国外成熟量表，通过信度分析，最低 Cronbach's α 系数也在 0.870，表明这 5 个构念内部一致性信度很好；从 CITC 值来看，每个构念题项的 CITC 值大多在 0.5 以上，表明题项与构念的相关程度高，题项能较好地解释构念。谢家琳（2008）认为即使有较为充分的理由，也不得随意删减国外成熟量表的题项，这样有利于构念含义的国内外比较。本书遵从了这一建议，在信度分析过程中，较好地保留了国外成熟量表的题项。

表 6 – 1　　　　　　　　前测量表信度分析 (n = 180)

变量	题项数 测前	题项数 测后	测后量表 Cronbach's α	Corrected Item-Total Correlation (CITC) 最小值	Corrected Item-Total Correlation (CITC) 最大值
开拓性商业模式创新	11	8	0.926	0.700	0.798
完善性商业模式创新	10	8	0.870	0.510	0.755
政策导向	3	3	0.956	0.881	0.951
合法性	10	10	0.927	0.635	0.778
新兴企业绩效	9	9	0.933	0.588	0.810

（3）效度分析。量表的效度（validity）是指测量结果的正确性、可靠性程度。效度可以分为表面效度（face validity）、内容效度（content validity）、效标关联效度（criterion-related validity）和建构效度（construct validity）（张伟雄、王畅，2008）。表面效度是指量表表面形式的可信性和受调查者对量表的认可程度。表面效度是最基本的效度，也是比较容易做到的，一般通过文献阅读和实地走访，就能达到提高表面效度的目的。内容效度是指量表的题项内容与量表的适切性与符合性。内容效度一般不能直接通过统计工具来测量，但可以通过"连线法"提高题项与构念的一致程度，或通过"回译法"确保量表题项的准确性。效标关联效度是多个潜在变量间的关系。在结构方程模型中，如果假设一个潜在变量与另一个潜在变量之间有关系，就可通过路径分析的方法进行检验。建构效度是指理论概念与命题内部结构的契合程度。它又可以分为聚合效度（convergent validity）和区分效度（discriminant validity）。聚合效度是观察变量相对于潜在变量的收敛程度，区分效度是不同潜在变量差异的显著性（张伟雄、王畅，2008）。聚合效度和区分效度可以通过以下方法进行检验：其一，SPSS 统计软件的探索性因子分析（EFA）。首先通过 KMO 检验的 MSA（Measure of Sampling Adequacy）值（须大于 0.7）和巴特利特

球体检验（bartlett test of sphericity）的显著性来判断是否适合做因子分析（马庆国，2002）。其次，用主成分分析法（按特征根大于1）、最大方差法（varimax）旋转抽取因子。从而通过题项的归因性，判断区分效度。其二，用 AMOS 结构方程模型进行验证性因子分析（CFA）。CFA 可以用来检验观察变量与潜在变量之间的理论假设关系是否与数据拟合。常用的判断指标分为绝对指标（absolute indexes）、相对指标（relative indexes）和调整指标（adjusted indexes）。绝对指标有卡方自由度比（一般须低于3）、RMSEA（一般须低于0.08）、GFI（一般须大于0.9）、AGFI（一般须大于0.9）等；相对指标有 CFI（一般须大于0.9）、TLI（一般须大于0.9）等；调整指标有 PGFI（一般须大于0.5）、PNFI（一般须大于0.5）等（吴明隆，2010）。不同因素模型的 CFA 检验可以较好地彰显变量间的区分效度。

基于前测180个样本，对政策导向、合法性与新兴企业绩效3个变量进行探索性因子分析（开拓性商业模式创新和完善性商业模式创新在第六章已有详细交待），发现每个变量的 KMO 值均大于0.7，巴特利特球体检验显著，适合做探索性因子分析。对每个变量以特征值大于1和最大方差法旋转做因子分析，政策导向、合法性、新兴企业绩效的题项高度相关，都只能归因到一个因子。

综上所述，经过开拓性商业模式创新与完善性商业模式创新量表的开发、政策导向、合法性与新兴企业绩效成熟量表的测量、变量的信度和效度分析，最终设计出本项目的研究量表（详见表6-2）。量表均采用7点李克特量表，请被调研者在相应的数字上勾选，并言明答案无对错之分。

表6-2　　　　　　　　　问卷前测后形成的量表

变量	测量题项	文献来源
开拓性商业模式创新	本企业为顾客提供与众不同的新颖的产品、服务或信息； 本企业给顾客带来的价值是前所未有的、独特的、容易感知的； 本企业以打破常规的方式，发现新机会，开拓新市场； 本企业拥有多种不同于行业中其他对手的营销渠道； 本企业打造了利益相关者良性互动的商业生态圈，并在其中扮演核心角色； 本企业主导新颖的交易机制（如奖励、惩罚或协调等管理机制），在商业模式中建构新的运作流程、惯例和规范； 本企业不断创造性寻找技术或创意来源，开发新的资源和能力； 本企业通过这种商业模式获得了较多的新创意、新发明、新专利等	Narver & Slater (2004)、Wang et al. (2015)、Zott & Amit (2007)

续表

变量	测量题项	文献来源
完善性商业模式创新	本企业更重视经营产品或服务； 本企业经常改良主打的产品或服务，以更好地迎合顾客需求； 本企业在市场开辟方面，倾向于对市场领先者的跟随性创新； 本企业经常巩固和扩大现有市场的营销渠道； 本企业努力以弥补性资产融入外部创新合作网络； 本企业系统性地、频繁地监测交易伙伴的满意度，以更好地服务交易伙伴； 本企业不断优化现有的流程、知识和技术； 本企业坚持在既定的战略框架下分配人、财、物资源	Narver & Slater (2004)、 Zott & Amit (2007)、 Mohan & Mark, 2005、 Wang et al. (2015)
政策导向	政府部门在创业融资过程中提供了有效的优惠政策； 政府部门产业发展规划为新兴企业确定技术发展方向提供了思路； 政府部门优惠或扶持政策吸引了大量各类人员参与创业	Flack et al. (2010)、 彭华涛 (2013)
合法性	大多数员工对您所在企业评价； 大多数顾客对您所在企业评价； 大多数供应商对您所在企业评价； 大多数同行对您所在企业评价； 大多数股东或债权人对您所在企业评价； 大多数市场监管部门官员对您所在企业评价； 大多数国有金融机构工作人员对您所在企业评价； 大多数行业协会工作人员对您所在企业评价； 大多数社区公众对您所在企业评价； 大多数媒体对您所在企业评价	Deephouse (1996)、 Certo & Hodge (2007)、 杜运周等 (2012)、 裴云龙等 (2013)
新兴企业绩效	投资回报率（投资收益/投资成本）； 净收益率（净收益/总销售额）； 市场占有率（产品销量/整个市场该类产品销量）； 净收益增长速度； 销售额增长速度； 新员工数量增长速度； 新产品或服务增长速度； 资金周转速度； 市场份额增长速度	Covin & Slevin (1991)、 Li & Atuahene-Gima (2001)

（三）数据收集

数据收集是实证研究的前提，数据的有效性是实证分析的重要依据。本书对于问卷的发放时间、发放渠道、问卷筛选都进行了严格的控制，以确保获得高质量的数据用于实证分析。

从发放时间上来说，由于涉及新量表的开发（开拓性商业模式创新与完善性商业模式创新），按照量表开发的步骤，第一阶段收集了 180 份问卷进行问卷前测，在对开拓性商业模式创新与完善性商业模式创新进行量表开发的同时，也对研究问题中的其他变量如政策导向、合法性、新兴企业绩效、市场环境等进行了预测。第二阶段进行大样本测试，一方面是对新量表验证性因子进行分析，另一方面也是对本书理论模型做的全面分析与检验。

从发放渠道上来说，为了提高数据可靠性与代表性，本书尝试了多个问卷发放渠道。（1）笔者直接发放。笔者直接发放问卷总共达到60份，回收54份，有效问卷43份。主要是通过研究团队在课题调研与实践的过程中进行发放，此外通过e-mail、QQ等形式将问卷发送给认识的企业的中高层管理人员。（2）委托朋友发放。一是委托朋友定点发放，这在问卷前测阶段发挥了巨大的作用，即在朋友中选择了6位有资源、有能力的朋友，委托他们在自己分管的区域向科技（开发区）园区内的企业发送，这样在杭州、武汉、大连与东莞4地的科技园区、开发区发放了340家企业，回收290份，有效问卷164份。二是通过朋友微信圈、微信接力等方式滚动抽样（snowball sampling），发放184份问卷，回收116份，有效问卷54份。（3）委托机构发放。我们委托了专业的市场调研公司"问卷星"进行网络发放，网络发放的区域我们选择了省外的、创业活力较好的区域，如上海、江苏、山东、广东等。发放了问卷500份，回收450份，有效问卷105份。（4）委托政府部门发放。主要是通过浙江省工业经济运行监测中心的问卷平台进行发放，平台上的企业基本覆盖了全省的企业。发放了问卷1315份，回收1181份，有效问卷244份。（5）EMBA、MBA班发放。EMBA班、MBA班多是学习工商管理的企业中高层管理学员，对商业模式企业战略、企业绩效比较了解，是比较理想的发放对象。发放问卷212份，回收185份，有效问卷82份。具体情况如表6-3所示。

表6-3　　　　　　　　问卷发放与回收情况　　　　　　单位：份，%

	发放与回收方式	发放数量	回收数量	有效数量	回收率	有效率
问卷前测	笔者直接发放	20	18	16	90.0	80.0
	委托朋友定点发放	340	290	164	85.3	48.3
	小计	360	308	180	85.5	50.0
大样本	笔者直接发放	40	36	27	90.0	67.5
	委托机构发放	500	450	105	90.0	21.0
	委托政府部门发放	1315	1181	244	89.8	18.5
	EMBA、MBA班发放	212	185	82	87.3	38.7
	委托朋友微信发放	184	116	54	63.0	29.2
	小计	2251	1968	512	87.4	22.7

续表

发放与回收方式	发放数量	回收数量	有效数量	回收率	有效率
总计	2611	2276	692	87.2	26.5

注：①回收率=（回收数量/发放数量）×100%；有效率=（有效数量/发放数量）×100%。
②表中数据经过四舍五入处理。下同。

关于问卷的筛选，我们基于如下4个方面进行：首先，涉及企业的成立年限。新兴企业时间的界定是个复杂的问题，由于不同行业、资源、战略等因素，对于新兴企业的年限莫衷一是，我们依据 Covin 和 Slevin（1990）的观点，以及商业模式创新在互联网时代涌现，将成立8年以内的企业暂定为新兴企业，并根据企业成长性及所处的阶段做个判断，由于是在2015年进行问卷取样，故2003年以后成立的企业才符合取样范围。其次，剔除不合格的受调查对象。如在企业工作少于1年或职位低于中高层的填答者，不太吻合问卷的填答对象。在企业工作少于1年表明对企业整体情况了解不够深入，此外商业模式创新属于企业战略管理层面，普通员工、基层管理者鲜有接触与思考。再次，剔除缺失项太多的问卷。对于缺失项在6个以上的问卷，以对问卷填写总体况进行初步判断后予以剔除。缺失项太多，一定程度上反映出填写问卷的不认真，如果单纯依靠 SPSS 中的替换缺失值功能是没有任何意义的。最后，剔除回答太有规律的问卷。我们对于问卷采用李克特7点量表的赋值法，发现有些问卷多个变量的量项都是同一个赋值，或在同一变量题项的赋值的勾选中呈现"Z"字形，显然存在前后矛盾的地方。

（四）样本特征描述

为了反映样本的基本特征情况，本书从企业年龄、企业分布、企业规模、企业性质、产业类型5个方面进行描述分析（如表6-4所示）。

表6-4　　　　　　　　样本基本特征的分布情况　　　　　　　　单位：个，%

	企业属性	企业分类	样本数	百分比	累计百分比
小样本（问卷前测）（n=180）	企业年龄	1—2年	44	24.44	24.44
		3—4年	72	40.00	64.44
		5—6年	36	20.00	84.44
		7—8年	28	15.56	100
	企业分布	长三角地区	62	34.44	34.44
		珠三角地区	42	23.33	57.77
		环渤海地区	32	17.78	75.56
		其他地区	44	24.44	100

续表

企业属性		企业分类	样本数	百分比	累计百分比
小样本（问卷前测）（n=180）	企业规模（员工数）	50人以下	134	74.44	74.44
		50—150人	25	13.89	88.33
		151—500人	11	6.11	94.44
		501—1000人	4	2.22	96.66
		1001—5000人	6	3.34	100
	企业性质	国有企业	5	2.78	2.78
		外商投资企业	31	17.22	20.00
		民营企业	140	77.78	97.78
		其他	4	2.22	100
	产业类型	技术企业	102	56.67	56.67
		非技术企业	78	43.33	100
大样本（n=512）	企业年龄	1—2年	132	25.78	25.78
		3—4年	245	47.85	73.63
		5—6年	84	16.41	94.04
		7—8年	51	9.96	100
	企业分布	长三角地区	254	49.61	49.61
		珠三角地区	112	21.88	71.49
		环渤海地区	96	18.75	90.24
		其他地区	50	9.76	100
	企业规模（员工数）	50人以下	261	50.97	50.97
		50—150人	154	30.08	81.05
		151—500人	71	13.87	94.92
		501—1000人	19	3.71	98.63
		1001—5000人	7	1.37	100
	企业性质	国有企业	22	4.30	4.30
		外商投资企业	92	17.97	22.27
		民营企业	374	73.05	95.32
		其他	24	4.68	100
	产业类型	技术企业	321	62.70	62.70
		非技术企业	191	37.30	100

从企业年龄来看，最小值为1，最大值为12，两次问卷样本分析，都能发现处于"4—6年"的企业占比最高；从样本分布来看，也较好地反

映新兴企业的特点。

从企业分布来看,企业分布较均匀,"长三角地区""珠三角地区""环渤海地区""其他地区"都有相当的样本量,经济发达的"长三角地区""珠三角地区"样本数更高一些,同中国情境的创新创业实践比较吻合。

从企业规模来看,不管第一次样本测试,还是第二次样本收集,员工人数在"50人以下""50—150人"的企业样本数较多,企业规模较小,可能存在新兴企业"新进入缺陷"(Aldrich & Auster,1986)。

从企业性质来看,"民营企业"占了绝对比重,第一次样本收集"民营企业"占比77.78%,第二次问卷回收"民营企业"占比73.05%。

从产业类型来看,第一次样本收集中"技术企业"占比56.67%,第二次问卷回收中"技术企业"占比62.70%。有必要说明的是,技术企业包括利用某项技术创造产品或服务的企业,也包括专门开发技术产品或服务的企业(杜运周等,2008)。

根据以上对企业年龄、企业分布、企业规模、企业性质、产业类型等5个方面样本特征的分析,可以发现样本量较大,样本在中国的主要经济区域、不同行业都有相当分布,与新兴企业特征较吻合,与企业经营主体相契合。因此,本书的样本发放与收集较为成功,满足了研究的需要,也便于研究的可操作化,具有较好的广泛性和代表性,基于这些样本数据的研究结果也会有较好的普适性。

二 变量测量

以下将对本书理论模型的变量进行说明,并且具体列出每个变量都是由什么题项进行测度。这些变量包括商业模式创新(自变量)、新兴企业绩效(因变量)、合法性(中介变量)、政策导向(调节变量),以及与市场环境等相关的控制变量。在测量题项上,本章充分借鉴国内外经典实证研究的成熟量表,并根据中国新兴经济的实际情境和中文语法、语句的特点,进行相应的修改、调整,以保证测量量表的信度和效度。

(一)自变量

商业模式创新是本章的自变量,并根据新兴经济背景下商业模式创新程度的强弱分为开拓性商业模式创新与完善性商业模式创新两个维度。开拓性商业模式创新和完善性商业模式创新主题属于新开发的量表,开发过程前文已述及,这里只作简要描述。

首先是新兴经济背景下商业模式创新程度量表的开发意义:(1)商

业模式的相关测试较为缺乏，不能满足本书研究的需要。现在国内研究引用较多的是 Zott 和 Amit 两位学者开发的新颖性商业模式和效率性商业模式量表，但 Zott 和 Amit 开发量表所取的样本是欧美等地于 1996—2000 年上市的初创企业（Zott & Amit, 2007, 2008），与中国情境并不吻合，一味照搬并不可取。(2) 不同商业模式主题设计表现不同的商业模式特征，新兴经济背景下商业模式创新程度的量表开发，可以较好地描述企业如何应对变革交易行为，用创新手段建构新的交易治理体系。(3) 开拓性商业模式创新和完善性商业模式创新的分类，有助于生动表述不同类型的商业模式对新兴经济中交易制度的认知和假设，即新兴经济中交易制度是交易活动的作用对象还是影响施加者。(4) 开拓性商业模式创新和完善性商业模式创新的分类，有助于说明不同类型的商业模式的作用机制，即企业是通过主动性还是被动性的创新活动来实施交易。

其次是新兴经济背景下商业模式创新程度的量表是在充分学习、吸收国内外相关研究的合理内核的基础上开发出来的，并通过了探索性因子分析（EFA）和验证性因子分析（CFA）。本书基于制度基础观、新制度主义、组织合法性等理论，根据扎根理论对商业模式内涵和要素的梳理，结合 Narver 和 Slater（2004）、Mohan 和 Mark（2005）、Zott 和 Amit（2007）、Wang 等（2015）等学者的研究，开发出开拓性商业模式创新与完善性商业模式创新量表。开拓性商业模式创新与完善性商业模式创新各有 8 个题项（参见表 6-2），每个题项均用 7 点李克特量表赋值，从 1 到 7，1 表示"非常不同意"，7 表示"非常同意"。

(二) 因变量

企业绩效既是组织交易活动的客观产物，也是人们对于组织交易过程和结果的目的性的主观评价（原欣伟等，2006）。新兴企业绩效，有学者认为是创业者及其团队为实现企业目标，通过系统的交易活动行为取得的反映企业初创和成长的各种结果（张君立等，2008）。相对于成熟企业来说，仅用反映财务盈利性的题项难以正确反映新兴企业绩效的真实状况，由于新进入，成长速度往往较成熟企业快，故应引入反映成长性的题项（蔡莉、单标安，2010）。

对于新兴企业绩效的度量，本书采用 Covin 和 Slevin（1990）、Li 和 Atuahene-Gima（2001）的新兴企业绩效量表，包括："投资回报率""净收益率""市场占有率""净收益增长速度""销售额增长速度""新员工数量增长速度""新产品或服务增长速度""资金周转速度""市场份额增长速度"9 个题项。其中前 3 个属于盈利性指标、后 6 个属于成长性指标，由于盈利性指标和成长性指标高度相关，因此被组合为单一绩效变量（Li & Atuahene-Gima，2001）。所有题项均采用7点李克特量表，从1到7，1表示"非常差"，7表示"非常好"。

（三）中介变量

合法性作为一个抽象概念，一直比较难以测量。现有文献研究表明，合法性的测量可以分别通过客观的代理指标和主观的感知性量表来测量。关于客观的代理指标（proxies），Ruef和Scott（1998）曾用是否是美国医院协会的成员来测度医院的管理规范合法性，用是否内科或外科医学院授权单位来测量医院的技术性规范合法性。Tornikoski和Newbert（2007）主张用网络化、资源组合衡量新兴企业战略合法性。杜运周等（2008）则用是否通过ISO认证来测度中小企业是否获取了组织合法性。这些代理指标，多是传递了企业与社会期望一致的信号，以及企业与所在制度环境的社会匹配性，来表现合法性的获取。

关于主观的感知性量表，主要通过组织规范性感知（perception of organizational normativity）和组织公众认可（endorsement by organizational audience）来测量（Elsbach，1994）。组织规范性感知是指组织行为的被接受程度，组织规范或行为在制度环境的盛行程度越高，说明制度环境对组织的接受度越高。可是通过组织规范性感知设计量表来测试合法性的研究并不多见，多停留在理论层面，可操作的量表少。大量的研究是通过设计组织公众认可的量表来度量合法性，如Deephouse（1996）用媒体对商业银行的评价来度量认知合法性。Certo和Hodge（2007）通过顾客、员工、供应商、竞争者等关键利益相关者的认可度来度量。杜运周等（2012）在新兴经济背景下增加了政府、投资者两个评价主体。裴云龙等（2013）进一步将政府这一评价主体细分为市场监管部门、国有金融机构，并又增加了社区公众、公共利益团体两个评估者。

本书合法性量表综合了Deephouse（1996）、Certo和Hodge（2007）、杜运周等（2012）、裴云龙等（2013）的观点，设计了10个题项（参见表6-2），所有题项均采用7点李克特量表赋值，从1到7，1表示"非常低"，7表示"非常高"。

（四）调节变量

政策导向可以分为政府视角的政策导向和企业视角的政策导向。政府视角的政策导向强调政府如何制定政策，以引导企业的成长；企业视角的政策导向则强调企业收集、研究政策信息，根据相关政策信息调整自己的经营行为。本书所指的政策导向是基于企业视角的政策导向。对于政策导向的测量并不多，国内比较有代表性的是陈启杰等（2010）以泛长三角地区为研究对象，借鉴了 Kohli 和 Jaworski（1990）的"信息行为观"和 Wood（1993）的"导向"，开发了基于政策信息生成、政策信息传播与经营行为调整3个维度的政策导向量表。

本书采用了 Flack 等（2010）、彭华涛（2013）针对新兴企业设计的政策导向量表（参见表6-2），所有题项均运用7点李克特量表赋值，从1到7，1表示"非常不同意"，7表示"非常同意"。

（五）控制变量

为了确保研究结果的可靠性，本书对可能影响研究结果的几个变量进行控制，这几个控制变量分为企业层、产业层和宏观环境层。虽然它们不是研究的焦点，但可能对研究的主变量产生影响，因而有必要进行控制。本书仅控制公认的、影响较大的几个变量。

根据生命周期成长理论，我们对企业层的企业年龄、企业规模和企业股权进行控制。企业年龄是影响商业模式、合法性与新兴企业绩效的重要因素（Li & Atuahene-Gima, 2001；Zimmerman & Zeitz, 2002；Zott & Amit, 2008）。企业年龄越大，积累的资源和能力也会越多（彭新敏，2009）。资源和能力的积累，有利于合法性的获取（Zimmerman & Zeitz, 2002），也有助于企业进行商业模式创新（Zott & Amit, 2008），最终影响企业绩效（Li & Atuahene-Gima, 2001）。企业规模是影响企业行为和决策的重要变量（Nadler & Tushman, 1988）。企业规模的大小会影响企业采取何种方式的创新行为，也会对企业绩效产生影响。企业股权是指企业所有制的形式，与企业绩效紧密联系（Estrin et al., 2009）。不同的企业所有制形式，其战略目标、竞争战略等都会有较大差异（Peng et al., 2004；Li & Xia, 2008）。国外企业股权聚焦于股权集中度、大股东、公司治理等，对国有和民营股权没有加以区分。而在中国新兴经济情境下，民营企业相对国有企业在经济体制、运行战略、企业决策方面都有很大不同（江诗松等，2011），对企业绩效会有较大影响。

产业层的控制因素主要是行业类型。不同行业类型的企业绩效往往不同（Baum et al., 2001）。技术企业相较非技术企业增长较快，商业模式创新也可能更加频繁。一般将信息传输、软件、生物制药、新材料、高端制造等归为技术产业，将纺织、化工、建筑等归为传统产业（姚明明等，2014）。

宏观环境层的控制因素是指市场环境变量。市场环境常被认为会影响新兴企业创新与绩效的关系（Miller & Friesen, 1984；Lumpkin & Dess,

1996）。市场环境的量表较为成熟，Miller 和 Friesen（1983）开发的量表将环境分为了环境动荡性、环境包容性和市场敌意性 3 个维度。Voss 和 Voss（2000）、Desarbo 等（2005）、郭海和沈睿（2014）则把市场环境量表分为需求不确定、环境包容性和竞争强度 3 个维度。蔡莉和尹苗苗（2009）将样本所处环境分为环境动态性和宽松性两个维度。

本书是这样处理这些控制变量的。根据 Covin 和 Slevin（1990）对于新兴企业的定义，将成立 8 年以内的企业界定为新兴企业，企业年龄用企业成立至问卷回收之间的年限差来度量，并对之取对数。企业规模按员工数分为"50 人以下""50—150 人""151—500 人""501—1000 人""1001—5000 人""5000 人以上" 6 类，设置为定序变量，分别赋值为 1 至 6。企业股权分为"国有企业""外商投资企业""民营企业""其他" 4 类，设置为虚拟变量（dummy variable，也称为哑变量）。产业类型分为技术产业和非技术产业，设置为虚拟变量，技术产业赋值为 1，非技术产业赋值为 0。市场环境采用了 Miller 和 Friesen（1983）、Voss 和 Voss（2000）、蔡莉和尹苗苗（2009）的环境量表，包括："行业内技术变化太快"、"核心产品或服务更新换代速度很快"、"行业市场增长速度很快"、"市场中有丰富的获利机会"、"顾客需求具有多样性"、"行业内过度竞争"、"市场中同类企业间竞争很激烈" 7 个题项，其中前 4 个属于环境包容性指标、后 3 个属于环境竞争性指标。市场环境题项采用 7 点李克特量表赋值，从 1 到 7，1 表示"非常不同意"，7 表示"非常同意"。

由于同一问卷多人填答，可能产生共同方法偏差问题（common method biases）。本书采用广泛使用的 Harman 单因素检验法来检验共同方法偏差水平（Podsakoff & Organ, 1986），即对所有的变量进行未旋转的探索性因子分析（EFA），结果表明第一因子的方差解释量为 27.59%，未能解释大部分变异，说明不存在明显的共同方法偏差。

三 信度、效度检验

（一）变量因子分析与信度检验

（1）商业模式创新。本书第四章结合 Narver 和 Slater（2004）、Mohan 和 Mark（2005）、Zott 和 Amit（2007）、Wang 等（2015）等，对新兴经济背景下商业模式创新程度进行了量表开发，细分了开拓性商业模式创新与完善性商业模式创新两个主题，每个主题设计了 8 个题项。16 个题项的 KMO 检验的 MSA（measure of sampling adequacy）值为 0.948（>0.7），巴特利特球形检验卡方值为 5634.417（df 为 120，p 为 0.000），说明非常适合做因子提取。对商业模式创新进行探索性因子分析（EFA），按特征值大于1和最大方差法（varimax）旋转提取到两个因子，第1个因子解释总方差的33.676%，两个因子累积解释总方差的64.721%，且旋转后的各题项因子载荷都在0.648以上，因此商业模式创新量表具有良好的结构效度。通过修正后的单项对总项的相关系数（corrected item-total correlation，CITC）和内部一致性系数（Cronbach's α）评价问卷信度，所有题项的CITC值都在0.570以上，分量表的Cronbach's α都在0.910以上，总量表的Cronbach's α达到0.944。从CITC值和Cronbach's α系数来看，商业模式创新总量表、分量表具有较好的信度（见表6-5）。

为了进一步确认商业模式创新量表的信度和效度，本书运用Amos 21.0进行验证性分析（CFA），测量模型和拟合结果如图6-1和表6-6所示。

表6-5　　商业模式创新因子载荷与信度分析（n=512）

变量	题项	旋转后因子载荷		CITC	信度
开拓性商业模式创新	本企业为顾客提供与众不同的新颖的产品、服务或信息	0.675	0.342	0.684	0.930
	本企业给顾客带来的价值是前所未有的、独特的、容易感知的	0.800	0.274	0.733	
	本企业以打破常规的方式，发现新机会，开拓新市场	0.809	0.302	0.760	
	本企业拥有多种不同于行业中其他对手的营销渠道	0.799	0.243	0.708	
	本企业打造了利益相关者良性互动的商业生态圈，并在其中扮演核心角色	0.772	0.209	0.662	
	本企业主导新颖的交易机制（如奖励、惩罚或协调等管理机制），在商业模式中建构新的运作流程、惯例和规范	0.766	0.278	0.710	
	本企业不断创造性寻找技术或创意来源，开发新的资源和能力	0.689	0.438	0.765	
	本企业通过这种商业模式获得了较多的新创意、新发明、新专利等	0.749	0.372	0.763	
完善性商业模式创新	本企业更重视经营产品或服务	0.194	0.695	0.570	0.910
	本企业经常改良主打的产品或服务，以更好地迎合顾客需求	0.224	0.784	0.655	
	本企业在市场开辟方面，倾向于对市场领先者的跟随性创新	0.207	0.723	0.598	
	本企业经常巩固和扩大现有市场的营销渠道	0.286	0.778	0.698	
	本企业努力以弥补性资产融入外部创新合作网络	0.393	0.648	0.701	
	本企业系统性地、频繁地监测交易伙伴的满意度，以更好地服务交易伙伴	0.379	0.681	0.699	
	本企业不断优化现有的流程、知识和技术	0.392	0.725	0.741	
	本企业坚持在既定的战略框架下分配人、财、物资源	0.316	0.734	0.689	
总量表					0.944

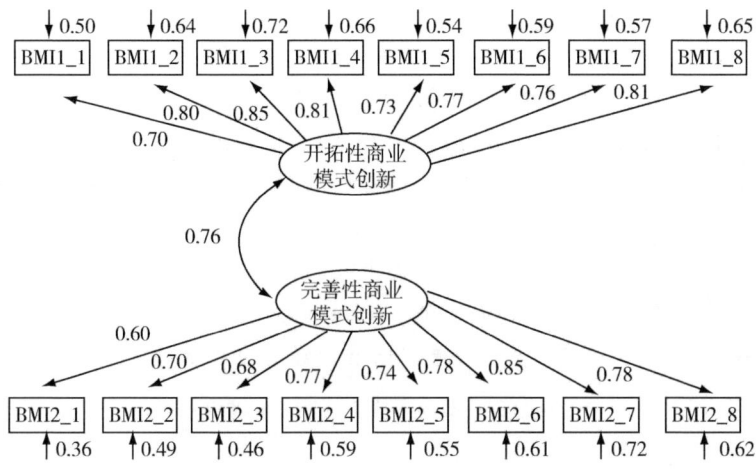

图6-1 商业模式创新的测量模型

表6-6 商业模式创新的验证性因子分析结果

指标	χ^2/df	RMSEA	GFI	AGFI	TLI	CFI
测量模型	2.899	0.061	0.940	0.910	0.959	0.969
期望优度	<3	<0.08	>0.90	>0.90	>0.90	>0.90

结构方程的拟合指标有多个衡量指标，但没有单一的"理想的"指标能度量模型的拟合优度。本书在这里选择国内外文献使用频率较高的拟合指标来度量，即 χ^2/df、RMSEA、GFI、AGFI、TLI、CFI 等。从图6-1可以知道，利用Amos21.0运算出的标准化因子载荷中，开拓性商业模式创新最小的因子载荷为0.70，完善性商业模式创新最小的因子载荷为0.60，并且均在 $p<0.001$ 的水平上通过了显著性检验。根据Browne和Cudeck（1989）0.5临界值的收敛效度判定，可以知道量表收敛效度较好。已知因子载荷，可以计算平均方差抽取量（average variance extracted, AVE），开拓性商业模式创新的AVE值为0.6085，完善性商业模式创新的AVE值为0.549，都高于0.5的临界值，表明测量模型具有较好的区别效度。从表6-6可以知道，$\chi^2/df=2.899$，RMSEA=0.061，GFI=0.940，AGFI=0.910，TLI=0.959，CFI=0.969，表示数据拟合的效度较好，验证性因子分析（CFA）显示商业模式创新的两个维度具有较好的建构效度。

（2）合法性。本书合法性量表综合了Deephouse（1996）、Certo和Hodge（2007）、杜运周等（2012）、裴云龙等（2013）的观点，设计了

10个题项。10个题项的KMO检验的MSA值为0.949（>0.7），Bartlett球形检验卡方值为5448.440（df为45，p为0.000），10个题项在0.000水平上显著相关（相关系数在0.579—0.832），说明比较适合做因子提取。对合法性进行探索性因子分析（EFA），按特征值大于1和最大方差法（varimax）旋转提取到单因子，单因子解释总方差的74.489%，因此合法性量表具有良好的结构效度。通过修正后的单项对总项的相关系数（CITC）和内部一致性系数（Cronbach's α）评价问卷信度，所有题项的CITC值都在0.774以上，量表的Cronbach's α为0.962。从CITC值和Cronbach's α系数来看，合法性量表信度较好（见表6-7）。

表6-7　　　　合法性因子载荷与信度分析（n=512）

变量	题项	CITC	因子载荷	AVE	信度
合法性	大多数员工对您所在企业评价	0.774	0.73	0.6979	0.962
	大多数顾客对您所在企业评价	0.826	0.81		
	大多数供应商对您所在企业评价	0.814	0.78		
	大多数同行对您所在企业评价	0.833	0.83		
	大多数股东或债权人对您所在企业评价	0.857	0.88		
	大多数市场监管部门官员对您所在企业评价	0.855	0.89		
	大多数国有金融机构工作人员对您所在企业评价	0.812	0.85		
	大多数行业协会工作人员对您所在企业评价	0.859	0.89		
	大多数社区公众对您所在企业评价	0.860	0.86		
	大多数媒体对您所在企业评价	0.792	0.82		

为了进一步确认合法性量表的信度和效度，运用Amos21.0进行验证性分析（CFA），测量模型图和拟合结果如图6-2和表6-8所示。

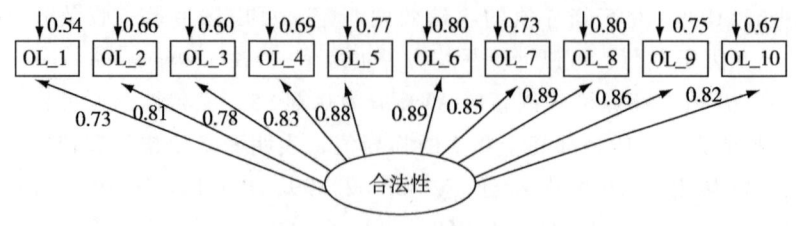

图6-2　合法性的测量模型

从图6-2可以知道利用Amos21.0运算出的标准化因子载荷中，合法性最小的因子载荷为0.73，并且均在p<0.001的水平上通过了显著性

检验。根据 Browne 和 Cudeck（1989）0.5 临界值的收敛效度判定，可以知道量表收敛效度较好。已知因子载荷，可以计算平均方差抽取量（AVE），合法性的 AVE 值为 0.6979，高于 0.5 的临界值（吴明隆，2010），表明测量模型具有较好的区别效度。从表 6-8 可以知道，$\chi^2/df = 3.181$，RMSEA = 0.065，GFI = 0.985，AGFI = 0.931，TLI = 0.982，CFI = 0.995。χ^2/df 虽高于 3，但小于 5，表示模型拟合效果不是非常好，但仍然可以接受（姜雁斌，2012；吴东，2011）。故总体上，数据拟合效度较好，验证性因子分析（CFA）显示合法性具有较好的建构效度。

表 6-8　　　　　　　合法性的验证性因子分析结果

指标	χ^2/df	RMSEA	GFI	AGFI	TLI	CFI
测量模型	3.181	0.065	0.985	0.931	0.982	0.995
期望优度	<3	<0.08	>0.90	>0.90	>0.90	>0.90

（3）政策导向。本书采用了 Flack 等（2010）、彭华涛（2013）针对新兴企业设计的政策导向量表，设计了 3 个题项。3 个题项的 KMO 检验的 MSA 值为 0.734（>0.7），巴特利特球形检验卡方值为 1183.023（df 为 3，p 为 0.000），3 个题项在 0.000 水平上显著相关（相关系数在 0.733—0.839），说明比较适合做因子提取。对政策导向进行探索性因子分析（EFA），按特征值大于 1 和最大方差法（varimax）旋转提取到单因子，单因子解释总方差的 86.348%，因此政策导向量表具有良好的结构效度。通过修正后的单项对总项的相关系数（CITC）和内部一致性系数（Cronbach's α）评价问卷信度，所有题项的 CITC 值都在 0.825 以上，量表的 Cronbach's α 为 0.919。从 CITC 值和 Cronbach's α 系数来看，政策导向量表信度较好（见表 6-9）。

表 6-9　　　　　政策导向因子载荷与信度分析（n=512）

变量	题项	CITC	因子载荷	AVE	信度
政策导向	政府部门在创业融资中提供了有效的优惠政策	0.825	0.87	0.7947	0.919
	政府部门产业发展规划为新兴企业确定技术发展方向提供了思路	0.888	0.96		
	政府部门优惠或扶持政策吸引了大量各类人员参与创业	0.804	0.84		

为了进一步确认政策导向量表的信度和效度，运用 Amos21.0 进行验证性分析（CFA），测量模型如图 6-3 所示。政策导向最小的因子载荷为

0.84，并且均在 p<0.001 的水平上通过了显著性检验，并据因子载荷算出平均方差抽取量（AVE）的值为 0.7947（>0.5），表明测量模型具有较好的聚合效度和区别效度。

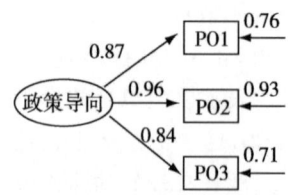

图 6-3　政策导向的测量模型

（4）新兴企业绩效。本书采用了 Covin 和 Slevin（1991）、Li 和 Atuahene-Gima（2001）的新兴企业绩效量表，共 9 个题项。9 个题项的 KMO 检验的 MSA 值为 0.922（>0.7），巴特利特球形检验卡方值为 2988.142（df 为 36，p 为 0.000），9 个题项在 0.000 水平上显著相关（相关系数在 0.381—0.782），说明比较适合做因子提取。对新兴企业绩效进行探索性因子分析（EFA），按特征值大于 1 和最大方差法（varimax）旋转提取到单因子，单因子解释总方差的 62.243%，因此新兴企业绩效量表具有良好的结构效度。通过修正后的单项对总项的相关系数（CITC）和内部一致性系数（Cronbach's α）评价问卷信度，所有题项的 CITC 值都在 0.607以上，量表的 Cronbach's α 为 0.923。从 CITC 值和 Cronbach's α 系数来看，新兴企业绩效量表信度较好（见表 6-10）。

表 6-10　新兴企业绩效因子载荷与信度分析（n=512）

变量	题项	CITC	因子载荷	AVE	信度
新兴企业绩效	投资回报率	0.730	0.71	0.5579	0.923
	净收益率	0.755	0.72		
	市场占有率	0.756	0.80		
	净收益增长速度	0.810	0.82		
	销售额增长速度	0.743	0.80		
	新员工数量增长速度	0.668	0.68		
	新产品或服务增长速度	0.685	0.72		
	资金周转速度	0.607	0.64		
	市场份额增长速度	0.764	0.81		

为了进一步确认新兴企业绩效的信度和效度，运用 Amos21.0 软件进

行验证性分析（CFA），测量模型和拟合结果如图 6-4 和表 6-11 所示。

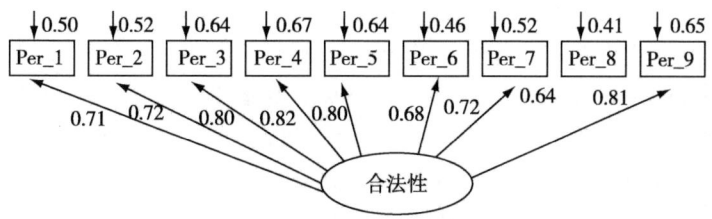

图 6-4　新兴企业绩效测量模型

从图 6-4 可以知道利用 Amos21.0 软件运算出的标准化因子载荷中，新兴企业绩效最小的因子载荷为 0.64（>0.5），并且均在 p<0.001 的水平上通过了显著性检验，量表收敛效度较好。已知因子载荷，可以计算平均方差抽取量（AVE），新兴企业绩效的 AVE 值为 0.5579，高于 0.5 的临界值（吴明隆，2010），表明测量模型具有较好的区别效度。从表 6-11 可以知道，$\chi^2/df = 2.781$，RMSEA = 0.059，GFI = 0.978，AGFI = 0.950，TLI = 0.978，CFI = 0.988。因此，数据拟合效度较好，验证性因子分析（CFA）显示新兴企业绩效量表具有较好的建构效度。

表 6-11　新兴企业绩效的验证性因子分析结果

指标	χ^2/df	RMSEA	GFI	AGFI	TLI	CFI
测量模型	2.781	0.059	0.978	0.950	0.978	0.988
期望优度	<3	<0.08	>0.90	>0.90	>0.90	>0.90

（5）市场环境。本书采用了 Miller 和 Friesen（1983）、Voss 和 Voss（2000）的环境量表，共 10 个题项。10 个题项的 KMO 检验的 MSA 值为 0.864（>0.7），巴特利特球形检验卡方值为 2843.864（df 为 45，p 为 0.000），10 个题项在 0.001 水平上显著相关（相关系数在 0.143—0.801），说明比较适合做因子提取。对市场环境进行探索性因子分析（EFA），按特征值大于 1、主成分分析法、最大方差法（varimax）旋转提取到两个因子，没有提取出 Miller 和 Friesen（1983）所论述的环境动荡性、需求不确定性和环境竞争性环境三维度。根据 Prajogo 和 McDermott（2005）、马庆国（2002）评价题项区分度的方法，删除了题项所属因子载荷小于 0.5 的"社会服务体系不健全"题项，以及题项在两个因子的载荷都大于 0.5 的"竞争对手的市场活动越来越难以预测""顾客需求越来越难以预测"题项，共计删除了 3 个题项，剩余 7 个题项，借鉴蔡莉和尹苗苗（2009）

的做法，合并环境动荡性、需求不确定性的题项，归到环境包容性，即环境变量分为环境包容性和环境竞争性。并且，每次题项删除后，因子累积解释总方差的比例都在增加：未删除时解释比例为64.730%，删除1个后为68.593%，删除两个后为70.079%，删除3个后为71.465%。说明题项删除是有效的。7个题项中两个因子累积解释总方差的71.465%，且旋转后的各题项因子载荷都在0.595以上（>0.5），因此市场环境量表具有良好的结构效度。通过修正后的单项对总项的相关系数（CITC）和内部一致性系数（Cronbach's α）评价问卷信度，所有题项的CITC值都在0.465以上（>0.4），分量表的Cronbach's α 都在0.822以上，总量表的Cronbach's α 达到0.845。从CITC值和Cronbach's α 系数来看，市场环境总分量表具有较好的信度（见表6-12）。

表6-12　　　　市场环境因子载荷与信度分析（n=512）

变量	题项	旋转后因子载荷		CITC	信度
环境包容性	行业内技术变化太快	0.754	0.343	0.689	0.822
	所在行业的核心产品或服务更新换代速度很快	0.796	0.306	0.700	
	行业市场增长速度很快	0.769	0.194	0.607	
	市场中有丰富的获利机会	0.801	-0.044	0.465	
环境竞争性	顾客需求具有多样性	0.495	0.595	0.648	0.824
	行业内过度竞争	0.127	0.906	0.548	
	市场中同类企业间竞争很激烈	0.146	0.926	0.575	
总量表					0.845

为了进一步确认市场环境量表的信度和效度，运用Amos 21.0进行验证性分析（CFA），测量模型和拟合结果如图6-5和表6-13所示。

从图6-5可以知道利用Amos21.0软件运算出的标准化因子载荷中，市场环境最小的因子载荷为0.54，并且均在$p<0.001$的水平上通过了显著性检验。根据Browne和Cudeck（1989）0.5临界值的收敛效度判定，可以知道量表收敛效度较好。根据因子载荷，可以计算平均方差抽取量（AVE），环境包容性的AVE值为0.5519，环境竞争性的AVE值为0.6458，都高于0.5的临界值（吴明隆，2010），表明测量模型具有较好的区别效度。从表6-13可以知道，$\chi^2/df=2.532$，RMSEA=0.055，GFI=0.988，AGFI=0.962，TLI=0.982，CFI=0.992，表示数据拟合的效度较好。因此，通过验证性因子分析（CFA）显示市场环境量表具有较好的建构效度。

第六章 主题性商业模式创新与新兴企业成长:实证与检验 209

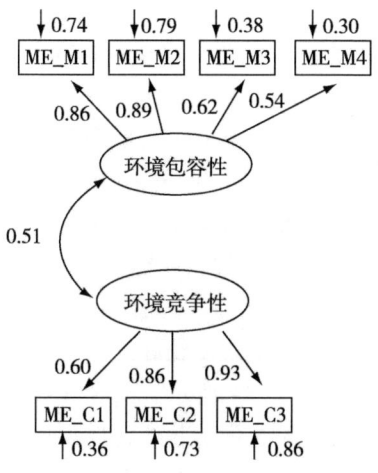

图 6-5 市场环境测量模型

表 6-13 市场环境的验证性因子分析结果

指标	χ^2/df	RMSEA	GFI	AGFI	TLI	CFI
测量模型	2.532	0.055	0.988	0.962	0.982	0.992
期望优度	<3	<0.08	>0.90	>0.90	>0.90	>0.90

(二) 量表总体构念效度检验

量表的构念效度分为聚合效度和区分效度,可用 AMOS 统计工具进行检验。本书的构念主要有开拓性商业模式创新、完善性商业模式创新、政策导向、合法性、新兴企业绩效、环境包容性、环境竞争性 7 个,为了检验其聚合效度和区分效度,依据 Aderson 和 Gerbing (1988)、Nadkarni 和 Narayanan (2007) 等的方法,同时将这 7 个构念纳入结构方程模型作验证性因子分析 (CFA)。结果显示 7 因子模型很好地拟合了数据,χ^2 = 2222.604,df = 1023,RMSEA = 0.048,TLI = 0.933,CFI = 0.939。验证性因子分析显示,各因子载荷分别为:开拓性商业模式创新因子载荷取值范围为 0.71—0.84,完善性商业模式创新因子载荷取值范围为 0.62—0.82,政策导向因子载荷取值范围、合法性因子载荷取值范围为 0.57—0.68、新兴企业绩效因子载荷取值范围为 0.62—0.83、环境包容性因子载荷取值范围为 0.50—0.80、环境竞争性因子载荷取值范围为 0.55—0.68。根据 Browne 和 Cudeck (1989) 的判断,结构方程模型中因子载荷大于 0.5 的临界值,就表示构念有较好的聚合效度。

因子间的相关系数显示:开拓性商业模式创新与完善性商业模式创新

系数为 0.77（p<0.001），开拓性商业模式创新与政策导向系数为 0.64（p<0.001），完善性商业模式创新与政策导向系数为 0.55（p<0.001），开拓性商业模式创新与合法性系数为 0.65（p<0.001），完善性商业模式创新与合法性系数为 0.63（p<0.01），政策导向与合法性系数为 0.84（p<0.001），开拓性商业模式创新与环境包容性系数为 0.37（p<0.01），开拓性商业模式创新与环境竞争性系数为 0.47（p<0.01），完善性商业模式创新与环境包容性系数为 0.22（p<0.01），完善性商业模式创新与环境竞争性系数为 0.34（p<0.01）。综合因子间的相关系数与 CFA 检验拟合结果，显示本书量表的区分效度较好。

测量模型检验结果如表 6-14 所示。从表 6-14 可知，假设的 7 因素模型显示出良好的拟合度且显著优于其他备选模型，而且其匹配指标都在可以接受的水平之上，也证明了这 7 个构念之间具有良好的区分效度，这可以缓解共同方法偏差问题，从而在一定意义上也佐证了本书虽不可避免地会受到共同方法偏差影响，但影响不严重。

表 6-14　　　　　　　　　　　测量模型比较

模型	χ^2	df	χ^2/df	TLI	CFI	RMSEA	$\Delta\chi^2$
七因素模型	2222.604	1023	2.173	0.933	0.939	0.048	
备选六因素模型：合并 BMI1、BMI2	3838.552	1029	3.734	0.844	0.854	0.083	1615.948**
备选六因素模型：合并 PO、OL	3916.68	1029	3.810	0.840	0.850	0.084	1694.076**
备选五因素模型：合并 BMI1、BMI2，合并 PO、OL	5013.456	1034	4.858	0.780	0.793	0.097	2790.852**
备选四因素模型：合并 BMI1、BMI2、PO、OL	6382.845	1038	6.167	0.706	0.722	0.101	4160.241**
备选三因素模型：合并 BMI1、BMI2、PO、OL、MME	7706.984	1041	7.432	0.633	0.653	0.112	5484.38**
备选二因素模型：合并 BMI1、BMI2、PO、OL、MME、CME	8415.620	1043	7.432	0.598	0.614	0.120	6193.016**
备选单因素模型：合并所有构念	9564.132	1044	9.214	0.552	0.563	0.145	7341.528**

注：BMI1 表示开拓性商业模式创新；BMI2 表示完善性商业模式创新；PO 表示政策导向；OL 表示合法性；MME 表示环境包容性；CME 表示环境竞争性；PER 表示新兴企业绩效；** 表示 p<0.01。

四 研究方法选择

科学的方法与过程是保证实证研究取得科学结论的前提。本着严谨的科学态度，不论是文献梳理、理论预设、理论假设的提出、量表设计、问卷发放与收集，还是数据的统计处理，均需按照科学的方法与过程来进行。根据本书的需要，本书主要采用描述性统计、相关分析、因子分析、层次回归分析等统计方法进行。首先，根据研究的需要，本书开发了新兴经济背景下商业模式创新程度的量表，并引用国内外成熟量表的因子分析、信度分析，以检验量表的信度和效度。其次，对研究中的变量进行描述性统计和相关性分析，以初步验证理论假设。最后，利用层次回归分析法，进一步验证中介效应与调节效应。

（一）因子分析

在管理研究中，很多构念都十分抽象，不能直接测度。通常需要借助反映性指标（reflective indicator）或效果指标（effect indicator）来反映。反映性指标是所测量构念的"效果"，其差异是构念作用的结果（罗胜强、姜嬿，2008）。本书中的商业模式创新、合法性、政策导向、新兴企业绩效等都是抽象的构念，每个构念都是通过反映性指标来测量的。例如，政策导向这个构念，通过"政府部门在创业融资过程中提供了有效的优惠政策"等3个反映性指标来测量。也就是说，企业政策导向的差异，通过企业在这3个反映性指标上的差异反映出来。反映性指标的测量原理有古典测量模型和同属测量模型两种。古典测量模型是通过计算构念反映性指标的均值进行测量的；同属测量模型是通过反映性指标的因子得分（factor score）来衡量的（罗胜强、姜嬿，2008）；古典测量模型是同属测量模型的特例。理论上构念通过反映性指标的因子得分来衡量更加合理，但对于一般的管理研究，古典测量和同属测量模型都可以（罗胜强、姜嬿，2008）。

因子分析的作用主要有二：一是简化数据。研究者往往为构念设计了一系列反映性指标，这些指标多是高度相关的，以反映同一构念，但不排除有少数指标对于构念来说并不非常有意义，通过因子分析可以起到简化题项的作用，以尽可能用少而精的题项、最经济的数据反映出构念的特质。题项减少、数据简化，这样的处理为后续的相关分析、层次回归分析也提供了便利。二是探寻构念的基本结构。正如前文所述，并非所有的构念都能直接测试，被测试的构念需要通过一些反映性指标反映出来，而这些反映性指标只有待其基本结构探明之后，才能利用反映性指标因子得分或求均值的方式进行测度构念。

大多数统计软件为因子分析（探索性和验证性）提供了统计工具。SPSS 软件可以通过降维功能（dimension reduction）、菜单式操作方便地进行探索性因子分析（EFA）。AMOS 软件可以通过极大似然估计（maximum likelihood, ML），进行结构方程模型（SEM）检验，验证数据与理论构念的拟合。以 SPSS 软件为例，谈谈进行探索性因子分析（EFA）的步骤：首先，计算反映性指标相关系数阵，观察相关系数大小和相关的显著性，以初步判断是否适合做相关分析。其次，通过 KMO 检验的 MSA 值（一般不低于 0.6）、巴特利特球形检验卡方值是否显著（p 至少要不于 0.05）进一步确认因子分析的可行性。再次，依照特征值大于 1，用主成分分析法、最大方差法（varimax）旋转提取因子（因子载荷一般不低于 0.5）。最后，计算反映性指标因子得分。根据同属测量模型，可通过 SPSS 软件因子分析的"因子得分"（factor scores）功能，直接菜单操作。以 AMOS 软件为例，谈谈进行验证性分析（CFA）的步骤：首先，画出构念与反映性指标的关系图。构念是潜在变量，用椭圆显示；反映性指标是观察变量，用方框显示。其次，选择数据文件（select date files），例如某一 SPSS 的输出文件。再次，利用分析属性（analysis property）确定估计值计算方法（一般默认极大似然估计）、输出形式。最后，运行计算估计值（calculate estimates），从文本输出（text output）里查看系数的估计值（estimates）、模型匹配（model fit），看一些常见的拟合指标，如 χ^2/df（一般小于 3）、RMSEA（一般小于 0.08）、GFI（一般大于 0.9）、AGFI（一般大于 0.9）、TLI（一般大于 0.9）、CFI（一般大于 0.9）等，有没有在期望优度的范围。

（二）层次回归分析

本书运用层次回归分析（hierarchical regression analysis）进一探究商业模式创新、合法性、政策导向与新兴企业绩效的关系，以及政策导向的调节作用。这里的层次是指变量的关系或等级（龙立荣，2004）。在层次回归分析中，控制变量、自变量、中介变量、调节变量等按照一定的等级或顺序渐进进入，一般由高级到低级，进入顺序的逻辑在于解释变量之间相互产生影响的顺序，越是基础性的变量，其层级越高，越优先进入。层次回归分析，随着多个解释变量的逐步放入，可以直观地观测模型解释力的变化（郑素丽，2008），而且研究者是基于解释与被解释变量的因果关系，决定放入的顺序（Cohen et al., 2003），因而可以很好地测量新进入的变量对于因变量的解释贡献。多元线性回归可以用于观察一个被解释变量与多个解释变量的线性关系（马庆国，2002）。与一般多元回归分析相比较，一般多元回归分析是按照变量对于因变量的解释力度决定放入的顺序，而不必考虑层级高低的逻辑顺序；层次回归分析则突出解释变量的层级关系，解释变量之间本身具有一定的相关关系，高层级变量的进入会对低层级变量产生影响，一个解释变量的进入可能导致另一个解释变量的解释度不够而被剔除。因此，层次回归分析聚焦于解释变量与被解释变量的共现关系，而解释变量的相互关系并不太考虑。在层次回归分析中，有多少个等级，就会有多少个回归方程。由于层次回归关注的是解释变量与被解释变量的因果关系，这就要求研究者基于扎实的理论提出变量的逻辑层级。只有基于此，层次回归分析的结果才有意义（龙立荣，2004）。

此外，层次回归分析对于检验变量间的交互（或调节）作用也是简捷有效的。采用此法，须先对自变量和调节变量进行去中心化或标准化，并形成自变量与调节变量的乘积项，即生成一个交互变量；然后，按照层级逻辑顺序放入层次回归分析，以检验交互变量是否显著影响被解释变量。具体步骤是这样的：首先，将控制变量纳入层次回归分析，以检查和消除控制变量对被解释变量的影响。其次，将自变量和/或调节变量纳入层次回归方程，以检验自变量和调节变量对被解释变量的解释度。在这里有两种放入方式，一是自变量和调节变量一次性放入，适用于自变量和调节变量分不出谁是明确的主变量情形；二是自变量和调节变量分两次放入，先放自变量，再放调节变量，适用于自变量是明确的主变量情形。再次，自变量与调节变量的乘积项纳入层级回归，检验乘积项的 T 检验、ΔR^2 和 F 检验是否显著，从而判断乘积项对被解释变量的解释贡献度，是否存在显著的交互作用或调节作用。

（三）中介效应检验

基于以往的研究，商业模式创新与新兴企业绩效存在因果关系（Zott & Amit，2007，2008；文亮、李海珍，2010；姚明明等，2014），商业模式创新有利于新兴企业获得先动优势，获取有价值的、难以模仿的异质性资源（郭毅夫、赵晓康，2009）。在商业模式创新与新兴企业绩效的因果关系中，可能存在合法性的中介效应。一方面，商业模式创新有助于获取资源，也包括合法性这种资源，合法性是一种"能够帮助组织获得其他资源的重要战略资源"（Zimmerman & Zeitz，2002），新兴企业突破合法性门槛水平，有助于企业整合和利用资源，提升业绩。另一方面，商业模式本质上是使企业获取可持续竞争优势的制度结构的连续体（Casadesus-

Masanell & Zhu, 2013），是获取超额利润的结构体系以及制度安排的集合（罗珉，2005），商业模式创新追逐的是熊彼特租金，钩稽出较为稳定的多主体参与的新型价值活动体系，通过获得或提升顾客、同行、政府等利益相关者认可度，进而促进新兴企业快速成长。因此，本书将采用中介效应验证合法性在商业模式创新与新兴企业绩效关系之间的中介作用。

在中介效应检验的方法中，Baron 和 Kenny（1986）的方法最为常用。中介效应有部分中介效应（partial mediation effect）和完全中介效应（full mediation effect）（Baron & Kenny, 1986）。中介效应运用层次回归分析进行检验，步骤如下：第一步，将自变量和中介变量放入回归方程，检验自变量对于中介变量的影响是否显著：如果显著则进行下一步，如果不显著则中止。因为只有自变量对中介变量关系显著，研究中介才有意义。第二步，将自变量和因变量纳入回归方程，检验自变量对于因变量的影响（系数 b1）是否显著：如果显著则进行下一步，如果不显著则中止。因为如果自变量本身与因变量关系不显著，研究中介是没有意义的。第三步，将自变量、中介变量和因变量同时纳入回归方程，检验中介变量放入后，因变量对于自变量的回归系数（b2）是减小了还是消失了。如果 b2 小于 b1 但不等于 0，则说明是部分中介；如果 b2 等于 0，则说明是完全中介。当然，既然是对中介效应的检验，不管是部分中介还是完全中介，此时须中介变量对因变量的影响是显著的。需要说明的是，第一步和第二步可以颠倒顺序。

上述中介效应检验的方法，是用于检验中介的理论假设。这要求理论假设的提出必须严谨、合理、科学，构建可信的因果关系理论，然后基于数据，采用 Baron 和 Kenny（1986）的中介效应检验方法，才能得出可能的中介作用研究结论。切不可反过来，即通过数据检验反推可能存在的中介理论关系，这是本末倒置，也是一种虚假的中介关系，研究没有意义。因此，中介效应的检验，是以扎实的理论为基础，以严谨的因果关系构建为前提。

（四）调节回归分析

本书基于中国新兴经济的背景，提出政策导向可能权变影响新兴企业商业模式创新与合法性的关系。对于权变关系影响多采用调节回归分析，比较简单却又比较有效，分析不同情境下解释变量与被解释变量的关系差异，因此在工商管理的一些实证研究中运用较为广泛。

根据 James 和 Brett（1984）的观点，调节变量可以这样理解：如果被解释变量 Y 与解释变量 X 受到另一变量 M 的权变影响，而使这种关系减弱或增强、负向或正向，我们就说变量 M 是被解释变量 Y 与解释变量 X 关系的调节变量。温忠麟等（2005）根据自变量与调节变量的不同类型划分了 4 种不同组合，总结的调节回归分析方法如表 6-15 所示。

表 6-15　　　　　　　　　调节回归分析方法

自变量 调节变量	类别	连续
类别	采用单因素方差分析法（ANOVA）检验两因素的交互效应或调节效应	分组回归：按调节变量 M 类别分组取样，做 Y 对 X 的回归，若不同组差异显著，则调节效应显著
连续	将自变量转换为虚拟变量，对自变量和调节变量中心化，做 $Y = aX + bM + cXM + e$ 层次回归分析：①做 Y 与 X、M 的回归，得测定系数 R_1^2；②做 Y 与 X、M、XM 的回归，得测定系数 R_2^2，若 $R_2^2 > R_1^2$，则调节效应显著。或者做 XM 的回归系数检验，观其是否显著	对调节变量、自变量去中心化或标准化，做 $Y = aX + bM + cXM + e$ 层次回归分析（同左）。不仅验证 XM 的交互效应，也可以考虑高阶交互项（如 MX^2 曲线回归的调节；XM^2 非线性调节）

资料来源：温忠麟等（2005）。

在表 6-15 中，不管是自变量，还是调节变量，都分为类别变量和连续变量两类。类别变量包括定类和定序变量；连续变量包括定距和定比变量。故分为 4 种调节回归分析方法，具体来说：第 1 种，调节变量和自变量都为类别变量，适宜做单因素方差分析（ANOVA）；第 2 种，调节变量和自变量都为连续变量，先对调节变量、自变量去中心化或标准化，然后取其乘积项，接着采用层次回归分析，分析乘积项对被解释变量的影响；第 3 种，调节变量为类别变量，自变量为连续变量，可以按调节变量类别分组取样，分别做回归分析；第 4 种，调节变量为连续变量，自变量为类别变量，将自变量转换为虚拟变量，并对自变量和调节变量去中心化或标准化求其乘积项，然后进行层次回归分析检验调节作用。

其中，对于分组回归，一般是按调节变量 M 的值分组取样，对这些子样本分别进行多元线性回归（Cohen et al.，2003），一般是先对分组回归的系数进行检验，再对不同组别线性回归斜率的差异性进行比较，只要差异显著，就证明调节效应明显。对此，一些学者表明了相反的态度，首先，对于大组分成若干子组，样本量下降，影响了统计的功效（power）（罗胜强、姜嬿，2008）；其次，仅仅通过不同组别 Y 对 X 的回归系数差异，就判断调节效应的存在与否，略显武断，却没有进一步探寻这种差异性是否是源于调节作用。因此，他们认为分组回归不是太科学，即使调节变量是分类变量，也不适宜采用分组回归。不过，这些研究者都赞同用 XM 乘积项的方式来检验交互效应或调节效应。

根据罗胜强和姜嬿（2008）的相关总结，我们将采用多元层次回归检验调节效应的步骤归纳如下：①将类别变量转化为虚拟变量（dummy variables）（也称之为哑变量）。不管是自变量，还是调节变量或类别变量，都需进行此转化。虚拟变量的设定个数等于类别变量的水平个数减1。②对调节变量、自变量去中心化或标准化。此举是为了减少多元线性回归中变量间多重共线性问题。③计算交互乘积项。将经过去中心化或标准化的调节变量、自变量相乘即可。如果调节变量、自变量是分类变量，并设定了相应的虚拟变量，则相应的虚拟变量与相交互的变量相乘，有几个虚拟变量，就会有几个交互乘积项。④将控制变量、自变量、调节变量、交互乘积项依次放入层次回归方程，检验交互项的系数是否显著，并检验 ΔR^2 和 F 检验是否显著，如果显著，则调节效应得到验证。⑤画图对调节效应进行直观解释。通常可以通过统计分析工具，画出调节效应的分析图，进一步直观解释调节作用。

第二节 商业模式创新与新兴企业成长：总效应检验

之所以称为总效应检验，本节对商业模式创新没有细分主题，而在后面两节里，我们将重点对商业模式创新分为开拓性和完善性两个主题分别检验，并且进行比较性检验。

一 描述性统计与相关分析

在进行多层级回归前，需要对研究变量进行描述性统计和相关分析，变量间 Pearson 相关系数（缺失值选择 pairwise 方式处理），以及各变量的均值、标准差等结果详见表6-16所示。

从自变量与因变量的关系矩阵可以看出，本书的主要自变量开拓性商业模式创新（$r=0.560$，$p<0.01$）、完善性商业模式创新（$r=0.493$，$p<0.01$）均与新兴企业绩效显著正相关。这说明商业模式创新，无论是开拓性的，还是完善性的，对新兴企业成长都是有正向作用的，初步验证了商业模式创新有助于新兴企业成长的研究假设。

从中间变量与因变量的关系矩阵可以看出，合法性（$r=0.565$，$p<0.01$）与新兴企业绩效显著正相关。这与前文中新兴企业成长与合法性关系的研究假设是一致的，合法性获取有助于企业获取更多资源，促进新兴企业成长。

第六章 主题性商业模式创新与新兴企业成长：实证与检验　217

表6-16　研究变量的相关系数矩阵与描述性统计

变量	企业年龄	企业规模	企业股权1	企业股权2	企业股权3	技术产业	环境包容性	环境竞争性	开拓性BMI	完善性BMI	政策导向	合法性	新兴企业绩效
企业年龄	1												
企业规模	0.027	1											
企业股权1	-0.061	-0.033	1										
企业股权2	0.108*	0.047	-0.027	1									
企业股权3	-0.019	0.060	-0.167**	-0.455**	1								
技术产业	0.047	0.155**	-0.039	0.052	-0.038	1							
环境包容性	0.022	0.015	-0.036	-0.022	0.002	0.186**	1						
环境竞争性	0.080	0.069	-0.082	0.004	0.022	0.088*	0.499**	1					
开拓性BMI	-0.041	0.112*	-0.061	-0.018	-0.057	0.205**	0.566**	0.261**	(0.78)				
完善性BMI	-0.011	0.136**	-0.050	0.027*	-0.048	0.127**	0.475**	0.351**	0.700**	(0.74)			
政策导向	0.021	0.089*	-0.041	-0.026	-0.028	0.146**	0.614**	0.257**	0.563**	0.490**	(0.89)		
合法性	0.009	0.153**	-0.095*	-0.017	0.020	0.134**	0.537**	0.372**	0.598**	0.586**	0.568**	(0.84)	
新兴企业绩效	-0.016	0.168**	-0.035	-0.018	0.045	0.128**	0.491**	0.187**	0.560**	0.493**	0.508**	0.565**	(0.75)
均值	1.86	1.86	0.04	0.18	0.73	0.63	4.48	5.04	4.60	5.00	4.46	4.82	4.15
标准差	0.54	0.79	0.10	0.25	0.44	0.34	0.92	0.94	1.09	0.95	1.10	0.80	0.86

注：n=512，**表示 $p<0.01$，*表示 $p<0.05$。

从自变量与中间变量的关系矩阵可以看出，开拓性商业模式创新（r = 0.598，p < 0.01）、完善性商业模式创新（r = 0.586，p < 0.01）均与合法性显著正相关。初步验证了商业模式创新可以通过获取合法性，助力新兴企业成长。首先，商业模式创新有其制度属性，不仅通过交易活动的创新获取产品或服务的竞争优势，更由于商业模式是系统性的架构，会通过交易制度规则的建构获取制度优势，增进合法性。其次，合法性可以视作一种资源，商业模式创新有助于有价值的、异质性资源的获取，提升新兴企业合法化水平。

从调节变量与中介变量的关系矩阵看，政策导向与合法性显著正相关（r = 0.568，p < 0.01），初步验证了理论假设。这应该与中国的制度情境有关，较多地强调了规制合法性。"摸着石头过河"的哲学思考暴露了中国制度环境的不完善性，企业行为越匹配政府政策导向，越容易获得合法性；反之，就不太容易获得合法性。

从控制变量与自变量、中介变量、因变量的关系矩阵看，除了规模、技术产业、环境包容性、环境竞争性与商业模式创新性、合法性、新兴企业绩效关系较显著外，其他均不显著，表明自变量之间自相关性并不严重。一定程度上也验证了对规模、技术产业、市场环境等变量进行控制的必要性。

从自变量开拓性商业模式创新与完善性商业模式创新的关系看，两者显著相关（r = 0.700，p < 0.01）。初步验证了开拓性与完善性不是对立的两端，而是可以互补的两极的理论判断，它们可能共同反映了新兴企业商业模式创新特征，也即企业需要系统性地提升开拓性与完善性，而不应顾此失彼。

此外，表 6-16 对角线上括号里的数字表示各主要变量 AVE 的平方根。根据 Fornell 和 Larcker（1981）的判定标准，AVE 的平方根大于所在列与行的相关系统的值，则表示变量之间具有良好的区分效度。

基于研究变量的相关系数矩阵与描述性统计，我们发现变量之间的关系基本与前文理论假设是相符合的。鉴于本书理论模型涉及变量之间主效应、中介效应与调节效应等因果关系的检验，本节的相关分析并不足以充分证明本书的研究假设。接下来，我们将遵循更为严谨的科学研究方法，采用多层级回归、中介效应分析、调节效应分析，进一步验证理论预设。

二　回归分析与中介效应检验

根据 Baron 和 Kenny（1986）对中介效应检验的程序，本书对企业年龄、企业规模、企业股权、环境包容性、环境竞争性等控制变量进行控制，分为三大步四个模型展开，检验合法性在商业模式创新与新兴企业绩效关系间的中介作用（如表 6-17 所示）。

表 6-17　　　　　合法性中介效应的回归分析检验（n = 512）

变量	合法性	新兴企业绩效	新兴企业绩效	新兴企业绩效
	模型 1	模型 2	模型 3	模型 4
控制变量				
企业年龄（取对数）	0.008	-0.019	-0.003	-0.006
企业规模	0.078*	0.104**	0.111**	0.088*
企业股权 1	-0.043	0.015	0.008	0.021
企业股权 2	-0.006	0.013	0.018	0.019
企业股权 3	0.030	0.042	0.074+	0.066+
技术产业	-0.015	0.008	-0.013	-0.008
环境包容性	0.216***	0.334***	0.306***	0.244***
环境竞争性	0.099**	-0.143**	-0.114**	-0.142**
主效应				
商业模式创新	0.479***		0.429***	0.290***
中介效应				
合法性		0.422***		0.289***
R^2	0.475	0.396	0.395	0.438
ΔR^2	0.475***	0.396***	0.395***	0.044***
F	50.514***	36.546***	36.342***	39.092***
VIF（max）	1.803	1.700	1.803	1.983

注：*** 表示 $p < 0.001$，** 表示 $p < 0.01$，* 表示 $p < 0.05$，+ 表示 $p < 0.1$。

第一步，自变量（商业模式创新）与中介变量（合法性）关系的测量（即模型 1），从表 6-17 可以看出，商业模式创新显著正向影响合法性（β = 0.479，$p < 0.001$），且最大共线性诊断值（VIF）为 1.803，远小于 10 的临界值，说明不存在多重共线性问题，验证了第五章提出的理论假设 3。第二步，中介变量（合法性）与因变量（新兴企业绩效）关系的测量（即模型 2），结果显示合法性显著正向影响新兴企业绩效（β = 0.422，$p < 0.001$），与相关的分析结论一致，验证了第五章提出的理论假设 2。且最大共线性诊断值（VIF）为 1.700，小于 2，不存在多重共线性问题。第三步，为了清晰检验合法性的中介作用，分为两个子步骤

来进行，先是以商业模式创新为自变量，新兴企业绩效为因变量，进行回归（即模型3），结果发现回归系数显著（β=0.429，p<0.001），也验证了第五章提出的理论假设1，即商业模式创新能够促进新兴企业绩效提升；接着将自变量（商业模式创新）和中介变量（合法性）同时放入新兴企业绩效作为因变量的回归方程中（即模型4），结果发现，商业模式创新对新兴企业绩效的正向影响下降明显（β=0.290，p<0.001），并且合法性对新兴企业绩效的正向影响显著（β=0.289，p<0.001），因此，合法性在开拓性商业模式创新与新兴企业绩效关系间的中介效应得到验证，即支持了第五章的理论假设4。

三 商业模式创新与合法性关系的调节效应检验

本书依据罗胜强和姜嬿（2008）关于调节效应检验的步骤，首先，检验政策导向对开拓性商业模式创新与合法性关系的调节效应，在做层次回归分析之前，分别对商业模式创新和政策导向进行中心化处理，旨在减小变量间多重共线性问题。其次，将中心化后的商业模式创新和政策导向相乘，形成交互乘积项，作为层次回归检验调节效应的交互变量。最后，对商业模式创新与合法性关系的调节效应检验进行了3级层次回归分析，回归结果如表6-18所示。

表6-18 分层回归分析对政策导向调节作用的检验结果（n=512）

变量	合法性 模型5	合法性 模型6	合法性 模型7
控制变量			
企业年龄（取对数）	-0.018	0.001	0.000
企业规模	0.135***	0.067*	0.065*
企业股权1	-0.066+	-0.039	-0.038
企业股权2	-0.020	0.003	0.007
企业股权3	-0.012	0.037	0.037
技术产业	0.014	-0.015	-0.015
环境包容性	0.468***	0.104*	0.099*
环境竞争性	0.124**	0.120**	0.109**
主效应			
商业模式创新		0.400***	0.409***
政策导向		0.239***	0.236***

续表

变量	合法性 模型 5	合法性 模型 6	合法性 模型 7
调节效应			
BMI * 政策导向			0.081*
R^2	0.327	0.506	0.512
ΔR^2	0.327***	0.506***	0.006*
F	30.521***	51.353***	47.780***
VIF（max）	1.374	2.211	2.215

注：*** 表示 $p<0.001$，** 表示 $p<0.01$，* 表示 $p<0.05$，+ 表示 $p<0.1$。

第一步，检验控制变量与合法性之间的关系（即模型5）。检验企业年龄、企业规模、企业股权、技术产业、环境包容性、环境竞争性等控制变量对于合法性的影响，从结果来看，模型 5 的 R^2 为 0.327，F 值为 30.521（$p<0.001$），说明控制变量解释了总体变异的 32.7%，模型拟合较好。VIF 最大值为 1.374，小于 2，不存在明显的共线性问题。企业规模、市场环境等变量对合法性影响较显著，其他控制变量影响效应不大。在检查和消除控制变量对合法性的影响之后，进入第二步，检验开拓性商业模式创新、政策导向与合法性之间的关系（即模型6）。研究显示，商业模式创新和政策导向对合法性的直接效应（direct effect）显著，商业模式创新的回归系数为 0.400（$p<0.001$），政策导向的回归系数为 0.239（$p<0.001$），且 ΔR^2 和 F 检验显著，再次验证了理论假设3。第三步，检验商业模式创新、政策导向、BMI（商业模式创新）* 政策导向与合法性之间的关系（即模型7）。研究发现，调节系数为 0.081（$p<0.05$，$\Delta R^2 = 0.006$），表明商业模式创新与政策导向呈现良好交互，对促进合法性的提升体现为增强型交互作用。因此，政策导向对开拓性商业模式创新与合法性关系起正向调节作用，即理论假设 5 得到支持。

第三节 开拓性商业模式创新与新兴企业成长的实证研究

一 回归分析与中介效应检验

根据 Baron 和 Kenny（1986）对中介效应检验的程序，本书在控制企业年龄、企业规模、企业股权、环境包容性、环境竞争性等变量的情况下，分为三步四模型来检验合法性在开拓性商业模式创新与新兴企业绩效关系间的中介作用,见表 6 - 19。

表 6 - 19　　　　合法性中介效应的回归分析检验（n = 512）

变量	合法性	新兴企业绩效	新兴企业绩效	新兴企业绩效
	模型 A1	模型 A2	模型 A3	模型 A4
控制变量				
企业年龄（取对数）	0.006	-0.019	-0.003	-0.005
企业规模	0.093**	0.104**	0.121**	0.092**
企业股权 1	-0.042	0.015	0.011	0.024
企业股权 2	0.003	0.013	0.027	0.026
企业股权 3	0.029	0.042	0.075+	0.066+
技术产业	-0.023	0.008	-0.022	-0.015
环境包容性	0.229***	0.334***	0.305***	0.234***
环境竞争性	0.138***	-0.143***	-0.078+	-0.121**
主效应				
开拓性商业模式创新	0.426***		0.403***	0.271***
中介效应				
合法性		0.422***		0.311***
R^2	0.445	0.396	0.381	0.435
ΔR^2	0.445***	0.396***	0.381***	0.054***
F	44.657***	36.546***	34.377***	38.587***
VIF（max）	1.861	1.700	1.861	1.955

注：*** 表示 $p < 0.001$，** 表示 $p < 0.01$，+ 表示 $p < 0.1$。

第一步，做中介变量（合法性）对自变量（开拓性商业模式创新）的回归（即模型 A1），从表 6 - 19 可以看出，开拓性商业模式创新显著正向影响合法性（$\beta = 0.426$，$p < 0.001$），且最大共线性诊断值（VIF）为 1.861，小于 2，更远小于 10 的临界值，说明不存在多重共线性问题，与相关的分析结论一致，并进一步验证了本书在第五章提出的理论假设 3 - 1。第二步，做因变量（新兴企业绩效）对中介变量（合法性）的回归（即模型 A2）分析，结果显示合法性显著正向影响新兴企业绩效（$\beta = 0.422$，$p < 0.001$），与相关的分析结论一致，支持了本书在第五章提出的理论假设 2。并且，最大共线性诊断值（VIF）为 1.700，小于 2，说明不存在多重共线性问题。第三步，为了更加清晰稳健地验证合法性的中介作用，分为两个子步骤来进行，先是做因变量（新兴企业绩效）

与自变量（开拓性商业模式创新）的回归分析（即模型A3），结果发现开拓性商业模式创新显著正向影响新兴企业绩效（β=0.403，p<0.001），与本书相关理论分析一致，进一步验证了本书在第五章提出的理论假设1-1；接着将自变量（开拓性商业模式创新）和中介变量（中介变量）纳入新兴企业绩效作为因变量的回归方程中（即模型A4），结果表明，开拓性商业模式创新对新兴企业绩效的正向影响相对下降（β=0.271，p<0.001），而合法性对新兴企业绩效的正向影响显著（β=0.311，p<0.001），如图6-16所示，根据Baron和Kenny（1986）的中介效应检验的原理，验证了合法性在开拓性商业模式创新与新兴企业绩效关系间的中介效应。这也充分支持了本书在第五章提出的理论假设4-1。

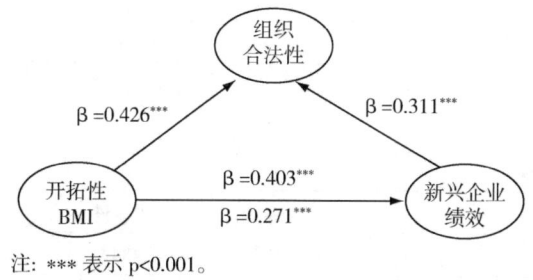

注：*** 表示 p<0.001。

图6-6　开拓性商业模式创新、合法性与新兴企业绩效间的部分中介效应

二　开拓性商业模式创新与合法性关系的调节效应检验

为了检验政策导向对开拓性商业模式创新与合法性关系的调节效应，依据罗胜强和姜嬿（2008）关于调节效应检验的步骤，本书在做层次回归分析之前，对解释变量开拓性商业模式创新和政策导向进行中心化处理，这样做的目的是减小变量间多重共线性问题。然后，将去中心后的两个变量相乘，形成交互乘积项，作为层次回归检验调节效应的交互变量。接下来，本书对政策导向作为开拓性商业模式创新与合法性的调节效应进行了3级层次回归分析，回归结果如表6-20所示。

表6-20　分层回归分析对政策导向调节作用的检验结果（n=512）

变量	合法性 模型A5	合法性 模型A6	合法性 模型A7
控制变量			
企业年龄（取对数）	-0.018	-0.001	0.000

续表

变量	合法性 模型 A5	合法性 模型 A6	合法性 模型 A7
企业规模	0.135 ***	0.078 *	0.077 *
企业股权 1	-0.066 +	-0.038	-0.037
企业股权 2	-0.020	0.011	0.013
企业股权 3	-0.012	0.036	0.034
技术产业	0.014	-0.021	-0.024
环境包容性	0.468 ***	0.104 *	0.098 *
环境竞争性	0.124 **	0.155 ***	0.141 ***
主效应			
开拓性商业模式创新		0.344 ***	0.355 ***
政策导向		0.267 ***	0.265 ***
调节效应			
开拓性 BMI * 政策导向			0.092 **
R^2	0.327	0.484	0.492
ΔR^2	0.327 ***	0.484 ***	0.008 **
F	30.521 ***	46.924 ***	43.975 ***
VIF（max）	1.374	2.264	2.267

注：*** 表示 $p<0.001$，** 表示 $p<0.01$，* 表示 $p<0.05$，+ 表示 $p<0.1$。

第一步，将控制变量放入合法性作为因变量的回归方程（即模型A5）。以检验企业年龄、企业规模、企业股权1（国有）、企业股权2（外商投资）、企业股权3（民营）、技术产业、环境包容性、环境竞争性等控制变量对于合法性的影响效应，研究发现，模型 A5 的 R^2 为 0.327，F 值为 30.521（$p<0.001$），说明控制变量解释了总体变异的32.7%，模型拟合较好。VIF 最大值为 1.374，小于 2，不存在明显的共线性问题。除了企业规模、环境包容性、环境竞争性对合法性影响显著外，其他控制变量影响效应不大。在第一步检查和消除控制变量对合法性的影响之后，进入第二步，再将自变量（开拓性商业模式创新）和调节变量（政策导向）放入合法性作为因变量的回归方程（即模型A6）。这个步骤是为了测量开拓性商业模式创新和政策导向对合法性的直接效应（direct effect），结果显示，开拓性商业模式创新的回归系数为 0.344（$p<0.001$），政策导向的回归系数为 0.267（$p<0.001$），且 ΔR^2 和 F 检验显著，与表 6-16 相关分析结果一致，进一步支持了理论假设 3-1。第三步，将自变量

(开拓性商业模式创新) 和调节变量 (政策导向) 的交互乘积项放入合法性作为因变量的回归方程 (即模型 A7)。回归结果表明,调节系数为 0.092 (p<0.01, $\Delta R^2 = 0.008$),这说明开拓性商业模式创新与政策导向呈现良好交互,对促进合法性的提升体现为增强型交互作用。因此,政策导向对开拓性商业模式创新与合法性关系起正向调节作用,即理论假设 5-1 得到支持。

为了直观地观察政策导向对开拓性商业模式创新与合法性关系的调节效应,本书作出了开拓性商业模式创新与政策导向对于合法性的交互图 (见图 6-7)。从中可以清晰地看出,高政策导向的新兴企业其开拓性商业模式创新对于合法性的影响,要强于具有低政策导向的新兴企业的开拓性商业模式创新对于合法性的影响。简单来说,政策导向性越高,开拓性商业模式创新对促进合法性提升的增强型交互作用越显著。

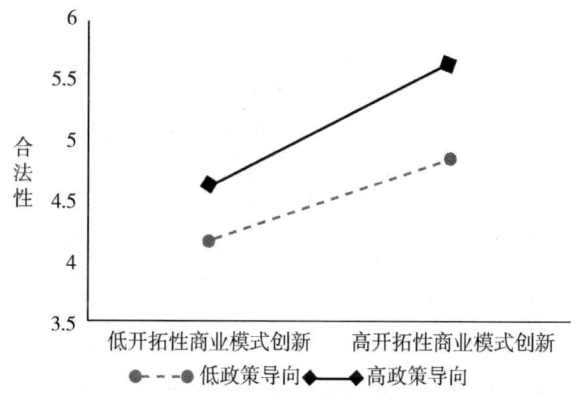

图 6-7　政策导向对开拓性商业模式创新和合法性关系的调节作用

第四节　完善性商业模式创新与新兴企业成长的实证研究

一　回归分析与中介效应检验

按照 Baron 和 Kenny (1986) 对中介效应检验的步骤,在对企业年龄、企业规模、企业股权、技术产业、环境包容性、环境竞争性等变量控制的情况下,本书分为三步四模型来检验合法性在完善性商业模式创新与新兴企业绩效关系间的中介作用 (见表 6-21)。

表6-21　　合法性中介效应的回归分析检验（n=512）

变量	合法性 模型 B1	新兴企业绩效 模型 B2	新兴企业绩效 模型 B3	新兴企业绩效 模型 B4
控制变量				
企业年龄（取对数）	-0.002	-0.019	-0.013	-0.012
企业规模	0.087*	0.104**	0.121**	0.092**
企业股权1	-0.054	0.015	-0.002	0.016
企业股权2	-0.021	0.013	0.004	0.011
企业股权3	0.013	0.042	0.058	0.054
技术产业	0.006	0.008	-0.007	0.005
环境包容性	0.308***	0.334***	0.397***	0.295***
环境竞争性	0.066+	-0.143**	-0.139**	-0.161***
主效应				
完善性商业模式创新	0.403***		0.338***	0.204***
中介效应				
合法性		0.422***		0.333***
R^2	0.446	0.396	0.360	0.421
ΔR^2	0.446***	0.396***	0.360***	0.061***
F	44.946***	36.546***	31.330***	36.423***
VIF（max）	1.589	1.700	1.589	1.806

注：*** 表示 $p<0.001$，** 表示 $p<0.01$，* 表示 $p<0.05$，+ 表示 $p<0.1$。

第一步，做中介变量（合法性）与自变量（完善性商业模式创新）的回归分析（即模型B1），从表6-21可以看出，完善性商业模式创新显著正向影响合法性（β=0.403，p<0.001），且最大共线性诊断值（VIF）为1.589，小于2，说明不存在多重共线性问题，与相关理论分析一致，验证了本书在第五章提出的理论假设3-2。第二步，做因变量（新兴企业绩效）与中介变量（合法性）的回归分析（即模型B2），结果显示合法性显著正向影响新兴企业绩效（β=0.422，p<0.001），与开拓性商业模式创新的合法性中介效应检验模型A2一致。第三步，为了更加清晰稳健地验证合法性的中介作用，分为两个子步骤来进行，先是做因变量（新兴企业绩效）与自变量（完善性商业模式创新）的回归分析（即模型B3），结果发现完善性商业模式创新显著正向影响新兴企业绩效（β=0.338，p<0.001），与本书相关结论一致，进一步验证了本书在第五章提出的理论假设1-2；接着将自变量（完善性商业模式创新）和

中介变量（合法性）纳入新兴企业绩效作为因变量的回归方程中（即模型 B4），结果表明，完善性商业模式创新对新兴企业绩效的正向影响相对下降（β=0.204，p<0.001），而合法性对新兴企业绩效的正向影响显著（β=0.333，p<0.001），如图 6-8 所示，根据 Baron 和 Kenny（1986）的中介效应检验的原理，验证了合法性在完善性商业模式创新与新兴企业绩效关系间的中介效应。这也充分支持了本书在第五章提出的理论假设 4-2。

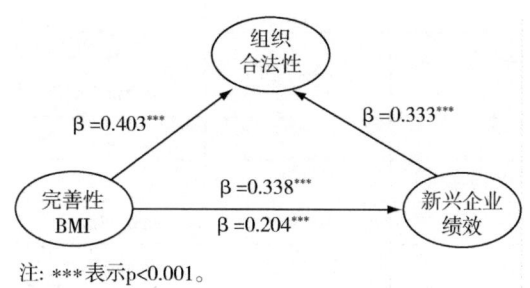

注：***表示p<0.001。

图 6-8　完善性商业模式创新、合法性与新兴企业绩效间的部分中介效应

二　完善性商业模式创新与合法性关系的调节效应检验

政策导向对完善性商业模式创新与合法性关系的调节效应检验，依据罗胜强和姜嬿（2008）关于调节效应检验的步骤，本书在做层次回归分析之前，对解释变量完善性商业模式创新和政策导向进行中心化处理，以减小变量间多重共线性问题。然后，将中心化后的两个变量相乘，形成乘积项，也就是层次回归检验调节效应的交互变量。接下来，本书对政策导向作为完善性商业模式创新与合法性的调节效应进行了 3 级层次回归分析，回归结果如表 6-22 所示。

表 6-22　分层回归对政策导向调节作用的检验结果（n=512）

变量	合法性 模型 B5	合法性 模型 B6	合法性 模型 B7
控制变量			
企业年龄（取对数）	-0.018	-0.008	-0.009
企业规模	0.135***	0.072*	0.069*
企业股权1	-0.066+	-0.047	-0.046
企业股权2	-0.020	-0.009	-0.004

续表

变量	合法性 模型 B5	合法性 模型 B6	合法性 模型 B7
企业股权 3	-0.012	0.025	0.027
技术产业	0.014	0.003	0.003
环境包容性	0.468***	0.160**	0.157**
环境竞争性	0.124**	0.097*	0.088*
主效应			
完善性商业模式创新		0.331***	0.341***
政策导向		0.274***	0.270***
调节效应			
完善性 BMI * 政策导向			0.066*
R^2	0.327	0.488	0.493
ΔR^2	0.327***	0.488***	0.004*
F	30.521***	47.822***	44.130***
VIF (max)	1.374	2.108	2.111

注：*** 表示 $p<0.001$，** 表示 $p<0.01$，* 表示 $p<0.05$，+ 表示 $p<0.1$。

第一步，将控制变量放入合法性作为因变量的回归方程（即模型B5）。以检验企业年龄、企业规模、企业股权、技术产业、环境包容性、环境竞争性等控制变量对于合法性的影响效应，研究发现，模型 A5 的 R^2 为 0.327，F 值为 30.521（$p<0.001$），VIF 最大值为 1.374，小于 2，与开拓性商业模式创新的政策导向调节效应检验模型 A5 一致，模型拟合较好，不存在明显的共线性问题。企业规模、市场环境等变量对合法性影响较显著，其他控制变量影响不显著。在消除控制变量对合法性的影响之后，进入第二步，再将自变量（完善性商业模式创新）和调节变量（政策导向）放入合法性作为因变量的回归方程（即模型 B6）。这个步骤是为了测量完善性商业模式创新和政策导向对合法性的直接效应（direct effect），结果显示，完善性商业模式创新的回归系数为 0.331（$p<0.001$），政策导向的回归系数为 0.274（$p<0.001$），且 ΔR^2 和 F 检验显著，进一步支持了理论假设 3-2：完善性商业模式创新正向影响新兴企业合法性水平。第三步，再将交互乘积项（完善性商业模式创新 * 政策导向）放入合法性作为因变量的回归方程（即模型 B7）。回归结果表明，调节系数为 0.066（$p<0.05$，$\Delta R^2=0.004$），这说明完善性商业模式创新与政策导向呈现较好交互，对促进合法性的提升体现为增强型交互作用。因此，

政策导向对完善性商业模式创新与合法性关系起正向调节作用,即理论假设 5-2 得到支持。

为了直观地观察政策导向对完善性商业模式创新与合法性关系的调节效应,本书作出了完善性商业模式创新与政策导向对于合法性的交互图(见图 6-9)。从中可以清晰地看出,随着政策导向变大,完善性商业模式创新对合法性的正向影响逐渐增强。但是受制于政策导向与合法性线性关系的斜率,完善性商业模式创新对促进合法性的提升的增强型交互作用比较有限。

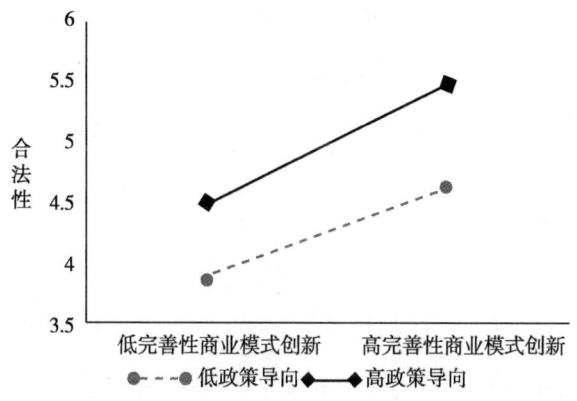

图 6-9 政策导向对完善性商业模式创新和合法性关系的调节作用

第五节 两种主题商业模式创新的比较性检验

一 两种主题商业模式创新直接效应的比较性检验

完善性商业模式创新与开拓性商业模式创新的直接效应,一是针对中介变量合法性,二是针对新兴企业绩效。前面在理论假设中,两种主题商业模式创新具有同等显著的直接效应,须进行比较性检验。依据马庆国(2002)、张文彤和邝春伟(2011)等学者对直接效应的检验步骤,本书针对 2 个直接效应,各进行了 2 级层次回归分析,回归结果如表 6-23 所示。

在两种主题商业模式创新对合法性的直接效应的比较性检验中,第一步,检验了控制变量与合法性之间的关系,以检查和消除控制变量对合法性的影响。从标准化系数上来看,企业规模、企业股权 1(国有)、

230　新兴企业商业模式创新主题设计研究

表 6 – 23　　分层回归分析对直接效应的比较性检验（n = 512）

变量	合法性 模型 B8	合法性 模型 B9	新兴企业绩效 模型 B10	新兴企业绩效 模型 B11
控制变量				
企业年龄（取对数）	- 0.018	0.007	- 0.026	- 0.003
企业规模	0.135***	0.078*	0.162***	0.111**
企业股权 1	- 0.066+	- 0.043	- 0.013	0.010
企业股权 2	- 0.020	- 0.006	0.005	0.020
企业股权 3	- 0.012	0.029	0.037	0.076+
技术产业	0.014	- 0.014	0.013	- 0.016
环境包容性	0.468***	0.219***	0.532***	0.298***
环境竞争性	0.124**	0.096*	- 0.091*	- 0.106*
主效应				
开拓性商业模式创新		0.264***		0.293***
完善性商业模式创新		0.255***		0.173**
政策导向				
调节效应				
开拓性 BMI × 政策导向				
完善性 BMI × 政策导向				
R^2	0.327	0.475	0.276	0.396
ΔR^2	0.327***	0.149***	0.276***	0.120***
F	30.521***	45.392***	23.936***	32.783***
VIF（max）	1.374	2.396	1.374	2.396

注：*** 表示 $p < 0.001$，** 表示 $p < 0.01$，* 表示 $p < 0.05$，+ 表示 $p < 0.1$。

环境包容性、环境竞争性与合法性关系显著，回归系数分别为 0.135（$p < 0.001$）、0.468（$p < 0.001$）、0.124（$p < 0.01$），其余控制变量不显著。这表明企业规模越大，则合法性认可度越高；国有股权越大，规范合法性和认知合法性可能越不被认可；环境竞争性越大，企业的合法性也会被顾客、同行等关键利益相关者接受。R^2 为 0.327，F 值为 30.521（$p < 0.001$），VIF 最大值为 1.374（<2），说明控制变量解释了总体变异的 32.7%，模型拟合好，不存在多重共线性问题。第二步，将自变量完善性商业模式创新与开拓性商业模式创新放入回归模型，对两类主题模式的直接效应进行比较性检验。结果发现，两类主题模式与合法性关系近似同等显著，标准化系数分别为 0.264（$p < 0.001$）、0.255（$p < 0.001$），因此

理论假设 3-3 得到支持。并且，ΔR^2 为 0.149（$p<0.001$），F 值为 45.392（$p<0.001$），VIF 最大值为 2.396（远小于 10），说明模型解释力显著增加 14.9%，模型拟合好，多重共线性问题不严重。

在两种主题商业模式创新对新兴企业绩效的直接效应的比较性检验中，第一步，检验了控制变量与新兴企业绩效之间的关系，以检查和消除控制变量对新兴企业绩效的影响。从回归系数上来看，企业规模、环境包容性、环境竞争性与新兴企业绩效关系显著，标准化系数分别为 0.162（$p<0.001$）、0.532（$p<0.001$）、-0.091（$p<0.05$），其余控制变量不显著。这表明企业规模越大，新兴企业绩效越高；环境包容性越大，新兴企业绩效越高；环境竞争性越大，新兴企业绩效可能越小，因为激烈竞争使企业盈利性和成长性下降。R^2 为 0.276，F 值为 23.936（$p<0.001$），VIF 最大值为 1.374（<2），说明控制变量解释了总体变异的 27.6%，模型拟合好，不存在多重共线性问题。第二步，将自变量完善性商业模式创新与开拓性商业模式创新放入了回归模型，对两类主题模式的直接效应进行比较性检验。结果发现，两类主题模式与新兴企业绩效并不同等显著，标准化系数分别为 0.293（$p<0.001$）、0.173（$p<0.01$），因此理论假设 1-3 未能得到支持。而且，ΔR^2 为 0.120，在 0.001 的水平上显著，F 值为 32.783（$p<0.001$），VIF 最大值为 2.396（远小于 10），说明模型解释力显著增加 12.0%，模型拟合好，多重共线性问题并不严重。

二 两种主题性商业模式创新与合法性关系的调节效应的比较性检验

根据前面的理论分析，有必要对两种主题商业模式创新对新兴企业绩效与合法性关系的调节效应，进行比较性检验，也就是检验政策导向对于完善性商业模式创新与合法性的调节效应，相对于开拓性商业模式创新是否同样显著。依据罗胜强和姜嬿（2008）关于调节效应比较检验的步骤，本书在做层级回归之前，已对两种主题商业模式创新以及调节变量政策导向进行中心化处理，并分别相乘，作为层级回归的交互变量。然后，本书进行了 3 级层次回归分析，回归结果如表 6-24 所示。

表 6-24 分层回归分析对政策导向调节作用的检验结果（n=512）

变量	合法性 模型 B12	合法性 模型 B13	合法性 模型 B14
控制变量			
企业年龄（取对数）	-0.018	0.000	0.001

续表

变量	合法性 模型 B12	合法性 模型 B13	合法性 模型 B14
企业规模	0.135 ***	0.067 *	0.066 *
企业股权 1	−0.066 +	−0.040	−0.039
企业股权 2	−0.020	0.002	0.003
企业股权 3	−0.012	0.036	0.032
技术产业	0.014	−0.013	−0.017
环境包容性	0.468 ***	0.107 *	0.102 *
环境竞争性	0.124 **	0.117 **	0.104 *
主效应			
开拓性商业模式创新		0.212 ***	0.226 ***
完善性商业模式创新		0.221 ***	0.215 ***
政策导向		0.240 ***	0.240 ***
调节效应			
开拓性 BMI * 政策导向			0.107 *
完善性 BMI * 政策导向			−0.022
R^2	0.327	0.506	0.514
ΔR^2	0.327 ***	0.506 ***	0.004 *
F	30.521 ***	46.635 ***	40.556 ***
VIF（max）	1.374	2.484	2.825

注：*** 表示 $p<0.001$，** 表示 $p<0.01$，* 表示 $p<0.05$，+ 表示 $p<0.1$。

第一步，将控制变量放入合法性作为因变量的回归方程（即模型 B12）。以检验企业年龄、企业规模、企业股权、技术产业、环境包容性、环境竞争性等控制变量对于合法性的影响效应，研究发现，模型的 R^2 为 0.327，F 值为 30.521（$p<0.001$），VIF 最大值为 1.374，表明模型拟合好，不存在明显的共线性问题。检查和消除控制变量对合法性的影响之后，进入第二步，将两种主题商业模式创新，以及调节变量（政策导向）放入合法性作为因变量的回归方程（即模型 B13）。此举是为了测量两类商业模式创新和政策导向对合法性的直接效应（direct effect），结果显示，开拓性商业模式创新的回归系数为 0.212（$p<0.001$），完善性商业模式创新的回归系数为 0.221（$p<0.001$），政策导向的回归系数为 0.240（$p<0.001$），进一步支持了理论假设 3-1 和假设 3-2，开拓性商业模式创新、完善性商业模式创新均正向影响新兴企业合法性水平。第三步，再

将两种主题商业模式创新和政策导向的交互项放入合法性作为因变量的回归方程（即模型 B14）。回归结果显示，开拓性商业模式创新与政策导向的调节系数为 0.107（$p<0.05$，$\Delta R^2=0.004$），完善性商业模式创新与政策导向的调节系数为 -0.022（$p>0.1$），这说明开拓性商业模式创新与政策导向仍呈现良好交互，而完善性商业模式创新与政策导向交互作用不显著，这表明理论假设 5-3 没有得到验证。

分析原因，可能是由于开拓性商业模式创新是着力于交易制度规则的空白区域，相对于完善性商业模式创新着眼于交易制度的改良、修正，政策导向越高，开拓性商业模式创新对合法性的正向作用相较于完善性商业模式创新就更加显著。

第六节　进一步的验证

以往的研究都是对中介效应和调节效应分开进行检验，事实上中介模型的三条路径，即阶段一自变量→中介变量，阶段二中介变量→因变量，阶段三（直接效应）自变量→因变量，可能同时受到调节变量的影响。有鉴于此，本书借鉴 Edwards 和 Lambert（2007）的调节路径分析方法（moderated path analysis approach），以精准地细描变量间的复杂关系，从整体上验证中介调节模型。具体说来，其一般分析框架包括两个回归方程：

方程 1：$M = a + a_X X + a_Z Z + a_{XZ} XZ + e_M$

方程 2：$Y = b + b_X X + b_M M + b_Z Z + b_{XZ} XZ + b_{MZ} MZ + e_Y$

其中 M 为中介变量合法性，Y 为因变量新兴企业绩效，X 为自变量商业模式创新，Z 为调节变量政策导向，XZ 为自变量和调节变量的交互项，MZ 为中介变量和调节变量的交互项。回归后系数如表 6-25 所示。

表 6-25　　　　　　　　　参数估计

调节变量	a_X	a_Z	a_{XZ}	R^2	b_X	b_M	b_Z	b_{XZ}	b_{MZ}	R^2
政策导向	0.290***	0.137***	0.069***	0.454***	0.191***	0.294***	0.098**	0.033*	0.009	0.447***

注：N=512；表中系数皆为非标准系数估计值；*** 表示 $p<0.001$，** 表示 $p<0.01$，* 表示 $p<0.05$。

利用表 6-25 中的参数，进行简单效应（simple effect）分析，计算出不同政策导向水平下直接效应、间接效应和总效应及其差异值。根据

Edwards 和 Lambert（2007）的方法，直接效应的参数由 $b_X + b_{XZ}Z$ 计算而得，间接效应阶段一、阶段二的参数分别由 $a_X + a_{XZ}Z$、$b_M + b_{MZ}Z$ 计算而得，间接效应等于阶段一参数×阶段二参数，总效应等于直接效应+间接效应。直接效应、阶段一、阶段二系数的显著性遵循简单斜率检验，差异的显著性等同相应交互项的显著性检验，间接效应、总效应系数及其差异的显著性检验使用 bootstrap 法（具体结果见表 6-26）。

从表 6-26 可知，在不同企业政策导向情境下，商业模式创新对于合法性的影响存在显著差异（$\beta = -0.158, p < 0.001$）：高政策导向时，商业模式创新对于合法性的影响很强（$\beta = 0.369, p < 0.001$），而低政策导向时，商业模式创新对于组织合法性的影响减弱（$\beta = 0.211, p < 0.01$）。从而进一步验证了假设 5，政策导向在商业模式创新和合法性之间起到显著的调节作用。表明，相对于低政策导向，高政策导向情境下商业模式创新对组织合法性和新兴企业绩效的影响作用更大。因此，为了更有效地提升组织合法性和企业绩效，新兴企业商业模式创新更应该密切关注政府在产业规划、创业融资、人才引进方面的指引或扶持。

表 6-26　　　　　　　　　　简单效应分析

调节变量	商业模式创新（X）→合法性（M）→新兴企业绩效（Y）				
	阶段		效应		
	第一阶段 P_{MX}	第二阶段 P_{YM}	直接效应 P_{YX}	间接效应 $P_{YM}P_{MX}$	总效应 $P_{YX}+P_{YM}P_{MX}$
低政策导向（-s.d.）	0.211**	0.284**	0.153**	0.060	0.213**
高政策导向（+s.d.）	0.369***	0.304**	0.229**	0.112**	0.341**
差异	-0.158***	-0.020	-0.076	-0.052*	-0.128*

注：*** 表示 $p < 0.001$，** 表示 $p < 0.01$，* 表示 $p < 0.05$；P_{MX} 代表商业模式创新对合法性的影响，P_{YM} 代表合法性对新兴企业绩效的影响，P_{YX} 代表商业模式创新对新兴企业绩效的影响；高政策导向表示均值加 1 个标准差，低政策导向表示均值减 1 个标准差。

从表 6-26 所示的间接效应看，不同水平的政策导向情境，合法性在商业模式创新与新兴企业绩效之间的中介作用机制是存在显著差异的（$\beta = -0.052, p < 0.05$），即假设 4 得到检验，当政策导向较高时，合法性对于商业模式创新和新兴企业绩效的中介作用显著（$\beta = 0.112, p < 0.01$），而当政策导向较低时，合法性对于商业模式创新和新兴企业绩效的中介作用并不显著（$\beta = 0.060$, n.s）。并且，从表 6-26 中的总效应来看，不同水平的政策导向情境下，商业模式创新对于新兴企业绩效的整体影响也存在显著差异（$\beta = -0.128, p < 0.05$）。因此，经上述分析，商

业模式创新与政策导向对新兴企业绩效的间接效应得到了检验，即商业模式创新与政策导向交互效应对于新兴企业绩效的影响机制需要通过合法性的中介作用来实现。

第七节 本章小结

依据科学严谨的分析，本书对商业模式创新对新兴企业成长的作用机制进行了实证研究。第一，从样本与数据收集、变量测量、变量信度和效度检验、研究方法选择4个方面进行了研究设计。并且，对研究变量进行了相关矩阵分析和描述性统计，掌握变量之间的相关关系、均值和标准差，并对相关理论假设有了初步验证。

第二，本章第二节检验了商业模式创新与新兴企业成长的总效应，假设1、假设2、假设3、假设4、假设5都得到了验证。

第三，本章第三节检验了开拓性商业模式创新通过合法性影响新兴企业绩效的中介效应假设，以及政策导向对开拓性商业模式创新与合法性关系的调节效应假设，并得到了支持：验证通过了假设1-1、假设2、假设3-1、假设4-1以及假设5-1。

第四，本章第四节检验了完善性商业模式创新通过合法性影响新兴企业绩效的中介效应假设，政策导向对完善性商业模式创新与合法性关系的调节效应假设，以及两种主题商业模式创新与合法性关系调节效应的比较，并大部分得到了支持：假设1-2、假设3-2、假设4-2以及假设5-2得到验证。

第五，在两种主题商业模式创新的比较性检验中，只有假设3-3得到支持，而假设1-3和假设5-3没有得到支持。

第六，借鉴Edwards和Lambert（2007）的调节路径分析方法，从整体上验证了中介调节模型。Edwards和Lambert（2007）一般分析框架是一种全效应调节模型，通过整合调节的回归分析与路径分析，可以更加精准地细描变量间的复杂关系。

我们汇总的本书的理论假设及其检验结果表明，本书提出并验证了商业模式创新正向影响合法性以及商业模式创新通过合法性部分中介传导作用影响新兴企业绩效关系的理论；发现并证实了商业模式创新对于合法性的正向作用比较依赖于新兴企业的政策导向，丰富并完善了商业模式创新和组织合法性的权变关系观；探讨了商业模式创新与政策导向互动对新兴企业绩效产生的影响,拓展了创业研究中关于商业模式创新研究的深度和广度。

表 6-27　　　　　　　　本书的理论假设及其检验结果汇总

假设	假设内容	验证结果
假设 1	商业模式创新能够促进新兴企业绩效提升	支持
假设 1-1	开拓性商业模式创新正向影响新兴企业绩效	支持
假设 1-2	完善性商业模式创新正向影响新兴企业绩效	支持
假设 1-3	完善性商业模式创新对于新兴企业绩效的直接效应,相对于开拓性商业模式创新同样显著	不支持
假设 2	新兴企业合法性水平正向影响新兴企业绩效	支持
假设 3	商业模式创新正向影响新兴企业合法性水平	支持
假设 3-1	开拓性商业模式创新正向影响新兴企业合法性水平	支持
假设 3-2	完善性商业模式创新正向影响新兴企业合法性水平	支持
假设 3-3	完善性商业模式创新对于新兴企业合法性水平的直接效应,相对于开拓性商业模式创新同样显著	支持
假设 4	商业模式创新通过合法性中介作用,正向影响新兴企业绩效	支持
假设 4-1	开拓性商业模式创新通过合法性中介作用,正向影响新兴企业绩效	支持
假设 4-2	完善性商业模式创新通过合法性中介作用,正向影响新兴企业绩效	支持
假设 5	政策导向正向调节商业模式创新与合法性关系	支持
假设 5-1	政策导向正向调节开拓性商业模式创新与合法性的关系	支持
假设 5-2	政策导向正向调节完善性商业模式创新与合法性的关系	支持
假设 5-3	政策导向对于完善性商业模式创新与合法性的调节效应,相对于开拓性商业模式创新同样显著	不支持

第七章　新兴企业商业模式创新的合法性实现：基于模糊集的定性比较分析（fsQCA）

【本章导读】 本章考察了开拓性商业模式创新和完善性商业模式创新与前因条件联动匹配对新兴企业合法性实现的影响。通过使用模糊集定性比较分析（fsQCA）方法识别因果非对称性和等效性，本章找出多条商业模式创新促进新兴企业合法性的有效途径。本章发现：完善性商业模式创新是新兴企业合法性的必要条件；新兴企业商业模式创新合法性实现有消极创新型、温和改善型、稳中求进型和积极开拓型4条路径；在特定的条件下，主题性商业模式创新和市场导向可以通过等效替代以"殊途同归"的方式提升新兴企业合法性。从组织战略与市场环境交互的定性比较分析来解释新兴企业商业模式创新的合法性实现，丰富了复杂现象下的多情境解释，可以更好地指导新兴企业的合法性获取实践。

在新兴经济情境下，新兴企业由于缺乏经验和社会认可度不高，普遍存在"新进入缺陷"（杜运周，2008）、合法性水平偏低等问题。Tornikoski 和 Newbert（2007）指出对于新兴企业而言，其创业过程的实质便是合法化的过程。新兴企业需要将合法化战略嵌入情境中，来获得关键利益相关者的支持，以整合资源，实现企业成长（杜运周等，2009）。商业模式创新被认为是企业重塑行业、创造价值、超越竞争对手的一种有效的方式（Amit & Zott, 2012; Schneider & Spieth, 2013）。通过对企业实践的考察，企业商业模式创新的选择是多样的，类似的企业采用的商业模式创新可以是不一致的，不同类型的商业模式创新影响也不尽相同。有学者认为，商业模式创新促进了企业战略灵活性和创新绩效（Tavassoli & Bengtsson, 2018; Bashir & Verma, 2019），有助于企业保持核心竞争力，促进企业成功（黄昊等，2019）。而 Visnjic 等（2016）则指出商业模式创新抑制了企业的短期绩效。结论不一致的现象或许是商业模式创新对企业绩效的影响可能存在其他的权变因素。对情境要素的净效应研究，有学者发现影响商业模式创新作用的因素既可以是企业内部的（迟考勋、邵月婷，2019；黄昊等，2019），也可以是外部的（Casadesus-Masanell & Ricart，2010；吴晓波等，2019）。

作为企业层面的架构，战略导向决定了一个组织的整体战略姿态，包括商业模式创新。现有研究表明，商业模式设计需要关注识别市场中的显性和隐性需求，通过快速反应和前瞻性思考，对市场行为进行调整或革新（崔楠、江彦若，2013）。而一些学者则指出，制度作为中国情境下的重要驱动力之一，商业模式与政策导向的匹配性也十分重要（陈启杰等，2010；刁玉柱、白景坤，2012）。因此，本章将政策和市场导向作为战略导向的两个维度进行考察。

外部环境是商业模式创新研究的另一个焦点（Pateli & Giaglis，2005；Waldner et al.，2015）。环境以不同维度为特征，如包容性和竞争性（Desarbo et al.，2005；蔡莉、尹苗苗，2009），可以为商业模式创新创造机遇和挑战（Aica et al.，2012）。在不同的环境特征中，包容性为商业模式创新被广泛接受提供了前提条件，竞争性为企业进行商业模式创新提供了情境需求的解释。有证据表明，二者都会对商业模式创新作用企业绩效有影响（Castrogiovanni，1991；郭海、沈睿，2012；罗兴武等，2017）。

然而，商业模式创新是企业与内外环境相互联动、共同进化的结果（Casadesus Masanell & Zhu，2013）。尽管先前的研究表明，战略导向和环境特征是紧密交织在一起的（崔楠、江彦若，2013），并且二者都有能力推动商业模式创新，而关于战略导向与环境特征之间的相互作用如何推动商业模式创新影响合法性，人们知之甚少。为了填补这一空白，本章引入了一个组态框架，并假设商业模式创新合法性的实现是商业模式创新（开拓性和完善性）与战略导向（市场导向与政策导向）、环境特征（环境包容性与环境竞争性）之间的复杂互动驱动的。具体地，本章将探讨以下问题："商业模式创新策略、组织、环境的多重组态如何实现新兴企业合法性？"

考虑到不同条件之间可能存在复杂的组合（Ragin，2008；Fiss，2011），基于普遍性或偶然性视角的传统经验方法无法适应这一研究问题。而模糊集定性比较分析（fsQCA）允许用更小的数据集进行理论阐述（Redding & Viterna，1999），特别适合于推进多级理论，并确定如何将各种效应结合起来产生结果（Lacey & Fiss，2009）。因此，fsQCA非常适用于本章，因为它将增强我们对多维要素互动影响新兴企业合法性的理解。此外，fsQCA能够解耦驱动程序，并指定驱动程序之间的不对称（Fiss，2011），提供了比传统定量技术产生的结果更丰富的信息。

第一节 QCA 研究框架提出

一 文献综述

(一) 新兴企业合法性

合法性是一种在既有社会框架下的信念、规范、价值,对组织行动的适当性、恰当性和合意性的社会整体判断 (Scott, 1995; Suchman, 1995), 也是一种有助于增强组织竞争优势的"重要战略资源" (Zimmerman & Zeitz, 2002)。合法性水平偏低是新兴企业面临的一个重要而普遍的问题 (杜运周等, 2008), 这将受到其所处环境、企业经营等因素影响。Aldrich 和 Fiol (1994) 指出, 相较于成熟行业新兴企业有更高的合法性资源获取的需求。新兴企业成长具有社会情境属性 (Oliver, 1991; Zimmerman & Zeitz, 2002), 新兴企业应根据制度情境选择合法化策略 (Scott, 1995), 因此应该根据自身情况和改变制度的难易程度, 及其合法化策略执行与效果差异来选择合法化战略。

(二) 商业模式创新

对于商业模式创新的概念在理论界尚未达成共识。学者从不同角度对"创新"进行解读, 形成了商业模式演化、商业模式颠覆和调整等释义, 但均是为利益相关者创造更多的价值, 企业对组织架构进行提升或重构 (Luo et al, 2022)。商业模式具有感知意义, 其不仅要回答企业"如何赚钱", 而且需要传递组织的价值观和信仰 (Battistella et al., 2012)。因此, 商业模式创新应兼顾"嵌入"和"能动"的合法化战略 (Hargadon & Douglas, 2001), 注意设计的鲁棒性 (Snihur & Zott, 2015), 设计要素应增进利益相关者对产品或服务的熟悉, 传递并分析组织意义, 增加合法性。进而, 结合中国新兴经济情境 (罗兴武等, 2018), 以及第五章内容, 本章将商业模式创新分为开拓性商业模式创新和完善性商业模式创新。

开拓性商业模式创新关注客户潜在需求, 旨在形成先动优势, 通过对市场的前瞻性判断来重构或建立交易结构和交易规则, 从而指导市场行为, 并发展市场的非均衡 (Lumpkin & Dess, 1996)。先动优势可以帮助企业率先确立品牌地位, 获得技术优势, 形成规模经济, 获取市场份额和降低学习曲线, 降低成本, 从而实现企业成长。而一些学者也指出先行者可能无法获得优势 (Haunschild & Miner, 1997; Liebermann & Montgomery,

1988），先驱企业在预测和开发市场以及回报方面具有较大的不确定性和风险，但一旦成功，其回报也是巨大的。

完善性商业模式创新关注顾客显性需求，通过对市场的快速响应进行调整和优化来促进市场行为。由于市场的不规范、知识产权保护水平不高，使得在模仿较为容易的情况下，完善性商业模式创新可以利用开拓者的溢出效应（Haunschild & Miner, 1997；罗珉、李宇亮，2015），弥补现有市场的不足，较开拓者以更低的付出，实现企业成长、赶超。

商业模式创新与合法性。商业模式创新作为一种架构性范式创新，对于企业形成系统的竞争优势具有强大的作用（Osterwalder & Pigneur, 2011），从而促进组织合法性的获取。企业通过商业模式创新获得了捕获合法性的能动性，整合和利用包含合法性在内的资源，以此挖掘顾客需求并形成异构的竞争优势（郭毅夫、赵晓康，2009）。开拓性商业模式创新和完善性商业模式创新是中国新兴企业商业模式创新的两个主题设计。依靠"制度真空"下的先动优势，开拓性商业模式创新占据"赢者通吃"的制高点，实现建构新交易规则的从无到有，提升企业经营的可预见性和利益相关者对其的认同度（李东、李蕾，2010），并获取规制、规范和认知合法性。完善性商业模式创新在应对交易制度缺陷方面发挥了作用，利用后来者优势（Mathews, 2002），实现从有到新的优化策略，获得先驱者无法获得的竞争优势和市场份额，从而获得合法性。

（三）战略导向

战略导向作为一个企业层面的结构，决定着一个组织的整体战略姿态，包括其商业模式创新。作为企业战略导向的核心内容，政策和市场导向具有不同的组织重点：（1）政策导向强调政策对企业经营的引导作用，企业根据政策对企业行为进行调整，进而实现企业经营目的（陈启杰等，2010；罗兴武等，2017）。（2）市场导向强调企业对市场信息的响应，并构建新的交易方式来满足潜在市场需求，进而开发或改善商业模式（Jaworski & Kohli, 1993；张璐等，2018）。

以往的研究大多仅关注市场或政策某单一因素与商业模式匹配性影响企业绩效。研究普遍支持市场导向和政策导向分别正向影响企业绩效（刁玉柱、白景坤，2012；崔楠、江彦若，2013；张璐等，2018）。市场导向企业对市场需求进行积极响应并调整商业模式。而政府导向则鼓励企业加强对政府政策的感知与反应，并积极调整商业模式。

然而，市场和制度是影响中国经济的两大力量（蔡莉、单标安，2013；罗兴武等，2017），决定了组织存在市场和政策双元战略导向，允许企业在同一时间追求两种互补的能力。在不同导向之间获得平衡和互补的组织或许能有效管理和解决矛盾并持续产生竞争优势。因此，本章认为有必要讨论政策和市场导向的共存及协调对同期商业模式创新合法性的影响。

（四）环境特征

商业模式创新是一个与内部战略、外部环境共同进化的过程（Casadesus-Masanell & Zhu，2013）。其中，环境因素是商业模式创新的重要前提。以往的研究描绘了环境特征的不同维度，如环境动荡性、环境包容性和市场敌意性（Miller & Friesen，1983）。罗兴武等（2017）基于前人研究，在商业模式创新主题实证研究中，删除环境动荡性，保留了环境包容性和环境竞争性。

在这里，环境包容性是指环境支持商业活动的程度，包括资源的获取难度和成本（Castrogiovanni，1991；郭海、沈睿，2014）。一些研究表明，在不那么宽松的环境中，企业更有动力构建新的价值网络，以解决资源矛盾和开发商业机会（Li et al.，2013；Winterhalter et al.，2017）。而一部分学者从交易成本角度出发，发现环境包容性越高，企业获取资源的难度和成本越低，进而使得企业更易通过商业模式创新来开拓商业机会（Castrogiovanni，1991；罗兴武等，2019）。

环境竞争性是环境竞争强度的体现。在竞争激烈的环境中，机会识别与开发在替代性创新、竞争性创新下具有较大的不确定性。考虑到商业模式创新的风险性和不确定性，企业对于可延迟的创新，往往会采取更稳健的方式（郭海、沈睿，2014）。在高竞争环境中，由于企业资源的同质化，使得企业往往需要进行商业模式创新以重新构建资源和能力，建立竞争优势，因此需要企业发现新的机会以刺激变革。

二 分析框架提出

由于商业模式创新影响组织合法性的因素可以是企业内部和外部的（郭海、沈睿，2014；张璐等，2018），一些研究试图找出影响商业模式创新有效性更重要的因素。有学者指出成功的企业需要保持内外部要素网络的匹配，以及各要素之间的匹配（Luo et al.，2021；崔楠、江彦若，2013）。当选定的商业模式与其内外部要素实现自适应匹配时，这将提高企业绩效。由于外部环境的不确定性，企业必须通过不断的尝试和试错来调整其商业模式以适应环境（Sosna，2010）。总之，商业模式创新与内外要素的匹配可以促进合法性，而实现的路径可能是多重的。

在讨论商业模式创新实现合法性前因的复杂性时，本章确定了代表内部因素（战略导向）和外部因素（环境特征）的因果条件。以往的实证研究一般是单独探讨这些条件，并验证它们与商业模式创新有密切的关系（Schneider & Spieth, 2013; Keil et al., 2017）。此外，战略导向与绩效之间的正向关系取决于若干突发事件，尤其是环境动力（Van Doorn et al., 2013; Adomako et al., 2016）。崔楠和江彦若（2013）重点研究了内部战略导向与商业模式设计对绩效的影响，并指出外部环境与商业模式匹配也是未来的研究方向。这说明，战略导向与环境特征的交互作用可能会推动商业模式创新的影响力。

此外，以往研究主要集中在财务绩效方面，很少研究战略导向和环境特征对商业模式创新促进合法性的综合影响。为考虑不同条件之间的组合可能是复杂的（Fiss, 2011; Misangyi et al., 2017），需要一个允许多情境理论解释的构型框架。基于此，本章从整体视角出发，整合战略导向和外部环境来探讨影响商业模式创新实现新兴企业合法性的多重并发因素和因果复杂机制，即商业模式创新（开拓性与完善性）、战略导向（政策导向与市场导向）、环境特征（环境包容性与环境竞争性）3个层面6个前因条件之间如何互动匹配以实现新兴企业合法性，并构建如图7-1所示的分析。

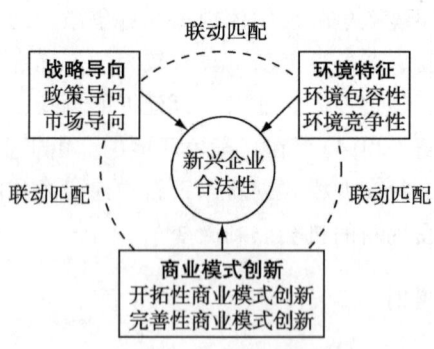

图7-1　本章分析框架

第二节　研究方法、数据与变量校准

一　定性比较分析

为了更好地理解商业模式创新对新兴企业合法性的影响，本章将宏观的市场环境和微观的组织行为情境相结合，分析前因条件的组态。基于单一情境因素的传统研究无法完全解释商业模式创新对新兴企业合法性的复杂影响。基于集合方法和布尔计算，模糊集定性比较分析（fsQCA）为管理研究提供了一种新的方法，探究前因条件的结合如何导致解释结果中可见的变化或不连续（Ragin，1987；杜运周、贾良定，2017）。集合方法的前提是社会科学研究中的因果关系通常是与多种条件耦合或结合而产生结果（Ragin，2008）。这种因果关系的观点不同于以变量为导向的研究，后者强调一般的关联模式，并确定适用于所有情境的原因。fsQCA不同于传统的定量分析，后者试图确定情境因素的"净效应"。相比之下，fsQCA侧重于情境因素配置与结果之间的复杂因果关系，提倡采用整体、组合的方法来探究复杂的社会现象（Fiss，2007；Ragin，2008）。它通过集合的方法揭示条件构型与结果之间的集合关系，有助于解决情景因素的复杂性、因果关系的不对称性、各种方案结果的等价性等问题（Misangyi et al.，2017；杜运周与贾良定，2017）。

与传统的回归分析相比较，我们认为fsQCA更适合本章的原因如下：首先，fsQCA认识到了关系的不对称性，并且能够揭示少数群体案例中的关系（Douglas et al, 2020；Luo et al.，2021）。例如，预计开拓性商业模式创新促进企业增长（Zott & Amit，2007；阎婧等，2016），并且从回归分析中的系数推断出负面影响。而fsQCA则确定了一种特殊情况（一种构型），在这种情况下，进行开拓性商业模式创新的企业可能会阻碍公司成长，并从相同的数据中探寻更多信息和细节（Douglas et al, 2020；Luo et al.，2021）。因此，fsQCA将加强我们对不同条件下商业模式创新合法性实现的理解。其次，我们的研究对象为新兴企业，但它们的特征可能表现出很大的差异，导致了一些离群的观察结果。回归分析倾向于通过去除极值来观察平均情况，而fsQCA方法则保留这些异常值，因为它们可能是最值得探索的案例（Douglas et al, 2020；Luo et al.，2021）。最后，回归分析必须添加交互项来捕捉相互依赖的关系，当交互作用为高阶时（如三向交互），结果可能很难解释。fsQCA可以先通过识别所有前因条件之间潜在的相互依赖性，然后识别出多个相同结果的等效途径来克服这个问题。因此，fsQCA方法有助于我们研究商业模式创新、战略导向和外部环境之间的相互作用及其对新兴企业合法性的影响。

二 数据来源

本章关注商业模式创新、市场环境和组织行为的联动匹配作用，须进行调研取样。2018年4月至5月，课题组进行了问卷采集。为了保证调研样本满足测试需求，我们委托朋友在北京、深圳、南京与宁波4地的科技园区、高新技术开发区发放问卷。以往类似的研究表明，4地的企业极具代表性，故本书的抽样范围能很好地反映中国新兴企业的现状。给270家企业发放了问卷，回收248份，剔除企业年龄小于1年大于8年的、非民营资本控股的、问卷填答随意的、完成率低于75%的样本，获得有效问卷162份，问卷回收率91.9%，问卷有效率60.0%。其中，员工人数在100人以下的初创企业占89.2%，100人以上500人以下的初创企业占9%，500（含）人以上的初创企业仅占1.8%。从发放问卷的数量、企业规模、分布地域及随机性来看，本次收集的样本都具有较好的代表性。

三　变量测量与校准

本章所测变量均采用7点李克特量表赋值，从1至7，1表示"非常不同意"，7表示"非常同意"。具体如下：

商业模式创新。本章分为开拓性商业模式创新与完善性商业模式创新两个维度，采用第五章开发的开拓性商业模式创新与完善性商业模式创新量表，两个量表各有8个题项。其中，开拓性商业模式创新的信度（Cronbach's α）为0.916，说明该量表具有良好的信度；其KMO值为0.880，累计方差为63.17%，因子载荷最低为0.737，说明该量表具有良好的结构效度。完善性商业模式创新的信度为0.866，说明该量表具有良好的信度；其KMO值为0.886，累计方差为52.48%，因子载荷最低为0.591，说明该量表具有良好的结构效度（详见表7－1）。

表7－1　商业模式创新载荷与信度分析

	载荷	信度
开拓性商业模式创新		0.916
1. 本企业为顾客提供与众不同的新颖的产品、服务或信息	0.771	
2. 本企业给顾客带来的价值是前所未有的、独特的、容易感知的	0.737	
3. 本企业以打破常规的方式，发现新机会，开拓新市场	0.832	
4. 本企业拥有多种不同于行业中其他对手的营销渠道	0.841	
5. 本企业打造了利益相关者良性互动的商业生态圈，并在其中扮演核心角色	0.779	
6. 本企业主导新颖的交易机制（如奖励、惩罚或协调等管理机制），在商业模式中建构新的运作流程、惯例和规范	0.799	
7. 本企业不断创造性地寻找技术或创意来源，开发新的资源和能力	0.795	
8. 本企业通过这种商业模式获得了较多的新创意、新发明、新专利等	0.798	

续表

	载荷	信度
完善性商业模式创新		0.866
1. 本企业更重视经营熟产品或服务	0.635	
2. 本企业经常改良主打的产品或服务，以更好地迎合顾客需求	0.771	
3. 本企业在市场开辟方面，倾向于对市场领先者的跟随性创新	0.591	
4. 本企业经常巩固和扩大现有市场的营销渠道	0.761	
5. 本企业努力以弥补性资产融入外部创新合作网络	0.823	
6. 本企业系统性地、频繁地监测交易伙伴的满意度，以更好地服务交易伙伴	0.773	
7. 本企业不断优化现有的流程、知识和技术	0.745	
8. 本企业坚持在既定的战略框架下分配人、财、物资源	0.666	

战略导向由政策与市场导向组成。政策导向的测量采用 Flack 等（2010）的政策导向量表，共有 3 个题项。市场导向的测量借鉴了 Narver 和 Slater（1990）所开发的量表，共有 4 个题项。其中，政策导向的信度为 0.954，说明该量表具有良好的信度；其 KMO 值为 0.718，累计方差为 91.74%，因子载荷最低为 0.946，说明该量表具有良好的结构效度。市场导向的信度为 0.770，说明该量表具有良好的信度；其 KMO 值为 0.719，累计方差为 59.53%，因子载荷最低为 0.690，说明该量表具有良好的结构效度（详见表 7-2）。

表 7-2　　　　　　　　战略导向载荷与信度分析

	载荷	信度
政策导向		0.954
1. 政府部门在创业融资过程中提供了有效的优惠政策	0.946	
2. 政府部门产业发展规划为新兴企业确定技术发展方向提供了思路	0.978	
3. 政府部门优惠或扶持政策吸引了大量各类人员参与创业	0.949	
市场导向		0.770
1. 本企业为顾客创造价值	0.755	
2. 本企业理解顾客的需求	0.690	
3. 本企业以顾客满意度为导向	0.777	
4. 本企业能迅速对竞争对手的行为做出反应	0.855	

环境特征。环境特征包含环境包容性和环境竞争性，采用了 Miller 和 Friesen（1983）的量表。其中，环境包容性的信度为 0.817，说明该量表具有良好的信度；其 KMO 值为 0.703，累计方差为 65.53%，因子载荷最

低为 0.630，说明该量表具有良好的结构效度。环境竞争性的信度为 0.820，说明该量表具有良好的信度；其 KMO 值为 0.685，累计方差为 73.87%，因子载荷最低为 0.797，说明该量表具有良好的结构效度（详见表 7-3）。

表 7-3　　　　　　环境特征载荷与信度分析

	载荷	信度
环境包容性		0.817
1. 行业内技术变化太快	0.882	
2. 所在行业的核心产品或服务更新换代速度很快	0.837	
3. 行业市场增长速度很快	0.864	
4. 市场中有丰富的获利机会	0.630	
环境竞争性		0.820
1. 顾客需求具有多样性	0.797	
2. 行业内过度竞争	0.898	
3. 市场中同类企业间竞争很激烈	0.880	

新兴企业合法性。本章合法性量表借鉴杜运周等（2012）、罗兴武（2016）的做法，设计了 10 个题项。其中，合法性的信度为 0.920，说明该量表具有良好的信度；其 KMO 值为 0.908，累计方差为 68.90%，因子载荷最低为 0.668，说明该量表具有良好的结构效度（详见表 7-4）。

表 7-4　　　　　　合法性载荷与信度分析

	载荷	信度
合法性		0.920
1. 大多数员工对您所在企业评价	0.668	
2. 大多数顾客对您所在企业评价	0.710	
3. 大多数供应商对您所在企业评价	0.705	
4. 大多数同行对您所在企业评价	0.759	
5. 大多数股东或债权人对您所在企业评价	0.813	
6. 大多数市场监管部门官员对您所在企业评价	0.807	
7. 大多数国有金融机构工作人员对您所在企业评价	0.762	
8. 大多数行业协会工作人员对您所在企业评价	0.789	
9. 大多数社区公众对您所在企业评价	0.817	
10. 大多数媒体对您所在企业评价	0.741	

在 fsQCA 中,分配集合成员资格的过程称为校准(Carroll &Hannan, 1989;McKnight & Zietsma, 2018)。具体地,研究者需要将已有理论作为支撑,并根据案例实际情况来选取校准的锚点,转化后的集合隶属度介于 0—1,一般地,0 代表"完全不隶属",0.5 代表"交叉点",1 代表"完全隶属"。参考 Fiss(2011)的研究,将 3 个锚点分别设定为 95%、50%、5% 分位,其中 95% 分位数为完全隶属,50% 为交叉点,5% 为完全不隶属。如表 7-5 所示。

表 7-5　　　　　　　　各条件变量校准锚点

	变量	条件描述	完全隶属	交叉点	完全不隶属
商业模式创新	开拓性商业模式创新(BMI1)	开拓性商业模式创新关注客户潜在需求,旨在形成先动优势,通过对市场的前瞻性判断来重构或建立交易结构和交易规则,从而指导市场行为,并发展市场的非均衡(Lumpkin & Dess, 1996)	6.88	5.44	4.14
	完善性商业模式创新(BMI2)	完善性商业模式创新关注顾客显性需求,通过对市场的快速响应进行调整和优化来促进市场行为	6.33	4.00	2.00
战略导向	政策导向(PO)	政策导向强调政策对企业经营的引导作用,企业根据政策对企业行为进行调整,进而实现企业经营目的(陈启杰等,2010;罗兴武等,2017)	6.71	5.50	4.00
	市场导向(MO)	市场导向强调企业对市场信息的响应,并构建新的交易方式来满足潜在市场需求,进而开发或改善商业模式(Jaworski & Kohli, 1993;张璐等,2018)	6.50	5.25	3.75
环境特征	环境包容性(ME)	环境包容性是指环境支持商业活动的程度,包括资源的获取难度和成本(Castrogiovanni, 1991;郭海和沈睿,2014)	7.00	5.66	4.00
	环境竞争性(MC)	环境竞争性反映所处环境的竞争激烈程度	6.60	5.60	4.15
结果变量	合法性	合法性是一种在既有社会框架下的信念、规范、价值,对组织行动的适当性、恰当性和合意性的社会整体判断(Suchman, 1995;Scott, 1995)	6.25	5.50	3.38

第三节 实证分析:实现构型探索

一 必要条件分析

在进行 fsQCA 真值表分析之前,研究者需要分别测试每个条件的"必要性"。必要条件是特定结果发生所必需的条件(McKnight & Zietsma,2018)。一般地,条件的必要一致性超过 0.9,意味着该条件对目标结果的解释力较强,我们将这样的条件视为必要条件(Carroll & Hannan,1989)。由表 7-6 可知,本章完善性商业模式创新的一致性为 0.976,超过 0.9,故视为必要条件。

表 7-6　　　　　　　单个条件的必要性检测

条件变量	一致性	覆盖度
BMI1	0.679	0.900
~BMI1	0.641	0.684
BMI2	0.976	0.701
~BMI2	0.249	0.837
PO	0.343	0.957
~PO	0.798	0.599
MO	0.854	0.846
~MO	0.450	0.661
ME	0.581	0.929
~ME	0.730	0.685
MC	0.673	0.828
~MC	0.618	0.703

二 组态的充分性分析

依据学者的建议(Fiss,2011),本章将一致性阈值、PRI、案例阈值分别设置为 0.8、0.75、1。我们采用中间解,并通过中间解与简约解来区分核心条件和边缘条件。经过反事实分析获得中间解,即假设完善性商业模式创新存在,其他每个前因变量不论是否存在都可能导致高合法性,模糊集分析得出产生高合法性的组态有 7 个,且 7 个组态的一致性指标最低为 0.881,说明 7 个组态都是高合法性的充分条件。其解的一致性为

0.868，覆盖度为0.837，则进一步说明7个组态也是高合法性的充分条件，并解释了80%的高合法性的原因。因此，呈现可接受的拟合度。研究结果如表7-7所示。

表7-7　　　　　　　　　　　新兴企业高合法性组态

前因条件	消极创新 A	温和改善 B1	温和改善 B2	稳中求进 C1	稳中求进 C2	积极开拓 D1	积极开拓 D2
开拓性商业模式创新	⊗	⊗	⊗			●	•
完善性商业模式创新		●	●	●	●		●
政策导向	●	⊗				⊗	
市场导向	⊗			●			●
环境包容性	⊗	●	⊗	⊗		⊗	
环境竞争性	⊗	⊗			•		●
原始覆盖度	0.146	0.277	0.195	0.640	0.624	0.389	0.668
唯一覆盖度	0.003	0.008	0.002	0.036	0.040	0.001	0.032
一致性	0.986	0.986	0.971	0.881	0.928	0.975	0.914
解的覆盖度	0.837						
解的一致性	0.868						

注：●为核心存在；•为边缘存在；⊗为核心缺失；⊗为边缘缺失。

（1）消极创新型。这一构型仅包含组态A：~BMI1 * PO * ~MO ~ * ME * ~MC，表明在缺乏市场包容性和竞争性的情况下，企业不进行开拓性商业模式创新与缺乏市场导向，且具有高政策导向，则不论是否进行完善性商业模式创新，新兴企业都可获得高合法性。其中，政策导向为核心条件，该路径能够解释约14.6%的高合法性新兴企业案例。因为该构型并不倡导商业模式创新的作用，而是突出是否进行开拓性商业模式创新与完善性商业模式创新是无关紧要的，因此将此构型命名为消极创新型。这是由于环境包容性低，企业获取资源较为困难，且成本较高；而环境竞争性不强则难以激发企业进行创新的紧迫性，企业进行商业模式创新面临较大的不确定性（罗兴武等，2019），此时进行商业模式创新可能面临合法性约束。此外，在政策导向指引下，企业能够及时捕获相关的政策信息，并快速适应政策变化（陈启杰等，2010），这使得企业往往可以获得良好的绩效，在此环境中为新兴企业获得合法性起到了关键的作用。

需要指出的是，此组态还表明在特定情境下，完善性商业模式创新与新兴企业合法性无关。具体说，当企业处于低竞争和低包容的环境中，组织以政策导向为主。此时，如果新兴企业进行完善性商业模式创新，那么企业可以通过易被利益相关者接受的商业模式创新，提高企业效益，从而获得高合法性；反之，若不进行完善性商业模式创新，由于紧跟政策指导，符合大环境趋势，因此也能获得组织合法性。

（2）温和改善型。这一类别包含组态 B1 和 B2。此类别强调了商业模式创新策略为不采用进取的开拓性商业模式创新但采用循序渐进的完善性商业模式创新，因此命名为温和改善型。

组态 B1：~ BMI1 * BMI2 * ~ PO * ~ MO * ME * ~ MC 表明，在具有市场包容性且缺乏竞争性的市场中，企业缺乏政策和市场导向的情况下，进行完善性商业模式创新而不进行开拓性商业模式创新，则企业可以获得高合法性。这可能由于缺乏竞争且具有包容性的环境，为企业进行商业模式创新提供了基础，而组织内部无实际主导的战略，令利益相关者对开拓性商业模式创新产生怀疑，而对完善性商业模式创新更为认可，产生合法性。其中，完善性商业模式创新、环境包容和环境竞争缺失为核心条件。该路径能够解释约 27.7% 的新兴企业高合法性的案例。

组态 B2：~ BMI1 * BMI2 * PO * ~ ME 表明，在缺乏包容性的环境中，新兴企业若具有高政策导向，只进行完善性商业模式创新，则不论市场是否具有竞争性，且企业是否具有市场导向，新兴企业都可获得高合法性。其中，完善性商业模式创新和政策导向为核心条件。该路径能够解释约 19.5% 的新兴企业高合法性的案例。这可能是由于在缺乏包容性的环境中，政策导向可能为新兴企业桥接了资源，提供了企业进行完善性商业模式创新的基础，因此获得合法性的提升。值得注意的是，此组态还表明，在此情境下环境竞争性和市场导向与新兴企业合法性无关。具体说来，当完善性商业模式创新、环境不包容性与政策导向进行联动匹配，开拓性商业模式创新的缺失降低了预测的风险，并避免前瞻性的行为与不包容环境的冲突，新兴企业根据政策指导，积极调整商业模式以响应政策的变化，从而对市场行为进行提升。此时，如果环境竞争性存在，强竞争性下利益相关者可能对政府的指引和不冒进的完善性商业模式更为偏爱，从而提升了合法性；反之，环境竞争性的缺失，降低了企业的生存压力，使得企业获得更好的发展，从而获取了合法性。而市场导向的存在，使得战略导向更均衡，避免单一战略导向水平的过高，使得企业表现更优秀，从而获得利益相关者的认可；反之，市场导向的欠佳，降低了企业对市场动态判断的风险，使得企业将资源与能力更专注于对政策的研究和完善性商业模式创新的落实，以保证企业策略的顺利实施，从而获得利益相关者的认可。

(3) 稳中求进型。这一类别包含组态 C1 和 C2。此类别强调进行完善性商业模式创新的作用，并且允许开拓性商业模式创新存在。

组态 C1：BMI2 * MO * ~ME 表明，在市场缺乏包容性的情况下，新兴企业只要进行完善性商业模式创新并具有高市场导向，便可获得合法性。其中，完善性商业模式创新和市场导向为核心条件。该路径能够解释约 64% 的新兴企业高合法性的案例。这可能是由于企业通过侦测市场机会，预测竞争者反应，传递更优异的价值来提升顾客忠诚度和黏性（陈启杰等，2010）。虽然市场导向可能产生不被市场包容的前瞻性行为，而完善性商业模式创新则以调整、优化的手段改变现有的交易结构和规则，从而对市场行为进行提升（罗兴武等，2018），可以与市场导向形成良好的配合，进而提升企业绩效并获得利益相关者的认可。

组态 C2：BMI2 * MO * MC 表明，在具体高竞争性的市场中，新兴企业只要进行完善性商业模式创新并具有高市场导向，便可获得合法性。其中，完善性商业模式创新和市场导向为核心条件。该路径能够解释约 62.4% 的新兴企业高合法性的案例。这可能是因为在具有竞争的环境中，企业间对资源的竞争将更为激烈，企业一方面需要通过完善性商业模式创新稳妥地从外部获取、利用开发关键资源，另一方面，企业需要以市场为导向，了解顾客偏好、把握市场机会，以满足市场需求并创造价值，这有助于企业在竞争的环境中脱颖而出。

令人关注的是，在两个组态中，开拓性商业模式创新和政策导向与新兴企业合法性都是无关的。具体说，环境的不包容或是具有竞争性，完善性商业模式创新和市场导向的匹配，既稳定地创造价值，又满足市场需求实现价值获取。此时，开拓性商业模式创新或是政策导向的存在，使得商业模式创新和战略导向得到补充，商业模式创新和创业导向的均衡，为企业构建了不同的资源配置和价值获取，要素之间的协作为企业创造了异质性的优势。反之，开拓性商业模式创新或政策导向的缺失，一方面避免了开拓性商业模式在知识产权水平不高、市场不规范、较容易被模仿的环境下所产生的溢出效应（Haunschild & Miner, 1997；罗珉、李宇亮，2015）；另一方面，也避免了为了短期的政策福利而忽视了企业创新带来的长期收益的风险，从而维持良好表现，由此获得利益相关者认可。

(4) 积极开拓型。这一类别包含组态 D1 和 D2。此类别采用同时进行开拓性商业模式创新和完善性商业模式创新的混合商业模式创新策略，较前三种类型而言，此类构型更具有进取性。

组态 D1：BMI1 * BMI2 * ~PO * ~ME * MC 表明，在缺乏市场包容且具有竞争性的市场中，新兴企业缺乏政策导向，并进行混合式商业模式创新，则不论是否具有市场导向，企业都可获得高合法性。其中，开拓性商业模式创新和完善性商业模式创新与市场竞争为核心条件。该路径能够解释约 38.9% 的新兴企业高合法性的案例。这可能是由于在具有竞争性且缺乏包容性的环境中，对外，企业一方面面临着竞争生存的压力，另一方面获取资源成本较大；对内，企业缺乏政策导向，难以获得政府或者外部其他资源，这时企业为了避免资源同质化，保持竞争优势，因此采取开拓性商业模式创新，并同时采取完善性商业模式创新以安抚更为"保守"的利益相关者，从而提升合法性。

组态 D2：BMI1 * BMI2 * MO 表明，当新兴企业进行混合式商业模式创新并具有市场导向时，该企业可获得高合法性。这是因为市场导向与开拓性商业模式创新是利益相关者更易接受的搭配。而完善性商业模式创新则有助于企业获得稳定的收入，以允许企业进行其他冒险性行为。这样的配置，允许企业依靠自身活动激活资源，并开发新方式，进入良性循环，从而获得合法性。其中，完善性商业模式创新与市场导向为核心条件。该路径能够解释约 66.8% 的新兴企业高合法性的案例，这是解释范围最广的组态。

三 条件间的潜在替代关系

通过对产生高合法性组态的异同比较，我们可以进一步识别出商业模式创新、战略导向和环境特征之间的潜在替代关系（如表 7-8 所示）。通过对比组态 B2 和组态 A，我们发现，两个组态环境包容性条件都是缺失的，都具有强政策导向但未进行开拓性商业模式创新，又因为两个组态的等效性，故而可以认为环境竞争性、市场导向条件缺乏等同于完善性商业模式创新条件存在。通过分别对组态 B2、C1、D1 与组态 D1、D2 的对比，我们发现在开拓性商业模式创新、完善性商业模式创新和环境包容性条件的混合配置中，市场导向均能与多个组合的前因条件进行等效替换。

表 7-8 等效替代情况

情境	前因条件	等效配置	对应组态
~BMI1 * PO * ~ME	BMI2	~MO * ~MC	B2-A
BMI2 * MO	BMI1	~ME	D2-C1
		MC	D2-C2

续表

情境	前因条件	等效配置	对应组态
BMI2 * ~ ME	MO	~ BMI1 * PO	C1 – B2
		BMI1 * MC * ~ PO	C1 – D1
BMI1 * BMI2	MO	~ PO * ~ ME * MC	D2 – D1

商业模式创新、战略导向、环境特征的潜在替代关系表明，开拓性商业模式创新、完善性商业模式创新和市场导向这三个条件具有更加重要的作用。这是因为，在特定的情境条件下，开拓性商业模式创新和完善性商业模式创新与市场导向都可以增强企业动态性，允许组织更灵活地面对动荡的环境和不确定的需求。例如，组态 B2 与 A 的对比中，完善性商业模式的出现提高了对竞争环境的容忍度且更能面对市场导向可能带来的合法性缺失。对组态 C1、C2、D2 的对比发现，进行开拓性商业模式创新使新兴企业更能应对不包容或更具竞争性的环境。而在多组路径的对比中，不难发现市场导向缓解了不宽容的环境对企业合法性的影响。这可能是因为，环境特征作为客观禀赋条件，企业难以改变其所处的环境特征，政策导向虽然作为企业内的战略导向，事实上其主导者实为政府，企业若过分强调政策导向，则可能会促使其过分依赖短期的政策福利而失去了追求长期收益的动力（郭净等，2013），企业的主动性及能动性较为不突出。而开拓性商业模式创新和完善性商业模式创新及市场导向，作为一种主观可控条件，企业往往能够在短时间内通过改变策略，便可以提升其在环境中的灵活性和适应性，更易获得利益相关者的认可。

进一步地，根据条件的替代关系和企业面临的内外部环境的差异，本章基于交叉分析绘制了各类一阶构型匹配情况（如图 7 - 2 所示）。

四 稳健性检验

我们还对新兴企业高合法性进行了稳健性检验（e.g. Fiss，2011；Luo et al.，2021）。本书在其他参数不变情况下，将频数阈值提升至 2（结果如表 7 - 9 所示），除频率提高导致缺乏 4 个组态之外，其余与原来完全一致，且两组组态具有清晰的子集关系（张明、杜运周，2019），表明结果较为稳健。

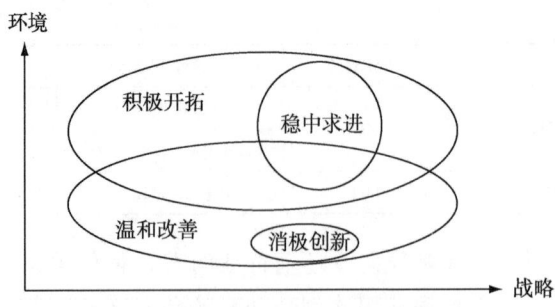

图 7-2 各类构型情境适用情况

注：关于情境适用性，消极创新 = {PO * ~ MO * ~ ME * ~ MC}；温和改善 = {~ PO * ~ MO * ME * ~ MC} ∪ {PO * ~ ME}；稳中求进 = {MO * ~ ME} ∪ {MO * MC}；积极开拓 = {~ PO * ~ ME * MC} ∪ {MO}。

表 7-9　　　　　　　　　　稳健性检验

前因条件	C1′	C2′	D2′
开拓性商业模式创新			●
完善性商业模式创新	●	●	●
环境包容性	⊗		
环境竞争性		●	
政策导向			
市场导向	●	●	●
原始覆盖度	0.668	0.624	0.640
唯一覆盖度	0.031	0.040	0.045
一致性	0.914	0.928	0.881
解的覆盖度	0.820		
解的一致性	0.874		

注：●为核心存在；•为边缘存在；⊗为核心缺失；⊗为边缘缺失。

第四节　本章小结

本章以开拓性商业模式创新与完善性商业模式创新作用新兴企业合法性为研究对象，结合组织内部战略导向与外部环境特征，围绕"商业模式创新主题、战略导向、环境特征的多重组态如何实现新兴企业合法性"这一问题，应用 fsQCA 方法整合上述 3 个层次 6 个条件要素，探讨影响新

第七章　新兴企业商业模式创新的合法性实现：基于模糊集的定性比较分析(fsQCA)　255

兴企业商业模式创新合法性实现的多重并发因素和因果复杂机制。研究发现：第一，产生了7个组态的新兴企业合法性驱动路径。其中，完善性商业模式创新为其必要条件。第二，这7个组态由不同的商业模式创新策略区分为4种类型：不突出商业模式创新的"消极创新型"；仅强调完善性商业模式创新而不允许开拓性商业模式创新的"温和改善型"；突出完善性商业模式创新且允许开拓性商业模式创新存在的"稳中求进型"；由开拓性商业模式创新和完善性商业模式创新共同组成的"积极开拓型"。这四类一阶构型存在其适应的情境，其中积极开拓型和温和改善型适用范围更为广泛。第三，前因条件之间的潜在替代关系表明，在特定的条件下，两类商业模式创新和市场导向可以通过等效替代以"殊途同归"的方式提升新兴企业合法性。

　　本章具有3个方面的理论贡献：首先，以"组态视角"化解商业模式创新合法性不一致的矛盾，丰富了新兴企业商业模式创新合法性的多情境解释，拓展了权变理论提供的中国新兴经济独特情境下的系统化理论逻辑。通过fsQCA方法，本章不仅理清了新兴企业商业模式创新实现合法性的等效驱动机制和条件替代关系，还发现合法性驱动机制存在非对称性。这充分体现了fsQCA法突破了传统回归方法的局限性（Fiss, 2011；Luo et al., 2021），更细致地解释了复杂的因果关系，更好地解释了新兴企业商业模式创新成效的差异性和条件相互依赖的组态效应。其次，通过集合的交叉分析探索了路径的异同，理清了商业模式创新合法性的情境。研究结果表明，完善性商业模式创新为新兴企业获得合法性的必要条件，适用于各类情境。此外，"温和改善型"与"积极开拓型"两类涵盖了所有高合法性的情境，依据内外环境，积极进行完善性商业模式创新，有条件地进行开拓性商业模式创新，这有利于企业以更快的速度响应动态的环境。最后，通过内外部环境的交互来解释商业模式创新驱动新兴企业合法性构型，有助于揭开商业模式创新影响企业合法性的黑箱。以往研究局限于商业模式创新的净效应，与内外环境要素的组合作用，企业合法性的机制尚不明确。因此，本章拓展了商业模式创新边界条件的现有研究，引入战略导向与环境特征的联合视角，揭示商业模式创新与内外环境的联动机制，强调了合法性的提升是由多层次要素共同作用的，商业模式创新不能单独发挥作用，其成效有赖于多要素的互动。

　　本章研究结论在指导新兴企业商业模式创新合法性实现方面同样具有积极意义：一方面，新兴企业应关注市场动态，不忽视政策导向。研究结果验证了市场导向在获取新兴企业合法性中发挥较大功能。并且在市场导向下，开拓性商业模式创新可以发挥更强的作用。关注市场动态，有利于企业获得主动权，先于竞争对手掌握市场地位，从而提升合法性。另一方面，尽管两类商业模式创新都可能提高企业合法性，但商业模式创新的选择应该与公司整体战略导向和外部环境特征相匹配。如果企业对外部顾客和竞争者较为关注，而环境比较复杂或难以判断，那么企业则需要在混合式商业模式创新上有更多的投入。而如果企业所处环境较为宽容，竞争又不激烈，而企业更明确是否关注政策动态，那么仅采用完善性商业模式创新可能会得到更好的回报。

　　本章研究存在如下局限，需要在未来做进一步探索：一是企业所处情境可能还包含战略导向与环境特征以外的要素，但由于案例的有限性，研究中限制了前因条件的数量；二是新兴企业的新进入缺陷意味着企业在早期面临更大的失败风险，这可能使我们的样本暴露在生存偏差之下。

第八章　开拓性与完善性商业模式创新过程中合法性的形成与演化：电商平台双案例研究

【本章导读】 本章首先通过对电商平台的利益相关者问卷进行聚类分析，将电商平台中利益相关者分为核心层、相关层和扩展层3类。其次，遵循典型性和代表性的原则，选取阿里巴巴作为开拓性商业模式创新、京东作为完善性商业模式创新的案例研究对象，采用"三角验证"进行数据收集，并对数据进行开放性、主轴、选择性编码，遵守"因果条件—现象—脉络—中介条件—行动策略—结果"逻辑进行典范模型分析，将各个范畴联系起来，归纳出"创业约束"、"合法化策略"和"创新合法性"3个核心范畴。并将编码结果放回到阿里巴巴、京东演进的各个阶段，探讨各阶段创业约束、合法化策略与各层级利益相关者关系的关系，从而分别构建出开拓性和完善性商业模式创新合法性形成与演进的一般机制模型。

合法性是一种在社会体系建构的信念、规范、价值和标准中，对实体行动的正确性、接受性和适宜性的总体性理解和假定（Scott，1995），也是一种"能够帮助组织获得其他资源的重要战略资源"，它有助于增强实体的竞争优势（如员工承诺、顾客忠诚、同行认可、公共关系等）（Zimmerman & Zeitz，2002）。利益相关者互动为合法性的形成与演化提供微观基础，利益相关者可以通过交流改变合法性的定义，其行为过程决定合法性进程。获取合法性的途径主要有改变自己和改造环境，这实际上是整合了"取法于内"的制度学派和"取法于外"的战略学派的观点。开拓性和完善性商业模式创新过程也暗含了改变自己和改造环境两条合法化途径，但未能形成主导性的研究范式，须进一步系统化。

第一节 电商平台中利益相关者界定与分类

一个成功的新兴平台商业模式最终能满足多方利益相关者的不同诉求。本书基本认同 Freeman（1984）关于利益相关者的界定："企业利益相关者是指那些能影响企业目标的实现或被企业目标的实现所影响的个人或群体。"为对应合法性分析，按是否直接参与互动，将平台利益相关者分为内部利益相关者和外部利益相关者（Cheney & Christensen, 2001）。结合阿里研究院《电子商务20年》的研究报告，进行初步细化，内部利益相关者包括平台企业、网商、顾客，也称之为核心层利益相关者；外部利益相关者又细分为扩展层利益相关者（包括金融、物流、运营等服务商）和相关层利益相关者（政府、行业协会等监管者）。本书进一步结合Mitchell 和 Wood（1997）、陈宏辉和贾生华（2004）等相关研究对于重要性、意愿性、合理性等维度的划分，形成测量题项，设计调研问卷，进行样本统计分析来验证。

通过对阿里巴巴、京东等电子商务公司的资料分析，以及多次对阿里巴巴、京东各部门的访谈，本书界定出电商平台商业模式创新的13种利益相关者：平台企业、顾客、网商、股东、管理层、员工、政府机构、金融、媒体、物流、行业协会、学术机构、竞争者。然后按照平台企业与利益相关者的关系，从意愿性（利益相关者对平台商业模式创新支持程度的大小）、重要性（平台商业模式创新价值主张对利益相关者的影响程度大小）、合理性（利益相关者的行为对平台企业价值观、社会道德层面的认可）、合法性（利益相关者的行为对平台企业相关法律制度以及规范政策上的支持程度大小）四个维度对上述13种利益相关者进行分类。

借鉴 Mitchell 和 Wood（1997）、陈宏辉和贾生华（2004）对企业利益相关者的分类统计方法，向阿里巴巴、京东员工发放了100份调查问卷，实际收回问卷90份，问卷回收率90%，其中有效问卷共81份，回收问卷有效率90%。问卷调查主要涉及阿里巴巴、京东员工在四个维度上对利益相关者按照从1至13进行排序。

一是关于重要性维度。电商平台商业模式创新中利益相关者得分均值的递增顺序依次为：网商（2.5926）、顾客（2.9630）、平台企业（6.2469）、物流（6.5432）、股东（6.7654）、金融（6.8025）、员工（7.2716）、竞争者（7.5802）、管理者（7.6667）、媒体（8.0370）、学术机构（8.0864）、政府机构（9.4691）、行业协会（10.0988）。均值的大小，并不能判定某一利益相关者就一定比另一利益相关者更加主动地参与平台商业模式创新，因此需要采用配对样本 T 检验来判断每两种利益相关者的重要性均值差异是否与零有显著差异。配对样本 T 检验发现，政府机构与物流；政府机构与网商、顾客；金融与媒体、员工；媒体与员工；行业协会与股东、管理者、物流；网商与顾客、员工；网商与竞争者；股东与管理者间的均值差异不同，但这种差异与零没有统计意义上的显著性差别，其他的排序都具有显著的统计意义上的差别。

二是关于意愿性维度。电商平台商业模式创新中利益相关者得分均值的递增顺序依次为：管理者（3.2875）、股东（3.6625）、平台企业（3.9250）、物流（4.6000）、网商（5.1375）、顾客（5.5250）、员工（6.0500）、金融（6.1500）、媒体（7.0125）、竞争者（7.6500）、行业协会（8.0430）、学术机构（9.6125）、政府机构（10.3500）。同样采用配对样本 T 检验来判断每两种利益相关者的重要性均值差异是否与零有显著差异。配对样本 T 检验发现，政府机构与物流；政府机构与网商、顾客、物流；金融与媒体、员工；媒体与员工；行业协会与股东、管理者、物流；顾客与网商、员工；网商与竞争者；股东与管理者间的均值差异不同，但这种差异与零没有统计意义上的显著性差别，其他的排序都具有显著的统计意义上的差别。

三是关于合法性维度。电商平台商业模式创新中利益相关者得分均值的递增顺序依次为：顾客（2.3000）、网商（2.4375）、物流（3.0375）、金融（3.2875）、股东（4.4500）、员工（4.6875）、管理者（4.7750）、行业协会（5.3375）、平台企业（5.6000）、学术机构（9.6750）、政府机构（9.8125）、媒体（10.7875）、竞争者（11.8000）。同样采用配对样本 T 检验来判断每两种利益相关者的重要性均值差异是否与零有显著差异。配对样本 T 检验发现，政府机构与网商、顾客；金融与股东、员工、管理者；媒体与竞争者、物流；行业协会与竞争者、股东、员工、管理者、物流；顾客与网商、股东；网商与股东；学术机构与竞争者、物流；竞争者与员工、管理者、物流；股东与员工、管理者；员工与管理者间的均值差异与零没有显著性差异。

四是关于合理性维度。电商平台商业模式创新中利益相关者得分均值的递增顺序依次为：顾客（2.4694）、网商（3.5949）、平台企业（5.2873）、金融（6.0886）、政府机构（6.381）、股东（6.7089）、员工（6.9376）、竞争者（7.0380）、管理者（7.2911）、物流（8.0354）、行业协会（9.381）、媒体（9.7861）、学术机构（10.0987）。同样采用配对样本 T 检验来判断每两种利益相关者的重要性均值差异是否与零有显著差异。配对样本 T 检验发现，政府机构与竞争者、股东、员工、管理者；政府机构与竞争者、股东、员工、管理者；行业协会与媒体、学术机构；媒体与学术机构；顾客与网商间的均值差异与零没有显著性差异。

综合利益相关者在各个维度上得分的均值和配对样本 T 检验结果，项目组均值按照 [1—4)、[4—9)、[9—13] 进行归类。最终得到利益相关者的分类结果如表 8-1 所示。

表 8-1　　　　平台电商 13 种利益相关者的分类结果

得分 维度	[1, 4)	[4, 9)	[9, 13]
重要性	网商、顾客、平台企业	物流、股东、金融、员工、竞争者、管理者、媒体、学术机构	政府机构、行业协会
意愿性	管理者、股东、平台企业	物流、网商、顾客、员工、金融、媒体、竞争者	行业协会、学术机构、政府机构
合法性	顾客、网商、物流	金融、股东、员工、管理者、行业协会、平台企业、学术机构	政府机构、媒体、竞争者
合理性	顾客、网商、平台企业	金融、政府机构、股东、员工、竞争者、管理者、物流	行业协会、媒体、学术机构

根据表 8-1 中各个利益相关者的位置，我们对电商平台 13 种利益相关者进行分类，分类结果如表 8-2 所示。

表 8-2　　　　平台电商 13 种利益相关者类别与分值

利益相关者类别	分值	利益相关者
相关层利益相关者	至少三个维度的得分在 4 分以下	政府机构、行业协会
扩展层利益相关者	至少三个维度得分在 4 分以上，9 分以下	金融、股东、员工、管理者、物流、竞争者、媒体
核心层利益相关者	至少两个维度得分在 9 分以上	网商、顾客、平台企业

核心层利益相关者是电商平台商业模式创新中突破制度约束、创建电商模式不可或缺的利益相关者，关乎电商平台创业的成功；扩展层利益相关者与电商平台有密切的联系，它们多半是电商平台较为重要的合作者，为电商平台提供一定的资源，是电商平台中平台企业的联盟者；相关层利

益相关者大多数情况下被动地受电商平台的影响，不直接参与电商平台的创新与创业，而是"游走"于电商平台商业模式创新场域的边缘，看似不重要实则很重要。

第二节 开拓性商业模式创新过程中合法性的形成与演化：以阿里巴巴为例

一 阿里巴巴案例资料收集

（一）案例企业选择

本书在选取案例研究对象时，考虑到如下标准：案例企业的典型性、案例信息的翔实性、调研活动的便利性、资料获取的公开性。因此本书选择了阿里巴巴开创的电商模式作为新兴企业开拓性商业模式创新的案例研究对象。

案例企业的典型性。阿里巴巴作为我国的互联网电商巨头企业，开拓了中国电子商务市场和全新的电子商务经营模式，从被人们质疑电商网上交易的安全性到如今双"十一"天猫交易量逾千亿元成常态，在其成长期间，阿里巴巴突破了各种制度条件约束，很大程度上引导和改变了人们的购物方式，其符合典型的新兴企业开拓性商业模式创新特征。

案例信息的翔实性。阿里巴巴在电商行业属于龙头企业，具有较高的地位，而且从创业至今已有十几年历史，在业内深受媒体行业、学术机构的关注，因此案例信息能够保证获取比较完整的平台商业模式创新过程。

调研活动的便利性。本书课题组与阿里巴巴在同一个城市，而且与阿里研究院有一定的合作关系，有利于展开实地调研。

资料获取的公开性。阿里巴巴集团电商平台引领国内电商模式，国内外媒体相关报道以及学术机构研究有很多，利于本书资料的多样化获取以及三角验证，提高研究的信度与效度。

（二）数据来源及编码策略

为提高案例研究的效度和信度，本书采用数据的三角验证法，利用多种数据来源和收集技术，即一手访谈为主，并辅之以公司网站、企业文档、媒体报道、权威书籍等。具体说来，数据来源包括：①一手访谈。我们已经对阿里巴巴集团、阿里研究院、公司高管、高级研究员进行了多轮的半结构化访谈；②二手数据。来源包括：阿里巴巴集团的官方网站，该网站包含了企业的新闻信息以及企业的发展历程、大事件介绍，能够提供较为详细的信息；浙江财经大学图书馆开发的一站式检索中涵盖各大数据库，其中有关于阿里巴巴平台企业的新闻报道和学术研究，还有阿里巴巴集团旗下阿里研究院的相关文献资料，可信度较高；新浪、网易和搜狐这三大门户网站上的新闻资料，这三家网站作为国内最大的三家门户网站，社会认可度和知名度较高，因此可作为可靠的信息来源；相关书籍，例如权威性较高的《阿里巴巴模式》《穿布鞋的马云》《马云正传》等，这些书籍为本案例研究提供了丰富的信息。

本书采用扎根理论经典编码三步骤：开放性编码、主轴编码、选择性编码。具体的编码策略为：（1）组成编码小组。本书的作者与商业模式创新课题组其他三位成员成立编码小组，目的是减少因个人的偏见而带来的误差，对于编码过程中出现的问题，各位成员一起协商并提供解决方案，对于有分歧的问题，向导师和该领域资深研究学者请教以寻求解决方案。各成员一起负责给一些样本贴标签，但是对概念的范畴、范畴面向、主轴编码和选择性编码等工作均与成员一起完成。（2）建立编码数据库。为了记录开放性编码、选择性编码的结果和修改过程，我们为案例建立档案记录，以备查看。（3）编码过程中的比较分析。对编码过程中出现的新概念或新范畴与已有的结果进行比较，这一步骤贯穿编码的整个过程。

二 阿里巴巴平台商业模式创新阶段划分

根据 Greenwood（2004）的制度创业阶段（即突然震荡、去制度化、前制度化、理论化、扩散化和制度再生）划分观点，再结合对阿里巴巴平台商业模式创新资料的分析，本书将阿里巴巴创业阶段（见图 8-1）划分为：价值主张变革阶段（1995—1999 年）、理论化价值主张阶段（2000—2003 年）、新价值主张扩散阶段（2004 年至今）。价值主张变革阶段对应突然震荡、去制度化和前制度化阶段，主要任务是商业变革前环境对创新者的影响，感受新震荡、提出新的价值主张，理论化价值主张阶段对应 Greenwood 六阶段中的理论化阶段，该阶段的主要任务是对详细阐述新价值主张的因果联系以及为新价值主张正当性解释。新价值主张扩散阶段对应 Greenwood 经典制度创业的阶段划分的最后两个阶段，即新制度的扩散化与制度再生。

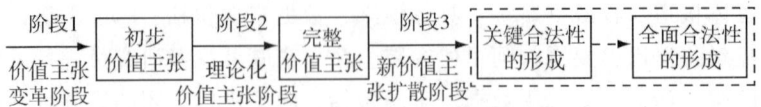

图 8-1 阿里巴巴创业阶段性划分

三 阿里巴巴案例数据编码

（一）开放性编码

本书的开放性编码分为三个过程：第一，将原始资料中的语句、段落进行抽象化精炼提取，并进行概念化转换，每一个概念可以是一个词组或是一个短语或句子，本书中对阿里巴巴的资料进行开放性编码，共形成70个概念，再经过反复的比较分析，严格按照Strauss（1997）开放性编码的基本原则，剔除意思相关、重复的概念，最终形成48个概念（a1—a48）；第二，概念进一步范畴化，把概念相同或类似的现象集中起来统一归应到相同的范畴内；第三，命名范畴，共提炼出23个范畴（A1—A24）。开放性编码结果如表8-3所示。

表8-3　　　　　　　　阿里巴巴开放性编码

范畴类别	概念类别
A01. 不接受新模式	a1. 网购人数少； a2. 网购概念超前； a6. 企业网上业务少 a8. 对B2B陌生 a10. 国际化受阻
A02. 诚信体系缺失	a3. 网络世界不安全 a4. 充斥着虚假交易
A03. 模式不可靠	a5. .com盈利不确定 a7. 员工不同意 a9. B2B、B2C没有前途 a11. 盈利不清
A04. 行业环境	a12. 互联网冬天 a13. 门户网站盛行 a15. 物流发展滞后 a16. 互联网普及率低
A05. 交易规则	a14. 交易不安全 a17. 资质认证存在漏洞
A06. 多处法律漏洞	a18. 网络交易法律缺失
A23. 缺少行业协会监督	a36. 行业协会缺失
A07 倡导	a19. 宣传演讲 a33. 西湖论剑

范畴类别	概念类别
A08. 游说	a21. 说服股东
A09. 讲故事	a44. 劝说员工

(二) 主轴编码

主轴编码指的是在开放性编码中得到的初始范畴间建立联系，发掘范畴间的潜在逻辑，在此基础上提炼主范畴和副范畴，将资料以全新的方式组合起来（王建明、王俊豪，2011）。主轴编码借用扎根理论的经典分析工具典范模型。典范模型作为主轴编码重要方法，主要包括六个方面：因果条件—现象—脉络—中介条件—行动策略—结果，可以将各个范畴联系起来，进而发掘新的含义。典范模型分析过程如表 8-4、表 8-5 所示。

表 8-4　　　　　　　　　典范模型分析 1

典范模型	规制性制度约束	规范性制度约束	认知性制度约束	话语策略	理论化策略
因果条件	多处法律漏洞、缺乏行业监管	电商基础设施、交易规则	网购环境、模式新颖、行业环境	网购环境、模式新颖	电商基础设施、交易规则
现象	规制性制度约束	规范性制度约束	认知性制度约束	话语策略	理论化策略
脉络	交易不安全	系统信用低	网购概念超前	网购人数少	交易不规范、资质认证存在漏洞
中介条件	政府支持、行业推进	商务信用	媒体宣传、互联网冬天	马云演讲、网商大会	物流行业发展、银行合作
行动策略	电商立法、成立行业协会	物流合作、建构标准	免费、宣传推广	说服股东、宣传演讲、西湖论剑	建构标准、维护标准
结果	法律认可	规范的交易市场	市场认可	股东支持、市场认可	安全便捷的网络交易

表 8-5　　　　　　　　　典范模型分析 2

典范模型	社会网络策略	文化策略	认知合法化	规范合法化	规制合法化
因果条件	电商基础设施、网络信用	网购环境、行业环境	外界认可、国际化发展	商品安全、账户安全、交易规范	无
现象	社会网络策略	文化策略	认知合法化	规范合法化	规则合法化

续表

典范模型	社会网络策略	文化策略	认知合法化	规范合法化	规制合法化
脉络	物流发展滞后、交易不安全	模式单一、网络世界不安全	免费模式、网商大会	无	商务信用
中介条件	物流、银行合作、名人加入	无	智慧监管	政府部门支持、市场认可	电商企业推进
行动策略	战略联盟	本土化嵌入、教育	宣传、教育	商品打假、知识产权保护、交易规则建构	无
结果	市场认可	市场认可	市场认可、股东支持	安全便捷的网购环境	无

本书通过典范模型开发出 10 个主范畴，分别是规制性制度约束、规范性制度约束、认知性制度约束、话语策略、社会网络策略、理论化策略、文化策略、规制合法化、规范合法化、认知合法化。主轴编码形成的主范畴如表 8-6 所示。

表 8-6　　　　　　　　　主轴编码形成的主范畴

主范畴	副范畴
规制性制度约束	多处法律漏洞；行业协会监督
规范性制度约束	诚信体系缺失；模式不可靠；行业环境；交易规则
认知性制度约束	不理解新模式
话语策略	倡导；游说；讲故事
理论化策略	构建标准；维护标准
社会网络策略	战略联盟；配置资源
文化策略	本土化嵌入；教育；媒体宣传
规制合法化	国际化发展；外界认可
规范合法化	交易安全；账户安全；商品安全
认知合法化	法律认可；行业协会监督

（三）选择性编码

选择性编码的主要目的是识别出能够统领其他范畴的核心范畴，进而将核心范畴逻辑地连接起来，从而建立起概念充实的扎根理论（Strauss，1987）。通过将 10 个主范畴与现有理论进行对接和比较，可以发现规制性制度约束、规范性制度约束以及认知性制度约束分别代表了阿里巴巴制度创业时面临的制度约束，具有理论一致性，因此将其归入创业约束这一范畴。

同理，话语策略、理论化策略、社会化策略以及文化策略分别代表了阿里巴巴开拓性商业模式创新克服制度约束时，针对不同的利益相关者所采取的策略，可将其归入合法化策略这一范畴。而规制合法化、规范合法化和认知合法化分别代表了阿里巴巴制度创业的过程，其实就是追求合法化的过程，因此将其归入创新合法性这一范畴。基于此，通过对范畴间的基本逻辑关系进行进一步分析可以得出如下故事线：阿里巴巴开拓性商业模式创新过程中，面临来自各种制度创业约束，进而通过合法化策略来达到商业模式创新的合法化过程。据此选择性编码可以得到的核心范畴为创业约束、合法化策略以及创新合法性。图8-2为阿里巴巴开拓性商业模式创新的编码过程以及对结果进行了总结，中间部分则为表达逻辑关系的核心范畴。

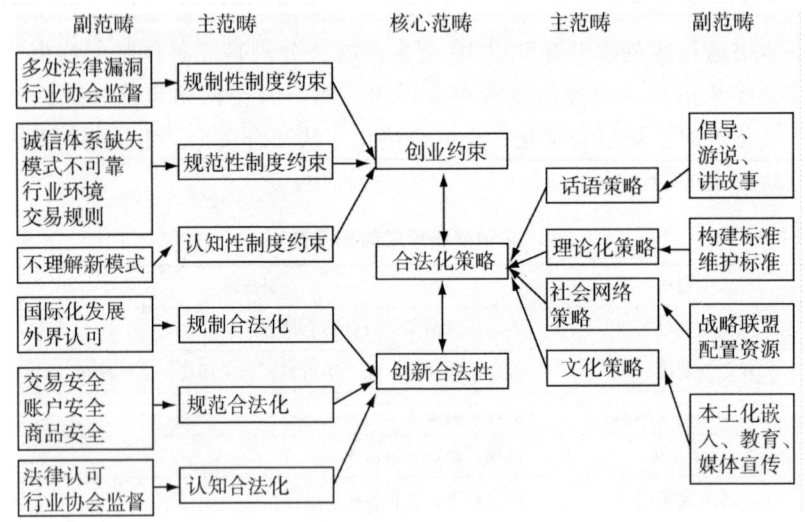

图8-2 选择性编码情况

（四）编码结果描述

在完成上述阿里巴巴创业资料的编码后，本书将编码得到的结果再次返回到编码资料中，运用NVIVO质性分析软件，完成对编码结果中的10大主范畴在商业模式创新各个阶段的分布情况的分析，统计出创业约束、合法化策略和创业合法性在各个阶段的编码个数，并且结合前述对电商平台利益相关者分类的结果，从而探讨各阶段阿里巴巴创业约束与利益相关者的关系、合法化策略与利益相关者的关系、创新合法性与利益相关者的关系，得到阿里巴巴商业模式创新的编码结果（如表8-7所示），表中的数字反映了各个主范畴在各阶段出现的次数。

表8-7　　　　　　　阿里巴巴开拓性商业模式创新编码结果

利益相关者	创业阶段	价值主张变革阶段 (1995—1999年)	理论化价值主张阶段 (2000—2003年)	新价值主张扩散阶段 (2004年至今)
创业 约束	核心层利益相关者	认知性制度约束 56	认知性制度约束 38 规范性制度约束 26	规范性制度约束 36
	相关层利益相关者	认知性制度约束 36 规范性制度约束 23	规范性制度约束 22 认知性制度约束 14	规范性制度约束 21 规制性制度约束 18
	扩展层利益相关者	认知性制度约束 18	认知性制度约束 22 规范性制度约束 16	规范性制度约束 11
合法化 策略	核心层利益相关者	话语策略 18	话语策略 37 理论化策略 30	文化策略 53 理论化策略 26
	相关层利益相关者	话语策略 15	社会化策略 45 话语策略 36 理论化策略 23	社会化策略 28 理论化策略 23 话语策略 12
	扩展层利益相关者	话语策略 12	理论化策略 21 社会化策略 16	社会化策略 11
创新 合法性	核心层利益相关者		认知合法化 44 规范合法化 21	规范合法化 37
	相关层利益相关者		认知合法化 25 规范合法化 17	规范合法化 38 规制合法化 15
	扩展层利益相关者		认知合法化 11	规范合法化 16

注：表中数字为创业约束、创业策略和创业合法性在各个阶段的编码条目数。

通过表8-7可以看出，阿里巴巴商业模式创新在价值主张变革阶段主要面临来自核心层利益相关者、相关层利益相关者以及扩展层利益相关者的认知性制度约束，同时相关层利益相关者在此阶段还具有对阿里巴巴创业的规范性制度约束。由于该阶段是阿里巴巴商业模式创新的酝酿到其基本创业主张的提出期，阿里巴巴主要采取话语策略告知其利益相关者去了解和认识这一主张，所以在该阶段阿里巴巴商业模式创新合法性并没有开始获取。

在理论化价值主张阶段中，阿里巴巴主要面临的创业约束有：核心层利益相关者和扩展层利益相关者的认知性制度约束以及规范性制度约束，其中认知性制度约束程度大于规范性制度约束程度；相关层利益相关者的制度约束主要有规范性制度约束、认知性制度约束。面对来自利益相关者的制度约束，阿里巴巴针对核心利益相关者主要采取话语策略使其了解创业主张，同时运用理论化策略去详述其主张的合理性；针对相关层利益相关者，阿里巴巴主要采取社会网络策略与相关层利益相关者缔结战略联盟，从而获取创业资源，同时运用话语策略和理论化策略进一步使自己的创业策略得到认识和了解；而针对扩展层利益相关者，阿里巴巴主要采取理论化策略和社会化策略，使利益相关者在了解制度创业的同时与阿里巴巴合作共同研究其商业模式。因此，在该阶段阿里巴巴获得来自核心层利益相关者、相关层利益相关者的认知合法化和规范合法化以及来自扩展层利益相关者的认知合法化。

新价值主张扩散阶段中，阿里巴巴主要是推广其商业模式创新创业主张，而阿里巴巴主要面临的创业约束有：来自核心层利益相关者、相关层利益相关者和扩展层利益相关者的规范性制度约束。同时在该阶段阿里巴巴还面临相关层利益相关者的规制性制度约束。而阿里巴巴在该阶段针对核心层利益相关者采取的策略主要有文化策略，其次是理论化策略。针对相关层利益相关者主要采取社会化策略、理论化策略和话语策略；针对扩展层利益相关者，主要采取社会化策略与学术研究机构合作，促进电商行业新理念、新认知的推进。

通过上述的分析总结，以阿里巴巴为典型开拓性商业模式创新案例，本书最终建立了新兴经济中开拓性商业模式创新机制的一般机制模型（图8-3）。在此需要特别指出的是：首先，尽管本书将创业分为三个阶

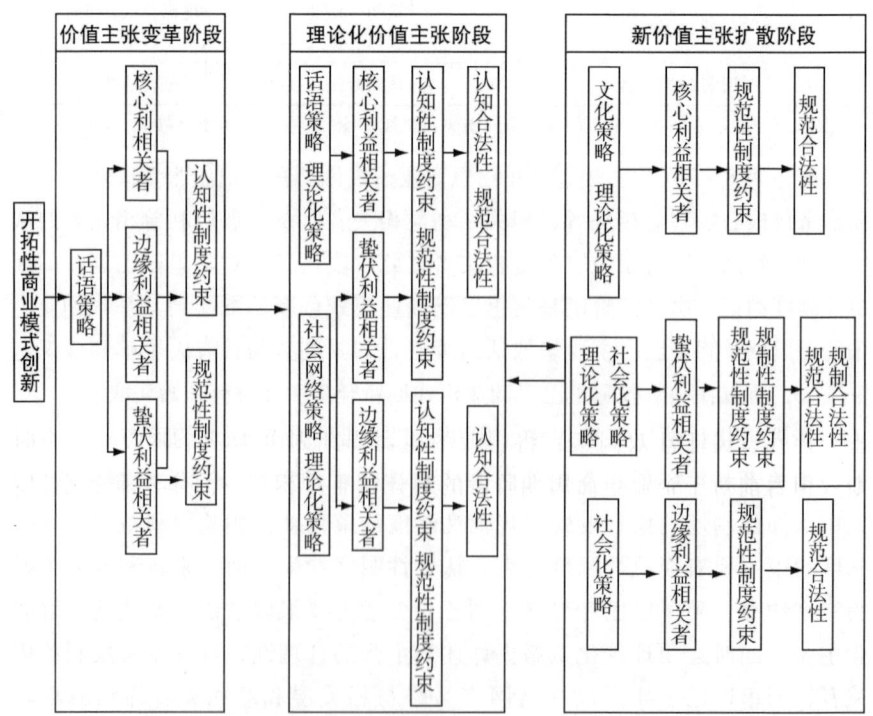

图8-3 开拓性商业模式创新合法性的形成与演化机制模型

段，但这三个阶段经常交织在一起，尤其是理论化价值主张阶段和新价值主张扩散阶段，而各种制度创业策略的使用也同时进行（Battilana & Leca，2009）；其次，在创业的不同阶段，往往伴随着各种不同的创业约束以及创新合法性策略，该模型仅针对创业者面临利益相关者的主要制度约束以及使用的主要创新合法性策略。

第三节 完善性商业模式创新过程中合法性的形成与演化：以京东为例

一 京东简介及阶段划分

京东 2004 年进军电商，较阿里巴巴晚。京东打破单一的 B2B 电子商务模式，开辟 B2C 自主经营的垂直模式。京东已成为中国最大的自营 B2C 平台。京东的 B2C 模式经营规则，以及供应链柔性是对电子商务规则的创新与完善，属于完善性平台商业模式创新。

组织所获取的合法性以及赋予合法性的主体都是动态变化的，这为处于文化环境中的组织管理者如何利用有限的资源获取合法性创造了机会与挑战（陈怀超、范建红，2014；罗兴武等，2017）。已有文献主要研究合法性与新兴企业以及创新之间的关系，大多从静态和整体的角度考察合法性对企业行为的作用机制，缺乏从过程视角研究合法性的作用（Haire，1959）。本书通过引入企业生命周期理论对企业阶段进行划分，探索企业在不同生命周期阶段合法性的动态变迁，以及如何针对利益相关者采取相应的合法化战略。生命周期理论源于 20 世纪中期，Haire（1959）首次提出用"生命周期"的观点，即运用仿生学的方法与原理来研究企业问题。Adizes（1989）是企业生命周期理论的集大成者，在《企业生命周期》一书中提出企业如同生物体，都存在一个由生到死、从盛转衰的过程，并提出可控性、灵活性双因素，将企业的生命周期划分为三个阶段、十个时期。但目前对于企业生命周期阶段的划分标准并不统一，有学者分别按照组织或企业复杂程度、规模和组织可控性与灵活性进行划分。而最具代表性的是 Miller 和 Friesen（1984）提出的 4 阶段模型：初创期、成长期、成熟期和衰退期。

本书根据 Greenwood（2004）的制度创业阶段划分观点，同时以业务增长规模或关键事件为参考将京东的企业生命周期划分为三个阶段：价值主张变革阶段、理论化价值主张阶段与新价值主张扩散阶段。1998 年京东成立，2005年11月京东多媒体网日订单处理量突破500个，以2008年6月京东成立十周年之际完成3C产品的全线搭建为时间节点，将京东的初创期界定为1998年至2005年11月，成长期界定为2005年11月至2008年6月，成熟期界定为2008年6月至今。

二 研究方法

案例研究特别适用于新领域或现有研究不充分的领域。本书所做的案例研究是探索性案例研究，需要回答的是"为什么"以及"如何"的问题（Yin，2003），不是进行定量数据分析，而是基于理论基础的定性理论研究或验证，这有利于提高研究方法的严谨性与严格性。本书选取京东运用扎根理论方法分析案例资料，构建平台企业完善性商业模式创新合法化机制的模型。

此外，结合Yin（2003）所提出的观点，案例研究中没有固定的公式指导数据，提倡借鉴其他质性研究中的数据分析方法。所以，本书引入了其他分析方法或分析工具来弥补案例研究的不足：第一，采用时序分析法进行平台企业生命周期的划分；第二，采用内容分析法对利益相关者、合法性约束、合法化战略进行编码。需要说明的是，案例研究法统领整个研究设计，而其他两种方法仅作为案例资料的分析工具来使用。

三 案例选取与数据收集

本书在案例选择过程中遵循如下3个标准：一是与研究主题一致，京东为获取合法性，采取或实施过合法化策略；二是案例信息翔实，京东的合法化过程比较完整；三是目标案例较典型，京东知名度较高，二手数据较容易获得。因此，本书选取了京东作为样本案例企业。

案例研究所需的证据可以通过不同渠道获得，以期通过"三角验证"，提高案例的信效度水平。尽管Yin（2003）认为案例研究的证据来源有六种：文件、档案记录、访谈、直接观察、参与性观察和实物证据，但也有不少学者仅基于二手数据开展案例研究（Perreault & Leigh，1989）。由于所选取的互联网企业知名度高，关于京东的学术研究文献、公开出版物和新闻报道资料比较丰富，所以本书以二手数据为主进行分析，并结合验证性半结构化访谈，以满足数据信度。本书在数据收集上，遵循Yin（2003）所提出的三个原则：使用多种证据来源、建立案例研究数据库并组成一系列证据链、以实现数据间的交叉验证来提升数据的可信度。本书通过中国知网上与京东相关的重要文章以及新闻报道，京东的官方网站，高等学府商学院中的相关行业分析和案例分析，网易、搜狐、新浪等权威门户网站上的新闻资料，相关书籍，《中国经营报》、中国管理传播网和栖息谷网等综合性网站，应用性期刊与行业参考资料等，收集了大量二手资料，并对集团高管访谈了10余次，积累了丰富的资料。

四 数据编码

在对收集到的数据进行初步整理后，得到关于京东528条有效信息，并依据研究内容的不同设立了3个子数据库：利益相关者数据库、合法性约束数据库与合法化战略数据库。在编码前，第一建立了概念框架（见表8-8）将定性信息转化为定量信息；第二对资料进行评估与分析（Deephouse, 1996）；第三为了保证指标的完备性，在编码维度中设立了"其他类"这一类别。但在结果汇总时，此类数据信息量小于所在行列信息量总和的5%，并且本书并没对其开展研究，因此在后续分析中不再涉及相关内容。

表8-8 数据结构化的概念框架

项目	类别	理论依据	解释
合法性类型	1. 规制合法性	Scott（2008）	政府、专业机构、行业协会等相关部门所制定的规章制度
	101 政府管制	Deephouse（1996）曾楚宏等（2008）	政府政策、法律、法规和行政规范等
	102 资信协会		产品质量、产品生产流程的资格认证与标准
	103 专业团队		行业内获得认可的团队组织
	104 主导组织		占据着行业中龙头地位或是风向标的组织
	2. 规范合法性	Scott（2008）	也称道德合法性，是与社会准则相一致的形式，它要求符合与社会受众者所认可的现存形式标准
	201 道德准则	Scott（2008）	社会中的伦理道德
	202 信仰与价值观	Aldrich & Fiol（1994）	社会人群中所秉承的信念、信仰、习俗等原则
	203 满意度	Jepperson（1991）	对规范、行为满意度进行评价，符合已有标准
	3. 认知合法性	Scott（2008）	一项活动的知识或特定事物在扩散过程中，被人们广泛接受
	301 知名度	Jepperson（1991）	社会大众熟知的程度
	302 认可度	Wang & Swanson（2007）	目标社会现有文化下接受与回馈程度

续表

项目	类别	理论依据	解释
合法性获取战略	1. 依从战略	Zimmerman & Zeitz (2002)	符合组织当前环境中受众的要求
	101 表述	Zucker (1987)	通过暗示阐述新规制的运行符合相关法律与规制
	102 仿效	Stryker (1994)	模仿现有标准
	103 认证	Boiral (2003)	企业通过行业标准或准则的认可，获取利益相关者的进入市场允诺
	104 组织结构同构化	DiMaggio & Powell (1983)	组织与环境中其他组织在结构、战略上与焦点组织相似
	105 寻求鉴定	Jepperson (1991)	寻找专业部门或机构进行认定
	106 协商	Fligstein (1997)	主动与组织或企业利益相关者进行磋商或谈判，达成共识
	107 企业社会责任	Chen (2010)	企业追求利益和股东价值时，符合政府为导向的社会责任行为
	2. 选择战略	Zimmerman & Zeitz (2002)	为获取当前惯例受众者支持而选择多样情境
	201 选择市场	Suchman (1995)	本地化雇佣当地人
	202 选择区域	Li (2007)	选择在政策与环境上有利于企业发展的地方设立组织
	203 联盟	Dacin (2010)	加入战略联盟，获取合法性
	3. 控制战略	Zimmerman & Zeitz (2002)	建立新的受众与合法化规范
	301 规范化	Suchman (1995)	规范化行为，把非正式过程规范化
	302 讲故事	Jain & George (2007)	以故事形式促成现存企业实现资本积累
	303 政治联结	Faccio (2006)	组织高层或重要利益相关者在党派或政府部门任职
	304 非合理化行为	Faccio (2006)	通过合法但非合理性、集体性、公开性社会运动获取关注度与识别度
	305 游说	Jain & George (2007)	向利益相关者表述自己的观点
	306 宣讲	Jain & George (2007)	将新的组织或形式通过媒介向外界进行宣传
	4. 创造战略	Zimmerman & Zeitz (2002)	创造组织或企业被认知的基础以及新的情境
	401 专业化行为	Suchman (1995)	建立与推广新的标准与模型，并通过第三方行为提升活动最后达成共识
	402 预合法化	Jain & George (2007)	通过识别出组织或企业利益相关者向其阐释新制度合理性，有助于推广新制度
	403 创建规则	Munir (2005)	创建新的制度规范与标准

资料来源：根据有关文献整理所得。

本书采用扎根理论进行编码,编码成员包括主持人和两名编码人员,编码人员的研究方向分别为制度创业、合法性,因此对于编码变量有比较清晰的理解,有利于编码工作的正确开展。本书从 3 个方面来确保编码结果的一致性与可靠性:第一,多次组织培训,向编码小组成员详细讲解相关概念,确保编码人员熟悉操作内容和流程;第二,主持人在编码前将相关概念打印出来给每位编码人员,以避免在编码过程中由于对概念的不清楚而影响编码结果;第三,安排编码成员尝试性地进行一定的编码工作,并就编码过程中出现的差异问题向同事和该领域专家咨询,最终达成一致意见。基于以上工作,本书在正式编码后得到了数据汇总表(见表 8 - 9)。需要说明的是,在处理数据过程中,统一在占比上保留一位小数,在行、列汇总过程中其和存在超过 100% 的可能,但是其偏差较小,影响性也相对较小。因此仍以 100% 作为总和进行处理,在随后进行的分析过程中也以 100% 为标准。

五 京东案例分析

(一) 合法性约束

由数据汇总表(见表 8 - 9)可知,京东在生命周期中面临的最主要合法性约束是规制合法性(为 40.0%、46.5% 与 47.4%)。京东在不同生命周期阶段的合法性约束构成有所不同:在价值主张变革期和理论化价值主张期,合法性约束主要是规制合法性与认知合法性;在价值主张扩散期,合法性约束主要是规制合法性与规范合法性。虽然京东的 B2C 模式与阿里巴巴的 B2B 模式存在差异,但得益于阿里巴巴对电子商务模式的推广,使得京东面临的规制合法性约束并不是非常高。而且京东是在"非典"的情形下从传统零售转型做电子商务,并将电子商务从副业转为主业,这使得认知合法性与规制合法性成为其在初创期和成长期的主要合法性约束。而在成熟期,行业内"价格战"持续不断,从而导致规制合法性与规范合法性成为京东在这一时期的主要合法性约束。

表 8 - 9   数据汇总情况

类型	阶段	内容	平台企业完善性商业模式创新合法化		
			京东(件)	合计(件)	占比(%)
合法性约束	价值主张变革	规制	26	65	40.0
		规范	12	65	18.5
		认知	27	65	41.5

续表

类型	阶段	内容	京东（件）	合计（件）	占比（%）
合法性约束	理论化价值主张	规制	40	86	46.5
		规范	21	86	24.4
		认知	25	86	29.1
	新价值主张扩散	规制	37	78	47.4
		规范	25	78	32.1
		认知	16	78	20.5
利益相关者	价值主张变革	政府	3	29	10.3
		顾客	6	29	20.6
		员工	6	29	20.6
		公众	7	29	24.2
		供应商	2	29	6.9
		竞争者	5	29	17.2
	理论化价值主张	政府	8	70	11.4
		顾客	16	70	22.8
		员工	5	70	6.4
		公众	10	70	7.2
		供应商	17	70	24.3
		竞争者	14	70	20.0
	新价值主张扩散	政府	19	107	17.8
		顾客	12	107	11.2
		员工	9	107	8.4
		公众	17	107	15.9
		供应商	20	107	18.7
		竞争者	30	107	28.1
合法化战略	价值主张变革	依从	41	96	42.7
		选择	29	96	30.2
		控制	14	96	14.6
		创造	12	96	12.5

表头说明：平台企业完善性商业模式创新合法化

续表

类型	阶段	内容	平台企业完善性商业模式创新合法化		
			京东（件）	合计（件）	占比（%）
合法化战略	理论化价值主张	依从	14	69	20.3
		选择	17	69	24.6
		控制	31	69	44.9
		创造	7	69	10.2
	新价值主张扩散	依从	50	134	37.3
		选择	34	134	25.4
		控制	29	134	21.6
		创造	21	134	15.7

注：表中的企业名称、合法性约束、利益相关者、合法化战略名称均采用了简化处理。另外，除百分比外，该表中的数字所代表的是事件数量。

由表8-9可知，平台企业完善性商业模式创新合法化在价值主张变革阶段和理论化价值主张阶段的合法性约束主要是规制合法性与认知合法性，在新价值主张扩散阶段则变成了规制合法性与规范合法性。需要注意的是，规制合法性约束在整个生命周期中始终占据着最大比重。这不仅是因为行业内的现有制度，还有可能是平台企业在生命周期各个阶段不断实现与传统行业的融合所引起的。此外，在企业生命周期中，规范合法性约束呈现出了一种上升趋势，这主要是由于随着企业规模的不断扩大，会受到越来越多规范的约束，诸如行业公平竞争等社会规范与从业者所认同的职业标准等特殊规范（Kolk & Pinkse，2010）。而认知合法性约束则在企业生命周期中呈现出了一种下降趋势，这主要是由于随着企业的宣传与推广，人们对企业的了解在逐渐提升。

（二）利益相关者

由表8-9可知，京东在企业生命周期各个阶段的利益相关者构成有所差异。在价值主张变革阶段，京东的利益相关者主要是公众、顾客、员工与竞争者（24.2%、20.6%、20.6%与17.2%），在理论化价值主张阶段，京东的利益相关者主要是供应商、顾客与竞争者（分别为24.3%、22.8%与20.0%），在新价值主张扩散阶段，京东的利益相关者主要是竞争者、供应商与政府（分别为28.1%、18.7%与17.8%）。京东售卖的是实物产品，因此供应商所拥有的资源对京东至关重要：①由于突如其来的"非典"，京东被迫从传统零售转型做电子商务，而当时国内互联网的普及程度低，导致京东并不为公众和顾客所熟知，并且内部员工对转型产生了抵制；②在理论化价值主张阶段，京东的低价策略不仅损害了供应商和竞争者的利益，而且引发了公众对于京东促销真实性的怀疑；③在新价值主张扩散阶段，京东与传统零售商、其他电商的价格战愈演愈烈，同时供应商拒绝向京东开放 API 来变相取消与京东的合作，最终导致了监管部门的介入调查。

由表 8-9 可知，平台企业完善性商业模式创新合法化在价值主张变革阶段与理论化价值主张阶段的利益相关者主要是竞争者与顾客，新价值主张扩散阶段的利益相关者主要是政府与竞争者。值得注意的是，竞争者在各个生命周期阶段中都是关键利益相关者。由于行业中在位企业数量较多，行业中的"游戏规则"与"行事标准"根深蒂固，对于新兴企业来讲，其所需要的知名度、市场份额等均被在位企业所控制，并且政府部门往往是采取先发展后规范的观望态度。因此，竞争者必然成为关键利益相关者。

（三）合法化战略

由表 8-9 可知，京东在生命周期不同阶段所运用的合法化战略不尽相同。从理论上来说，平台企业所处行业的制度约束较高，一般应采取依从和选择来获取合法性。而京东在价值主张变革阶段，主要采取了依从策略（42.7%）。京东在这一时期转型做的 B2C 模式，不仅顾客与公众不了解，而且内部员工也抵制转型。因此，采取依从战略并不会与现有环境产生剧烈的冲突，更容易获得利益相关者的认可。在理论化价值主张阶段，京东主要采取了控制战略（44.9%），将第三次融资的资本投入自建物流中，用于加强对上下游的整合能力，从而加强对供应商的控制。在新价值主张扩散阶段，京东受到"第三方物流"资格、"家电下乡"牌照等规制合法性约束，所以主要采取依从战略（37.3%），通过与关键利益相关者结盟，获得相关政府部门认同与准许。

由表 8-9 可知，平台企业完善性商业模式创新合法化在价值主张变革阶段主要实施的合法化战略与成熟期相同，与理论化价值主张阶段较为不同。在价值主张变革阶段和新价值主张扩散阶段，平台企业完善性商业模式创新合法化主要运用了依从战略，但同时对选择战略的使用程度也较高。在理论化价值主张阶段，完善性商业模式创新合法化平台企业主要运用了控制战略，并伴随着一部分的选择战略。因为在不同的生命周期阶段，企业面临着不同的合法性约束并且需要满足不同关键利益相关者的期望，所以它们所采取的合法化战略也会有所差异。

六 完善性商业模式创新合法性获取机制

本书在此节探索了中国新兴经济背景下平台企业完善性商业模式创新合法化过程。研究结果表明：平台企业完善性商业模式创新合法化过程在生命周期中需要获取多重合法性，但主要为规制合法性；合法性既可以通过适应环境获取，也可以通过创造和改变环境获取，应综合运用多种合法化战略来获取不同的合法性；竞争者和政府是平台企业完善性商业模式创新合法化过程的关键利益相关者；针对不同的利益相关者，需要采取不同的合法化战略。据此，本书构建了平台企业完善性商业模式创新合法化机制的一般模型。但需要说明的有以下两点：第一，虽然引入企业生命周期理论对合法化过程进行了划分，但各个生命周期阶段之间并没有明显的界限；第二，平台企业在不同生命周期阶段，即价值主张变革阶段、理论化价值主张阶段与新价值主张扩散阶段可能存在多重利益相关者，从而采取多重合法化战略来获取多重合法性，但模型显示的是最主要的合法化战略、利益相关者与获取的合法性。

本书从利益相关者视角研究了新兴场域具有营利性质的平台企业，研究了合法性的动态变化，并通过引入企业生命周期理论，在环境变化过程中，研究了不同时期合法性的变迁，深度剖析了平台企业完善性商业模式创新获取合法性的内在机理，整合了战略视角与制度视角以明确平台企业既通过制度同构又通过改造环境来获取合法性的过程。

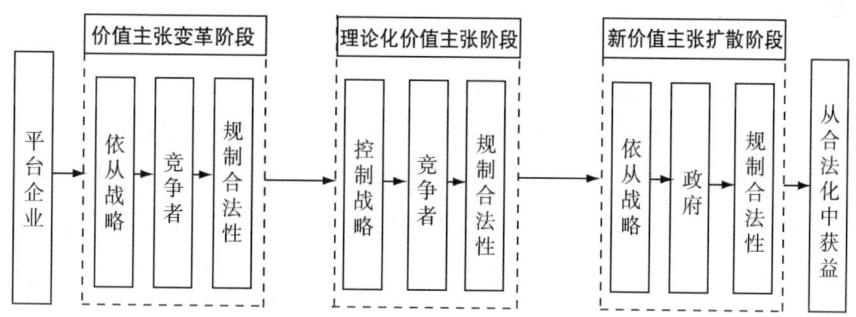

图 8-4 完善性商业模式创新合法性形成与演化机制模型

本书对完善性商业模式创新获取合法性具有一定的实践启发作用。一是平台企业需要对不同阶段的关键利益相关者进行识别与分类，从而合理配置有限的资源来获得利益相关者的认可。二是组织所获取的合法性以及赋予合法性的利益相关者都是动态变化的，需要针对关键利益相关者采取有针对性的合法化战略。三是企业需要以经营目标为导向实施战略，及早察觉与适应利益相关者角色转换动态性，预先设置实施战略机制寻求关键环节突破，从而避免陷入无的放矢的状态。

第四节　深化讨论及内涵揭示

一　共性归纳：开拓性商业模式创新与完善性商业模式创新中合法性的形成与演化

阿里巴巴、京东商城等平台型电商集中上市，标志着有"破冰中国经济深度新兴的利器"之称的电商经济体的发展已经基本完成从起步和探索阶段、行业复苏和快速发展阶段，向转型升级阶段的全过程，这为本书的案例研究提供了依据。

针对两种合法化类型（开拓性合法化和完善型合法化）的共性，结合合法性演化三阶段划分，从利益相关者互动视角，探索性地研究电商平台发展的不同阶段形成了哪些合法性、合法性发生了哪些变化并为何这样发生，揭开合法性形成与演化机制的"黑箱"。需要说明的是，根据国内外文献的研究，我们将利益相关者互动分为强互动和弱互动。强互动侧重行为互动，是合法性进程的主要动力，借鉴社会心理学互动行为维度，即行为角色—行为方式—行为动机，进行分析；弱互动侧重关系互动，是合法化进程的支撑和保障。

1. 平台寄生阶段：价值主张变革

首先，这一阶段是商品主导逻辑下的价值创造模式，是价值主张变革的阶段。核心层利益相关者中，平台企业为主导，网商协作（把平台当作销售渠道），顾客参与。核心层利益相关者带动扩展层利益相关者，扩展层配套核心层。核心层利益相关者崛起，相关层利益相关者对其包容。

其次，重点关注合法性进程中的主要动力，即强互动，从行为角色—行业动机—行为方式加以分析。此阶段，平台企业的行为角色是控制者，行为动机是模式创新，行为方式是决策性参与；网商的行为角色是协作者，行为动机是发展压力，行为方式是学习性参与；顾客的行为角色是参与者，行为动机是信息需求，行为方式是试探性参与。

最后，通过强互动与弱互动的交融，利益相关者对商业模式创新引入新价值主张的必要性达成共识，动态能力萌芽，平台合法性初现。此阶

第八章 开拓性与完善性商业模式创新过程中合法性的形成与演化:电商平台双案例研究　279

段,动态能力资源维属于资源拼凑,组织维属于组织学习,网络维属于网络初步构建;平台合法性的内部合法性维属于情感认同,外部合法性维属于社会网内认可。动态能力的萌芽,促进了情感认同、网内认可,平台合法性初现(见图 8-5)。

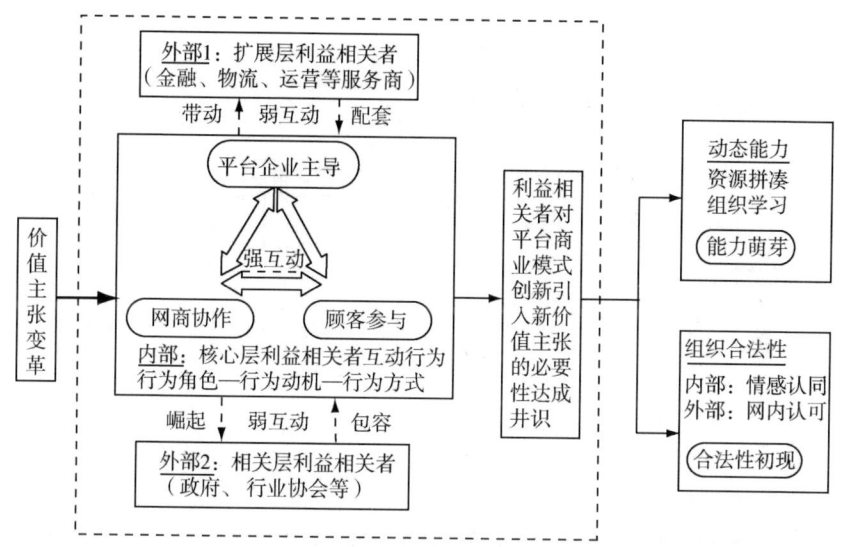

图 8-5　平台寄生阶段商业模式创新中合法性的形成与演化机制模型

2. 平台共生阶段:理论化价值主张

首先,这一阶段是服务主导逻辑下的价值创造模式,是价值主张理论化的阶段。核心层利益相关者中,网商为主导,平台企业指导,顾客助推。核心层利益相关者改造扩展层利益相关者,扩展层与核心层协同。核心层利益相关者生态化,相关层利益相关者对其进行监管。

其次,此阶段强互动中核心层利益相关者的行为角色、行为动机、行为方式发生了一些改变,网商成为主导者。具体来讲,这一阶段,平台企业的行为角色是指导者,行为动机是模式完善,行为方式是成长性参与;网商的行为角色是主导者,行为动机是转型压力,行为方式是决策性参与;顾客的行为角色是协作者,行为动机是交易需求,行为方式是习惯性参与。

最后,通过强互动与弱互动的共同驱动,利益相关者,不论是核心层利益相关者,还是扩展层利益相关者、相关层利益相关者,充分肯定商业模式创新新价值主张的优越性,动态能力发展,平台合法性聚集。此阶段,动态能力资源维属于资源获取,组织维属于组织管理,网络维属于网络调整；平台合法性的内部合法性维属于行为改善，外部合法性维属于网内与网外认可。动态能力的发展，促进了行为改善、网内与网外认可，平台合法性聚集（见图 8-6）。

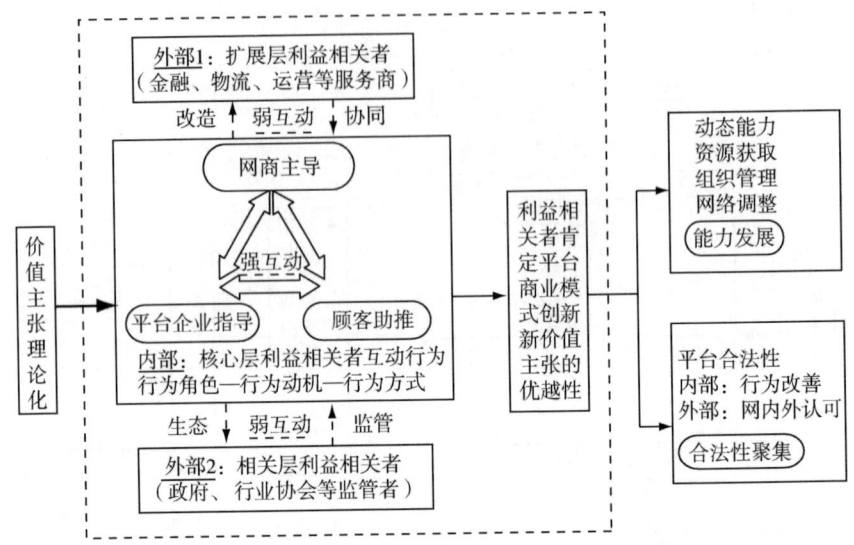

图 8-6 平台共生阶段商业模式创新中合法性的形成与演化机制模型

3. 平台衍生阶段：新价值主张扩散

首先，这一阶段是顾客主导逻辑下的价值创造模式，是新价值主张扩散阶段。核心层利益相关者中，顾客为主导，平台企业进化，网商升级。核心层利益相关者整合扩展层利益相关者，扩展层与核心层融入。核心层利益相关者裂变，相关层利益相关者对其赋能。

其次，应该强调的是，这个阶段在核心层利益相关者的强互动中，顾客成为主导者。细描的话，在平台衍生阶段，平台企业的行为角色是合作者，行为动机是生态进化，行为方式是合作性参与；网商的行为角色是合作者，行为动机是持续创新，行为方式是合作性参与；消费者的行为角色是合作者，行为动机是自我实现，行为方式是能动性参与。

最后，通过强互动与弱互动的交融，核心层与扩展层、相关层利益相关者深度融合，商业模式创新新价值主张得到了广泛认可，动态能力趋于成熟，平台合法性扩散。这个阶段，动态能力资源维表现为资源重构，组织维表现为组织柔性，网络维表现为网络丰富；平台合法性的内部合法性维属于行为制度化，外部合法性维属于社会广泛认可。动态能力的成熟，促进了行为制度化、社会广泛认可，平台合法性扩散。

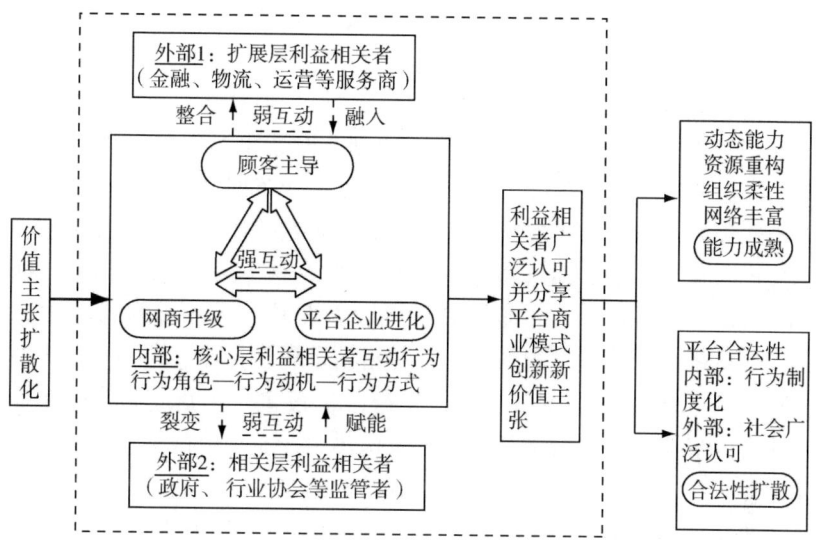

图 8-7 平台衍生阶段商业模式创新中合法性的形成与演化机制模型

二 差异性揭示：开拓性与完善性商业模式创新的主题内涵

商业模式主题设计须以架构理论（configuration theory）为基础，整体考虑商业模式的结构、形态和设计要素（Casadesus-Masanell & Ricart, 2011; Luo et al., 2022）。商业模式设计主题是设计要素的配置，是整体上界定商业模式设计要素间相互依赖而形成的系统构型特征（Zott & Amit, 2010）。从设计的观点看，"形式遵从意义"，人们不能感知纯粹的形式、不相关的事物，但能感知意义（Battistella et al., 2012）。商业模式往往被视作顾客和利益相关者的体验，及其在特定情境下所感知的意义。主题设计的意义战略是对商业模式进行意义赋予并指明方向，从而架构商业模式的设计要素，不仅回答企业发展"赚钱的方式"，而且传递组织的意义、信仰和价值观（Battistella et al., 2012）。因此，商业模式创新应注意主题设计中的稳健性（robust）（Snihur & Zott, 2015），兼顾"嵌入"和"能动"的合法化战略行为（Hargadon & Douglas, 2001），战略设计商业模式要素，传递、分享组织意义，增进顾客和交易伙伴对产品或服务的熟悉，并增加组织的合法性。

开拓性商业模式创新作用于交易制度真空，关注顾客隐性需求，通过对市场的预测，以商业模式创新手段重构或新建交易结构和交易规则，从而对市场行为进行引领（罗兴武等，2018; Luo et al., 2022）。随着 ICT 技术和互联网经济的发展，为企业开拓性商业模式创新提供了战略性机会窗口（李东等，2010），企业可以通过商业模式变革创造新规则，基础设施数字化和经济全球化使得这种规则的创造效应更加显著。正如蔡莉和单标安（2013）在回顾与展望中国情境下的创业时指出，中国经济已进入深度转型发展阶段，创新创业的范式到了突破性变革期。具体说来，开拓性商业模式创新表现出：①在顾客价值方面，企业关注顾客的潜在需求，为顾客提供与众不同的产品（或服务）与顾客体验（Narver & Slater, 2004；Zott & Ami, 2007）；②在市场定位方面，企业积极主动地对市场进行预测，以打破常规的方式发现新机会，开拓新市场，旨在进入一个较为空白的交易领域（He & Wong, 2004），先行占领顾客的认知空间，建立良好声誉和品牌形象，获得较强的交易竞争优势；③在价值网络方面，企业主动建构创新合作网络，意在打造上下游互动的产业链或利益相关者良性互动的商业生态圈（Osiyevskyy & Dewald, 2015），努力在其中扮演核心角色；④在资源禀赋方面，企业创造性地寻找技术和创意来源（Subramaniam & Youndt, 2005；Aspara, 2010；Luo & Zhang, 2016），旨在进一步巩固价值网络，以持续性地主导新颖的交易机制；⑤在收入模式方面，企业"为了引入可盈利商业模式而打破既有游戏规则"，倾向于投资较高风险、较高回报机会的产品或服务开发项目（Christensen, 2006），与同行相比，企业开拓了更新颖的盈利模式或更多的收入渠道和来源；⑥在成本结构方面，企业擅长整合外部资产，与合作伙伴建立了较好的运营成本分担和收益分享机制（He & Wong, 2004），整体资金周转快。总之，开拓性商业模式创新旨在形成先动优势（first-mover advantages），开发非均衡市场（asymmetric market）（Lumpkin & Dess, 1996），领先确立品牌认知地位，领先获得技术优势、规模经济，锁定顾客抢占市场占有率的同时使学习曲线下移、成本降低，从而赢取非常高的利润。当然，正如一些学者所指出的，先动性高的企业未必获得先动优势（Liebermann & Montgomery, 1988；Haunschild & Miner, 1997），开拓性平台企业在预测顾客反应和开发市场方面会存在诸多不确定性，面临较高的风险，但一旦成功，则会改写交易规则、行业制度，回报也会是巨大的。

完善性商业模式创新作用于交易制度缺陷，关注顾客显性需求，通过对市场的快速反应，以商业模式创新手段调整、优化现有的交易结构和交易规则，从而对市场行为进行提升（罗兴武等，2018；Luo et al., 2022）。开拓者并不总是从创新中获得利润最多的组织，在模仿较容易、市场不规范、知识产权保护不力、交易机制不成熟的情况下，完善性商业模式创新者可能吸取开拓者所犯错误的教训，利用开拓者的资本外溢效应和知识外溢效应（Haunschild & Miner，1997；罗珉、李宇亮，2015），弥补现有市场产品或服务以及交易机制的不足，在付出比开拓者小得多的代价下实现企业成长，赶超开拓性企业。具体来讲，完善性商业模式创新表现出：①在顾客价值方面，企业关注顾客显性需求（Narver & Slater，2004），更加重视比较成熟产品或服务的经营（Subramaniam & Youndt，2005），不断改良、优化产品或服务（He & Wong，2004）；②在市场定位方面，企业比较被动地对市场行为进行适应性调整（He & Wong，2004），旨在跟随市场中的领先者，完善交易中的不规范，不断巩固和扩大市场范围，稳健性地培育自己的竞争优势；③在价值网络方面，企业努力融入外部创新合作网络（Narver & Slater，2004），系统性、频繁地监测网络中的利益相关者（Subramaniam & Youndt，2005），以适应新的运作流程、惯例和规范；④在资源禀赋方面，企业努力优化交易流程、提高产品的技术水平（Osiyevskyy & Dewald，2015；Luo & Zhang，2016），利用自身的互补性资产为价值网络中的利益相关者提供力所能及的服务，并逐步进入，稳扎稳打，一步步地占据产业中心地位；⑤在收入模式方面，企业倾向稳中求进，从事较低风险的项目，拥有较为固定的收入来源，收入持续稳定；⑥在成本结构方面，企业的商业模式努力使交易更加透明、服务更加有效（Zott & Amit，2007），从而降低交易成本，使交易规模更具延展性。总之，完善性商业模式创新旨在形成后动优势（late-comer advantage），通过对开拓者进入市场后的战略、行为和效能进行有效观察和分析后，利用自身的互补性资产（Haunschild & Miner，1997），以及在技术、设备和市场的快速模仿和创新方面的能力，在开拓者的规模经济、经验曲线和学习曲线尚未完全获得之前，完善交易机制，获得企业的发展空间，甚至后来者居上。完善性商业模式创新、开拓性商业模式创新的比较见表8-10。

表8-10　开拓性商业模式创新与完善性商业模式创新的比较

主题 结构要素	开拓性商业模式创新		完善性商业模式创新	
	功能释义	意义传递	功能释义	意义传递
顾客价值	关注顾客潜在需求	前所未有的顾客体验	关注顾客显性需求	改良顾客体验
市场定位	对市场前瞻性预见	市场的引领者	对市场行为的适应性调整	市场的跟随者

续表

结构要素\主题	开拓性商业模式创新		完善性商业模式创新	
	功能释义	意义传递	功能释义	意义传递
价值网络	主动构建创新合作网络	网络的构建者	以弥补性资产融入外部创新网络	网络的融入者
资源禀赋	创造性寻找新知识或新技术	资源探索	优化既有知识或技术	资源利用
收入模式	倾向较高回报机会的项目	高收入成长性	倾向较低风险的项目	收入稳定增长
成本结构	擅长整合外部资产	开放、分担成本	擅长利用内部资产	闭合、降低成本

资料来源：本书整理所得。

第五节 本章小结

中国电商业作为虚实结合的新兴产业，企业合法性不局限于制度的被动接受，也包括能动性地构建新制度，以电商平台为例研究商业模式创新过程中的合法性更具代表性、典型意义。中国电商业作为新兴场域，可能面临制度环境的制度真空和制度不完善（Maguire et al., 2004）。21 世纪以来，中国电商经历了从"工具"、"渠道"、"基础设施"到"经济体"的发展，正成为中国提振经济发展的重要引擎。中国电商的成功很大程度上在于提高了商务模式和制度环境的匹配性，其过程就是合法性的演绎（来有为、石光，2014）。制度不再是一个外生变量，而是企业资源和能力以外的第三个重要内生变量。中国电商业的制度建设的主要基调是"边发展边规范，规范促进发展"，2013 年才正式启动《中华人民共和国电子商务法》的立法，之前的规范主要为散落于不同部门的条例、意见、规章、网规等。

平台商业模式是以平台为载体，描述价值主张、价值创造、价值获取等活动连接的架构，并基于利益相关者交易结构和制度结构进行价值创造的价值网络管理模式。合法性作为平台创新不可或缺的动因，要求平台价值创造不能局限于交易结构，更要注重制度结构。交易结构决定组织的盈利模式，是制度结构的经济基础，制度结构建设有利于获取合法性，有助于战略资源的获取，减少交易中的不确定性，两者相互作用，共创价值。此外，利益相关者不能仅仅作为隐含的存在，利益相关者的引入，可以把企业的资源边界、能力边界、治理边界拓展到多边群体的边界，拓展价值空间，产生巨大的乘数效应，突破了资源能力观的局限，能更好地解释平台价值创造过程。

利益相关者互动为合法性的形成与演化提供微观基础，利益相关者可以通过交流改变合法性的定义，其行为过程决定合法性进程（Aldrich & Fiol, 1994; Tilling & Tilt, 2010）。合法性分类、内容、目标不同，导致利益相关者合法化战略和行为的不同，也决定了利益相关者互动性的强弱。内部利益相关者互动关注行为过程与分配问题（Martin, 1993），以及活动组织的合理性，是合法性进程的主要推动力；外部利益相关者互动关注互补性与环境问题，期望得到支持和认同，是合法性进程的支撑和保障（Lounsbury & Glynn, 2005; Fernando et al., 2009）。

情境分析与企业自身现状分析是开拓性商业模式创新和完善性商业模式创新的前提条件，新兴经济情境为开拓性商业模式创新和完善性商业模式创新提供了逻辑起点，这对于新兴企业如何选择目标顾客、定位市场与建构竞争位势非常重要。开拓性商业模式创新，利用市场进入次序优势，可以从无到有地建构新的交易规则，占据"赢者通吃"的制高点。完善性商业模式创新可以发挥后发优势，利用弥补性资产，从有到新地优化现有的交易规则，从而在付出比开拓者小得多的代价下快速成长，甚至后来者居上。

第九章　政府供给侧结构性改革、引导新兴企业商业模式创新发展的政策研究

【本章导读】 新兴经济背景下，经济管制逐渐放松，"大众创业，万众创新"，创新创业活动蓬勃发展，新兴企业作为市场的一种新生力量，在创造社会财富、促进就业等方面的作用日益凸显。为兼顾理论的贡献与实践的相关性，在前述新兴企业主题性商业模式创新理论和实证研究的基础上，本章着重进行政策研究。

本书围绕核心研究问题，展开中国新兴企业主题性商业模式创新的概念化、绩效机制、合法性实现与演化，不仅对商业模式创新、合法性战略和新兴企业成长理论有一定的理论贡献，还具有重要的实践指导价值。主要包括两个方面：一是对于企业商业模式创新而言，如何有效地进行顶层的主题设计，实现企业的成功创新；二是对于政府而言，如何发挥供给侧结构性改革的作用，引导新兴企业创新和可持续发展。

第一节　促进新兴企业商业模式创新顶层主题设计的对策建议

不少新兴企业走入"只要敢想，就可颠覆市场"的误区，往往只关注阿里巴巴、京东等成功商业模式的表象，很少去认真思考"这些企业为何会设计这种商业模式""如何能够保证商业模式成功"等深层次的问题。

一　消除商业模式设计的三个误解

1. 消除"轻概念、重实践"的误解

设计商业模式的前提是认识商业模式，但理论界与实践界目前对商业

模式概念均未能达成共识。概念不统一导致不少企业错误地认为可以在不明确概念的基础上开展商业模式设计工作，引发了"轻概念、重实践"的商业模式设计思想的盛行。表现在：一方面，有些企业发现商业模式与战略、营销等已有商业概念存在交集，它们往往将商业模式简单地视为表述这些已有概念的新名词，而设计商业模式也被等同为实施战略制定、开展营销策划、制定盈利模式等活动。另一方面，一些企业尽管能够意识到商业模式的独特性，并且尝试融合战略、营销等不同商业要素来设计商业模式，但对"商业模式是什么"并未进行严谨深入的思考，使得上述要素融合演变为要素的堆砌，难以体现出要素互动所产生的价值。因此，忽视或模糊了对商业模式概念的认识，那么也就意味着失去了正确的设计方向，会使商业模式设计工作走向"盈利模式""运营模式"等设计极端，很难造就真正的商业模式。

如何消除"弱化概念"的误解？第一，应承认商业模式的专有概念地位，其核心是"企业围绕某项具体业务与利益相关者所形成的交易结构"，因而在发现市场机会的基础上，设计商业模式就是要回答"选择何种利益相关者""不同利益相关者提供何种支持"，以及"如何实现与利益相关者交易"三个问题，以有效地开发市场机会，满足顾客需求。第二，辩证地看待商业模式与其他商业概念的关系，但对这种关系的探索不能聚焦于整体，而应当将商业模式区分为不同的模块，进一步分析不同的模块与战略、营销等概念之间的关系，这也有助于战略分析工具、营销分析工具等实践操作工具在商业模式不同模块设计中获得有针对性的应用。第三，重点开发商业模式不同模块之间的关联机制，这种机制是商业模式最难模仿之处。不同时期应考虑的关联机制并不相同，如在市场分析期应考虑"顾客需求与产品特征""核心能力与目标市场选择"等关联机制，在产品或服务制造期则应主要考虑企业与利益相关者之间的合作机制，而在产品或服务销售期应考虑"成本结构与定价方式""资源投入与利润分配方式"等关联机制。

2. 消除"创意至上"的误解

创新型商业模式往往成为颠覆市场的重要利器，优步、滴滴对传统打车模式的颠覆，淘宝、京东对传统实体店模式的颠覆都无疑凸显着巧妙的商业模式设计所蕴含的巨大能量。不可否认，好的创意确实凝聚着设计者丰富的经验、知识与卓越的洞察力，也很有可能造就优秀的商业模式。然而，狂热地追求富有颠覆性色彩的创意也导致不少企业走入"不怕做不到，只怕想不到"的误区，它们谈及商业模式必谈流量、跨界，甚至催生出一批以开发商业模式"点子"为主要业务的企业。受这种误区影响，企业往往只会看到阿里巴巴、京东等成功商业模式的表象，而很少去认真思考"这些企业为何会设计这种商业模式""如何能够保证商业模式成功"等更深层次的问题。

如何消除"创意至上"的误解？第一，创新性商业模式并非企业开展经营活动的标配，传统模式同样有其生存空间。例如，尽管超市行业已涌现出以"盒马鲜生""永辉超市"等为代表的O2O模式，并且苏宁、沃尔玛也在尝试开展电商业务，传统卖场模式依然盛行，因而与一味追求创意化设计相比，企业更应当结合自身的专用性资产（资源和能力），思考"选择传统商业模式还是选择新型商业模式"的问题。第二，企业具有竞争优势专用性资产是其与利益相关者互动合作的利基，它们不仅决定着企业商业模式对利益相关者的吸引力，也影响着企业在该模式中的地位与收益水平。缺少专用性资产支持的商业模式往往昙花一现，或者被视为圈钱工具而频遭质疑，或者会被后来者模仿而失去竞争力，"OFO"[①] 和 "8848"[②] 的例子鲜明地展示了这两种结果。因此，在设计商业模式前，企业应首先思考"企业的优势资源与能力是什么"与"它们是否能够有力支持商业模式设想"这两个问题，然后考虑"如何依赖它们来与利益相关者互动，以构建起商业模式"这一话题。

3. 消除"工具神话"的误解

商业模式概念的流行催生了一大批商业模式设计工具，这些以"商业模式画布"[③]、"IBM业务组件模型"[④]、"魏—朱模型"[⑤] 为典型代表。这些工具是企业认识商业模式的快捷途径，为商业模式设计提供了方向。然而，不少企业却视商业模式设计工具为神话般的存在，认为只要精熟于工具操作就能够保证商业模式设计结果的优越性。有的企业甚至直接委托专业咨询公司来帮忙设计商业模式，这是一种懒惰且不负责任的方式。商

---

① OFO早先是全球领先的无桩共享单车平台，但由于难于持续赢利，最终走向了破产。
② 8848是中国最早的电子商务网站之一，早期发展迅速，但由于缺乏竞争性专用资产，后来迅速衰落。
③ 商业模式画布是Osterwalder等（2005）提出的商业模式九要素模型，即包括价值主张、目标顾客、分销渠道、顾客关系、价值架构、核心能力、伙伴网络、成本结构和收入模式9个要素。
④ IBM业务组件模型，是IBM全球企业咨询服务部和IBM商业价值研究院开发的旨在帮助企业实现专业化的有效工具。
⑤ 魏—朱模型是北京大学魏炜教授和清华大学朱武祥教授提出的商业模式六要素模型，即包括定位、业务系统、关键资源能力、盈利模式、现金流结构和企业价值6个要素。

业模式设计工具与专业咨询公司报告毫无疑问具有一定的价值，但这些价值应体现为启发价值，指导企业家更好地开展思考而非代替思考，因为没有人比企业家自己更了解企业情况，而工具也只有被深入理解后才能展现出使用价值。换言之，企业家不应是工具的傀儡，而应是工具的主人，结合商业模式设计工具，充分发挥自身对环境信息的扫描与解读能力，这才是设计商业模式最为有效的途径。

诸多理论研究与实践探索已经证明，企业家构思是商业模式的最本质来源。不同于上述"创意至上"误区所提及的空想，这种构思体现的是企业家与内外环境持续发生互动的思考过程。商业模式设计工具提供了开放性的设计思想，反映在具体的商业模式设计过程中，企业家可以结合实际情况自主地对这些工具的商业模式组成模块进行添加或删除。诚如加里·哈默尔所言，"绘画艺术上的每一次变革，都是建立在对现实的重构的基础之上。画布、颜料和画笔并没有改变，而是艺术家认知世界的方式发生了改变"①。

如何消除"工具神话"的误解？第一，深入理解商业模式设计工具，不仅要知道这些工具是什么，更应当清楚这些工具的来源、适用情境、不同工具搭配使用的条件与方式等内容，确保可以从工具中获得较为全面的启发。第二，以商业模式设计工具为思考基础，借助经验知识对内外环境加以程序化与推理式的思考分析，最终在头脑中形成可行的商业模式设想。这种思考分析过程是商业模式创新的重要来源，拼多多的"社交+电商"商业模式、瑞幸的"专业咖啡新鲜式"商业模式无不来源于此。

二 关注商业模式创新的双重属性

商业模式是企业创造和获取交易价值的基础制度架构，商业模式的交易属性与制度属性是商业模式现象背后的本质，是普适性的"第一性原理"，它们才是商业模式价值创造活动的内驱动力，商业模式顶层的主题设计应加以关注。

交易属性视角下，商业模式是企业基本的生意模型，是识别机会、开发机会进行价值创造的业务活动体系，是将技术、知识等潜在投入通过顾客和市场转化为经济产出的框架。商业模式创新是商业模式研究的根本目的，商业模式创新是新兴企业应对市场变化、获得企业交易竞争优势的极具经济价值的重要形式。商业模式创新可以通过"NICE"交易属性的相

---

① 源自著名战略大师加里·哈默尔《领导革命》（Leading the Revolution，2009）一书。

互强化，主动性地"破坏性创新"，洞察顾客需求，挖掘被在位企业所忽略的商业机会，钩稽交易活动间的网络连接，创造性地整合、配置资源，从而释放经济价值，获取交易竞争优势。

制度属性视角下，商业模式是制度化的规则，是创新意图实现制度安排的集合，是使企业获取可持续竞争优势的制度结构的连续体。作为一种架构性范式创新，商业模式创新"C'S"制度属性有助于克服创新过程中的不确定场景，提高利益相关者对创新行为的预见与判断，维持新模式要素及结构的相对稳定，从而构建系统性的制度规则优势。相对于"NICE"交易属性，"C'S"制度属性多被作为隐含的存在而被忽视，实践中商业模式创新的实施过程需要将组织合法性的获取结合起来，以合法化策略促进商业模式的结构塑造效应。

商业模式创新的交易属性与制度属性共同内驱了新兴企业成长，交易属性通过增强竞争性的交易优势促进企业成长，制度属性借助合法性获取以保障交易的可持续。商业模式创新的 NICE 交易属性是显性的，通过作用商业模式创新的维度或组成要素，助力新兴企业进行交易创新，快速响应市场，获得交易性竞争优势。商业模式创新的"C'S"制度属性则是隐性的，是"硬币的阴面"，内蕴于组织合法化策略，如话语策略、理论化策略、社会化策略和文化策略，通过认识、规范和规制合法性的获取增强交易活动的制度优势，借以促进新兴企业可持续发展。故而，交易活动体系决定组织的盈利模式，是制度规则体系的经济基础，制度规则体系有利于获取合法性，有助于战略资源的获取，减少交易中的风险和不确定性，两者相互作用，共创价值。

新兴企业商业模式创新的主题设计须充分认识交易与制度的双重属性，把握新经济时代的"窗口期"，创新性与合法性并举，培育阶段性的"结构化升级效应"。"先创新性，后合法性"可能由于没有得到投资者、政府等利益相关者的支持而难以持续；"先合法性，后创新性"，则可能由于创新性不足并不必然能获得企业成长中所需的关键资源。创新性与合法性并举，是对商业模式创新的结构性失衡的纠偏，有利于将交易竞争性活动的规则体系理论化、制度化，使企业的交易优势和制度优势同时得到彰显。商业模式创新兼顾了市场导向与架构性范式创新，本质上是"为了引入可盈利商业模式而打破既有游戏规则"，交易与制度的双重属性内驱，竞争性与合法性并举，减少企业成长中的不确定性，增进交易竞争性活动的规则化、制度化，释放交易属性价值效应的同时彰显制度属性的固化效应，共同促进新兴企业高速成长，使新兴企业完成从创意期→初创期→

成长期的快速跃迁。

三 优化商业模式主题设计的意义建构

"意义为设计驱动型创新的源泉"（Verganti & Öberg，2013）。商业模式作为跨组织边界的架构，不仅是价值主张、价值营运与价值获取等活动连接的交易结构，也是利益相关者关系的制度安排。商业模式创新作为一种复杂的创业活动，嵌入特定的社会情境和制度背景中，需要资源基础，更要面对社会化的制度结构。社会化的制度结构要求采用新商业模式的企业能够符合处于这个制度系统之内的各利益相关者的社会期望和认知，能够得到他们的认可和接受。"制度真空"和"制度缺陷"为开拓性和完善性商业模式创新提供了原始触发点和情境机会。主题性商业模式设计本身是一个战略意义重塑的过程（Battistella et al.，2012），设计驱动创新的意义战略为新兴企业商业模式主题特征指明了方向（Snihur & Zott，2015）。开拓性商业模式创新和完善性商业模式创新是新兴企业与利益相关者意义建构和意义赋予共同作用的结果，不仅架构商业模式的设计要素，而且传递组织的意义、信仰和价值观。

中国新兴经济情境下，市场和制度是影响中国经济社会的双重力量。新兴企业商业模式创新过程，是一个集政治、经济、文化等因素为一体的复杂过程（Hughes et al.，2008），面临市场准入、资金短缺、人才缺乏等瓶颈问题，社会化的制度结构要求企业进行商业模式创新时密切关注制度环境中的相关政策（Gerasymenko et al.，2015）。

伴随着新兴经济进程中政府逐渐放松经济管制，中国新兴经济是一种赋权活能，释放和激活的是创业热情和创业活动，并且只有企业成长方式与机制实现现代市场经济导向的转型，经济体制、经济发展阶段和经济系统才能实现根本转型。新兴经济的实质是制度变迁意义的经济体制转型，基础是微观管理意义的企业成长方式与机制的市场化转型，主体是企业、政府和市场。

中国新兴经济从计划经济体制向市场经济体制转变的特性，实质是一种巨大的制度变迁，会催生企业进行商业模式创新。新兴经济要求政府放松对生产要素的管制，政府在转变经济职能、释放市场机会的同时，也增加了竞争环境的不确定性，它要求企业加强战略管理和改变成长战略，相对于传统的技术创新和产品创新，商业模式创新就是中国经济深度转型下的产物。特别是随着中国新兴经济的纵深演进，企业成长对于商业模式创新提出了越来越高的要求。新兴经济所带来的巨大制度变迁，不仅会影响成熟场域的利益相关者间的互动作用,更会影响新兴场域的生成和演化(Maguire et al.,2004),集中表现为制度真空与制度不完备。制度真空是政府制定政策的空窗期,利用交易制度的真空期,游离在"合法"与"不合法"的中间地带,通过开拓性商业模式创新,进行制度创业或非正式经济下的创业,可以给企业带来巨大利好,譬如,阿里巴巴成功开创其电商模式、裸心从民宿这一非正式酒店形态发展到蜚声海外的品牌,等等。制度不完备是指有一定的制度基础,但市场交易机制不健全,通过完善性商业模式创新,可以减少制度不完备带来的不确定性,从而为企业赢得很好的盈利机会,甚至后来者居上,例如,京东加强物流体系建设使自身从电商平台的竞争中脱颖而出、韩都衣舍累积供应链柔性成功实现后来者居上。

正如Dimaggio(1988)在 *Interest and Agency in Institutional Theory* 一书中谈到的,当组织或个人认识到改变现有制度或创造新制度所蕴含的潜在利益,就可以通过建立或推广获得认同所需的规则、价值观、信念和行为模式,从中创造、开发和利用盈利机会。新兴企业"改变现有制度"的完善性商业模式创新、"创造新制度"的开拓性商业模式创新,都可以为企业带来巨大利润。有必要指出的是,这里所提及的制度并不单单指政府规制,也包括市场中不断涌现的交易规则和交易秩序(Scott,1995)。市场和制度是影响中国社会经济的双重力量,决定了市场中的交易竞争性和制度中的合法性追求都是企业商业模式创新的原生动力,新兴企业商业模式创新就是兼具克服市场压力和制度约束的双重过程。制度不再是一个外生变量,而是中国情境下企业战略创新的内生性因素(魏江等,2014),获取合法性作为创业首要的工作目标(legitimating first)(Stinchcombe,1965),要求企业商业模式创新不能局限于交易结构的价值创造,更要注重制度结构的规则优势。交易结构决定组织的盈利模式,是制度结构的经济基础,制度结构建设有利于获取合法性,有助于战略资源的获取,两者相互作用,共同推动企业进行商业模式创新。

四 解构商业模式设计的多层次性

商业模式设计包括设计要素和设计主题两层结构。商业模式要素是构件,设计须关注要素及要素间关系的变化,商业模式可以看作由一系列设计要素所组成。新兴企业应通过设计主题而特征化,商业模式主题是对构件进行串联、编排而形成的系统结构的特征,是对商业模式价值创造来源、驱动和效应的刻画,更是具体情境下商业模式总体逻辑的本质反映。这些主题须易于捕捉协调、联结核心企业同外部各方交易的共同主线。设计主题应易于描述企业商业模式的整体完形，促进其概念化和测度。

商业模式主题设计通常以架构理论为基础，整体考虑商业模式的结构、形态和设计要素。商业模式是一个新的结构性概念，不仅是核心企业如何同顾客、合作伙伴、供应商交易的结构性模板，也是核心企业选择如何同要素和产品市场连接的方式。架构是设计要素的星群，由于设计要素嵌入同一模式具有高度的相互依赖性。架构理论为商业模式设计测度的开发提供了有用的起始点，因为它需要考虑整体架构，或设计要素的完全形态。基于架构理论的商业模式主题设计，要求商业模式设计的要素需要围绕主导性、统率性的"主题"来编排和连接。

互联网等新兴信息技术应用为新兴企业"弯道超车"提供了可能，须充分发挥新兴技术的赋能。设计商业模式对于新兴企业来说是重要的事项，相对于在位企业，新兴企业在路径依赖和组织惯性上约束更少。技术进步为组织在企业、合作伙伴、顾客的安排（商业模式）的创造上提供新的机会。通信和信息技术的新发展，例如互联网出现和快速扩张、计算和沟通成本的迅速降低，已经使新跨界组织形式设计的可能性凸显。通过跨企业和行业边界便于企业根本改变它们从事经济交易的方式，为商业模式设计打开了新的视野。而组织设计的焦点似乎从企业内的行政结构转移到了其同外部利益相关者的交易性结构，作为对这种变化的回应，新兴企业观察到价值创造的轨迹越来越多地延展了传统企业边界。新兴技术的赋能，使能新兴企业的跨边界设计，弥补了内部组织设计不足，强化了信息技术对生产力的联系。

新兴企业商业模式的开拓性或完善性主题，联结了组织的系统性活动。这种相关或联系设计中往往被分解成两种效应，一种是须依赖于商业模式设计总的价值创造潜能，通过主题特征联结尽可多的利益相关者的同时，尽可能发挥竞争性选择的功能，要么增强顾客的支付意愿，要么减少供应商和伙伴的机会成本，以创造价值，创造的总价值是所有商业模式利益相关者（核心企业、顾客、供应商和其他交换伙伴）创造的价值，也是核心企业能够获取价值的上限。另一种则应充分考虑到商业模式设计对企业分配模式所创造价值能力的影响，实现商业模式对不同利益相关者所创造的总价值的竞争性主张或索偿，努力不降低同商业模式其他利益相关者的议价能力。

五 突破合法性藩篱以成就商业模式创新

1. 须充分理解新兴经济情境下的"窗口期"与"市场失灵",创新性与合法性并举

中国经济现阶段仍处在深度转型中,网络技术涌现,产业脉动速度加快,竞争关键点不断转移,"中间制度"存在,谁能弥补制度缺陷,谁就能获得快速发展的机会。"破坏性创新"的平台企业想要获得较高的成长绩效,须交易创新性与组织合法性并举。这是对平台企业商业模式创新的结构性失衡的纠偏,有助于平台交易活动体系理论化、制度化,使平台企业的架构范式和交易优势同时得到彰显。交易创新性决定组织赢利能力和市场竞争力,架构范式合法性减少交易中的不确定性,可以保障企业获利的可持续,两者相互协同,有利于平台企业在资源整合、快速扩张、业绩提升上获得更大的成长空间。

2. 新兴企业在商业模式创新合法化过程中须充分重视与利益相关者的互动,以获得资源支持和制度保障

利益相关者的引入是企业结构性发展所必需的,它会将新兴企业的资源、能力与治理边界扩展到多边群体的边界,产生的巨大网络乘数效应,有助于突破新兴企业生存与发展的瓶颈。利益相关者是资源的占有者和控制者,并且有着不同的层级,对利益相关者层级的识别,辅以针对性的互动策略与形式,易于获得更多的资源关注、更多的政策倾斜和更广的合作范围,从而助力新兴企业的网络化和生态化发展。在利益相关者互动视角下,对于新兴平台商业模式创新过程中强互动行为角色—行为方式—行为动机的刻画,弱互动核心层与相关层、扩展层关系互动的细描以及不同阶段合法性形成与演化机制的动态揭示,可以帮助新兴企业充分认识到利益相关者互动规律,以获得平台快速发展中的资源和制度支持。中国新兴经济"摸着石头过河"的哲学思想和"先发展、后规范"的渐进式改革,意味着新兴企业在中国情境下与政府的互动、亲清政商关系的构建更具有现实意义。

3. 创业者须充分考虑开拓性与完善性两种不同的商业模式创新主题设计,因地制宜灵活运用

"制度真空"是新兴市场交易制度尚未建立的空窗期,创业者可以通过开拓性商业模式创新的设计,利用市场进入的先发优势,从无到有地构建交易规则、交易制度,占据"赢者通吃"的战略制高点,获得平台企业发展的主动权。"制度缺陷"是交易制度虽然存在但不完善、不齐备,

创业者可以通过完善性商业模式创新，利用弥补性资产，发挥后发优势，从有到新地优化现有交易规则，完善交易机制，从而快速成长，甚至后来者居上。开拓和完善的预设和暗示作用，具有定向隐喻功能，可以借此激励分享组织意义，有效钩稽利益相关者的利益。开拓还是完善，本无定法，创业者可根据企业自身禀赋、环境变化和对市场的判断，有针对性地选择变革模式，找到适合企业自身的发展道路。

六 融合与开放以重塑移动互联时代商业模式竞争优势

在移动互联时代赢得竞争优势的关键是，理解新时代发展的驱动力与竞争优势的新来源，进而在这个基础上重新设计商业模式，并实现商业模式的升级与转换。移动互联时代，传统的工业思维被颠覆，新的商业逻辑亟待创建，企业家及管理者期望拥有新的管理工具，实现构建新竞争优势的目标。为此，需要设计商业模式以重塑移动互联时代企业竞争优势，帮助企业应对不确定性以及超级竞争的挑战。

商业模式创新是互联网时代"创新驱动发展"战略实施的重要形式，是经济形态高级化的重要引擎。具体说来，相对于传统工业时代的商业模式，移动互联时代的商业模式创新须关注其独特性。①价值基础从工业时代的资源导向转变为互联网时代的需求导向，价值基础不同，资源的价值也会发生变化，"消费者即生产者""消费者即产品创意者"，平台商业模式下，消费者与厂商共创价值成为价值创造的基础。②连接方式从工业时代的组织协作转向互联网时代的跨界协同，互联网平台网络提供双（多）边用户价值互动界面，聚集资源、便利交易、提升效率，平台生态系统所带来的连接红利，强化了ICT（information and communication technology）下商业模式的制度安排能力。③厂商的产品研发逻辑从工业时代的规模经济转向了互联网时代的范围经济、粉丝社群，从围绕产品中的"物"转向围绕社群中的"人"来进行，产品销量的起伏取决于人与人（社群）之间的关系强度而不再被动地服从产品生命周期。④隔离机制从工业时代的以能力为基础（ability-based isolating mechanisms，AIM）向互联网时代的以意愿为基础（willingness-based isolating mechanisms，WIM）转变，社群替代先前的技术和渠道成为异质性资源，顾客差异性决定的"客户领先多元化"（client-led diversification），能使厂商获得可持续的入口和流量优势。

融合与开放是驱动数字时代演进的两大基本力量。从融合和开放两大维度去认识商业模式价值创造体系是一种有效的方法，管理者须尽快掌握该管理工具，促进企业适应移动互联时代的竞争需要。在计算机产生之后的数字时代，数字技术不断应用融合到社会和商业领域，促进了生产力的提升。当数字时代发展到互联网阶段，融合驱动力发挥的效用更大。例如，因为互联网的传播广泛性，在传统音乐行业出现了 Napster 等免费音乐模式。例如大家热捧的 O2O（online to offline），就是融合驱动力发挥作用的最典型现象之一。典型的 O2O 业务包括团购、电子商务等业务类型，这些业务类型正是线上信息传播优势和线下实体服务价值的完美结合。当然，融合除了给企业带来了发展机会，也给用户带来了新的价值。

开放的参与式架构设计是新兴企业商业模式有效运作和提升绩效的关键点。开放式创新的架构，通过界面规则，可以将要素供给与需求集聚快速匹配起来，以激发用户同边网络效应和跨边网络效应。按照迈克·波特的价值链分析方法，企业在价值链创造过程中，是将 IT 技术作为一种支撑能力融入其中的，虽然 IT 技术对价值链创造过程有影响，但大部分属于效率方面的影响，而不是生产模式的巨大改变。当商业社会进入互联网阶段时，以 IP（internet protocol）及网络连接等为基础的互联网促进了企业价值创造体系的根本改变。例如，在传统的工业思维逻辑下，企业一般不会把自己控制的核心价值环节开放给价值链上的其他企业（如诺基亚、英特尔等），但在互联网思维逻辑下，企业经营者愿意把自己的核心资源能力开放给多个价值链上的企业，通过开放的方式，这些企业经营者获得源源不断的竞争优势（如苹果与海尔）。可以发现，如果从融合和开放两大维度去认识价值创造体系，可以帮助企业形成与竞争对手不同的差异化优势，而这正是大多数企业一直以来追求的目标。

第二节 发挥供给侧结构性改革作用、引导新兴企业创新发展的政策建议

中央提出供给侧结构性改革，标志着我国经济管理理念从需求侧为主向供给侧为主的战略性转变，经济增长认知从注重外延拉动转向注重内在动力，经济增长模式从注重短期高速发展转向注重持续稳健发展，经济增长主体从注重政府作用转向注重企业个体作用。以微观活力支撑宏观稳定，以供给创新带动需求扩大，以结构调整促进总量平衡，确保经济运行在合理区间。

供给侧结构性改革，就是通过解放供给方、生产端的生产力，来提升

企业的竞争力,激发经济活力。简政放权,推动"大众创业、万众创新"和"互联网+",都属于供给侧改革。说到底,就是放手让企业家去创新,让市场去发力。强调通过改革促进创新、提高生产效率和提高产品市场竞争力的方式来促进经济增长,而不再是靠"刺激政策"提升总需求来促进经济增长。随着需求的变化,传统的消费、投资、出口这种从需求侧发力的经济驱动模式,在新常态下作为经济增长的动力机制已经难以自我实现,需要从供给、需求两侧共同激发经济发展活力,推动经济增长从"三驾马车"切换到"供给侧"和"需求侧"两端发力的双轮驱动模式,即发展与"需求侧相对应的消费供给、投资供给和出口供给综合形成的供给侧产出及相关制度供给",才能够真正形成促进经济发展的健康完善的动力机制。

一 更好发挥政策性供给作用,激发市场主体活力

政府须充分发挥政策性供给的作用,更好地激发市场主体活力。政府作为制度的供给者,政策制定的适用性和针对性,对于企业商业模式创新的活动至关重要。在中国特定情境下,政府在规则制定、市场准入、税收优惠、财政补贴、土地审批等方面都可以"帮到"或"帮倒"企业,因此政府往往是企业创新活动中重要的资源拥有者、合法性赋予者。商业模式创新的成长过程,无论是寄生阶段的包容、共生阶段的监管,还是衍生阶段的赋能,都需要得到政府"放权式""渐进式"制度创新支持。政企互动的过程,也是政府相关政策检验、修正和完善的过程,这个过程政府可以更加清晰"有所为、有所不为、有所必为"。政府制度创新只有坚定地以"市场在资源配置中的决定性作用"为导向,才能帮到市场创新导向的企业。唯有如此,供给侧结构性改革才能真正赋能活权,助力平台企业快速发展。

把"放手"当作最大的"抓手"。当前最重要的是明确政府的权力边界,对权力清单外的事务要多做"减法",以市场的方式尽快培育出企业的竞争力。

政府供给侧结构性改革的关键在于为市场供给者提供良好的发展环境,降低市场主体运行的"噪音"和负担,激发市场主体更好地提供产品。具体来说,一是要"净化"产业发展环境,也就是在企业生存的体系上进行改革,化解"劣币驱逐良币"现象;二是要"降低"企业运行的成本,特别是制度成本和交易成本,让企业轻装上阵;三是要"归还"

企业市场主体地位，减少对企业的管制和干预，让市场在资源配置中发挥决定性作用，让企业成为真正的市场主体；四是要"服务"企业发展，为企业提供更好的公共产品和服务，塑造公平竞争的市场环境。

二 转变政府经济职能，推动创新持续驱动

抓创新就是抓发展，谋创新就是谋未来。创新是引领发展的第一动力，彰显了其战略地位的重要性与现实意义。创新是人类所特有的创造性劳动的体现，是人类社会进步的核心动力和源泉。早在改革开放之初，邓小平同志"科学技术是第一生产力"的著名论断，极大地激发了我国经济社会发展的动力与活力。把创新驱动摆在国家发展全局的核心位置，加快形成以创新为主要支撑的经济体系和发展模式，是关系我国发展全局的重大抉择。

传统产业的改造升级、新兴产业的培育，都离不开创新。创新是产业结构优化升级的根本推动力。经济结构优化升级的成败，关键在于能否有效提升经济发展的效率和质量，进而培育新的经济增长点。"互联网+"等新产业、新业态的快速发展，明显为经济结构调整注入了新活力。

创新是提高全要素生产率的原动力，提高全要素生产率，其核心路径就是把发展重点放在"质量"而非"数量"上；提高全要素生产率，就是要把过去过度依赖自然资源的发展方式，转向更多依靠人力资源的发展方式，根本上就是要靠体制机制创新和技术创新。

当前我国供给侧结构性改革要正确处理好政府和市场的关系，在发挥市场在资源配置中决定性作用的同时，政府的经济职能也应不断创新和改进。供给侧结构性改革中，首先要界定政府在市场经济中的作用与职能，发挥政府配置资源的积极作用，限制政府的负外部性，严格把握政府干预的范围、力度和手段，遵守政府履行经济职能的原则，那么其他问题就会迎刃而解，这也是让市场发挥资源配置决定性作用的一个重要方面。

改革政府经济职能的核心是限制权力。限制权力就降低了创新型企业经营活动中的制度成本，实质是给经济活动提供最大的自由，而自由、充分的竞争和良好的教育是创新的基础。政府在供给侧结构性改革中应转变职能，要退出不该干预的领域，做好政府本身的事，纠正过度干预、不当干预。

供给侧结构性改革的目标是塑造企业和市场在资源配置中的基础性地位，政府需要做的是提供好的制度和规则，并通过法律保障其顺利执行，

形成规范的可预期的政府经济职能，减少对市场运行的干扰，培育健康而稳定的市场环境。为了推动创新的持续驱动，政府在执行经济职能时应遵循市场需求、长远目标、服务为主、依法治理、成本经济等原则，坚持服务、公平、效率、稳定、发展和协调等评价维度。

三 培育企业家精神，建立企业家服务网络和信息网络

政府需要大力培育企业家精神。Penrose 和 Edith（1959）指出，企业成长是由业务增长引起的企业自主扩展演化的过程，企业成长或组织演化主要受管理力量的限制，或在一定意义上来说，受到企业家精神的约束。以创新与超前行动性为核心内容的企业家精神的发挥有利于企业家网络规模的扩大。随着网络规模的扩大，不同层次的网络内嵌入的各种资源将会被不断地吸纳和集成，企业组织形态也将不断地发生演变。同时，企业家精神的发挥对企业以及整个社会经理阶层的复苏也具有直接和重要的影响。

政府应建立企业家服务网络和信息网络，畅通信息交流渠道。政府可以从两个方面入手，一是鼓励企业之间建立合作与交流机制，以诱发主动的集体效率；二是投资"公共产品"等，以形成被动的集体效率。此外，政府不仅应通过自身的情报系统获取外部信息，传递给企业，而且应以产业总代表的身份与大学、研究机构以及企业等建立信息渠道，如政府应出面建立行业协会，召开洽谈会，设立常设机构，以实现信息的内部扩散。信息交流的手段不仅有会议、电话、互联网等手段，政府还应有意识地创造各种正式的和非正式的面对面交流的活动，使各个企业充分交流。

四 深化政务服务改革，实现包容性发展

包容性是环境支持企业成长的程度或范围。环境条件在假设的商业模式设计与新兴公司绩效之间似乎起着重要的调节作用。包容性是环境的重要维度，聚焦包容性，就是聚焦资源利用的可获取性，其必然影响新兴企业进入市场的能力，也影响既有企业的生存和成长。作为环境不确定性核心维度的包容性的使用源于组织的资源依赖观。资源依赖与新兴企业相关，新兴企业依赖外部资源，以及资本和产品市场对创新活动的接受性。包容性是指关键资源的稀缺或丰富性，这些关键资源是创造和执行商业模式设计所需要的。不同主题商业模式的企业绩效前景可能因为企业获取资源的成本和可得性而有所不同。

深化政务改革必须坚持问题导向、需求导向。从根本上来说，深化政

务服务改革，一方面是为了破除阻碍微观主体发展的行政性因素，充分调动各种发展力量的积极性；另一方面则是为了更加高效地发挥政府有限的有为作用，支持微观主体更好地发展。

深化政务服务改革需要建立有效的激励约束机制，形成动力与压力双轮驱动。政务服务改革与供给侧结构性改革是一脉相承的。全面深化改革的核心要义是破除阻碍发展的体制机制弊端，构建能够充分调动各方面发展积极性的包容性制度框架，实现"人人参与、人人尽力、人人共享"的包容性发展。

以简政放权、"放管服"相结合为主要内容的政务服务改革，是供给侧结构性改革的重要内容，共同目的都是要解放和发展社会生产力、解放和增强社会活动。以简政放权、"放管服"要求为标准对政府部门适当做"减法"，并同时对市场部门和社会部门做相应的"加法"，以充分发挥企业和社会组织在经济社会包容性发展与公共治理中的积极作用。

五　加强政府数字化治理，推动新兴企业走向成长高地

政府数字化治理本质上是刀刃向内的自我革命，须以"最多跑一次"改革撬动各个领域的改革，从而建设数字政府，建设治理体系和治理能力的现代化。数字化治理的核心是流程再造、数据共享，政府部门要协同合作。构建"数字政府"，践行"只进一扇门，只跑一个窗，最多跑一次"，打破政府部门信息孤岛，实现政府数据信息的融合与应用，推动政府治理能力的提高，大幅提升服务效率，增强发展动能，从而为企业提供更好的生存和发展空间。

各级政府须在以大数据等新兴技术手段助力新兴企业发展上施展硬招。新兴企业发展是区域经济发展的主要力量，通过大数据，简化政务办理流程、激发市场内生动力、提高政府治理效能。在大数据时代，海量数据能够成为企业成长环境的"晴雨表"，在政府服务效率、企业发展、法律环境、知识产权、人才流动、产业链聚集方式等方面，都可以用海量、多源的大数据解决方案来实现及时同步的观察和追踪。

数据和技术是冰冷的，但政府治理可以是有温度的。消除数据融合共享的堵点、难点，打通政务信息流动大动脉，实现"网络通""数据通""应用通"，助力企业"最多跑一次"。畅通大数据金融服务平台，健全相关法规，细分构建应用场景，为新兴企业"量身定制"，帮助企业实现低成本融资。以数据资产运营为模式，完善信用大数据产业生态，释放信用数据价值。推动建立版权确权、版权交易、IP孵化等版权全产业链服务

体系,缩短知识产权审查周期,优化知识产权保护生态。

第三节 本章小结

基于前文的理论和实证研究,本章进行对策分析,提出了促进新兴企业成功创新的决策借鉴,以及促进新兴企业商业模式创新顶层主题设计的对策建议;并重点梳理出了政府制度创新的决策借鉴,以及发挥供给侧结构性改革作用、引导新兴企业创新发展的政策参考。

对于促进新兴企业成功创新,本章提出了六点建议:消除商业模式设计的三个误解,包括消除"轻概念、重实践"的误解,消除"创意至上"的误解,消除"工具神话"的误解;关注商业模式创新的双重属性,即交易属性和制度属性;优化商业模式主题设计的意义建构,意义为设计驱动型创新的源泉;解构商业模式设计的多层次性,包括设计要素和设计主题两层结构;突破合法性藩篱以成就商业模式创新,创新性与合法性并举;融合与开放以重塑移动互联时代商业模式竞争优势,应对环境不确定性的挑战。

对于发挥供给侧结构性改革作用、引导新兴企业创新发展,本章提出了五点建议:更好发挥政策性供给作用,激发市场主体活力;转变政府经济职能,推动创新持续驱动;培育企业家精神,建立企业家服务网络和信息网络;深化政务服务改革,实现包容性发展;加强政府数字化治理,推动新兴企业走向成长高地。

第十章 研究结论与未来展望

通过前面9章的研究，本书对中国新兴经济情境下新兴企业商业模式创新主题设计的概念化、绩效机制与合法性演化机制进行了较为深入、系统的理论和实证研究。本章主要是对本书的理论和实证研究结果进行归纳和总结。首先，根据理论和实证研究结果进一步归纳主题性商业模式创新与新兴企业成长的内在机理。其次，对本书的研究意义进行了总结。最后，对未来的研究进行了展望。

第一节 本书研究结论

企业商业模式创新过程是一个显著的"破坏性创新"过程，本质在于变革原有的商业经营模式以创造更多价值，获取企业竞争优势。消费者需求变化、互联网技术进步、产业脉动速度加快，以及"双创"战略、供给侧结构性改革下的中国情境制度创新，提高了创业活跃度，加快了新兴企业进行商业模式创新的速度，涌现了一大批依靠商业模式创新而创造辉煌的新兴企业，如 BAT（Baidu、Alibaba & Tencent）、TMD（Toutiao、Meituan & Didi）等。中国新兴经济情境中制度不完善和市场机会并存，为新兴企业通过商业模式创新实现"弯道超车"提供了土壤，一方面新兴技术变革了交易连接方式，扩大了范围经济，使得新兴企业在缺乏关键资源和能力条件下仍能短时间内跨界整合资源以改变价值创造逻辑，重塑行业交易规范；另一方面，中国经济的自下而上市场化转型，非正式制度与正式制度长期并存、交替与演进，给予了新兴企业创新的制度空间。

中国新兴经济为新兴企业商业模式创新研究提供了"一个独特的市场可行与制度合法的情境"，"制度真空"和"制度缺陷"为新兴企业开拓性和完善性商业模式创新的主题设计提供了逻辑起点。一方面，阿里巴巴等新兴企业通过开拓性商业模式创新，创造先动优势，从无到有地建构新的交易规则，占据"赢者通吃"制高点；另一方面，京东等新兴企业利用弥补性资产完善商业模式创新，从有到新地优化交易规则，快速成长甚至后来者居上。新制度主义理论较好地整合了制度研究的结构性与创新研究的能动性，吻合"行动与结构互动"的新兴企业实践，有助于主题性商业模式设计的研究。

为此，本书基于新制度主义理论视角和实证研究了中国新兴企业主题性商业模式创新的概念化、绩效机制、合法性实现与演化，为新兴企业通过商业模式主题设计实现赶超提供决策借鉴，为政府供给侧结构性改革、引导新兴企业发展提供政策参考。具体说来，本书首先将计量综述和系统综述相结合进行了文献回顾，识别了本书的切入点，即从新制度主义视角研究新兴企业商业模式创新主题设计。其次，通过裸心民宿的探索性案例研究，以及新兴企业开拓性和完善性商业模式创新的量表开发，概念化新兴企业商业模式创新主题设计及绩效机制模型。再次，大样本实证检验新兴企业主题性商业模式创新的绩效机制，利用 fsQCA 解释复杂情境因素下新兴企业商业模式创新合法性实现构型，双案例探索新兴企业主题性商业模式创新过程中合法性的形成与演化。最后，总结与展望。总体上，形成六个方面的研究结论。

第一，新兴企业商业模式创新须充分认识交易与制度的双重属性，交易竞争性与制度合法性并举，培育阶段性的"结构化升级效应"。商业模式创新兼顾市场导向与架构性范式创新，本质上是"为了引入可盈利商业模式而打破既有游戏规则"，故应充分认识其交易与制度的双重属性内驱。新兴民宿企业的成长，具有中国新兴经济下鲜明的烙印。本书采用探索性单案例的研究方法，从静态与动态视角探析了中国情境下商业模式创新交易属性、制度属性如何作用于新兴企业成长，涌现出了竞争性、合法性、适配与互撑 4 个机制，并相应地提出了 4 个命题，从而初步构建了一个反映中国新兴经济下商业模式创新如何作用新兴企业成长的系统逻辑框架。研究发现，商业模式创新的交易属性与制度属性共同内驱了新兴企业成长，交易属性通过增强竞争性交易优势来促进企业成长，制度属性借助合法性获取以保障交易可持续；商业模式创新与政策导向的有效匹配是新兴企业适应动态环境、获取组织合法性的关键路径；交易属性与制度属性的互撑、竞争性与合法性机制的互撑，产生"结构塑造效应"，推动组织快速进阶。

第二，开拓性商业模式创新和完善性商业模式创新是中国新兴企业商业模式创新的两个主题设计，是中国新兴经济情境下的产物。"制度真空"与"制度缺陷"为新兴企业顶层的主题设计提供了空间，开拓性商业模式创新，作用于新兴市场的制度真空，利用市场进入次序优势，可以从无到有地建构新的交易规则，占据"赢者通吃"的制高点；完善性商业模式创新，作用于交易制度缺陷，利用弥补性资产，发挥后发优势，可以从有到新地优化现有的交易规则，甚至后来者居上。鉴于商业模式创新嵌入特定的社会情境和制度环境中，本书梳理了商业模式及其主题设计的理论基础，构建了新兴经济情境下商业模式创新的理论框架，并在混合研究（文献演绎和访谈归纳）的基础上，开发出初始测度量表，而后利用2套独立样本数据分别进行探索性因子分析和验证性因子分析。实证分析结果表明，新兴经济情境下商业模式创新由2个主题维度和16个测项构成，验证了先前提出的主题设计框架，并开发出了信度、效度良好的测度量表。

第三，商业模式创新经由合法性影响新兴企业绩效，开拓性商业模式创新对新兴企业绩效的正向作用相较于完善性商业模式创新更加显著。商业模式创新兼具市场导向和架构性范式创新，其NICE交易属性有助于增强企业产品或服务的市场竞争性，其一致性与可持续性的制度属性要求则使得商业模式创新的行为过程本身蕴含了合法化策略。本书以512家新兴企业为样本，结合商业模式理论与制度理论，探讨了开拓性和完善性商业模式创新对新兴企业绩效的作用机理。研究发现，商业模式创新能够显著促进合法性以及新兴企业绩效的提升；组织合法性在商业模式创新和新兴企业绩效之间起到部分中介作用；相较于完善性商业模式创新，开拓性商业模式创新对新兴企业绩效的作用更加显著。这证明商业模式创新中的制度合法性不能作为隐含的存在而被忽视，企业商业模式的创新活动，也是企业克服制度障碍、建立交易规则制度优势的过程。"双创"战略的中国情境下，市场交易机会蕴含的创新性和效率性本身构成了其合法性的来源，商业模式创新制度视角的结构塑造效应与组织合法性呈现出内在一致性。主题性商业模式创新的差异性影响较好地解释了开拓性商业模式创新先发优势的"赢者通吃"效应，相对于完善性商业模式创新，开拓性商业模式创新易于形成先动优势，开发市场的非均衡，领先确立品牌认知地位，从而对市场行为进行引领。

第四，商业模式创新对于合法性的正向作用比较依赖企业的政策导向，商业模式创新与政策导向交互效应促进新兴企业通过合法性传导作用来实现。中国情境下，企业应将制度看作企业的内生变量，新商业模式的推广中，企业高管认知行为与组织政治行为须交织起来。新兴企业商业模式创新与政策导向的交互,企业与政府间互动的加强,能使政策的出台有利于商业模式的推广。同样,基于大样本的实证检验,发现政策导向权变影响商业模式创新与合法性的关系,商业模式创新与政策导向的交互效应通过合法性间接影响企业绩效;政策导向程度越高,开拓性商业模式创新对合法性的正向作用相较于完善性商业模式创新更加显著。一方面,新兴企业欲从白热化的市场竞争中脱颖而出须勇于创新,敢为人先;另一方面,越是开创性强的企业越需要收集、跟踪政策信息,谋求组织赖以生存的合法性。高政策导向将促进企业商业模式创新的发挥,并且这种发挥是通过影响组织合法性来实现的。

第五,主题性商业模式创新与组织战略、市场环境层面关键情境因素的组态效应分析,发现消极创新型、温和改善型、稳中求进型和积极开拓型4类合法性实现构型,丰富了新兴企业商业模式创新合法性实现的多情境解释。fsQCA组态效应分析克服传统定量分析过于强调情境因素边际"净效应"的不足,拓展了权变理论并提供了中国独特情境下的系统化理论逻辑。本书以162个新兴企业为代表性样本,运用fsQCA方法,整合了主题性商业模式创新、组织战略导向、市场环境特征3个层面及6个条件要素,探讨了影响新兴企业商业模式创新合法性实现的多重并发因素和因果复杂机制。研究发现,完善性商业模式创新是新兴企业合法性的必要条件;新兴企业商业模式创新合法性的实现有消极创新型、温和改善型、稳中求进型和积极开拓型4条路径;在特定的条件下,主题性商业模式创新和市场导向可以通过等效替代以"殊途同归"的方式提升新兴企业合法性。从而,不仅理清了新兴企业商业模式创新实现合法性的等效驱动机制和条件替代关系,而且发现了合法性驱动机制存在非对称性,可以更好地指导新兴企业的合法性获取实践。

第六,利益相关者互动为主题性商业模式创新合法性的形成与演化提供了微观基础,利益相关者可以通过交流改变合法性阶段性的界定,其行为过程决定合法性进程。开拓抑或完善,本无定法,新兴企业应有针对性地选择变革模式,提高商业模式创新的成功率。利益相关者的引入,可以把企业的资源边界、能力边界、治理边界拓展到多边群体的边界,合法性的形成与演化不仅应关注外部利益相关者的作用,也应考虑内部利益相关者的影响。内部利益相关者强互动关注行为过程与分配问题,以及活动组织的合理性,是合法性进程的主要推动力;外部利益相关者弱互动关注互补性与环境问题,期望得到支持和认同,是合法性进程的支撑和保障。通过问卷调研对电商平台的利益相关者进行聚类分析,因循案例选择的典型性和代表性原则,选取阿里巴巴作为开拓性商业模式创新、京东作为完善性商业模式创新的研究对象,探讨各阶段创业约束、合法化策略与各层级利益相关者的关系,从而构建出开拓商业模式创新和完善性商业模式创新合法性形成与演进的一般机制模型。

第二节　本书研究启示

一　理论贡献

本书重点关注了新兴企业商业模式创新主题设计概念化、绩效效应和合法性演化机制,理论意义主要表现为以下五个方面。

第一,基于交易与制度双重属性视角,识别了竞争性、合法性、适配和互撑机制,勾勒出了新兴企业商业模式创新的结构性失衡纠偏及提升路径。商业模式理论一直强调通过市场开拓手段展现交易属性,对新兴企业成长中的合法性约束及商业模式制度属性考虑较少,本书首次基于双重属性探讨了商业模式创新如何作用于新兴企业成长。

本书从学理上澄清商业模式的本质与属性,揭示了商业模式创新双重属性作用于新兴企业成长的内在机理。商业模式的交易属性与制度属性是商业模式现象背后的本质,是普适性的"第一性原理",它们才是商业模式价值创造活动的内驱动力。双重属性动力机制的确定,可以避免就商业模式论商业模式,避免从变化本身去重复归纳,拨开事物表象看到本质。本书对双重属性竞争性、合法性、适配和互撑机制4个动力机制的提炼,初步构建了本书的理论框架,也打开了商业模式创新到企业成长的"黑箱",同时为商业模式提供了更加完整的理论视野,弥补了以往的研究过于聚焦"NICE"交易属性的缺陷(Amit & Zott, 2001; Zott & Amit, 2007, 2008; Luo et al., 2022),同时也回应了杨俊等(2018)对商业模式双重属性机理研究的展望。

第二,"情境化"了新兴经济下商业模式创新这一构念,给出了新兴企业开拓性和完善性商业模式创新主题设计的操作性定义。本书弥补了商业模式创新"情境化"的不足,开发了信度和效度较好的新兴经济情境下商业模式创新的主题量表,较好地回答了新兴企业如何通过商业模式创新进行能动性制度变革。

正如Adomako等(2016)、罗兴武等(2018)所呼吁的在新兴市场情境下更好地反映商业模式创新理论,本书强调制度背景对新兴市场企业商业模式创新主题设计的影响，强调新兴市场"制度真空"和"制度缺陷"的制度约束为开创性和完善性商业模式创新提供了原始触发和情境机会，强调新兴企业通过意义构建和意义赋予的制度构建过程来实践主题商业模式创新，并开发和验证了量表以改进对新兴市场商业模式创新主题的测量。"制度真空"与"制度缺陷"为开拓性和完善性商业模式创新的主题设计提供了空间。开拓性和完善性商业模式主题设计是新兴经济情境下新兴企业与利益相关者意义建构和意义赋予共同作用的结果，不仅架构商业模式的设计要素，而且传递组织的意义、信仰和价值观。方法论上，本书给出了开拓性商业模式和完善性商业模式主题设计的操作性定义，开发出了相应的量表。商业模式主题设计是以架构理论为基础，要求商业模式设计的要素围绕主导性、统帅性的"主题"来编排和连接。挖掘商业模式创新的交易和制度属性动因，内化于新兴经济情境下商业模式创新量表的开发中。正如Tsui（2006）所指出的"情境的差异不是对原有量表简单的修订可以弥补的"，中国情境的特殊性决定制度是企业战略创新的内生性变量（魏江等，2014），组织合法性不只是一种结构化的基本信念，更是一种可操作的资源，可通过开拓性商业模式或完善性商业模式主题设计从外部环境萃取。鉴于商业模式主题设计是具体情境的产物，新开发的开拓性与完善性商业模式创新量表将是对原有基于西方发达经济情境开发的主题量表的修正，有助于后续围绕商业模式展开更为复杂的多变量研究。

　　第三，理论和实证揭示了主题性商业模式创新与政策导向交互效应促进新兴企业绩效是通过合法性传导作用来实现的，丰富并完善了商业模式创新和组织合法性的权变关系观。主题性商业模式创新的差异性影响较好地解释了开拓性商业模式创新先发优势的"赢者通吃"效应，以及新兴企业政治战略的重要性。

　　商业模式创新理论一直强调通过消费者挖掘等市场开拓手段展现交易创新性对于新兴企业绩效的重要性，但是并未考虑新兴企业成长过程中的合法性约束以及商业模式创新战略对合法性获取的重要影响（Aspara et al.，2011；罗兴武等，2017）。本书通过大样本实证研究揭示了商业模式创新经由合法性影响新兴企业绩效的传导机制，发现中国新兴经济情境下，市场交易机会蕴含的创新性和效率性本身构成了其合法性的来源。企业商业模式创新受市场和制度双重力量的影响（蔡莉等，2011），组织合法性不是可以凭空获取的，组织因素与情境因素的交互作用能够更好地解释商业模式创新的复杂情境中合法性内在产生机制。作为组织与制度间客观契合度的体现，政策导向正是这样一个重要的情境调节因素。政策导向是指企业依据相关政策信息引导，调整企业经营行为，以期实现组织目标（陈启杰等，2010）。政策导向蕴含的政府指引信息是提升组织合法性的重要因素，企业的政策导向程度越高，企业商业模式创新与政府政策的联结点就越多，匹配程度也会越高（Cheng，2014）。以往研究表明，政策导向提高了企业的政策敏感性，有助于企业对政府的指引做出有效反应，从而提高组织的合法性水平，因而政策导向对商业模式创新与合法性获取权变效应的探讨具有重要的理论意义和现实意义。故本书拓展了 Li 和 Atuahene-Gima（2001）关于政府和投资者对新兴市场企业成长影响的研究，并进一步阐述了高水平的政策导向通过影响组织合法性来促进商业模式创新。

第四，利用组态效应分析克服了传统定量分析过于强调情境因素边际"净效应"的不足，发现了新兴企业商业模式创新合法性实现构型的多情境解释，拓展了权变理论并提供了中国新兴经济情境下的系统化理论逻辑。从组织战略与市场环境交互的定性比较分析（fsQCA）来解释新兴企业商业模式创新的合法性实现，能够更细致地解释复杂现象下多重并发因果关系、因果关系非对称性和多种方案结果等效性等问题，可以更好地指导新兴企业的合法性获取实践。

通过使用 fsQCA 方法，不仅厘清了新兴企业商业模式创新实现合法性的等效驱动机制和条件替代关系，还发现合法性驱动机制存在非对称性。这充分体现了 QCA 突破了传统回归方法的局限性，能够更细致地解释复杂的因果关系，能够更好地解释新兴企业商业模式创新成效的差异性和条件相互依赖的组态效应。研究结果表明，存在消极创新型、温和改善型、稳中求进型和积极开拓型 4 种合法性实现构型，揭示了多样化组态间的"殊途同归不同效"，其中温和改善型和积极开拓型更具有广泛适用性；并且，完善性商业模式创新为新兴企业获得合法性的必要条件，适用于各类情境。本书拓展了商业模式创新边界条件的现有研究，引入战略导向与环境特征的联合视角，揭开了商业模式创新与内外环境的联动机制，强调了合法性的提升是由多层次要素共同作用的，单独的商业模式创新并不能发挥作用，这有赖于多要素的互动。

第五，借助典型双案例研究，对比性地揭示了开拓性和完善性商业模式创新的制度情境、主题内涵和合法性形成与演进的差异。引入利益相关者理论，对电商平台的利益相关者进行了量化分析，聚合成了核心层、相关层和扩展层 3 类利益相关者，通过行业互动与关系互动，分阶段解析了开拓性和完善性商业模式创新合法性演进的动力、支持与保障。

利益相关者互动为主题性商业模式创新合法性的形成与演化提供了微观基础。利益相关者的引入是新兴企业商业模式创新结构性发展所必需的，会将新兴企业的资源、能力与治理边界扩展到多边群体的边界，产生的巨大网络乘数效应，有助于突破新兴企业生存与发展的瓶颈。利益相关者是资源的占有者和控制者，并且有着不同的层级，对利益相关者层级的识别，辅以针对性的互动策略与形式，易于获得更多的资源关注、更多的政策倾斜和更广的合作范围，从而助力新兴企业的网络化和生态化发展。

二 实践启示

本书的实践意义在于为企业践行商业模式创新提供指导意见，为政府引导新兴企业商业模式创新提供政策建议，具体表现在以下四个方面：

（1）创业者须充分考虑开拓性与完善性两种不同的商业模式创新主题设计，因地制宜灵活运用。

虽然本书的开拓性和完善性商业模式创新都有助于新兴企业成长，但为了实现更快速的成长，新兴企业须根据自身的资源和能力、合作网络、战略意图等，进行切合自身情况的商业模式设计，"设计思想"融入商业模式，有助于企业获得持续性竞争优势。开拓性和完善性商业模式创新主题设计拓宽了商业模式创新主题设计的思路，可以更好地指导中国新兴经济情境下企业商业模式创新的实践。

（2）新兴企业商业模式创新必须把握经济发展的"窗口期"，竞争性与合法性并举，培育阶段性的"结构化升级效应"。

现阶段中国经济与制度转型仍未完成，网络技术的涌现，云计算的出现，大数据时代的到来，使产业脉动速度加快，竞争关键点不断转移，迂回生产链条加长，交易制度的真空和缺陷仍然存在，这就为企业进行开拓性商业模式创新和完善性商业模式创新提供了巨大空间。新兴企业在成长过程中，需要充分重视商业模式创新，既要通过提升 NICE 交易属性释放竞争导向的经济价值，使新兴企业更好地应对市场变化，获得企业产品或服务的竞争优势，也要通过组织合法性获取，在建构交易活动体系的同时进行合理的制度规则安排。商业模式创新本质上就是对企业内部、外部价值网链乃至整个产业价值星系进行重构的过程，是交易活动主体间的关系治理，是交易活动体系的制度化，是创新意图实现制度安排的集合。以异质性的资源和能力获取为目的的商业模式创新势必与现存的、主导性的商业模式相左，这就决定了合法性获取的必要性，这样可以得到顾客、供应商、竞争者等利益相关者的认可，获得企业成长所需要的更多资源。交易竞争性与组织合法性并举，是对商业模式创新的结构性失衡的纠偏，交易竞争性增强产品或服务的市场竞争力，组织合法性保障获利的稳定性与可持续性，两者相互补充、协同作用，可以使新兴企业在资源动员、业绩提升、规模扩张上具有更好的成长空间。

本书对于新兴企业创业实践的重要启示是，为了获得较高的成长绩效，新兴企业商业模式创新应创新性与合法性并举（如图10-1所示）。"Ⅰ→Ⅱ→Ⅲ"路径和"Ⅰ→Ⅳ→Ⅲ"路径都存在企业成长绩效的不可确定性（参见图10-1左），"先创新性，后合法性"可能由于没有得到投资者、政府等利益相关者的支持而难以持续；"先合法性，后创新性"，可能由于创新性不足而并不必然能获得企业成长中所需的关键资源。创新性与合法性并举，即"Ⅰ→Ⅲ"路径，是对商业模式创新的结构性失衡的纠偏，减少企业成长中不确性，增进交易竞争性活动的规则化、制度化，在释放交易属性价值效应的同时彰显制度属性的固化效应，共同促进新兴企业高速成长，使新兴企业完成从创意期→初创期→成长期的快速跃迁（参见图10-1右）。

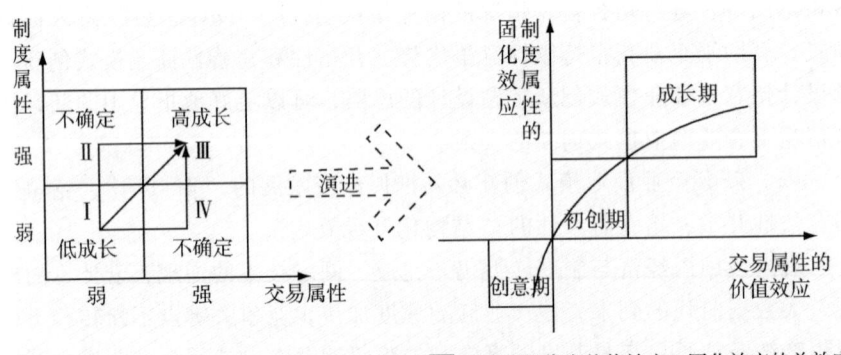

图10-1　新兴企业成长二维模型及其效应演进

（3）新兴企业商业模式创新合法化过程须充分重视政策的导向及与利益相关者互动。

在中国新兴经济情境下，与新兴企业经营相关的政策无疑是企业外部制度环境重要的组织部分，企业管理者须充分关注政策的导向，并将之视为企业商业模式创新获取组织合法性的重要调节因素。政策导向某种程度上可以视作企业的经营战略，商业模式创新正是以战略分析与选择作为前提条件与逻辑起点，商业模式的价值主张与政策导向的契合就显得尤为重要。政策不仅可能释放规制合法性，也可能为规范合法性提供指导，同时通过媒体的解读与传播，增进认知合法性，因此企业管理者对政策的充分关注可以帮助商业模式创新企业较快地获得组织合法性。具体来说，企业管理者应对外部政策保持较高的敏感性，收集跟踪相关政策信息，组织内部研究，传播政策信息，并根据政策信息引导、调整企业经营行为。从政策类型来看，可以分为中央政策和地方政策，企业管理者应识别两级政策相关事项下规定的同与不同，分析政策出台的背景及利好之处，预测政策所造成的可能性影响。一般情形下，获得地方政策的默许和支持是企业顺利开展经营活动的前提，地方政策的许可可以视作新兴企业商业模式创新获得关键合法性的标志，中央政策的许可则标志着全面合法性的到来。政府的政策通常并不直接作用于特定新兴企业本身，企业管理者须关注政策的产生、发布与咨询渠道，主动加强新兴企业与政府之间的互动，不能仅仅是遵从、适应政策，更应通过政企互动，积极影响政策的内容，使政策的出台更加有助于新兴企业合法性的获取。

新兴企业在商业模式创新合法化过程中须充分重视与利益相关者的互动，以获得资源支持和制度保障。在利益相关者互动视角下，对于新兴企业商业模式创新过程中强互动行为角色—行为方式—行为动机的刻画，弱互动核心层与相关层、扩展层关系互动的细描以及不同阶段合法性形成与演化机制的动态揭示，可以帮助新兴企业充分认识到利益相关者互动规律，以获得新兴企业快速发展中的资源和制度支持。中国新兴经济"摸着石头过河"的哲学思想和"先发展、后规范"的渐进式改革，意味着新兴企业在中国情境下与政府的互动、亲清政商关系的构建更具有现实意义。

（4）政府须充分发挥政策性供给的作用，引导新兴企业持续、健康发展。

政府作为制度的供给者，须围绕市场在资源配置中的决定性作用深化经济体制改革，适时出台新的政策、健全相关职能，变管理型政府为服务型政府，引导新兴企业向健康、规范、有序的经营方向发展。政府作为制度的供给者，在市场准入、财政补贴、税收优惠、金融贷款、土地审批等方面都可以"帮到"或"帮倒"企业，因此政府往往是新兴企业成长中重要的资源拥有者、合法性赋予者。中央财经领导小组第十一次会议强调"适度扩大总需求的同时，着力加强供给侧结构性改革"，要求政府简政放权，加快落后产能出清，加快现代服务业与高端制造业发展，减轻企业税负，助力企业创新。党的十八届五中全会要求各级政府按照创新、协调、绿色、开放、共享的"五大理念"来发展,加快形成引领经济发展新常态的体制机制和发展方式。新兴企业的成长过程是商业模式创新创意化、商业化、制度化的过程,以市场为导向的企业创新很重要,以"市场在资源配置中的决定性作用"为导向的政府制度创新也同等重要。只有如此,社会经济才能和谐、有序、健康地发展。

第三节　未来研究展望

本书认为在如下几个方面存在进一步研究或突破的空间。

第一,本书的研究对象主要是新兴民营企业,缺乏不同产权、不同行业的比较,未来可以就国有、外资与民营的商业模式创新展开比较性研究。国有、外资与民营由于产权制度不同,对企业高管团队的激励方式以及激励路径都会有所不同,商业模式创新的动力驱动机制也会有所不同。另外,不同行业的比较也是值得探讨的,清科研究中心《2018年中国独角兽企业研究报告》显示,"独角兽"已覆盖了金融、文化娱乐、汽车交通、社交网络等18大行业,大大超出"独角兽"可能生存的范围,不同行业商业模式创新作用机制的细化有利于更新地洞见。

第二,开拓性商业模式创新与完善性商业模式创新是否具有互补效应,在同一企业里又将如何平衡将是有趣而复杂的问题,未来将一步实证研究这两种主题设计的平衡效应和互补效应。从问卷统计的相关性分析知道开拓性商业模式创新与完善性商业模式创新并不存在正交关系,也不是互相排斥的,而是可能存在同一企业的商业模式里。但两者是否具有互补效应、在同一企业里又如何平衡?组织二元性范式的提出,为这一问题的后续研究提供了可行的思路。

第三,探索开拓性商业模式创新、完善性商业模式创新对新兴企业绩效可能存在的边际递增效应。开拓性商业模式创新关注顾客隐性需求,通过对市场的前瞻性预见,以商业模式创新手段重构或新建交易结构和交易规则,从而对市场行为进行引领;完善性商业模式创新关注顾客显性需求,通过对市场的快速反应,以商业模式创新手段调整、优化现有的交易结构和交易规则,从而对市场行为进行提升。不管是开拓性商业模式创新还是完善性商业模式创新,都可能孕育着一些对行业具有重大影响的创新,前期由于顾客、供应商认知的限制性因素,接受可能较慢,后期认知度提高,对新兴企业会带来加速促进作用。这样这两类创新可能对新兴企业绩效存在边际递增效应,这需要后期更为深入的研究。

第四,本书假定创新是相对理性和有序的,虽然本书在实证研究中将市场环境作为控制变量,但没有细致考虑商业模式创新的强度是恶性和非理性情况下相关要素间关系的差异。未来的研究,可以进一步考察恶性和非理性商业模式创新与合法性、企业绩效的关系。

参考文献

蔡俊亚、党兴华：《商业模式创新对财务绩效的影响研究：基于新兴技术企业的实证》，《运筹与管理》2015年第2期。

蔡莉、单标安：《中国情境下的创业研究：回顾与展望》，《管理世界》2013年第12期。

蔡莉、尹苗苗：《新创企业学习能力、资源整合方式对企业绩效的影响研究》，《管理世界》2009年第10期。

蔡莉、单标安、朱秀梅、王倩：《创业研究回顾与资源视角下的研究框架构建——基于扎根思想的编码与提炼》，《管理世界》2011年第12期。

蔡莉、单标安：《创业网络对新企业绩效的影响——基于企业创建期、存活期及成长期的实证分析》，《中山大学学报》（社会科学版）2010年第4期。

蔡莉、肖坚石、赵镝：《基于资源开发过程的新创企业创业导向对资源利用的关系研究》，《科学学与科学技术管理》2008年第1期。

常宏建、张体勤、李国锋：《项目利益相关者协调度测评研究》，《南开管理评论》2014年第1期。

陈宏辉、贾生华：《企业利益相关者三维分类的实证分析》，《经济研究》2004年第20期。

陈怀超、范建红：《制度距离、中国跨国公司进入战略与国际化绩效：基于组织合法性视角》，《南开经济研究》2014年第2期。

陈惠芳：《组织正当性、组织学习与组织同形之关系研究——制度理论整合观点》，博士学位论文，台湾大学，1998年。

陈民利：《企业家导向、市场导向、政策导向与集群企业绩效关系实证研究》，《金华职业技术学院学报》2014年第2期。

陈启杰、江若尘、曹光明：《"市场—政策"双重导向对农业企业绩效的影响机制研究——以泛长三角地区农业龙头企业为例》，《南开管理评论》2010 年第 5 期。

陈文婷、李新春：《中国企业创业学习：维度与检验》，《经济管理》2010 年第 8 期。

陈悦：《引文空间分析原理与应用：Citespace 实用指南》，科学出版社 2014 年版。

程愚、孙建国、宋文文：《商业模式、营运效应与企业绩效——对生产技术新和经营方法创新有效性的实证研究》，《中国工业经济》2012 年第 7 期。

迟考勋、邵月婷：《商业模式创新、资源整合与新创企业绩效》，《外国经济与管理》2020 年第 3 期。

迟考勋、辛丽华：《制度变迁中民营企业合法性获取战略的探索性案例研究》，《商业时代》2012 年第 15 期。

崔楠、江彦若：《商业模式设计与战略导向匹配性对业务绩效的影响》，《商业经济与管理》2013 年第 12 期。

戴亦兰、张卫国：《动态能力、商业模式创新与初创企业的成长绩效》，《系统工程》2018 年第 4 期。

单标安、蔡莉、费宇鹏、刘钊：《新企业资源开发过程量表研究》，《管理科学学报》2013 年第 10 期。

刁玉柱、白景坤：《商业模式创新的机理分析：一个系统思考框架》，《管理学报》2012 年第 1 期。

董洁林、陈娟：《互联网时代制造商如何重塑与用户的关系——基于小米商业模式的案例研究》，《中国软科学》2015 年第 8 期。

杜运周、贾良定：《组态视角与定性比较分析（QCA）：管理学研究的一条新道路》，《管理世界》2017 年第 6 期。

杜运周、张玉利：《新企业死亡率的理论脉络综述与合法化成长研究展望》，《科学学与科学技术管理》2009 年第 5 期。

杜运周、任兵、张玉利：《先动性、合法化与中小企业成长：一个中介模型及其启示》，《管理世界》2008 年第 12 期。

杜运周、任兵、张玉利：《新进入缺陷，合法化战略与新企业成长》，《管理评论》2009 年第 8 期。

杜运周、张玉利、任兵：《展现还是隐藏竞争优势：新企业竞争导向与绩效 U 型关系及组织合法性的中介作用》，《管理世界》2012 年第 7 期。

樊辉、张健、倪渊、王宗水：《商业模式创新研究演化过程、热点与主题探析——CSSCI（2000—2016）文献计量分析》，《科技管理研究》2018年第11期。

冯华、陈亚琦：《平台商业模式创新研究——基于互联网环境下的时空契合分析》，《中国工业经济》2016年第3期。

冯芷艳、郭迅华、曾大军等：《大数据背景下商务管理研究若干前沿课题》，《管理科学学报》2013年第1期。

高闯、关鑫：《企业商业模式创新的实现方式与演进机理——一种基于价值链创新的理论解释》，《中国工业经济》2006年第11期。

郭海、沈睿：《环境包容性与不确定性对企业商业模式创新的影响研究》，《经济与管理研究》2012年第10期。

郭海、沈睿：《如何将创业机会转化为企业绩效——商业模式创新的中介作用及市场环境的调节作用》，《经济理论与经济管理》2014年第3期。

郭毅夫、赵晓康：《商业模式创新与竞争优势：基于资源基础论视角的诠释》，《理论导刊》2009年第3期。

贺小刚、李新春、方海鹰：《动态能力的测量与功效：基于中国经验的实证研究》，《管理世界》2006年第3期。

洪志生、薛澜、周源：《新兴产业发展中商业模式创新对技术创新的作用机理分析》，《中国科技论坛》2015年第1期。

后士香、王翔：《技术创业企业独占性对商业模式设计导向选择的影响——以江苏省典型双创企业为例》，《科技进步与对策》2014年第13期。

胡艳曦、曾楚宏：《论商业模式创新中的组织合法性》，《学术研究》2008年第9期。

黄昊、王国红、邢蕊等：《创业导向与商业模式创新的匹配对能力追赶绩效的影响——基于增材制造企业的多案例研究》，《中国软科学》2019年第5期。

黄玮、刘霞、卫强等：《基于大数据的企业产品危机管理模式创新》，《管理评论》2019年第7期。

江积海、刘芮：《互联网产品中用户价值创造的关键源泉：产品还是连接？——微信2011—2018年纵向案例研究》，《管理评论》2019年第7期。

江积海、张烁亮：《平台型商业模式创新中价值创造的属性动因及其作用机理》，《中国科技论》2015年第7期。

江积海、蔡春花：《开放型商业模式NICE属性与价值创造关系的实证研究》,《中国管理科学》2016 年第 5 期。

江诗松、龚丽敏、魏江:《转型经济中后发企业的创新能力追赶路径:国有企业和民营企业的双城故事》,《管理世界》2011 年第 12 期。

姜雁斌:《交易成本视角下的包容性发展促进机制及其对社会满意度的影响》,博士学位论文,浙江大学,2012 年。

金碚:《中国经济发展新常态研究》,《中国工业经济》2015 年第 1 期。

金帆:《价值生态系统:云经济时代的价值创造机制》,《中国工业经济》2014 年第 4 期。

金莉芝、郭剑娟:《浙江省私营经济发展的政策导向》,《工业技术经济》2005 年第 2 期。

金玉然、戢守峰、于江楠:《商业模式创新的研究热点及其演化可视化分析》,《科研管理》2018 年第 7 期。

来有为、石光:《促进我国移动电子商务健康发展的对策建议》,《发展研究》2014 年第 11 期。

李碧珍:《技术创新与中小企业集群的相关性及政策导向研究》,《嘉兴学院学报》2006 年第 5 期。

李东、王翔、张晓玲:《基于规则的商业模式研究——功能、结构与构建方法》,《中国工业经济》2010 年第 9 期。

李东红、李蕾:《先行者商业模式创新及其对发展战略性新兴产业的影响——以尚德为典型案例的研究:第六届软科学国际研讨会》,北京,2010 年。

李飞、陈浩、曹鸿星、马宝龙:《中国百货商店如何进行服务创新——基于北京当代商城的案例研究》,《管理世界》2010 年第 2 期。

李飞、乔晗:《数字技术驱动的工业品服务商业模式演进研究——以金风科技为例》,《管理评论》2019 年第 8 期。

李靖华、林莉、李倩岚:《制造业服务化商业模式创新:基于资源基础观》,《科研管理》2019 年第 3 期。

李雪灵、马文杰、任月峰、姚一玮:《转型经济下我国创业制度环境变迁的实证研究》,《管理工程学报》2011 年第 4 期。

李雪灵、马文杰、姚一玮:《转型经济创业研究现状剖析与体系构建》,《外国经济与管理》2010 年第 4 期。

梁建、樊景立:《理论构念的测量》,陈晓萍、徐淑英、樊景立《组织与管理实证研究的方法》(第二版),北京大学出版社 2008 年版。

刘刚:《创业警觉多维性、转型环境动态性与创业企业商业模式创新》,

《管理学报》2019 年第 10 期。

刘利：《利益相关者利益要求的实证研究》，《山西财经大学学报》2008 年第 7 期。

刘鹰：《浅析我国电商企业的大数据应用现状》，《商业时代》2014 年第 25 期。

刘颖琦、王静宇、Ari Kokko：《电动汽车示范运营的政策与商业模式创新：全球经验及中国实践》，《中国软科学》2014 年第 12 期。

龙立荣：《层级回归方法及其在社会科学中的应用》，《教育研究与实验》2004 年第 1 期。

罗珉、曾涛、周思伟：《企业商业模式创新：基于租金理论的解释》，《中国工业经济》2005 年第 7 期。

罗珉、李亮宇：《互联网时代的商业模式创新：价值创造视角》，《中国工业经济》2015 年第 1 期。

罗珉、马柯航：《后发企业的边缘赶超战略》，《中国工业经济》2013 年第 12 期。

罗珉、赵红梅：《中国制造的秘密：创新 + 互补性资产》，《中国工业经济》2009 年第 5 期。

罗珉：《商业模式的理论框架述评》，《当代经济管理》2009 年第 11 期。

罗胜强、姜嬿：《管理学问卷调查研究方法》，重庆大学出版社 2014 年版。

罗胜强、姜嬿：《单维构念与多维构念的测量》，载于陈晓萍、徐淑英、樊景立主编《组织与管理研究的实证方法》，北京大学出版社 2008 年版。

罗胜强、姜嬿：《调节变量与中介变量》，载于陈晓萍、徐淑英、樊景立主编《组织与管理研究的实证方法》，北京大学出版社 2008 年版。

罗兴武、林芝易、刘洋、陈帅：《平台研究：前沿演进与理论框架》，《科技进步与对策》2020 年第 22 期。

罗兴武、刘洋、项国鹏：《中国转型经济情境下的商业模式创新：主题设计与量表开发》，《外国经济与管理》2018 年第 1 期。

罗兴武、宋晨青、项国鹏、陈帅：《二次创业平台如何在事件中塑造数字生态跳升能力？——基于事件系统理论的淘宝直播案例研究》，《管理评论》2021 年第 11 期。

罗兴武、杨俊、项国鹏等：《商业模式创新双重属性如何作用创业企业成长：裸心的案例研究》，《管理评论》2019 年第 7 期。

罗兴武、项国鹏、宁鹏、程聪：《商业模式创新如何影响新创企业绩效？——合法性及政策导向的作用》，《科学学研究》2017年第7期。

吕鸿江、程明、李晋：《商业模式结构复杂性的维度及测量研究》，《中国工业经济》2012年第11期。

马蔷、李雪灵、申佳、王冲：《创业企业合法化战略研究的演化路径与体系构建》，《外国经济与管理》2015年第10期。

马庆国：《管理统计：数据获取、统计原理、SPSS工具与应用研究》，科学出版社2002年版。

毛基业、李晓燕：《理论在案例研究中的作用——中国企业管理案例论坛（2009）综述与范文分析》，《管理世界》2010年第2期。

倪志伟、欧索菲：《自下而上的变革——中国的市场化转型》，阎海峰、尤树洋译，北京大学出版社2016年版。

裴云龙、江旭、刘衡：《战略柔性、原始性创新与企业竞争力——组织合法性的调节作用》，《科学学研究》2013年第3期。

彭华涛：《创业企业成长瓶颈突破——政企互动的中介作用与政策感知的调节作用》，《科学学研究》2013年第7期。

彭新敏：《企业网络对技术创新绩效的作用机制研究：利用性—探索性学习的中介效应》，博士学位论文，浙江大学，2009年。

乔晗、胡杰、张硕等：《商业模式创新研究前沿分析与评述——平台生态系统与价值共创》，《科技促进发展》2020年第1期。

盛亚、单航英、陶锐：《基于利益相关者的企业创新管理模式：案例研究》，《科学学研究》2007年第S1期。

宋立丰、宋远方、冯绍雯：《平台—社群商业模式构建及其动态演变路径——基于海尔、小米和猪八戒网平台组织的案例研究》，《经济管理》2020年第3期。

苏晓华、王科：《转型经济中新兴组织场域的制度创业研究——以中国VC/PE行业为例》，《中国工业经济》2013年第5期。

眭文娟：《创新性与新创企业成长间关系的实证分析——合法性的中介效应》，《技术经济》2014年第8期。

孙永磊、陈劲、宋晶：《企业创新方式选择对商业模式创新的影响研究》，《管理工程学报》2018年第2期。

田志龙、程鹏璠、杨文、柳娟：《企业社区参与过程中的合法性形成与演化：百步亭与万科案例》，《管理世界》2014年第12期。

万建华等：《利益相关者管理》，海天出版社1998年版。

王炳成、李洪伟：《破坏性创新商业模式"合法性悖论"的突破方式研究》，《科技进步与对策》2010年第11期。

王建明、王俊豪：《公众低碳消费模式的影响因素模型与政府管制政策——基于扎根理论的一个探索性研究》，《管理世界》2011年第4期。

王节祥、蔡宁：《平台研究的流派、趋势与理论框架——基于文献计量和内容分析方法的诠释》，《商业经济与管理》2018年第3期。

王翔、李东、张晓玲：《商业模式是企业间绩效差异的驱动因素吗？——基于中国有色金属上市公司的ANOVA分析》，《南京社会科学》2010年第5期。

王兆君、关宏图：《基于集群系统结构的企业集群成长与政府行为研究》，《商业研究》2010年第8期。

魏江、李拓宇、赵雨菡：《创新驱动发展的总体格局、现实困境与政策走向》，《中国软科学》2015年第5期。

魏江、刘洋、应瑛：《商业模式内涵与研究框架建构》，《科研管理》2012年第5期。

魏江、邬爱其、彭雪蓉：《中国战略管理研究：情境问题与理论前沿》，《管理世界》2014年第12期。

温忠麟、侯杰泰、张雷：《调节效应与中介效应的比较和应用》，《心理学报》2005年第2期。

文亮、何继善：《创业资源、商业模式与创业绩效关系的实证研究》，《东南学术》2012年第5期。

文亮、李海珍：《中小企业创业环境与创业绩效关系的实证研究》，《系统工程》2010年第10期。

沃尔特·鲍威尔、保罗·迪马吉奥：《组织分析的新制度主义》，上海人民出版社2008年版。

吴东：《战略谋划、产业变革与对外直接投资进入模式研究》，博士学位论文，浙江大学，2011年。

吴玲、贺红梅：《基于企业生命周期的利益相关者分类及其实证研究》，《四川大学学报》（哲学社会科学版）2006年第6期。

吴明隆：《结构方程模型——AMOS的操作与应用》，重庆大学出版社2010年版。

吴晓波、许宏啟、杜朕安等：《感知的环境不确定性对企业商业模式创新的影响研究：高管连带的调节作用》，《管理工程学报》2019年第4期。

吴晓波、朱培忠、吴东等:《后发者如何实现快速追赶?——一个二次商业模式创新和技术创新的共演模型》,《科学学研究》2013年第11期。

吴晓波:《"中国制造2025"的商业模式转型》,《西部大开发》2015年第7期。

吴义刚:《创业氛围:基于内生演化的视角》,硕士学位论文,安徽大学,2010年。

吴增源、易荣华、张育玮等:《新创企业如何进行商业模式创新?——基于内外部新知识的视角》,《中国软科学》2018年第3期。

奚艳燕:《民营企业跨国并购战略的制度创业过程研究》,《管理案例研究与评论》2014年第1期。

项国鹏、李武杰、肖建忠:《转型经济中的企业家制度能力:中国企业家的实证研究及其启示》,《管理世界》2009年第11期。

项国鹏、罗兴武:《价值创造视角下浙商龙头企业商业模式演化机制——基于浙江物产的案例研究》,《商业经济与管理》2015年第1期。

项国鹏、宁鹏、黄玮等:《工业生态学研究足迹迁移——基于Citespace Ⅱ的分析》,《生态学报》2016年第22期。

项国鹏、张志超、罗兴武:《利益相关者视角下开拓型制度创业机制研究——以阿里巴巴为例》,《科技进步与对策》2017年第2期。

项国鹏、阳恩松:《国外制度创业策略理论探析及未来展望》,《科技进步与对策》2013年第13期。

项国鹏、杨卓、罗兴武:《价值创造视角下的商业模式研究回顾与理论框架构建——基于扎根思想的编码与提炼》,《外国经济与管理》2014年第6期。

项国鹏、喻志斌、迟考勋:《转型经济下企业家制度能力对民营企业成长的作用机理——吉利集团和横店集团的案例研究》,《科技进步与对策》2012年第15期。

项国鹏、张志超、罗兴武:《利益相关者视角下开拓型制度创业机制研究——以阿里巴巴为例》,《科技进步与对策》2017年第2期。

项国鹏:《从战略系统观视角分析"浙商"战略转型》,《科技进步与对策》2009年第1期。

谢德荪:《致中国企业的创新公开信》,《科技创业》2012年第7期。

谢家琳:《实地研究中的问卷调查法》,载于陈晓萍、徐淑英、樊景立主编《组织与管理研究的实证方法》,北京大学出版社2008年版。

邢小强、周平录、张竹等:《数字技术、BOP商业模式创新与包容性市场构建》,《管理世界》2019 年第 12 期。

徐万里、孙海法、王志伟、钱锡红:《中国企业战略执行力维度结构及测量》,《中国工业经济》2008 年第 10 期。

闫春:《组织二元性对开放式创新绩效的作用机理——商业模式的中介作用》,《科学学与科学技术管理》2014 年第 7 期。

阎婧、刘志迎、郑晓峰:《环境动态性调节作用下的变革型领导、商业模式创新与企业绩效》,《管理学报》2016 年第 8 期。

颜安、周思伟:《虚拟整合的概念模型与价值创造》,《中国工业经济》2011 年第 7 期。

杨俊、薛鸿博、牛梦茜:《基于双重属性的商业模式构念化与研究框架建议》,《外国经济与管理》2018 年第 4 期。

姚明明、吴东、吴晓波等:《技术追赶中商业模式设计与技术创新战略共演——阿里巴巴集团纵向案例研究》,《科研管理》2017 年第 5 期。

姚明明、吴晓波、石涌江、戎珂、雷李楠:《技术追赶视角下商业模式设计与技术创新战略的匹配术——个多案例研究》,《管理世界》2014 年第 10 期。

尹锋:《刘强东震惊电商市场》,《资本市场》2014 年第 5 期。

于晓宇、赵红丹、范丽先:《管理研究设计与方法》,机械工业出版社 2019 年版。

余菲菲、燕蕾:《创新社区中用户创新的创新效应及意见探究:以海尔 HOPE 创新平台为例》,《科学学与科学技术管理》2017 年第 2 期。

原磊:《商业模式分类问题研究》,《中国软科学》2008 年第 5 期。

原磊:《商业模式体系重构》,《中国工业经济》2007 年第 6 期。

原欣伟、覃正、伊景冰:《学习—绩效互动对创新和绩效影响的实证研究》,《科学学研究》2006 年第 6 期。

云乐鑫:《创业网络对商业模式内容创新影响及作用机制的实证研究》,博士学位论文,南开大学,2014 年。

曾楚宏、朱仁宏、李孔岳:《基于价值链理论的商业模式分类及其演化规律》,《财经科学》2008 年第 6 期。

曾锵:《大数据驱动的商业模式创新研究》,《科学学研究》2019 年第 6 期。

曾小龙:《论利益相关者与公司监控权基础》,《教学与研究》2001 年第 2 期。

张根明、易睿:《企业家商业模式创新行为分析》,《财经理论与实践》

2013年第1期。

张敬伟、王迎军：《基于价值三角形逻辑的商业模式概念模型研究》，《外国经济与管理》2010年第6期。

张君立、蔡莉、朱秀梅：《社会网络、资源获取与新创企业绩效关系研究》，《工业技术经济》2008年第5期。

张璐、周琪、苏敬勤等：《基于战略导向与动态能力的商业模式创新演化路径研究——以蒙草生态为例》，《管理学报》2018年第11期。

张璐、周琪、苏敬勤等：《新创企业如何实现商业模式创新？——基于资源行动视角的纵向案例研究》，《管理评论》2019年第9期。

张明、杜运周：《组织与管理研究中QCA方法的应用：定位、策略和方向》，《管理学报》2019年第9期。

张维迎：《产权、政府与信誉》，《读书》2001年第6期。

张伟雄、王畅：《因果关系理论的建立——结构方程模型》，载陈晓萍、徐淑英、樊景立主编《组织与管理研究的实证方法》，北京大学出版社2008年版。

张炜、谢吉华、邢潇：《中小科技企业创业价值与成长绩效关系实证研究》，《科学学与科学技术管理》2007年第11期。

张文彤、邝春伟：《SPSS统计分析基础教程》，高等教育出版社2011年版。

张玉利、田新：《创业者风险承担行为透析——基于多案例深度访谈的探索性研究》，《管理学报》2010年第1期。

章美锦：《集群化产业发展的政策导向与环境构建》，《广东社会科学》2010年第4期。

郑素丽：《组织间资源对企业创新绩效的作用机制研究》，硕士学位论文，浙江大学，2008年。

周文辉、陈凌子、邓伟等：《创业平台、创业者与消费者价值共创过程模型：以小米为例》，《管理评论》2019年第4期。

朱瑞博、刘志阳、刘芸：《架构创新、生态位优化与后发企业的跨越式赶超——基于比亚迪、联发科、华为、振华重工创新实践的理论探索》，《管理世界》2011年第7期。

朱晓武：《区块链技术驱动的商业模式创新：DIPNET案例研究》，《管理评论》2019年第7期。

Abdelkafi, N., Makhotin, S., Posselt, T., "Business Model Innovations for Electric Mobility: What Can be Learned from Existing Business Model

Patterns?" *International Journal of Innovation Management*, 2013, 17: 1 - 42.

Achtenhagen, L., Melin, L., Naldi, L., "Dynamics of Business Models-Strategizing, Critical Capabilities and Activities for Sustained Value Creation", *Long Range Planning*, 2013, 46 (6): 427 - 442.

Aderson, J. C., Gerbing, D. W., "Structural Equation Modeling in Practice: A Review and Recommended Two Step Approach", *Psychological Bulletin*, 1988, 103 (5): 411 - 423.

Adizes, I., *Corporate Lifecycles: How and Why Corporations Grow and Die and What to Do about It*, New York: Prentice Hall, 1989.

Adomako, S., Quartey, S. H., Narteh, B., "Entrepreneurial Orientation, Passion for Work, Perceived Environmental Dynamism and firm Performance in an Emerging Economy", *Journal of Small Business & Enterprise Development*, 2016, 23 (3): 728 - 752.

Afuah, A., Tucci, C. L., *Internet Business Models and Strategies: Text and Cases*, Second Edition. John E. Biernat, 2001.

Aidis, R., Estrin, S., Mickiewicz, T., "Institutions and Entrepreneurship Development in Russia: A Comparative Perspective", *Journal of Business Venturing*, 2008, 23 (6): 656 - 672.

Akaike, H., "Factor analysis and AIC", *Psychometrika*, 1987, 52 (3): 317 - 332.

Al-Debei, M., Avison, D., "Developing a Unified Framework of The Business Model Concept", *European Journal of Information Systems*, 2010, 19 (3): 359 - 376.

Aldrich, H. E., Fiol, M., "Fools Rush in? The Institutional Context of Industry Creation", *Academy of Management Review*, 1994, 19 (4): 645 - 770.

Aldrich, H. E., Auster, E. R., "Even Dwarfs Started Small: Liabilities of Age and Size and their Strategic Implications", *Research in Organizational Behavior*, 1986, 8: 165 - 198.

Alt, Zimmerman, "Introduction to Special Section on Business Models", *Electron Mark*, 2001, 11 (1): 3 - 9.

Amburgey, T. L., Rao, H., "Organizational Ecology: Past, Present, and Future Directions", *The Academy of Management Journal*, 1996, 39 (5): 1265 - 1286.

Amezcua, A. S., Grimes, M. G., Bradley, S. W., Wiklund, J., "Organizational Sponsorship and Founding Environments: A Contingency View on the Survival of Business-incubated Firms, 1994 – 2007", *Academy of Management Journal*, 2013, 56 (6): 1628 – 1654.

Amit, R., Zott, C., "Creating Value Through Business Model Innovation", *MIT Sloan Management Review*, 2012, 53 (3): 41 – 49.

Amit, R., Zott, C., "Value Creation in E-Business", *Strategic Management Journal*, 2001, 22 (6/7): 493 – 520.

Andries, P., Debackere, K., "Adaptation and Performance in New Businesses: Understanding the Moderating Effects of Independence and Industry", *Small Business Economics*, 2007, 29 (1/2): 81 – 99.

Applegate, "Emerging E-business Models", *Harvard Bus Rev*, 2001, 79 (1): 79 – 87.

Arnold, D. J., Quelch, J. A., "New Strategies in Emerging Markets", *Sloan Management Review*, 1998, 40 (1): 7 – 20.

Ashforth, B., Gibbs, B. W., "The Double-Edge of Organizational Legitimation", *Organization Science*, 1990, 1 (2): 177 – 194.

Aspara, J., "Business Model Innovation vs Replication: Financial Performance Implications of Strategic Emphases", *Journal of Strategic Marketing*, 2010, 18 (1): 39 – 56.

Aspara, J., Lamberg, J. A., Laukia, A., Tikkanen, H., "Strategic Management of Business Model Transformation: Lessons from Nokia", *Management Decision*, 2011, 49 (4): 622 – 647.

Aspara, J., Lamberg, J. - A., Laukia, A. & Tikkanen, H., "Corporate Business Model Transformation and Interorganisational Cognition: The Case of Nokia", *Long Range Planning*, 2013, 46: 459 – 474.

Baden-Fuller, C., Haefliger, S., "Business Models and Technological Innovation", *Long Range Planning*, 2013, 46 (6): 419 – 426.

Baden-Fuller, C., Morgan, M. S., "Business Models as Models", *Long Range Planning*, 2010, 43 (2/3): 156 – 171.

Barkema, H. G., Baum, J. A. C., Mannix, E. A., "Management Challenges in a New Time", *Academy of Management Journal*, 2002, 45 (5): 916 – 930.

Barney, J., "Firms Resources and Sustained Competitive Advantage", *Journal of Management*, 1991, 17 (1): 99 – 120.

Baron, R. M., Kenny, D. A., "The Moderator-mediator Variable Distinction in Social Psychological Research: Conceptual, Strategic, and Statistical Considerations", *Journal of Personality and Social Psychology*, 1986, 51 (6): 1173 –1182.

Bashir, M., Verma, R., "Internal Factors & Consequences of Business Model Innovation", *Management Decision*, 2019, 57 (1): 262 –290.

Battilana, J., Leca, B., "The Role of Resources in Institutional Entrepreneurship: Insights for an Approach to Strategic Management That Combines Agency and Institution", *Handbook of Research on Strategy and Foresight*, 2009: 260 –274.

Battistella, C., Biotto, G., Toni, D. A. F., "From Design Driven Innovation to Meaning Strategy", *Management Decision*, 2012, 50 (4): 718 –743.

Baum, J., Locke, E. A., "Smith K. G. A Multidimensional Model of Venture Growth", *Academic Management Journal*, 2001, 44 (2): 292 –304.

Bellman, R., Clark, C. E., "Malcolm D. G. Craft C. J. Ricciardi F. M. On the Construction of a Multi-Stage, Multi-Person Business Game", *Operations Research*, 1957, 5 (4): 469 –503.

Berglund, H., Sandström, C., "Business Model Innovation from an Open Systems Perspective: Structural Challenges and Managerial Solutions", *International Journal of Product Development*, 2013, 18: 274 –285.

Betz, "Strategic Business Models", *Eng Manag J*, 2002, 14 (1): 21 –27.

Bhide, A., *The Origin and Evolution of New Businesses*, New York: Oxford University Press, 2000.

Blank, S., Dorf, B., "The Strartup Owner's Manual: The Step-by-Step Guide for Building a Great Company", *California: K&S Ranch Press*, 2012.

Blees, J., Kemp, R., Maas, J., Mosselman, M., et al., "Barriers to Entry: Differences in Barriers to Entry for SMEs and Large Enterprises", *Research report/EIM, Business & Policy Research* (*H*200301), 2003: 1 –151.

Bock, A. J., Opsahl, T., George, G., et al., "The Effects of Culture and Structure on Strategic Flexibility during Business Model Innovation", *Journal of Management Studies*, 2012, 49 (2): 279 –305.

Bocken, N. M. P., Short, S. W., Rana, P., et al., "A Literature and Practice Review to Develop Sustainable Business Model Archetypes", *Journal of Cleaner Production*, 2014, 65: 42 –56.

Bohnsack, R., Pinkse, J., Kolk, A., "Business Models for Sustainable Technologies: Exploring Business Model Evolution in the Case of Electric Vehicles", *Research Policy*, 2014, 43 (2): 284-300.

Boisot, M., Meyer, M. W., "Which Way Through the Open Door? Reflections on the Internationalization of Chinese Firms", *Management and Organization Review*, 2008, 4 (3): 349-365.

Boons, F., Lüdeke-Freund, F., "Business Models for Sustainable Innovation: State-of-the-art and Steps Towards a Research Agenda", *Journal of Cleaner Production*, 2013, 45: 9-19.

Boulding, W., Christen, M., "First Mover Disadvantage", *Harvard Business Review*, 2001, 79 (9): 20-21.

Brislin, R. W., "Expanding the Role of the Interpreter to Include Multiple Facets of Intercultural Communication", *International Journal of Intercultural Relations*, 1980, 4 (2): 137-148.

Brown, N., Deegan, C., "The Public Disclosure of Environmental Performance Information—A Dual Test of Media Agenda Setting Theory and Legitimacy Theory", *Accounting and Business Research*, 1998, 29 (1): 21-41.

Browne, M. W., Cudeck, R., "Single Sample Cross-Validation Indices for Covariance Structures", *Multivariate Behavioral Research*, 1989, 24 (4): 445.

Bucherer, E., Eisert, U., Gassmann, O., "Towards Systematic Business Model Innovation: Lessons from Product Innovation Management", *Creativity & Innovation Management*, 2012, 21: 183-198.

Burt, R., *Structural Holes*, Cambridge, MA: Harvard Business Press, 1992.

Carpenter, R. E., Peterson, B. C., "Is the Growth of Small Firms Constrained by Internal Finance?", *Review of Economics and Statistics*, 2002, 84: 298-309.

Carroll, G. R., Hannan, M. T., "Density Dependence in the Evolution of Populations of Newspaper Organizations", *American Sociological Review*, 1989, 54 (4): 524-541.

Casadesus-Masanell, R., Ricart, J. E., "From Strategy to Business Models and onto Tactics", *Long Range Planning*, 2010, 43 (2/3): 195-215.

Casadesus-Masanell, R., Ricart, J. E., "How to Design a Winning Business Model", *Harvard Business Review*, 2011, 89 (1/2): 101-107.

Casadesus-Masanell, R., Zhu, F., "Business Model Innovation and Competitive Imitation: The Case of Sponsor-Based Business Models", *Strategic Management Journal*, 2013, 34 (4): 464 – 482.

Castrogiovanni, G. J., "Environmental Munificence: A Theoretical Assessment", *Academy of Management Review*, 1991, 16 (3): 542 – 565.

Cavalcante, S., "Preparing for Business Model Change: The 'Prestage' Finding", *Journal of Management & Governance*, 2014, 18 (4): 449 – 469.

Cavalcante, S., Peter, K., Parm, J., "Business Model Dynamics and Innovation: (Re) establishing the Missing Linkages", *Management Decision*, 2011, 49 (8): 1327 – 1342.

Certo, S., Hodge, F., "Top Management Team Prestige and Organizational Legitimacy: An Examination of Investor Perceptions", *Journal of Management Issues*, 2007, 19 (4): 461 – 477.

Chandler, G. N., Detienne, D. R., Mckelvie, A., "Causation and Effectuation Processes: A Validation Study", *Journal of Business Venturing*, 2011, 26 (3): 375 – 390.

Chen, C., "CiteSpace II: Detecting and visualizing emerging trends and transient patterns in scientific literature", *Journal of the American Society for Information Science and Technology*, 2006, 57 (3): 359 – 377.

Chen, C., "The Centrality of Pivotal Points in the Evolution of Scientific Networks, 2005", *ACM*, 2005.

Chen, J., Zhang, R., Wu, D., "Equipment Maintenance Business Model Innovation for Sustainable Competitive Advantage in the Digitalization Context: Connotation, Types, and Measuring", *Sustainability*, 2018, 10 (11): 1 – 21.

Cheng, R., "Layoffs and Urban Poverty in the State-Owned Enterprise Communities", *Social Indicators Research*, 2014, 116 (1): 199 – 233.

Chesbrough, H., "Designing Corporate Ventures in the Shadow of Private Venture Capital", *California Management Review*, 2000, 42 (3): 31 – 49.

Chesbrough, H., The Governance and Performance of Xerox's Technology Spin-off Companies", *Research Policy*, 2003, 32 (3): 403 – 421.

Chesbrough, H. W., "Business Model Innovation: Opportunities and Barriers", *Long Range Planning*, 2010, 43 (2/3): 354 – 363.

Chesbrough, H. W., "Open Business Models: How to Thrive in the New Innovation Landscape", *Journal of Product Innovation Management*, 2009, 17 (4): 406 – 408.

Chesbrough, H. W., "Why Companies Should Have Open Business Models?", *MIT Sloan Management Review*, 2007, 48 (2): 22 - 28.

Chesbrough, H., Ahern, S., Finn, M., Guerraz, S., "Business Models for Technology in the Developing World: The Role of Non-Governmental Organizations", *California Management Review*, 2006, 48 (3): 48 - 61.

Chesbrough, H., Rosenbloom, R. S., "The Role of the Business Model in Capturing Value from Innovation: Evidence from Xerox Corporation's Technology Spin-Off Companies", *Industrial and Corporate Change*, 2002, 11 (3): 529 - 555.

Chester, K. M., Au Joe, S. C., Kan, C. W., "Uncovering Business Model Innovation Contexts: A Comparative Analysis by fsQCA Methods", *Journal of Business Research*, 2019, 101 (8): 783 - 796.

Child, J., "Organizational Structure, Environment and Performance: The Role of Strategic Choice", *Sociology*, 1972, 6 (1): 1 - 22.

Cho, D. S., Kim, D. J., Rhee, D. K., "Latecomer Strategies: Evidence from the Semiconductor Industry in Japan and Korea", *Organization Science*, 1998, 9 (4): 489 - 505.

Christensen, C. M., "The Innovator's Dilemma: When New Technologies Cause Great Firms To Fail", *Boston, MA: Harvard Business School Press*, 1997.

Christensen, C. M., "The Ongoing Process of Building a Theory of Disruption", *Journal of Product Innovation Management*, 2006, 23 (4): 39 - 55.

Churchill, G., Ford, N., Walker, O., *Sales Force Management 4th Edition*, Homewood, 1992.

Churchill, G. A., "A Paradigm for Developing Better Measures of Marketing Constructs", *Journal of Marketing Research*, 1979: 64 - 73.

Clark, W. B., "Management and Control of Modern Technologies", *Technology in Society*, 1988, 10 (2): 205 - 232.

Cohen, J., Cohen, P., West, S. G., Aiken, L. S., *Applied Multiple Regression/Correlation Analysis for the BehavioraJ Sciences* (3rd ed.), Hillsdale, NJ: Erlbaum, 2003.

Collins, D. L., Roman, F. J., Chan, H. C., "An Empirical Investigation of the Relationship between Profitability Persistence and Firms' Choice of Business Model: Evidence from the U. S. Airline Industry", *Journal of Management Accounting Research*, 2011, 23 (1): 37 - 70.

Covin, J. G., Slevin, D. P., "A Conceptual Model of Entrepreneurship As Firm Behavior", *Entrepreneurship Theory and Practice*, 1991, 16 (1): 7 – 25.

Coye, M. J., Haselkorn, A., DeMello, S., "Remote Patient Management: Technology-Enabled Innovation and Evolving Business Models for ChronicDisease Care", *Health Affairs*, 2009, 28: 126 – 135.

Cucculelli, M., Bettinelli, C., KURATKO, D. F., et al., "Business models, intangibles and firm performance: evidence on corporate entrepreneurship from Italian manufacturing SMEs", *Small business economics*, 2015, 45 (2): 329 – 350.

Dacin, M. T., Oliver, C., Roy, J., "The Legitimacy of Strategic Alliances: an Institutional Perspective", *Strategic management journal*, 2007, 28 (2): 169 – 187.

Damanpour, F., "Organizational Complexity and Innovation: Developing and Testing Multiple Contingency Models", *Management science*, 1996, 42 (5): 693 – 716.

De Clercq, D., Danis, W. M., Dakhli, M., "The Moderating Effect of Institutional Context on the Relationship Between Associational Activity and new Business Activity in Emerging Economies", *International business review*, 2010, 19 (1): 85 – 101.

De Reuver, M., Bouwman, H., Haaker, T., "Business Model Roadmapping: A Practical Approach to Come From an Existing to a Desired Business model", *International Journal of Innovation Management*, 2013, 17 (1): 1340006.

Deeds, D. L., Mang, P. Y., Frandsen, M. L., "The Influence of Firms' and Industries' Legitimacy on the Flow of Capital into High-technology Ventures", *Strategic Organization*, 2004, 2 (1): 9 – 34.

Deephouse, D. L., "To Be Different, or to Be the Same? It's a Question (And Theory) of Strategic Balance", *Strategic Management Journal*, 1999, 20 (2): 147 – 166.

Deephouse, D. L., Suchman, M., *Legitimacy in Organizational Institutionalism*, Los Angeles, London: Sage Publications, 2008.

Deephouse, D. L., "Does Isomorphism Legitimate?", *The Academy of Management Journal*, 1996, 39 (4): 1024 – 1039.

Deephouse, D. L., Suchman, M., "Legitimacy in Organizational Institutionalism", GREENWOOD, R., *Handbook of Organizational Institutionalism*, London: Sage, 2008: 49 - 78.

Delbridge, R., Edwards, T., "Challenging Conventions: Roles and Processes during Non-isomorphic Institutional Change", *Human Relations*, 2008, 61 (3): 299 - 325.

Delmar, F., Shane, S., "Legitimating First: Organizing Activities and the Survival of New Ventures", *Journal of Business Venturing*, 2004, 19 (3): 385 - 410.

Demil, B., Lecocq, X., "Business Model Evolution: In Search of Dynamic Consistency", *Long Range Planning*, 2010, 43 (2/3): 227 - 246.

Desarbo, W., Benedetto, C. A. D., Song, M., Sinha, I., "Revisiting the Miles and Snow Strategic Framework: Uncovering Interrelationships between Strategic Types, Capabilities, Environmental Uncertainty, and Firm Performance", *Strategic Management Journal*, 2005, 26 (1).

Deshler, R., Smith, K., *Making Business Model Innovation Stick*, New York: Human Resource Planning Society, 2011: 34, 18.

Dess, G., Lumpkin, G. T., McFarlin, D., "The Role of Entrepreneurial Orientation in Stimulating Effective Corporate Entrepreneurship", *The Academy of Management Executive*, 2005, 19 (1): 147 - 156.

DeVellis, R. F., *Scale Development: Theory and Applications*, 2nd ed., Thousand Oaks, CA., 2003.

DiMaggio, P. J., *Interest and Agency in Institutional Theory*, Institutional Patterns and Organizations: Culture and Environment, 1988.

DiMaggio, P. J., "Powell W. W. The Iron Cage Revisited: Institutional Isomorphism and Collective Rationality in Organizational Fields", *American Sociological Review*, 1983, 48 (2): 147 - 160.

Donath, R., "Taming E-business Models. ISBM Business Marketing web Consortium 3 (1)", *State College (PA): Institute for the Study of Business Markets*, 1999: 1 - 24.

Douglas, E. J., Shepherd, D. A., Prentice, C., "Using Fuzzy-set Qualitative Comparative Analysis for a Finer-grained Understanding of Entrepreneurship", *Journal of Business Venturing*, 2020, 35 (1): 105970.

Dowling, J., Pfeffer, J., "Organizational Legitimacy: Social Values and Organizational Behavior", *The Pacific Sociological Review*, 1975, 18 (1):

122 - 136.

Doz, Y. L., Kosonen, M., "Embedding Strategic Agility: A Leadership Agenda for Accelerating Business Model Renewal", *Long Range Planning*, 2010, 43 (4): 370 - 382.

Droege, S., Johnson, N. B., "Broken Rule and Constrained Confusion: Toward A Theory of Meso-institutions", *Management and Organization Review*, 2007, 4 (1): 81 - 104.

Drori, I., Honig, B., "A Process Model of Internal and External Legitimacy", *Organization Studies*, 2013, 34 (3): 345 - 376.

Dubosson-Torbay, M., Osterwalder, A., Pigneur, Y., "E-business Model Design, Classification, and Measurements", *Thunderbird international business review*, 2002, 44 (1): 5 - 23.

Dunford, R., Palmer, I., Benveniste, J., "Business Model Replication for Early and Rapid Internationalisation: The ING Direct Experience", *Long range planning*, 2010, 43 (5/6): 655.

Dunn, S. C., Seaker, R. F., Waler, M. A., "Latent Variables in Business Logistics Research: Scale Development and Validation", *Journal of Business Logistics*, 1994, 15: 145 - 145.

Dyer, W. G., Wilkins, A. L., "Better Stories, Not Better Constructs, to Generate Better Theory: A Rejoinder to Eisenhardt", *Academy of Management Review*, 1991, 16 (3): 613 - 619.

Easton, G., "A Critical Review of Marketing: Market Networks and Interfirm Relationships", *British Journal of Management*, 1995, 12: S83.

Edwards, J. R., Lambert, L. S., "Methods for Integrating Moderation and Mediation: A General Analytical Framework Using Moderated Path Analysis", *Psychological Methods*, 2007, 12 (1): 1 - 22.

Eisenhardt, K. M., "Building Theories from Case Study Research", *Academy of Management Review*, 1989, 14 (4): 532 - 550.

Eisenmann, T. R., Parker, G., Alstyne, M. W., *Opening Platforms: How, When and Why? Platforms, Markets and Innovation*, Cheltenham, UK: Edward Elgar, 2009.

Eisenmann, T., Parker, G., Van Alstyne, M. W., "Strategies for Two-Sided Markets", *Harvard Business Review*, 2006, 84 (10): 92 - 101.

Elsbach, K. D., "Managing Organizational Legitimacy in the California Cattle

Industry: The Construction and Effectiveness of Verbal Accounts", *Administrative Science Quarterly*, 1994, 39 (1): 57 – 88.

Eppler, M. J., Hoffmann, F., Bresciani, S., "New Business Models Through Collaborative Idea Generation", *International Journal of Innovation management*, 2011, 15 (6): 1323 – 1341.

Estrin, S., Hanousek, J., Kocenda, E., Svejnar J. "The Effects of Privatization and Ownership in Transition Economies", *Journal of Economic Literature*, 2009, 47: 699 – 728.

Evans, J. D., Johnson, R. O., "Tools for Managing Early-Stage Business Model Innovation", *Research Technology Management*, 2013, 56 (5): 52 – 56.

Faccio, M., "Politically Connected Firms", *American Economic Review*, 2006, 96 (1): 369 – 386.

Fennel, R. S., Fitzsimmons, J. R., Zalenski, R., Carroll, R. G., "I131-Ortho-Hippurate Scanning in the Pediatric and Adolescent Transplant Recipient", *Pediatric Research*, 1980.

Fernando, M., Beale, F., Geroy, G. D., "The Spiritual Dimension in Leadership at Dilmah Tea", *The Leadership and Organization Development Journal*, 2009, 30 (5/6).

Ferreira, F. N. H., Proença, J. F., Spencer, R., et al., "The Transition from Products to Solutions: External Business Model Fit and Dynamics", *Industrial marketing management*, 2013, 42 (7): 1093 – 1101.

Fiss, P. C., "Building Better Causal Theories: A Fuzzy Set Approach to Typologies in Organization Research", *Academy of Management Journal*, 2011, 54 (2): 393 – 420.

Fiss, P., "A Set-Theoretic Approach to Organizational Configurations", *Academy of Management Review*, 2007, 32 (4): 1180 – 1198.

Flack, O., Heblich, S., Kipar, S., "Industrial Innovation: Direct Evidence from a Cluster-Oriented Policy", *Regional Science and Urban Economics*, 2010, 40: 574 – 582.

Fligstein, N., "Social Skill and Institutional Theory", *The American Behavioral Scientist*, 1997, 40 (4): 397 – 405.

Fornell, C., Larcker, D. F., "Evaluating Structural Equation Models with Observable Variables and Measurement Error", *Journal of Marketing Research*,

1981, 18 (1): 9-50.

Foss, N. J., Saebi, T., "Fifteen Years of Research on Business Model Innovation: How Far Have We Come, and Where Should We Go?", *Journal of Management*, 2017, 43 (1): 200-227.

Francis, D. H., Sandberg, W. R., "Friendship Within Entrepreneurial Teams and Its Association with Team and Venture Performance", *Entrepreneurship Theory and Practice*, 2000, 25 (2): 5-25.

Frankenberger, K., Weiblen, T., Csik, M., et al., "The 4I-framework of Business Model Innovation: A Structured View on Process Phases and Challenges", *International Journal of Product Development*, 2013, 18: 249-273.

Fraser, H. M. A., "The Practice of Breakthrough Strategies by Design", *Journal of Business Strategy*, 2007, 28 (4): 66-74.

Freeman, C., "Networks of Innovators: A Synthesis of Research Issues", *Research Policy*, 1991, 20 (5): 499-514.

Freeman, E. R., "Strategic Management: A Stakeholder Approach", *Cambridge University Press*, 1984.

Freeman, L. C., "Centrality in Social Networks Conceptual Clarification", *Social Networks*, 1978, 1 (3): 215-239.

Freeman, R. E., "Strategic Management: AStakeholder Approach", *Pitman Publishing Inc.*, 1984.

Frye, T., Shleifer, A., "The Invisible Hand and the Grabbing Hand", *The American Economic Review*, 1997, 87 (2): 354-358.

Galaskiewicz, J., "Social Organization of an Urban Grants Economy: A Study of Business Philanthropy and Nonprofit Organizations", *Orlando, FL: Academic Press*, 1985.

Galaskiewicz, J., Wasserman, S., "Mimetic Processes Within an Interorganizational Field: An Empirical Test", *Administrative Science Quarterly*, 1989, 34 (3): 454-479.

Gambardella, A., McGahan, A. M., "Business-Model Innovation: General Purpose Technologies and Their Implications for Industry Structure", *Long Range Planning*, 2010, 43 (2/3): 262-271.

Gartner, Available at: http://www3.gartner.com, 2003.

Garud, R., Jain, S., Kumaraswamy, A., "Institutional Entrepreneurship in the Sponsorship of Common Technological Standards: The Case of Sun Microsystems and Java", *Academy of Management Journal*, 2002, 45 (1): 196-214.

George, G., Bock, A. J., "The Business Model in Practice and Its Implication for Entrepreneurship Research", *Entrepreneurship Theory and Practice*, 2011, 35 (1): 83-111.

Gerasymenko, V., Clercq, D., Sapienza, H. J., "Changing the Business Model: Effects of Venture Capital Firms and Outside CEOs on Portfolio Company Performance", *Strategic Entrepreneurship Journal*, 2015, 9 (1): 79-98.

Giesen, E., Riddleberge, E., Christner, R., "When and How to Innovate Your Business Model", *Strategy & Leadership*, 2010, 38 (4): 17-26.

Giesen, E., Berman, J., Bell, R., et al., "Three Ways to Successfully Innovate Your Business Model", *Strategy & Leadership*, 2007, 35 (6): 27-33.

Girotra, K., Netessine, S., "Business Model Innovation for Sustainability", *Manufacturing & Service Operations Management*, 2013, 15: 537-544.

Girotra, K., Netessine, S., *Four Paths to Business Model Innovation*, Boston: Harvard Business Review, 2014: 92, 97.

Gordijn, J., Akkermmans, H., "Designing and Evaluating E-business Models", *Intelligent E-Business*, 2001, (7/8): 11-17.

Granovetter, M., "Culture, Control and Commitment: A Study of Work Organization and Work Attitudes in the United States and Japan", *Contemporary Sociology*, 1990, 19 (6): 789-791.

Granovetter, M., "The Strength of Weak Ties", *American Journal of Sociology*, 1973, 78 (6): 1360-1380.

Greenwood, R., et al., "Theorizing Change: The Role of Professional Associations in Transformation of Institutionalized Fields", *Academy of Management Journal*, 2002, 45 (1): 58-80.

Greenwood, R., Suddaby, R., "Institutional Entrepreneurship in Mature Fields: the Big Five Accounting Firms", *Academy of Management Journal*, 2006, 49 (1).

Grimes, M. G., "To Thine Own Self be True? The Process and Consequences of 'Pivoting' during Idea-stage Entrepreneurship", *Vanderbilt University*, 2012.

Günzel, F., Holm, A. B., "One Size Does not fit all: Understanding the Front-end and Backend of Business Model Innovation", *International Journal of Innovation Management*, 2013, 17 (1): 1340002.

Hagel, J., Singer, M., "Unbundling the Corporation", *Harvard Business Review*, 1997, 77 (2): 133 – 141.

Hair, J. F., Anderson, R. E., Tatham, R. L., et al., "Multivariate Data Analysis (5th Ed.)", *Prentice Hall International: UK.*, 1998.

Haire, M., *Biological Models and Empirical History of the Growth of Organizations: Modern Organizational Theory*, New York: John Wiley and Sons, 1959.

Hamel, G., *Leading the Revolution*, Boston: Harvard Business School Press, 2000.

Hamel, G., "The Challenge Today: Changing the Rules of the Game", *Business Strategy Review*, 1998, 9 (2): 19 – 26.

Hammer, M., "Deep Change. How Operational Innovation Can Transform Your Company", *Harvard Business Review*, 2004, 82 (4): 84 – 93.

HanafizadehI, P., Nikabadi, M. S., "Framework for Selecting an Appropriate E-Business Model in Managerial Holding Companies: Case Study: Iran Khodro", *Journal of Enterprise Information Management*, 2011, 24 (3): 237 – 267.

Hannan, M., Freeman, J., "The Population Ecology of Organizations", *American Journal of Sociology*, 1977, 82 (5): 929 – 964.

Hannan, M., Freeman, J., *Orgnizational Ecology*, Cambridge, MA: Harvard University Press, 1989.

Hargadon, A. B., Douglas, Y., "When Innovations Meet Institutions: Edison and the Design of the Electric Light", *Administrative Science Quarterly*, 2001, 46 (3): 476 – 501.

Hart, S., Christensen, C. M., "The Great Leap: Driving Innovation From the Base of the Pyramid", *Mit Sloan Management Review*, 2002, 44 (1): 51 – 56.

Haunschild, P. R., Miner, A. S., "Modes of Interorganizational Imitation: The Effects of Outcome Salience and Uncertainty", *Administrative Science*

Quarterly, 1997, 42 (3): 472 - 500.

He, Z. L., Wong, P. K., "Exploration vs. Exploitation: An Empirical Test of the Ambidexterity Hypothesis", *Organization Science*, 2004, 15 (4): 481 - 494.

Helena, Y., Sapienzab, H. J., Hayc, M., "The Role of Contractual Governance Flexibility in Realizing the Outcomes of Key Customer Relationships", *Journal of Business Venturing*, 2001, 16 (6): 529 - 555.

Hellstrom, T., Sjolander, S., Towards a Theory of Entrepreneurial Learning, Entrepreneurial Learning and Academic Spain-offs, www. mot. chalmers. se/research/project. asp, 2005: 28 - 51.

Hildebrandt, T., "The Political Economy of Social Organization Registration in China", *The China Quarterly*, 2011, 208: 970 - 989.

Hill, S. A., Birkinshawa, J., "Strategy-organization Configurations in Corporate Venture Units: Impact on Performance and Survival", *Journal of Business Venturing*, 2008, 23 (4): 423 - 444.

Hinkin, T. R., "A review of scale development practices in the study of organizations", *Journal of Management*, 1995, (5).

Hirsch, P., Andrews, J., "Administrators` Response to Performance and Value Challenges: Stance, Symbols, and Behavior, In T. J. Sergiovanni, & J. E. Corbally (Eds), *Leadership and Organizational Culture: New Perspectives on Administrative Theory and Practice*, University of Illinois Press, 1986: 170 - 185.

Hite, J. M., Hesterly, W. S., "The Evolution of Firm Newworks: From Emergence to Early Growth of the Firm", *Strategic Management Journal*, 2001, 22: 275 - 286.

Hodge, G., Cagle, C., "Business-to-Business E-Business Models: Classification and Textile Industry Implications", *AUTEX Research Journal*, 2004, 4 (4): 211 - 227.

Holloway, S., Sebastiao, H. J., "The Role of Business Model Innovation in the Emergence of Markets: A Missing Dimension of Entrepreneurial Strategy?", *Journal of Strategic Innovation and Sustainability*, 2010, 6 (4): 86 - 101.

Holm, A. B., Günzel, F., Ulhøi, J. P., "Openness in Innovation and Business Models: Lessons from the Newspaper Industry", *International Journal of Technology Management*, 2013, 61: 324 – 348.

Hopers, G. J., Desrochers, P., Sautet, F., "The Next Silicon Valley? On the Relationship between Geographical Clustering and Public Policy", *International Entrepreneurship and Management Journal*, 2009, 15: 285 – 299.

Horowitz, "The Real Value of VARS: Resellers Lead a Movement to a new Service and Support", *Mark Compute*, 1996, 16 (4): 31 – 36.

Hoskisson, R. E., Eden, L., Lau, C. M., Wright, M., "Strategy in Emerging Economies", *Academy of Management Journal*, 2000, 43 (3): 249 – 267.

Hughes, J., Lang, K. R., Vragov, R., "An Analytical Framework for Evaluating Peer-to-Peer Business Models", *Electronic Commerce Research and Applications*, 2008, 7 (1): 105 – 118.

James, L. R., Brett, J. M., "Mediators, Moderators and Tests for Mediation", *Journal of Applied Psychology*, 1984, 69 (2): 307 – 321.

Jaworski, Kohli, "Market Orientation: Antecedents and Consequences", *Journal of Marketing*, 1993, 57 (3): 57 – 71.

Jepperson, Ronald, L., "Institutions, institutional effects, and institutionalization", In The New Institutionalism in Organizational Analysis, edited by Walter W. Powell and Paul J. DiMaggio. Chicago, IL: University of Chicago Press, 1991.

Jia, L., You, S., Du, Y., "Chinese Context and Theoretical Contributions to Management and Organization Research: A three-decade Review", *Management and Organization Review*, 2012, 8 (1): 173 – 209.

Johnson, M. W., "Seizing the White Space-Business Model Innovation for Growth and Renewal", *Harvard Business Press*: Boston, Massachusetts, 2010.

Johnson, M. W., Christensen, C. M., Kagermann, H., "Reinventing Your Business Model", *Harvard Business Review*, 2008, 86 (12): 50 – 59.

Karimi, J., Walter, Z., "Corporate Entrepreneurship, Disruptive Business Model Innovation Adoption, and Its Performance: The Case of the Newspaper Industry", *Long Range Planning*, 2016, 49 (3): 342 – 360.

Kassinis, G., Vafeas, N., "Stakeholder Pressures and Environmental Performance", *Academy of Management Journal*, 2006, 49 (1): 145 – 159.

Kastalli, I. V., Van Looy, B., "Servitization: Disentangling the Impact of Service Business Model Innovation on Manufacturing firm Performance",

Journal of Operations Management, 2013, 31 (4): 169-180.

Kazanjian, R. K., "Relation of Dominant Problems to Stages of Growth in Technology-Based New Ventures", *The Academy of Management Journal*, 1988, 31 (2): 257-279.

Keil, T., Maula, M., Syrigos, E., "Centrepreneurial Orientation Entrepreneurial Orientation, Entrenchment, and firm Value Creation", *Entrepreneurship Theory and Practice*, 2017, 41 (4): 475-504.

Khanagha, S., Volberda, H., Oshri, I., "Business Model Renewal and Ambidexterity: Structural Alteration and Strategy Formation Process During Transition to a Cloud Business Model", *R&D Management*, 2014, 44: 322-340.

Knecht, F., Friedli, T., "Wege Zur Intelligenten Positionierung von Industrielieferanten", *New Management*, 2002, (5): 66-72.

Knoke, D., "The Political Economies of Associations", *Research in Political Sociology*, 1985, (1): 211-242.

Koen, P. A., Bertels, H. M., Elsum, M. J., "The Three Faces of Business Model Innovation: Challenges for Established Firms", *Research Technology Management*, 2011, 54: 52-59.

Kohli, A. K., Jaworski, B. J., "Market Orientation: The Construct, Research Propositions, and Managerial Implications", *Journal of Marketing*, 1990, 54: 1-18.

Kolk, A., Pinkse, J., "The Integration of Corporate Govemance in Corporate Social Responsibility Disclosures", *Corporate Social Responsibility and Environmental Management*, 2010, 17 (1): 15-26.

Kostova, T., Zaheer, S., "Organizational Legitimacy under Conditions of Complexity: The case of the Multinational Enterprise", *Academy of Management Review*, 1999, 24: 64-81.

Kreiser, P. M., "Entrepreneurial Orientation and Organizational Learning: The Impact of Network Range and Network Closure", *Entrepreneurship: Theory and Practice*, 2011, 35 (5): 1025-1050.

Lacey, R., Fiss, P. C., "Comparative Organizational Analysis across Multiple Levels: A Set-theoretic Approach", *Research in the Sociology of Organizations*, 2009, 26: 91-116.

Langlosis, R. N., "The Entrepreneurial Theory of the Firm and the Theory of the Entrepreneurial Firm", Working Paper, Department of Economics. University of Connecticut. Storrs, 2005.

Lee, C. K., Hung, S. C., "Institutional Entrepreneurship in the Informal Economy: China's Shan-Zhai Mobile Phones", *Strategic Entrepreneurship Journal*, 2014, 8 (1): 16 – 36.

Lee, T. W., "On Qualitative Research in AMJ", *Academy of Management Journal*, 2001, 44 (2): 215 – 216.

Leem, C. S., Jeon, N. J., Choi, J. H., Shin, H. G., "A Business Model (BM) Development Methodology in Ubiquitous Computing Environments", *Computational Science and Its Applications*, 2005.

Lewis, V. L., Churchill, N. C., "The Five Stages of Small Business Growth", *Harvard Business Review*, 1983, 61 (3): 30 – 50.

Li, H., "Atuahene-Gima K. Product Innovation Strategy and Performance of New Technology Ventures in China", *Academy of Management Journal*, 2001, 44 (6): 1123 – 1134.

Li, S. M., Xia, J., "The Roles and Performance of State Firms and Non~State Firms in China's Economic Transition", *World Development*, 2008, 36: 39 – 54.

Li, Y., Wei, Z., Zhao, J., et al., "Ambidextrous Organizational Learning, Environmental Munificence and New Product Performance: Moderating Effect of Managerial Ties in China", *International Journal of Production Economics*, 2013, 146 (1): 95 – 105.

Li, Y., Guo, H., Liu, Y., "Incentive Mechanisms, Entrepreneurial Orientation and Technology Commercialization: Evidence from China's Transitional Economy", *Journal of Product Innovation Management*, 2008, 25 (1): 63 – 78.

Liebermann, M. B., Montgomery, D. B., "First-mover Advantages", *Strategic Management Journal*, 1988, 9 (S1): 36 – 56.

Linder, J., Cantrell, S., "Carved in Water: Changing Business Models Fluidly", *Accenture Institute for Strategic Change Research Report*, 2000: 8 – 10.

Liu, Y., "Reform from Below: The Private Economy and Local Politics in the Rural Industrialization of Wenzhou", *China Quarterly*, 1992, 130: 293 – 316.

Lounsbury, M., Glynn, M. A., "Cultural Entrepreneurship: Stories, Legitimacy and the Acquisition of Resources", *Strategic Management Journal*, 2001, 22 (6/7): 545-564.

Lumpkin, T., Dess, G., "Clarifying the Entrepreneurial Orientation Construct and Linking it to Performance", *Academy of Management Review*, 1996, 21 (1): 135-172.

Luo, X. W., "Motive Power Model and Technology Routing of BEZ Development Mechanism Under the Visual Angle of Industry Chain", *Advances in Information Sciences and Service Sciences*, 2012, 20 (11): 345-352.

Luo, X. W., Cao, D. M., Tjahjono, B., Adegbile, A., "Business Model Innovation Themes of Emerging Market Enterprises: Evidence in China", *Journal of Business Research*, 2022, 139 (2): 1619-1630.

Luo, X. W., Huang, F. F., Tang, X. B., Li, J. L., "Government subsidies and firm performance: Evidence from High-tech Start-ups in China", *Emerging Markets Review*, 2021, 49 (12): 1-10.

Luo, X. W., Liu, Y., Kang, T. W., "Exploring Business Model Evolution Mechanism from the Perspective of Value Creation: A Case Study of Chinese Circulation firm", *Journal of Distribution and Management Research*, 2016, 19 (3): 61-72.

Luo, X. W., Zhang, L. Y., "The Optimal Scheduling Model for Agricultural Machinery Resources with Time-Window Constraints", *International Journal of Simulation Modelling*, 2016, 15 (4): 721-731.

Magretta, J., "Why Business Model Matter", *Harvard Business Review*, 2002, 80 (5): 86-92.

Maguire, S., Hardy, C., Lawrence, T. B., "Institutional Entrepreneurship in Emerging Fields: HIV/AIDS Treatment Advocacy in Canada", *Academy of Management Journal*, 2004, 47 (5): 657-679.

Mahadevan, B., "Business Models for Internet-Based E-Commerce: An Anatomy", *California Management Review*, 2000, 42 (4): 55-69.

Maier, M. W., Emery, D., Hilliard, R., "Software Architecture: Introducing IEEE Standard 1471", *Computer (Long Beach, Calif.)*, 2001, 34 (4): 107-109.

Malone, T. W., Weill, P., Lai, R. K., D'Urso, V., Herman, G., "Do Some Business Models Perform Better than Others?", *Social Science Electronic Publishing*, 2006.

Manolova, T. S., Eunni, R. V., Gyoshev, B. S., "Institutional Environments for Entrepreneurship: Evidence from Emerging Economies in Eastern Europe", *Entrepreneurship: Theory and Practice*, 2008, 32 (1): 203-218.

Mansour, D., Barandas, H., "High-tech Entrepreneurial Content Marketing for Business Model Innovation", *Journal of Research in Interactive Marketing*, 2017, 11 (3): 296-311.

Marino, L. D., Lohrke, F. T., Hill, J. S., Weaver, K. M., Tambunan, T., "Environmental Shocks and SME Alliance Formation Intentions in an Emerging Economy: Evidence from the Asian Financial Crisis in Indonesia", *Entrepreneurship: Theory and Practice*, 2008, 32 (1): 157-183.

Markides, C., "Disruptive Innovation: in Need of Better theory", *Journal of Product Innovation Management*, 2006, 23 (1): 19-25.

Markides, C., "Strategic Innovation in Established Companies", *Sloan Management Review*, 1998, 39 (3): 31-31.

Marris, R., *The Economic Theory of Managerial Capitalism*, Glencoe, IL: Free Press, 1964.

Mason, K., Spring, M., "The Sites and Practices of Business Models", *Industrial Marketing Management*, 2011, 40 (6): 1032-1041.

Massa, L., Tucci, C. L., *Business Model Innovation*, The Oxford Handbook of Innovation Management, 2013.

Mathews, J. A., "Competitive Advantages of the Latecomer Firm: A Resource-based Account of Industrial Catch-up Strategies", *Asia Pacific Journal of Management*, 2002, 19: 467-488.

McDougall, P. P., Oviatt, S., "Explaining the Formation of International New Ventures: The Limits of Theories from International Business Research", *Journal of Business Venturing*, 1994, 9 (6): 469-487.

Mcgrath, R. G., "Business Models: A Discovery Driven Approach", *Long Range Planning*, 2010, 43 (2-3): 247-261.

McKnight, B., Zietsma, C., "Finding the Threshold: A Configurational Approach to Optimal Distinctiveness", *Journal of Business Venturing*, 2018, 33 (4): 493-512.

Meyer, A. D., Tsui, A. S., Hinings, C. R., "Configurational Approaches to Organizational Analysis", *The Academy of Management Journal*, 1993, 36 (6): 1175-1195.

Meyer, J. W. , Rowan, B. , "Institutional Organizations: Formal Structure as Myth and Ceremony", *American Journal of Sociology*, 1977, 83 (2): 340 – 363.

Meyer, J. W. , Scott, W. R. , *Organizational Environments: Ritual and Rationality*, Beverly Hills, CA: Sage, 1983.

Michael Rappa, Business Models on the Web: Managing the Digital Enterprise, http://digitalenterprise.org/models/modes.html, 2001 – 01 – 22.

Miles, R. E. , Snow, C. C. , *Organizational Strategy, Structure, and Process*, New York: McGraw-Hill, 1978.

Miller, D. , "A Preliminary Typology of Organizational Learning: Synthesizing the Literature", *Journal of Management*, 1996, 22 (3): 485 – 505.

Miller, D. , "Configurations revisited", *Strategic Management Journal*, 1996, 17: 505 – 512.

Miller, D. , "The Correlates of Entrepreneurship in Three Types of Firms", *Management Science*, 1983, 29 (7): 770 – 791.

Miller, D. , Friesen, P. H. , "A Longitudinal Study of the Corporate Life Cycle", *Management Science*, 1984, 30 (10): 1161 – 1183.

Miller, D. , Toulouse, J. , "Strategy, Structure, CEO Personality and Performance in Small Firms", *Entrepreneurship Theory and Practice*, 1985, 10 (3): 47 – 62.

Miller, D. , Merrilees, B. , Yakimova, R. , "Corporate Rebranding: An Integrative Review of Major Enablers and Barriers to the Rebranding Process", *International Journal of Management Reviews*, 2014, 16 (3): 265 – 289.

Minniti, M. , "The Role of Government Policy on Entrepreneurial Activity Productive, Unproductive, or Destructive?", *Entrepreneurship Theory and Practice*, 2008, 32 (5): 779 – 790.

Minniti, M. , Lévesque, M. , "Entrepreneurial Types and Economic Growth", *Journal of Business Venturing*, 2018, 25 (3): 305 – 314.

Misangyi, V. , Greckhamer, T. , Furnari, S. , Embracing Causal Complexity: the Emergence of a Neo-Configurational Perspective", *Journal of Management*, 2017, 43 (1): 255 – 282.

Mitchell, D. , Coles, C. , "Establishing a Continuing Business Model Innovation Process", *The Journal of Business Strategy*, 2004, 25 (3): 39 – 49.

Mitchell, R. K. , Wood, D. J. , "Toward a Theory of Stakeholder Identification and Salience: Defining the Principle of Who and What Really Counts", *Academy of Management Review*, 1997, 22 (4): 853 – 886.

Mohan, S., Mark, A. Y., "The Influence of Intellectual Capital on the Types of Innovative Capabilities", *Academy of Management Journal*, 2005, 48 (3): 450 – 463.

Morris, M. H., Schindehutte, M., Allen, J., "The Entrepreneur's Business Model: Toward a Unified Perspective", *Journal of Business Research*, 2005, 58 (6): 726 – 735.

Morris, M. H., Shirokova, G., Shatalov, A., "The Business Model and Firm Performance: The Case of Russian Food Service Ventures", *Journal of Small Business Management*, 2013, 51 (1): 46 – 65.

Moyon, E., Lecocq, X., "Co-evolution Between Stages of Institutionalization and Agency: The Case of the Music Industry's Business Model", *Management International*, 2010, 14 (4): 37 – 53.

Nadkarni, S., Narayanan, V. K., "Strategic Schemas, Strategic Flexibility and Firm Performance: The Moderating Role of Industry Clockspeed", *Strategic Management Journal*, 2007, 28 (3): 243 – 270.

Nadler, D. A., Tushman, M. L., "A Model for Diagnosing Organizational Behavior", *Readings in the Management of Innovation*, 1988: 148 – 163.

Narayanan, V. K., Zane, L. J., Kemmerer, B., "The Cognitive Perspective in Strategy: An Integrative Review", *Journal of Management*, 2011, 37 (1): 305 – 351.

Narver, J. C., Slater, S. F., "The Effect of a Market Orientation on Business Profitability", *Journal of Marketing*, 1990, 54 (4): 20 – 35.

Narver, J. C., Slater, S. F., Maclachland, D. L., "Responsive and Proacive Market Orientation and New Product Success", *Journal of Product Innovation Management*, 2004, 21 (3): 334 – 347.

Navis, C., Glynn, M. A., "Legitimate Distinctiveness and the Entrepreneurial Identity: Influence on Investor Judgments of New Venture Plausibility", *The Academy of Management Review*, 2011, 36 (3): 479 – 499.

Nelson, R. E., "The Strength of Strong Ties: Social Networks and Inter-Group Conflict in Organizations", *Academy of Management*, 1989, 32 (2): 377 – 401.

North, D. C., *Institutions, Institutional Change, and Economic Perform-*

ance, Cambridge, MA: Harvard University Press, 1990.

Nyangon, J., Byrne, J., "Diversifying Electricity Customer Choice: REVing up the New York Energy Vision for Polycentric Innovation", *Energy Systems and Environment*, 2018, 33 (9): 3 - 24.

Oliver, C., "Strategic Responses to Institutional Processes", *Academy of Management Review*, 1991, 16 (1): 145 - 179.

Oliver, C., "Sustainable Competitive Advantage: Combining Institutional and Resource-Based Views", *Strategic Management Journal*, 1997, 18 (9): 697 - 713.

Osiyevskyy, O., Dewald, J., "Explorative Versus Exploitative Business Model Change: The Cognitive Antecedents of Firm-level Responses to Disruptive Innovation", *Strategic Entrepreneurship Journal*, 2015, 9 (1): 58 - 78.

Osterwalder, A., Pigneur, Y., *Business Model Generation: A Handbook for Visionaries, Game Changers and Challengers*, Hoboken, New Jersey: John Wiley & Sons, 2011.

Osterwalder, A., Pigneur, Y., *Business Model Generation: A Handbook for Visionaries, Game Changers, and Challengers*, New Jersey: John Wiley and Sons, 2010.

Osterwalder, A., "The Business Model Ontology-A Proposition in a Design Science Approach", *Université de Lausanne*, 2004.

Osterwalder, A., Pigneur, Y., Tucci, C. L., "Clarifying Business Models: Origins, Present and Future of the Concept", *Communication of the Association for Information Systems*, 2005, (16): 1 - 25.

Pandit, N. R., "The Creation of Theory: A Recent Application of the Grounded Theory Method", *Qualitative Report*, 1996 (4).

Parsons, T., *Structure and Process in Modern Societies*, Glencoe, IL: Free Press, 1960.

Pateli, A. G., Giaglis, G. M., "Technology innovation-induced business model change: A contingency approach", *Journal of Organizational Change Management*, 2005, 18 (2): 167 - 183.

Patzelt, H., Knyphausen-Aufse, D., Nikol, P., "Top Management Teams, Business Models, and Performance of Biotechnology Ventures", *British Journal of Management*, 2008, 19 (1): 205 - 221

Peng, M. W., *Business Strategies in Transition Economies*, Thousand Oaks,

CA: Sage, 2000.

Peng, M. W. , "Institutional Transitions and Strategic Choices", *Academy of Management Review*, 2003, 28 (2): 275 - 296.

Peng, M. W. , "Towards an Institution-Based View of Business Strategy", *Asia Pacific Journal of Management*, 2002, 19 (2/3): 251 - 267.

Peng, M. W. , Tan, J. , Tong, T. W. , "Ownership Types and Strategic Groups in an Emerging Economy", *Journal of Management Studies*, 2004, 41: 1105 - 1129.

Peng, M. W. , Heath, P. , "The Growth of the Firm in Planned Economies in Transition: Institutions, Organizations, and Strategic Choices", *Academy of Management Review*, 1996, 21 (2): 492 - 528.

Peng, M. W. , Wang, D. Y. L. , Jiang, Y. , "An Institution-Based View of International Business Strategy: A Focus on Emerging Economies", *Journal of International Business Studies*, 2008, 39 (5): 920 - 936.

Penrose, Edith, T. , *The Theory of Growth of the Firm*, Basil Blackwell Publisher, Oxford, 1959.

Perkmann, M. , Spicer, A. , "What are Business Models? Developing a Theory of Performative Representations", *Research in the Sociology of Organizations*, 2010, (29): 265 - 275.

Peteraf, M. , Barney, J. , "Unraveling the resource-based tangle", *Managerial and Decision Economics*, 2003, 24 (1): 309 - 323.

Peters, T. J. , *Thriving on Chaos: Handbook for Management Revolutions*, New York: Alfred P. Knopf, 1988.

Petrovic, O. , Kittl, C. , Teksten, R. D. , *Developing business models for e-business*, Vienna: International Electronic Commerce Conference, 2001.

Pettigrew, A. M. , "Longitudinal Field Research on Change: Theory and Practice", *Organization Science*, 1990, 1 (3): 267 - 292.

Pfeffer, J. S. , Salancik, G. G. R. , *The External Control of Organizations: A Resource Dependence Perspective*, New York: Harper & Row, 1978.

Podsakoff, P. M. , Organ, D. W. , "Self-Reports in Organizational Research: Problems and Prospects", *Journal of Management*, 1986, 12 (4): 531 - 544.

Porter, M. E. , *Competitive Strategy*, New York: Free Press, 1980.

Poter, M. E. , "The Cornerstones of Competitive Advantage: A Resource-based View", *Strategic Management Journal*, 1993, 14 (3): 179 - 191.

Poter, M. E., Kramer, M., "Strategy and Society: The Link between Competitive Advantage and Corporate Social Responsibility", *Harvard Business Review*, 2006, 12: 1 - 15.

Powell Walter, Paul Dimaggio, *The New Institutionalism in Organizational Analysis*, Chicago: University of Chicago Press, 1991.

Prajogo, D. I., McDermott, C. M., "The Relationship between Total Quality Management Practices and Organizational Culture", *International Journal of Operations and Production Management*, 2005, 25 (11): 1101 - 1122.

Priem, R. L., Butler, J. E., Li, S., "Toward Reimagining Strategy Research: Retrospection and Prospection on the 2011 AMR Decade Award Article", *Academy of Management Review*, 2013, 38 (4): 471 - 489.

Ragin, C. C., *Redesigning Social Inquiry: Fuzzy Sets and Beyond*, Chicago: University of Chicago Press, 2008.

Ragin, C. C., *The Comparative Method: Moving Beyond Qualitative and Quantitative Strategies*, Berkeley/Los Angeles/Lon-don: University of California Press, 1987.

Rao, R. S., Chandy, R. K., Prabhu, J. C., "The Fruits of Legitimacy: Why Some new Ventures Gain More from Innovation than Others", *Journal of Marketing*, 2008, 72 (4): 58 - 75.

Rappa, M. A., "The Utility Business Model and the Future of Computing Services", *IBM Systems Journal*, 2004, 43 (1): 32 - 42.

Rayport, Jaworski, *E-commerce*, New York: McGraw-Hill/Irwin, 2001.

Redding, K., Viterna, J. S., "Political Demands, Political Opportunities: Explaining the Differential Success of Left-Libertarian Parties", *Social Forces*, 1999, 78: 491 - 510.

Ricart, J. E., Enright, M. J., Ghemawat, P., Hart, S. L., Khanna, T., "New Frontiers in International Strategy", *Journal of International Business Studies*, 2004, 35 (3): 175 - 200.

Rindova, V. P., Kotha, S., "Continuous 'Morphing': Competing through Dynamic Capabilities, form and Func-tion", *Academy of Management Journal*, 2001, 44 (6): 1263 - 1280.

Robinson, W. T., Min, S., "Is the First to Market the First to Fail? Empirical Evidence for Industrial Goods Businesses", *Journal of Marketing Research*,

2002, 39 (1): 120 - 128.

Rochet, J., Tirole, J., "Two-Sided Markets: A Progress Report", *Rand Journal of Economics*, 2006, 37 (3): 645 - 667.

Rowley, T. J., "Moving Beyond Dyadic Ties: A Network Theory of Stackholder Influences", *Academy of Management Review*, 1997, 22 (4): 887 - 910.

Ruef, M., Scott, W. R., "A Multidimensional Model of Organizational Legitimacy: Hospital Survival in Changing Institutional Environments", *Administrative Science Quarterly*, 1998, 43 (4): 877 - 904.

Saebi, T., Foss, N. J., "Business Models for Open Innovation: Matching Heterogeneous Open Innovation Strategies with Business Model Dimensions", *European Management Journal*, 2015, 33 (3): 201 - 213.

Santos, F. M., Eisenhardt, K. M., "Constructing Markets and Shaping Boundaries: Entrepreneurial Power in Nascent Fields", *Academy of Management Journal*, 2009, 52 (4): 643 - 671.

Santos, J., Spector, B., Van der Heyden, L., "Toward a Theory of Business Model Innovation Within Incumbent Firms (Working Paper No. 16)", *Fontainebleau, France: INSEAD*, 2009.

Sanz-Velasco, S. A., "Technology and Business Model Learning Leading to Growth: Start-up Ventures in Mobile Internet", *International Journal of Technoentrepreneurship*, 2007, 1 (1): 35 - 57.

Sarasvathy, S. D., "Causation and Effectuation: Toward a Theoretical Shit from Economic Inevitability to Entrepreneurial Contingency", *Academy of Management Review*, 2001, 26 (2): 243 - 263.

Sarasvathy, S. D., Dew, N., "New Market Creation through Transformation", *Journal of Evolutionary Economics*, 2005, 15 (5): 533 - 565.

Schlegelmilch, B. B., "Strategic Innovation: the Construct, its Driver and its Strategic Outcomes", *Journal of Strategic Marketing*, 2003, 11 (2): 117 - 132.

Schneider, S., Spieth, P., "Business Model Innovation: Towards an Integrated Research Agenda", *International Journal of Innovation Management*, 2013, 17 (1): 1 - 34.

Schumpeter, J. A., "Capitalism, Socialism, and Democracy, Capitalism, Socialism, and Democracy", *George Allen & Unwin*, 1942.

Scott, W. R., "Approaching Adulthood: The Maturing of Institutional Theory", *Theory and Society*, 2008, 37 (6): 427-442.

Scott, W. R., *Institutions and Organizations*, Thousand Oaks, CA: Sage, 1995.

Scott, W. R., "Organizaciones: Características Duraderasy Cambiantes", *Gestión y Política Pública*, 2005, 14 (3): 439-463.

Shafer, S. M., Smith, H. J., Linder, J. C., "The Power of Business Models", *Business Horizons*, 2005, 48 (3): 199-207.

Shafique, M., "Thinking Inside the box? Intellectual Structure of the Knowledge Base of Innovation Research (1988-2008)", *Strategic management journal*, 2013, 34 (1): 62-93.

Sharma, A. K., Talwar, B., "Evolution of 'Universal Business Excellence Model' incorporating Vedic philosophy", *Measuring Business Excellence*, 2007, 11 (3): 4-20.

Siggelkow, N., "Evolution toward Fit", *Administrative Science Quarterly*, 2002, 47 (1): 125-159.

Siggelkow, N., "Persuasion with Case Studies", *Academy of Management Journal*, 2007, 50 (1): 109-139.

Sinfield, J. V., Calder, E., McConnell, B., Colson, S., "How to Identify New Business Models", *MIT Sloan Management Review*, 2012, 53 (2): 85-90.

Singh, J. V., Tucker, D. J., House, R. J., "Organizational Legitimacy and the Liability of Newness", *Administrative Science Quarterly*, 1986, 31 (2): 171-193.

Snihur, Y., Zott, C., "Towards an Institutional Perspective on Business Model Innovation: How Entrepreneurs Achieve Robust Business Model Design", *Working Paper, IESE Business School, Barcelona, Spain*, 2015.

Sorescu, A., Frambach, R. T., Singh, J., "Innovations in Retail Business Models", *Journal of Retailing*, 2011, 87 (S1): S3-S16.

Sosna, M., "Business Model Innovation Through Trial-And-Error Learning", *Long Range Planning*, 2010, 43 (2/3): 383-407.

Starik, M., "The Toronto Conference: Reflections on Stakeholder theory", *Business & Society*, 1994, 15 (1).

Stinchcombe, A. L., *Organizations and Social Structure*, Chicago: Rand-

McNally, 1965.

Strauss, A., Corbin, J., *Basics of Qualitative Research* (2nd ed.), Thousand Oaks, CA: Sage, 1998.

Strauss, A. L., "Qualitative analysis for social scientists", STRAUSS A L. Cambridge: Cambridge Univ Pr, 1987.

Subramaniam, M., Youndt, M. A., "The Influence of Intellectual Capital on the Types of Innovative Capabilities", *Academy of Management Journal*, 2005, 48 (3): 450-463.

Suchman, M. C., "Managing Legitimacy: Strategic and Institutional Approaches", *Academy of Management Review*, 1995, 20 (3): 571-610.

Suddaby, R., "Editor's comments: Construct clarity in theories of management and organization", *Academy of Management Journal*, 2010, 35: 346-357.

Suddaby, R., Greenwood, R., "Rhetorical Strategies of Legitimacy: Conflict and Conformity in Institutional Logics", *Administrative Science Quarterly*, 2005, 50: 35-67.

Sysko, P. S., Platonoff, A. L., "The Concept of Stimulation of Entrepreneurship-a Benchmarking and Co-Evolution Approach", *Human Factors and Ergonomics in Manufacturing*, 2005, 15: 71-82.

Tan, J., "Phase Transitions and Emergence of Entrepreneurship: The Transformation of Chinese SOEs Over Time", *Journal of Business Venturing*, 2005, 22 (1): 77-96.

Tang, Z., Tang, J. T., "Entrepreneurial Orientation and SME Performance in China's Changing Environment: The Moderating Effects of Strategies", *Asia Pacific Journal of Management*, 2012, 29 (2): 409-431.

Tavassoli, S., Bengtsson, L., "The Role of Business Model Innovation for Product Innovation Performance", *International Journal of Innovation Management*, 2018, 22 (7): 1850061.

Teece, D. J., "Explicating Dynamic Capabilities: the Nature and Microfoundations of (sustainable) Enterprise Performance", *Strategic Management Journal*, 2007, 28 (13): 1319-1350.

Teece, D. J., "Business Models, Business Strategy and Innovation", *Long Range Planning*, 2010, 43 (2/3): 172-194.

Teece, D. J., "Reflections on 'Profiting from Innovation'", *Research Policy, 2006, 35 (8): 1131 - 1146.

Timmers, P., "Business Models for Electronic Markets", *Journal on Electronic Markets*, 1998, 8 (2): 3 - 8.

Tornikoski, E. T., Newbert, S. L., "Exploring the Determinants of Organizational Emergence: A Legitimacy Perspective", *Journal of Business Venturing*, 2007, 22 (2): 311 - 335.

Tsang, Eric, W. K., "In Search of Legitimacy: the Private Entrepreneur in China", *Entrepreneurship Theory & Practice*, 1996, 21 (1): 21 - 30.

Tsui, A., "Contextualization in Chinese Management Review", *Management and Organization Review*, 2006, 2 (1): 1 - 13.

Ulaga, W., Reinartz, W., "Hybrid Offerings: How Manufacturing Firms Combine Goods and Services Successfully", *Journal of Marketing*, 2011, 75: 5 - 23.

Van Doorn, S., Jansen, J. J. P., Van Den, B., et al., "Entrepreneurial Orientation and Firm Performance: Drawing Attention to the Senior Team", *Journal of Product Innovation Management*, 2013, 30 (5): 821 - 836.

Vargo, S. L., Lusch, R. F., "Service-dominant Logic: Continuing the Evolution", *Journal of the Academy of Marketing Science*, 2008, 36 (1): 1 - 10.

Verganti, R., Öberg, A., "Interpreting and Envisioning: A Hermeneutic Framework to Look at Radical Innovation of Meanings", *Industrial Marketing Management*, 2013, 42 (1): 86 - 95.

Verstraete, T., Laffitte, E. J., "A Conventional Theory of the Business Model in the Context of Business Creation for Understanding Organization Impetus", *International Management*, 2011, 15 (2): 109 - 132.

Verstraete, "A Conventional Theory of the Business Model in the Context of Business Creation for Understanding Organization Impetus", *Management International Review*, 2012, 15 (2): 109 - 132.

Viscio, Pasternack, "Toward a new business model", *Strategic Business*, 1996, 2 (1): 125 - 134.

Visnjic, Wienga, Neely, "Only the Brave: Product Innovation, Service Business Model Innovation, and Their Impact on Performance", *Journal of Product Innovation Management*, 2016, 33 (1): 36 - 52.

Voelpel, S. C., Dous, M., "What's the Big Idea? Creating and Capitalizing on the Best New Management Thinking", *Long Range Planning*, 2004, 37 (5): 477 - 479.

Voss, G. B., Voss, Z. G., "Strategic Orientation and Firm Performance in an Artistic Environment", *Journal of Marketing*, 2000, 64 (1).

Waldner, F., Poetz, M. K., Grimpe, C., et al., "Antecedents and Consequences of Business Model Innovation: The Role of Industry Structure", *Academy of Management Proceedings*, 2015, 1: 16790.

Walsh, J. P., "Taking Stock of Stakeholder Management", *Academy of Management Riview*, 2005, 30 (2): 426 - 438.

Wang Xiang, Li Dong, Hou Shixiang, "An Empirical Study of the Effect of Business Model Structural Coupling on the Firm Performance", *Science Research Management*, 2015, 36 (7): 96 - 104.

Weber, M., *The Protestant Ethic and the Spirit of Capitalism*, Scribners, New York, 1958.

Wei, Z., Yang, D., Sun, B., Gu, M., "The Fit between Technological Innovation and Business Model Design for Firm Growth: Evidence from China", *R&D Management*, 2014, 44 (8): 288 - 305.

Weill, P., Vitale, M. R., *Place to Space*, Boston: Harvard Business School Press, 2001.

Weiss, L. A., "Start-up Businesses: A Comparison of Performances", *Sloan Management Review*, 1981, 23 (1): 37 - 53.

Weisz, N., "A Theoretical and Empirical Assessment of the Social Capital of Nascent Entrepreneurial Teams", *Purdue University*, Indiana, 2004.

Williamson, O. E., *Markets and Hierarchies: Analysis and Antitrust Implications*, The Free Press, 1975.

Williamson, O. E., "Strategy Research: Gover-nance and Competence Perspectives", *Strategic Management Journal*, 1999, 20 (12): 87 - 108.

Williamson, O. E., *The Economic Institutions of Capitalism*, New York: Free Press, 1985.

Winter, S. G., Szulanski, G., "Replication as Strategy", *Organization Science*, 2001, 12 (6): 730 - 743.

Winterhalter, S., Zeschky, M. B., Neumann, L., et al., "Business Models for Frugal Innovation in Emerging Markets: The Case of the Medical Device and Laboratory Equipment Industry", *Technovation*, 2017: 3 - 13.

Wirtz, B. W., Schilke, O., Ullrich, S., "Strategic Development of Business Models: Implications of the Web 2.0 for Creating Value on the Internet", *Long Range Planning*, 2010, 43 (2/3): 272 –290.

Witell, L., Löfgren, M., "From service for free to service for fee: Business model innovation in manufacturing firms", *Journal of Service Management*, 2013, 24: 520 –533.

Wolflc, R., "Das E-Business Project im Unternehmen-der Beratungsansatz Der Fachhochschule Beider Basel in Formatics", *Information Market Organization*, 2000, 4 (1): 45 –46.

Woo, C., Daellenbach, U., Nicholls-Nixon, C., "Theory Building in the Presence of Randomness", *Journal of Management Studies*, 1994, 31 (4): 507 –524.

Wood, F., "Succeeding in Textiles in the Nineties", *Textile World*, 1993, (9): 45 –48.

Wu, X. B., Zhao, Z. Y., Zhou, B. H., "Legitimacy in Adaptive Business Model Innovation: An Investigation of Academic E-book Platforms", *Emerging Markets Finance and Trade*, 2019, 55 (3): 719 –42.

Yan, A., Gray, B., "Bargaining Power, Management Control and Performance in United States-China Joint Ventures: A Comparative Case Study", *Academy of Management Journal*, 1994, 37 (6): 1478 –1517.

Yin, R., *Case Study Research: Design & Methods*, Thousand Oaks, CA: Sage, 1984.

Yip, G., "Using Strategy to Change Your Business Model", *Business Strategy Review*, 2004, 15 (2): 17 –24.

Young, S., "Wealth but not Security: Attitudes towards Private Business in China in the 1980s", *Australian Journal of Chinese Affairs*, 1991, 25: 115 –137.

Yunus, M., Moingeon, B., Lehmann-Ortega, L., "Building Social Business Models: Lessons from the Grameen Experience", *Long Range Planning*, 2010, 43 (2 –3): 308 –325.

Zahra, S. A., Bogner, W. C., "Technology Strategy and Software New Ventures' Performance: Exploring the Moderating Effect of the Competitive Environment", *Journal of Business Venturing*, 2000, 15 (2): 135 –173.

Zahra, S. A., Duane, R. I., Gutierrez, I., Michael, A. H., "Privatization and Entrepreneurial Transformation: Emerging Issues and a Future Research Agenda", *The Academy of Management Review*, 2000, 25 (3): 509 – 524.

Zietsma, C., Lawrence, T. B., "Institutional Work in the Transformation of an Organizational Field: The Interplay of Boundary Work and Practice Work", *Administrative Science Quarterly*, 2010, 55 (2): 189 – 221.

Zimmerman, M., Zeitz, G., "Beyond Survival: Achieving New Venture Growth by Building Legitimacy", *Academy of Management Review*, 2002, 27 (3): 414 – 431.

Zott, C., Amit, R., "Business Model Innovation: Creating Value in Times of Change", *Universia Business Review*, 2009, (23): 108 – 121.

Zott, C., Amit, R., "The Fit Between Product Market Strategy and Business Model: Implications for Firm Performance", *Strategic Management Journal*, 2008, 29 (1): 1 – 26.

Zott, C., Amit, R., "Business Model Design and the Performance of Entrepreneurial Firms", *Organization Science*, 2007, 18 (2): 181 – 199.

Zott, C., Amit, R., "Business Model Design: An Activity System Perspective", *Long Range Planning*, 2010, 43 (2/3): 216 – 226.

Zott, C., Amit, R., "The Business Model: A Theoretically Anchored Robust Construct for Strategic Analysis", *Strategic Organization*, 2013, 11 (4): 403 – 411.

Zott, C., Amit, R., "Value Creation in E-Business", *Strategic Management Journal*, 2001, 22: 493 – 520.

Zott, C., Amit, R., Massa, L., "The Business Model: Recent Developments and Future Research", *Journal of Management*, 2011, 37 (4).

Zucker, L. G., "Institutional Theories of Organization", *Annual Review of Sociology*, 1987, 212 (12): 443 – 464.

Zucker, L. G., "The Role of Institutionalization in Cultural Persistence", *American Sociological Review*, 1977, 42: 726 – 743.

Zucker, L. G., Darby, M. R., "Socio-Economic Impact of Nanoscale Science: Initial Results and NanoBank", *Nber Working Papers*, 2005.

附录1 裸心访谈提纲(企业版)

我们团队成员多是来自农村的孩子,有组员实地游过裸心谷,用"amazing"来形容当时的心情,也深深认同裸心"心向自然,返璞归真"的价值理念。高老板把乡村的美丽,以及人与自然的和谐提到了一个崭新的高度,让人佩服。裸心的成功不仅是企业的成功,也是所有利益相关者的成功。此次,课题访谈的主要目的,是想从利益相关者视角总结以裸心谷为代表的洋家乐(Yangjiale)的成功经验,并形成学术性思考。后期成果可供贵公司审阅。为方便访谈,特拟出了如下几个问题:

第一部分 创业的动因

1. 高老板在创业裸心前是否在中国以外也进行过类似的创业?

第二部分 裸心乡(naked home village)(2005—2007—2011)

2. 承租下三九坞(Sanjiuwu)农民的8栋农舍容易吗?当时遇到最大的困难或约束是什么?又是采用了什么策略去突破的?

3. 2007年裸心乡正式营业,并很快获得了很好的口碑。当时是怎样营销,让大家快速知道裸心乡的?运营中又遇到了什么问题?

4. 是裸心乡,还是别的洋家乐,大约于2009年由于事故烧掉了一栋农舍,出事以后是怎样处理的?裸心又因此加强了哪些方面的管理?

第三部分 裸心谷(naked stables private reserve)(2008—2011.10—今)

5. 据说2008年就承租了这片国营林场,并开始打造裸心谷生态驿站。请谈谈当时承租下约364亩国营林场,遇到的最大困难是什么?

6. 裸心谷非常强调可持续规划,在污水循环系统、节约能源、树顶别墅建造、夯土小屋建造等方面都有具体体现,也因此获得LEED铂金认证(LEED Platinum Certification)。请问这样做的初衷是什么?这样会不会产生较大的资金压力?

7. 和湖州路虎体验中心、特斯拉试驾体验等的关系是怎样的？

8. 听说贵公司有个专门的与政府对接的部门，是由贵公司高管朱总在负责，此次访谈我们也是通过了德清县政府的推介。请谈谈创设这样一个部门的初衷和成功经验。

第四部分　裸心堡（naked castles）（2013—2016—未来）

9. 据说三九坞背后这块约273亩的林地有一部分属于莫干山管理局，有一部分属于当地村民，贵公司是如何处理好这些关系的？

10. 请谈谈裸心堡未来的经营规划。鉴于贵公司前面的成功经验，我们对裸心堡可以出售的物业也比较感兴趣。

第五部分　大事记（总结）

11. 裸心创业至今，其间发生的大事件或标志性事件有哪些？

12. 2007年至今，裸心成长情况如何？在员工数量、销售收入、市场占有率、投资回报率、年净利润等方面表现怎样？

谢谢您的支持与配合！

附录2 裸心访谈提纲(政府版)

您好:

　　裸心已成为德清乃至浙江的一张金名片,是典型的制度创新下的商业模式创新创业行为。裸心的成功不仅是企业的成功,也是所有利益相关者的成功。此次,课题访谈的主要目的,是想从利益相关者视角总结以裸心谷为代表的洋家乐(Yangjiale)的成功经验,探寻德清县体制改革、简政放权,为企业发展创造开放环境的做法,推广德清发展经验。为方便访谈,特拟出了如下几个问题:

一 创业的动因

1. 您了解裸心高老板吗?对高老板的印象如何?

二 裸心乡(naked home village)(2005—2007—2011)

2. 高老板承租下三九坞(395)农民的8栋农舍容易吗?当时遇到的最大困难或约束是什么?县委有什么支持政策?县、镇、村的态度是怎样的?

3. 2007年裸心乡正式开业,并很快获得了很好的口碑。这样一个山沟沟的地方,大家何以迅速知道裸心乡?裸心乡运营中又遇到了什么问题?

4. 是裸心乡,还是别的洋家乐,大约于2009年由于事故烧掉了一栋农舍,出事以后县委是怎样处理的?对裸心及其他洋家乐采取了什么管理措施?

三 裸心谷(naked stables private reserve)(2008—2011—现在)

5. 据说2008年高老板就承租了约364亩这片国营林场,并开始打造裸心谷生态驿站。当时,是县里主动支持的吗?为什么会这样做?

6. 裸心谷非常强调可持续规划,在污水循环系统、节省能源、树顶别墅建造、夯土小屋建造等方面都有具体体现，也因此获得 LEED 铂金认证。裸心谷这样做的初衷是什么？除了环保、绿色等因素方面的考虑，是不是和县里在水源保护方面的相关要求有关？

7. 裸心谷和湖州路虎体验中心、特斯拉试驾体验等的关系是怎样的？路虎全地形越野赛道，如茶马古道、唐古拉山道、丝绸之路、竹海迷踪等，多蜿蜒于村里的林园茶地，对村里有影响吗？县里当时态度如何？（如马粪处理、骑行道）

8. 裸心谷有个高管叫朱总，负责对接政府事务，您和她打过交道吗？对其印象如何？

四 裸心堡（naked castles）（2013—2017）

9. 裸心堡已承租了三九坞背后这块约 273 亩的林地，用于裸心堡的建设，遇到的最大困难或约束是什么？县里有什么样的支持？

10. 裸心堡和裸心乡的关系是什么？因为这片林地有部分属于莫干山管理局，能不能说，裸心堡项目也得到了省里的支持？

五 总结

1. 《德清县人民政府办公室关于德清县民宿管理办法（试行）的通知》（2014 年 1 月）：作为德清县民宿发展协调小组成员，您认为德清县民宿办证申请中最难的是什么？是合法的土地和房屋证明、消防设施，还是从业人员健康证？裸心谷属于精品名宿吗？

2. 《浙江省人民政府办公厅关于在德清县开展城乡体制改革试点的通知》（2014 年 3 月）：想了解改革试点的背景？这个改革试点为什么是德清？

3. 《德清县人民政府关于促进旅游业加快发展的若干意见》（2014 年 11 月），提出了打造"中国旅游度假第一县"的目标，明确了加快推动以"洋家乐"为代表的高端民宿经济集聚发展，也确定了奖励标准。您作为主要成员，能不能结合裸心谷谈谈对裸心系的扶持和奖励？

4. 《德清县城乡体制改革领导小组办公室关于印发〈推进宅基地跨村、跨镇置换，探索建立宅基地有偿退出、"留权不留地"等机制实施方案〉等 12 个改革具体项目实施方案的通知》（2014 年 7 月）：现在农民对于宅基地有自己的产权吗？

5. 《光明日报》：《浙江德清：改革红利激活美丽经济》（2015 年 5 月）：德清县坚持以改革为统领，以精准确权为基础，以赋权活权为关键，蹄疾步稳探索推进"三权到人（户）、权跟人（户）走"农村产权制度改革。这对于洋家乐有什么意义？

谢谢您的支持与配合！

附录3 量表开发中商业模式创新访谈提纲

公司信息的简介，如地址、规模、公司结构、产品和市场等，前期已通过网络调查、公司文档等加以了解，这里所拟的只是和商业模式创新相关的问题。

A. 创新内容

（1）在过去几年，贵公司经历了哪些商业模式创新？

（2）从商业模式创新视角，在贵公司创新过程中，诸如顾客价值、市场定位、价值网络、资源禀赋、收入模式、成本结构等商业模式要素有没有涉及？或哪些商业模式要素发生了变化？

B. 商业模式创新性

（3）从复杂程度来说，请您评价贵公司的商业模式要素改变情况？

（4）从激进程度来说，请您评价贵公司的商业模式创新是高还是低，为什么？

（5）从涉及范围来说，请您评价贵公司的商业模式创新触及市场或行业的深度。

C. 战略情境

（6）为什么贵公司要进行商业模式创新？是对某种威胁的反应还是为了主动把握出现的市场机会？是理念推动还是市场拉动？

D. 组织环境

（7）贵公司商业模式创新主要是在内部进行，还是会牵涉到外部的合作伙伴？是如何进行的？为什么是这样？

E. 创新成功

(8) 就赢利性来说,请您评价贵公司哪些商业模式创新是成功的,或是部分成功或是失败的?

附录4　商业模式创新与新兴企业成长的调查问卷

尊敬的先生/女士：

您好！感谢您拨冗参与调查！我们是×××大学×××课题组，正在从事商业模式创新和新兴企业成长关系的研究。问卷答案没有对错之分，请依据企业实际填答自己的看法，若某个问题没有完全表达您的意见，请先完成问卷再邮件联系。本问卷匿名填答，仅用于大样本群体性研究，不涉及任何商业用途，项目组对所有资料严格保密，请放心并客观填写。

感谢合作，您的回答对我们的研究结论非常重要，期待与您一起推动中国新兴企业成长！

分享成果，如果您对研究结果感兴趣，请通过电子邮箱与我们取得联系，我们会有一份完整的研究报告反馈给您。

联系人：×××，联系方式：×××

答题说明

1. 每个问题不用思考太久，选出与您情况最符合的一项即可，大约需花费您10分钟的时间。
2. 个别是填空题，请在横线上填写具体的数字或内容；其他均为单项选择题，可以打"√"选择，或以任何能让人识别的标识答题。
3. 答题时，为提高问卷有效性，请根据企业实际情况，客观地作答。
4. 填写完一页才能进入下一页，请尽可能完成问卷上的所有问题，不要有所遗漏。

第一部分　企业及个人基本信息

1. 企业名称：_____
2. 企业所在地：_____省_____市/县
3. 企业创立的年份：19___年，或20___年
4. 企业正式员工人数：□50人以下　□50—150人　□151—500人
　　□501—1000人　□1001—5000人　□5000人以上

5. 您的教育程度：□高中及以下　□大专　□本科　□硕士及以上

6. 您在本企业工作年限_____

7. 您在企业中的职位：□董事长/总经理　□高层管理者　□中层管理者　□基层管理者　□员工　□其他（请注明）_____

8. 企业性质（依控股股权划分）：□国有企业　□外商投资企业　□民营企业　□其他（请注明）_____

9. 企业主营业务所属的行业类型：□农、林、牧、渔业　□采矿业　□制造业　□公共管理和社会组织　□交通运输、仓储和邮政业　□建筑业　□金融业　□居民服务和其他服务业　□信息传输、计算机服务和软件业　□批发和零售业　□租赁/商务服务业　□科学研究、技术服务和地质勘查业　□房地产业　□住宿和餐饮业　□电力、燃气及水的生产和供应业　□水利、环境和公共设施管理业

10. 贵企业是高科技企业吗？□是；□否

第二部分　题项测量

一　近三年，贵企业在商业模式创新方面的情况

请分别对应下列陈述，勾选（√）最符合您企业状况的数字，1＝非常不同意，2＝不同意，3＝有点不同意，4＝中立，5＝有点同意，6＝同意，7＝非常同意	低		同意程度			高	
	1	2	3	4	5	6	7
1. 本企业为顾客提供与众不同的新颖的产品、服务或信息	1	2	3	4	5	6	7
2. 本企业给顾客带来的价值是前所未有的、独特的、容易感知的	1	2	3	4	5	6	7
3. 本企业以打破常规的方式，发现新机会，开拓新市场	1	2	3	4	5	6	7
4. 本企业拥有多种不同于行业中其他对手的营销渠道	1	2	3	4	5	6	7
5. 本企业打造了利益相关者良性互动的商业生态圈，并在其中扮演核心角色（注：" 利益相关者" 是指能影响企业经营目标的，或被企业所影响的相关机构或人士，如顾客、同行、股东、政府、银行、公众等，下同）	1	2	3	4	5	6	7
6. 本企业主导新颖的交易机制（如奖励、惩罚或协调等管理机制），在商业模式中建构新的运作流程、惯例和规范	1	2	3	4	5	6	7
7. 本企业不断创造性寻找技术或创意来源，开发新的资源和能力	1	2	3	4	5	6	7
8. 本企业通过这种商业模式获得了较多的新创意、新发明、新专利等	1	2	3	4	5	6	7

二　近三年，贵企业在商业模式创新方面的情况

请分别对应下列陈述，勾选（√）最符合您企业状况的数字，1＝非常不同意，2＝不同意，3＝有点不同意，4＝中立，5＝有点同意，6＝同意，7＝非常同意	低—同意程度—高						
	1	2	3	4	5	6	7
1. 本企业重视经营产品或服务的完善性创新	1	2	3	4	5	6	7
2. 本企业经常改良主打的产品或服务，以更好地迎合顾客需求	1	2	3	4	5	6	7
3. 本企业在市场开辟方面，倾向于对市场领先者的跟随性创新	1	2	3	4	5	6	7
4. 本企业经常巩固和扩大现有市场的营销渠道	1	2	3	4	5	6	7
5. 本企业努力以弥补性资产融入外部创新合作网络，适应新的运作流程、惯例和规范	1	2	3	4	5	6	7
6. 本企业系统性地、频繁地监测交易伙伴的满意度，以更好地服务交易伙伴	1	2	3	4	5	6	7
7. 本企业不断优化现有的流程、知识和技术	1	2	3	4	5	6	7
8. 本企业坚持在既定的战略框架下分配人、财、物等资源	1	2	3	4	5	6	7

三　近三年，相对于主要竞争对手，贵企业业绩表现情况

分别对应以下陈述，勾选（√）最符合您企业状况的数字，1＝非常差，2＝差，3＝稍微差点，4＝中立，5＝稍微好点，6＝好，7＝非常好	差		成绩		好		
	1	2	3	4	5	6	7
1. 本企业的投资回报率（投资收益/投资成本）	1	2	3	4	5	6	7
2. 本企业的净收益率（净收益/总销售额）	1	2	3	4	5	6	7
3. 本企业的市场占有率（某类产品销量/整个市场该类产品销量）	1	2	3	4	5	6	7
4. 本企业的净收益增长速度	1	2	3	4	5	6	7
5. 本企业的销售额增长速度	1	2	3	4	5	6	7
6. 本企业的新员工数量增长速度	1	2	3	4	5	6	7
7. 本企业的新产品或服务增长速度	1	2	3	4	5	6	7
8. 本企业的资金周转速度	1	2	3	4	5	6	7
9. 本企业的市场份额增长速度	1	2	3	4	5	6	7

四　近三年，各方利益相关者对贵企业的评价

分别对应下列陈述，勾选（√）最符合您企业状况的数字，1＝非常低，2＝低，3＝比较低，4＝中立，5＝比较高，6＝高，7＝非常高	低		评价		高		
	1	2	3	4	5	6	7
1. 大多数员工对您所在企业评价	1	2	3	4	5	6	7
2. 大多数顾客对您所在企业评价	1	2	3	4	5	6	7

续表

分别对应下列陈述，勾选（√）最符合您企业状况的数字，1＝非常低，2＝低，3＝比较低，4＝中立，5＝比较高，6＝高，7＝非常高	低		评价		高	
	1	2	3	4	5	6	7
3. 大多数供应商对您所在企业评价	1	2	3	4	5	6	7
4. 大多数同行对您所在企业评价	1	2	3	4	5	6	7
5. 大多数股东或债权人对您所在企业评价	1	2	3	4	5	6	7
6. 大多数市场监管部门官员对您所在企业评价	1	2	3	4	5	6	7
7. 大多数国有金融机构工作人员对您所在企业评价	1	2	3	4	5	6	7
8. 大多数行业协会工作人员对您所在企业评价	1	2	3	4	5	6	7
9. 大多数社区公众对您所在企业评价	1	2	3	4	5	6	7
10. 大多数媒体对您所在企业评价	1	2	3	4	5	6	7

五　近三年，贵企业在成长过程中得到政府部门帮助情况

分别对应以下陈述，请勾选（√）最符合您企业状况的数字，1＝非常不同意，2＝不同意，3＝有点不同意，4＝中立，5＝有点同意，6＝同意，7＝非常同意	低—同意程度—高
	1　2　3　4　5　6　7
1. 政府部门在创业融资过程中提供了有效的优惠政策	1　2　3　4　5　6　7
2. 政府部门的产业发展规划为新兴企业技术发展方向提供了思路	1　2　3　4　5　6　7
3. 政府部门现有优惠或扶持政策吸引了大量的各类人员参与创业	1　2　3　4　5　6　7

六　近三年，贵企业的生存与发展环境情况

分别对应以下陈述，请勾选（√）最符合您企业状况的数字，1＝非常不同意，2＝不同意，3＝有点不同意，4＝中立，5＝有点同意，6＝同意，7＝非常同意	低—同意程度—高
	1　2　3　4　5　6　7
1. 行业内技术变化太快	1　2　3　4　5　6　7
2. 所在行业的核心产品或服务更新换代速度很快	1　2　3　4　5　6　7
3. 行业市场增长速度很快	1　2　3　4　5　6　7
4. 所处的市场中有丰富的获利机会	1　2　3　4　5　6　7
5. 顾客需求具有多样性	1　2　3　4　5　6　7
6. 行业内过度竞争	1　2　3　4　5　6　7
7. 市场中同类企业间竞争很激烈	1　2　3　4　5　6　7

谢谢您的支持与合作！请检查是否有漏答选项！祝贵企业兴旺发达！

附录5　电商平台中的利益相关者测量问卷

尊敬的先生/女士：

您好！我们是×××大学×××项目组，现正在从事民营企业电商平台的利益相关者研究。贵公司克服各种约束，已打造成为中国乃至全球电子商务领先者，被学术界认定为商业模式创新的典范。这是本调研组设计的问卷之一。请根据您所了解的实际情况和个人感受填写以下问卷。课题组承诺本问卷仅作学术与政策研究之用，课题组对于所有资料予以严格保密。谢谢您对本次研究的支持！

一　个人基本情况

（1）您的性别是（　　　　）。
A. 男　　B. 女

（2）您的年龄是（　　　　）。
A. 23—30 岁　　B. 31—40 岁　　C. 41—50 岁　　D. 51—60 岁

（3）您在企业的职务是（　　　　）。
A. 员工　　B. 基层管理者　　C. 中层管理者　　D. 高层管理者

（4）您的教育情况是（　　　　）。
A. 专科及以下　　B. 本科　　C. 研究生及以上

（5）您的工作年限为（　　　　）年，其中在该企业的工作年限为（　　　　）年。

二　贵公司打造电子商务平台的利益相关者基本情况

（1）请根据贵公司打造电子商务平台对下列利益相关者的影响程度进行 1—13 排序，排序越接近 1 说明影响程度越大，越接近 13 说明影响程度越小。

中央政府（　　　　）　　　　地方政府（　　　　）
银　　行（　　　　）　　　　媒　　体（　　　　）

竞　争　者（　　　　　）　　　　电商卖方（　　　　　）
电商买方（　　　　　）　　　　学术机构（　　　　　）
社会公众（　　　　　）　　　　股　　东（　　　　　）
管　理　者（　　　　　）　　　　员　　工（　　　　　）
第三方物流（　　　　　）

（2）请根据下列利益相关者主动参与或干预贵公司打造电子商务平台的程度进行1—13排序，排序越接近1说明主动参与或干预程度越大，越接近13说明主动参与或干预程度越小。

中央政府（　　　　　）　　　　地方政府（　　　　　）
银　　行（　　　　　）　　　　媒　　体（　　　　　）
竞　争　者（　　　　　）　　　　电商卖方（　　　　　）
电商买方（　　　　　）　　　　学术机构（　　　　　）
社会公众（　　　　　）　　　　股　　东（　　　　　）
管　理　者（　　　　　）　　　　员　　工（　　　　　）
第三方物流（　　　　　）

（3）请根据下列利益相关者对贵公司打造电子商务平台所采取的行为（支持、反对或无所谓）符合法律法规的程度进行1—13排序，排序越接近1说明越符合法律法规要求，越接近13说明越不符合法律法规要求。

中央政府（　　　　　）　　　　地方政府（　　　　　）
银　　行（　　　　　）　　　　媒　　体（　　　　　）
竞　争　者（　　　　　）　　　　电商卖方（　　　　　）
电商买方（　　　　　）　　　　学术机构（　　　　　）
社会公众（　　　　　）　　　　股　　东（　　　　　）
管　理　者（　　　　　）　　　　员　　工（　　　　　）
第三方物流（　　　　　）

（4）请根据下列利益相关者对贵公司打造电子商务平台所采取的行为（支持、反对或无所谓）符合社会道德规范的程度进行1—13排序，排序越接近1说明越符合社会道德规范，越接近13说明越不符合社会道德规范。

中央政府（　　　　　）　　　　地方政府（　　　　　）

银　　行（　　　　）　　　　媒　　体（　　　　）
竞 争 者（　　　　）　　　　电商卖方（　　　　）
电商买方（　　　　）　　　　学术机构（　　　　）
社会公众（　　　　）　　　　股　　东（　　　　）
管 理 者（　　　　）　　　　员　　工（　　　　）
第三方物流（　　　　）

问卷到此结束，非常感谢您对本次调研的贡献。

再次感谢您的支持与合作！请检查是否答题完整！祝您事业一帆风顺！

附录6 阿里巴巴访谈提纲

您好，阿里人：

此次项目组研究的是"商业模式创新及其合法性获取"，阿里巴巴是典型的商业模式创新企业，因此我们希望向阿里巴巴相关成员进行更为深入的学习，以便丰富我们的研究资料，同时此次项目组研究的成果将会成为阿里正面推进构建商业生态系统的一份材料。

此次访谈我们主要希望了解的问题有如下几个方面：（一）阿里巴巴电商平台在进行商业模式创新时关于平台成员的信任问题；（二）阿里巴巴电商平台的交易规范化问题；（三）阿里巴巴商业模式创新过程中联合政府推进电商立法的问题。

本次研究希望获得阿里巴巴上述问题的一手数据，进而分析，届时希望研究的成果可以向外界展示阿里巴巴如何推进电商平台合法化的构建，给更多的电商企业带来实践指导以及让社会公众对阿里巴巴有更为清晰的认知。

访谈的具体问题如下：

一 信任问题

1. 阿里巴巴B2B平台模式创立时，传统的中小企业是否会对这一平台有质疑或反对？它们是否采取了相应的抵制行为？阿里是如何排除质疑，促使卖家和买家进入平台？当时整体的社会环境是怎样的？

2. 针对阿里巴巴电商平台淘宝上的假冒伪劣产品，以及阿里巴巴B2B上出现的一些供应商欺诈行为，这些市场在所难免的行为，阿里巴巴过去是如何应对的，以及未来打算用什么新的处理方式以及解决办法？有没有更为彻底的办法？

3. 为了营造卖家公平竞争的平台环境以及良好的购物环境，淘宝在搜索规则和净化网络购物环境方面采取了哪些行动？为此淘宝遭到三次大规模的集体抗议事件，淘宝方面是如何处理的？为了更好地处理该事件，淘宝有没有就规则方面做出调整？

4. 淘宝与 eBay 易趣的三年（2003—2006 年）竞争，被外界认为是淘宝的免费策略占了上风，可否完全同意这种说法？淘宝又采取哪些策略使中小卖家青睐？

5. 目前，淘宝上的生意越来越难做，小卖家抱怨无法生存，中等卖家抱怨无法赚钱，如此严峻的形势，淘宝是如何解决的？采取何种策略再次吸引淘宝卖家？起始于 2013 年的 KPI 改革，目前效果如何？如果结果不令人满意，淘宝又该怎么办？

二 规范化问题

1. 淘宝的智慧监管制度面临巨大的阻力，对此，淘宝该如何突破？

2. 淘宝上的司法拍卖曾经被认为是非法的，当时淘宝是如何应对及处理的？

3. 天猫商城医药馆上线遇到的阻力，是如何克服的？

4. 面对近期的互联网彩票被国家进一步叫停，淘宝相关人员有没有联合其他第三方网站进一步采取措施说服国家？

5. 淘宝网上的众筹项目、保险、理财产品，以及彩票销售是否受法律层面的约束？

三 电商立法问题

1. 在阿里巴巴电商模式建立的整个过程中，在相关法律、制度层面，阿里巴巴是否有与国家相关制度相悖的？如果有冲突，是如何解决的？

2. 阿里巴巴在创建电商模式过程中，有哪些制度是说服政府或是联合政府共同参与制定的？

附录7　电商企业及其利益相关者调研访谈提纲

您好：

　　此次×××课题组研究的是"商业模式创新设计"问题。电商平台企业已成为中国商业模式创新的排头兵，是典型的商业模式创新创业行为。因此我们希望向电商企业及其利益相关者进行更为深入的学习，以便丰富我们的研究资料，同时此次课题组研究的成果将会成为新兴市场经济环境下，促进电商企业创新创业的一份材料，并力争形成学术性思考回馈给企业。

　　本次研究希望获得关于上述问题的一手数据，进而分析，届时希望研究的成果可以向外界展示电商企业商业模式创新如何推进平台创新并带动经济的发展，给更多的企业创新带来实践指导以及让社会公众对电商平台创新创业有更为清晰的认知。

　　访谈的具体问题如下：

一　电商企业的商业模式创新形式主要有哪些？

　　1. 本企业主要销售的产品（或服务）是什么？如何让顾客买你的东西，并且提高顾客忠诚度？在发展历程中，都有哪些创新产品？哪些是企业的主打创新产品？创新产品的销量如何？市场反馈状况如何？

　　2. 主要目标客户是哪些人？是定位于低端市场、中端市场还是高端市场？主要侧重于国内市场还是国外市场？国内市场主要面向农村还是面向城市市场？

　　3. 企业的主营业务会涉及哪些主要的利益相关者？（提示：政府、消费者、广告商、学者等）应该怎样分别对待不同的利益相关者？

　　4. 企业独有的且竞争对手无法轻易模仿的特色体现在哪些地方？

　　5. 企业有哪些创新技术？在科学技术研发上面，每年有多少投入？技术创新水平是否为国内（国际）领先？

　　6. 企业经营面对的成本问题有哪些？如何更有效地优化成本结构？

7. 企业的收入来源主要有哪些？（广告收入、产品销售收入、或其他）
8. 还有哪些你认为影响企业经营的重要因素？为什么？

二 各个商业模式要素之间的关系是怎样的？

1. 你觉得以上因素中，对企业经营影响最重要的是哪个因素？为什么？
2. 一个企业的收入来源是企业的命脉，对于潜在的威胁，贵公司有什么办法维护自己的收入模式不受影响或受到较小的影响？
3. 请谈谈贵公司的发展史，在这当中，顾客价值（为顾客提供什么样的产品或服务）、市场定位（定位高端还是低端市场，国内还是国外，城市还是农村）、价值网络（有哪些利益相关者）、资源禀赋（有哪些难以被其他企业模仿的优势）、成本结构、收入模式（收入来源有哪些）是如何变化的？这些因素之间的相互关系是怎样的？在公司的发展当中，产品创新、技术创新，还有商业模式创新，都有哪些里程碑式的发展？是否有明确划分的企业经营发展阶段？
4. 在进行商业模式创新的时候，你们最主要考虑的有哪些方面？这些考虑的内容之间有何关联？
5. 在经营中，贵公司遇到的最大困难是什么？有哪些解决办法？

三 贵公司商业模式的价值创造来源主要有哪些？

1. 有无新的交易结构？有无新的交易内容？有无新的参与者？
2. 搜寻成本大小如何？信息对称性如何？商业模式是否足够简易？决策的速度够快吗？是否存在范围经济？
3. 转换成本大吗？是否存在正向的网络效应？是否存在外部性？
4. 产品和服务之间是否存在互补性？线上线下资产之间的互补性如何？技术之间的互补性如何？活动之间的互补性如何？

四 贵公司的产品市场战略有哪些？成本领先战略，还是差异化战略？在公司发展的历程中，贵公司的产品市场战略有无明显变化？

五 你们在确定产品市场战略的时候，有没有影响到商业模式创新？商业模式创新与产品市场战略之间的关系是什么？是相互促进，还是有所影响？

六 开展电商经营以来，企业的经营状况如何？可否提供一些数据，如年营业额、员工数量、净利润等？

谢谢您的参与和支持！

后　　记

　　本书是国家社会科学基金后期资助项目"新兴企业商业模式创新主题设计的理论与实证研究"（编号19FGLB015）的最终研究成果。

　　我对新兴企业商业模式创新主题设计的研究主要源于对现实世界的观察，正如开篇所述及的阿里与京东、支付宝与财付通、滴滴出行与曹操专车三对撬动制度的商业模式创新行为。商业模式设计主题是主导价值创造的驱动器，商业模式主题的顶层设计，有助于企业获得持续性竞争优势。可是，商业模式创新主题设计的研究尚处于起步阶段，多脱胎于成熟制度环境下的西方实践，引用比较多的是Amit和Zott的新颖性和效率性商业模式创新，过于强调交易活动创新，而忽略了商业模式主题设计本身也是一个制度意义建构过程。故我找到了研究缺口，认为至少有四个方面值得进一步研究：一是从关注对象上看，对高成长性和颠覆性新兴企业的研究，有助于揭示先进生产力。二是从研究视角上看，鉴于中国新兴经济情境下制度不完善与市场机会并存的特点，新兴企业商业模式创新过程本质上是一个变革旧制度、建立新制度的能动创业过程，有必要从新制度主义这一独特视角切入，以整合制度理论的结构性与创业理论的能动性。三是从研究对象上看，交易范式变革的商业模式创新主题设计为回答"制度从何而来"的终极命题提供了微观基础的理论解释，"从无到有"的开拓性商业模式创新和"从有到新"的完善性商业模式创新，这些实践中的主题设计如何形成及其作用机制须深入探讨。四是从研究方法上看，商业模式创新主题设计的研究多是以企业案例展开，量表开发与实证检验较少，本书"概念化→绩效机制→合法性实现与演化"的研究逻辑，则能突破研究形式的窠臼，综合运用多种科学方法。故而，本书新制度主义视角下新兴企业商业模式创新主题设计的理论与实证研究，充分反映了国际理论前沿和中国情境发展现实问题的紧密结合。

　　本书由浙江财经大学工商管理学院罗兴武副教授完成。浙江工商大学项国鹏教授、浙江财经大学王建明教授给予了本书宝贵的指导意见。本项目组成员浙江财经大学工商管理学院的黄纯副教授、应瑛副教授、裴玲玲副教授，为本项目的问卷调研、企业访谈等做了不少工作。南京大学商学院博士生黄菲菲、浙江财经大学工商管理学院研究生宋晨青等参与了本书部分章节的资料收集、数据获取和数据分析工作。中国社会科学出版社王曦老师，以及浙江财经大学俞晓老师和滕清秀老师，为本书出版也做了不少工作。在此，一并对他们表示感谢。

最后，由于中国新兴经济情境下新兴企业商业模式创新主题设计是一个相对前沿的研究，可以直接借鉴的研究文献还并不多见。本书完成时间也较仓促，加上笔者知识和能力欠缺，书中难免存在一些不足和疏漏之处，恳请各位专家学者及读者批评指正。

罗兴武

2021 年 11 月 27 日于杭州